I0783925

JOSEPH CONRAD

EL ALMA DEL GUERRERO Y OTROS CUENTOS

astria

EL ALMA DEL GUERRERO Y OTROS CUENTOS
JOSEPH CONRAD

©Astria Ediciones
Diseño de portada: Andrea Rodríguez—Mariana Turcios
Arte de portada: Josué Flores Hernández
Supervisión Editorial: Óscar Flores López
Administración: Tesla Rodas y Jessica Cordero
Director Ejecutivo: José Azcona Bocock

Primera edición
Tegucigalpa, Honduras—Abril de 2025

AMY FOSTER

Kennedy era un médico rural que vivía en Colebrook, en la costa de Eastbay. Tras los techos rojos de la pequeña aldea, el acantilado parecía empujar la pintoresca calle High Street hacia el mar. Al otro lado de la escollera, y con forma de curva, se extendía de manera uniforme y durante varios kilómetros una playa de piedras, en cuyo extremo se podía ver, destacado, el pueblo de Brenzett, como si se tratara de una aguja entre un grupo de árboles; más allá se apreciaba la columna erguida de un faro que, en la distancia, no parecía mayor que un lápiz, y que señalaba el punto donde la tierra se desvanecía.

Detrás de Brenzett comenzaban unos campos bajos y llanos, pero la bahía estaba muy protegida, lo que permitía que, de vez en cuando, entrara algún buque muy grande acuciado por la mar o por el mal tiempo y fondeara a una milla y media al norte de la posada Ship Inn de Brenzett. Un molino desvencijado, con las aspas rotas, sobre un pequeño montículo del tamaño de un basurero, y una torre Martello, situada a media milla al sur, al borde de la costa, eran los elementos más familiares para los capitanes de pequeños navíos locales. Se trataba de las marcas oficiales que señalaban la zona de fondeo seguro, representada en las cartas del Almirantazgo como un óvalo irregular de puntos repleto de números seis en su interior, entre los que se había dibujado una pequeña ancla y una leyenda que decía: "BARRO Y CONCHAS".

Desde la parte más elevada del acantilado se podía ver la solemne torre de la iglesia de Colebrook. La pendiente estaba cubierta de césped, y sobre ella ascendía un camino blanco y zigzagueante. Al subir por él se llegaba hasta un valle ancho, no demasiado profundo, una depresión de verdes praderas que se desvanecían hacia el interior en un paisaje de tintes púrpura y líneas ondulantes que cerraban el panorama.

En ese valle, que comprende desde Brenzett y Colebrook hasta Darnford, y que tiene un mercado comarcal a unos veinte kilómetros de distancia, ejercía como médico rural mi amigo Kennedy. Su carrera había comenzado como cirujano de la Armada y prosiguió como acompañante de un célebre viajero en los tiempos en que aún quedaban continentes con tierras inexploradas en su interior. Se granjeó cierta fama en los círculos científicos gracias a sus artículos sobre fauna y flora y, en la época de esta historia, había acabado trabajando como médico rural… por la sencilla razón de que así lo deseaba. Supongo que su propia agudeza mental, como si fuera un ácido corrosivo, terminó destruyendo su ambición. Tenía una inteligencia de carácter científico, le fascinaba la investigación y siempre alardeaba de esa curiosidad insaciable que acaba encontrando una partícula de verdad universal en cualquier misterio.

Hace ya muchos años, cuando regresé del extranjero, me invitó a pasar unos días con él. Acepté con gusto y, como no podía desatender a sus pacientes, me llevaba con él a las visitas… y a veces recorríamos hasta cuarenta kilómetros en una sola tarde. Por lo general, yo lo esperaba en el camino mientras el caballo arrancaba jugosas ramitas, y se escuchaban las risas de Kennedy al otro lado de la puerta entreabierta. Tenía una risa intensa y sonora, propia de un hombre que lo duplicara en tamaño, y también unos ademanes seguros, un rostro curtido por el sol y unos ojos grises a los que parecía imposible que se les escapara algo. Poseía el don de hacer que las personas le abrieran su corazón, y una increíble paciencia para escuchar historias.

Recuerdo un día en que cabalgábamos hacia la salida de un pueblo relativamente grande, por un camino sombrío, y vi a nuestra izquierda una casa de ladrillo y paneles con forma de rombos en las ventanas, una enredadera que cubría el muro, un tejado de madera y unas cuantas rosas trepando por las celosías del porche. Kennedy se detuvo en la entrada. Había una mujer tendiendo al sol una manta mojada entre dos manzanos, y mientras el caballo de cuello largo daba bruscos testarazos hacia su mano izquierda, que llevaba enfundada en un grueso guante de piel de perro, el médico preguntó por encima del seto:

—¿Cómo está el niño, Amy?

Tuve tiempo de ver un rostro inexpresivo y enrojecido, no por vergüenza, sino como si alguien le hubiera abofeteado con fuerza las mejillas; tenía un talle rechoncho y el cabello castaño, abundante y sin brillo, recogido en un moño sobre la nuca. Su aspecto era muy juvenil, y respondió con voz entrecortada y tímida:

—Está bien, gracias.

Nos pusimos en marcha de nuevo.

—¿Es una paciente tuya? —pregunté.

El médico chasqueó el látigo y respondió:

—Antes atendía a su esposo.

—Parece una mujer muy sencilla —comenté con indiferencia.

—Así es —respondió Kennedy—. Es tremendamente pasiva. Basta con echar un vistazo a esas manos enrojecidas, esos brazos cortos, esos ojos castaños y poco despiertos para hacerse una idea de la escasa actividad de su mente… una inactividad que cualquiera habría pensado que la mantendría al margen de los peligros de la imaginación… pero ¿quién está a salvo de ellos? Sea como sea, y tal como la viste, tuvo suficiente imaginación como para enamorarse. Es hija de Isaac Foster, un hombre que pasó de ser un modesto granjero a pastor, y cuyo infortunio comenzó el día en que huyó para casarse con la cocinera de su padre viudo, un ganadero de fortuna que, en un arrebato de furia, lo borró del testamento y, se dice, lo amenazó de muerte. Un viejo argumento que parece más propio de una tragedia griega, pero que, en realidad, fue originado por una simple similitud de caracteres. Existen otro tipo de tragedias, mucho menos escandalosas y de un patetismo más sutil, que surgen de diferencias irreconciliables y de ese miedo a lo incomprensible que siempre ronda nuestras mentes... las mentes de todos nosotros.

El caballo aminoró el paso, y el sol, completamente rojo en el horizonte de aquel cielo despejado, se apoyaba familiarmente sobre la lisa superficie de un sembrado cercano, tal como tantas veces se le ve posarse sobre el mar en el lejano horizonte. El color pardo de los campos había perdido su monotonía y brillaba con un tinte rosado, como si su tierra desmenuzada estuviera sudando el trabajo de innumerables jornaleros en forma de diminutas perlas de sangre. Un carro, empujado por dos caballos, avanzaba lentamente por la cima, dejando a su paso un pequeño bosque. Se alzaba por encima de nuestras cabezas, contra el horizonte y sobre la luz rojiza del sol, tan inmenso y triunfal como si se tratara de una cuadriga de gigantes tirada por corceles de proporciones legendarias. Hasta la torpe silueta del hombre que caminaba trabajosamente delante del primer caballo se recortaba contra el infinito con una rusticidad heroica. Agitaba la punta del látigo en lo alto, en medio del azul del cielo.

—Es la hija mayor de una familia muy numerosa —añadió Kennedy—. Cuando cumplió quince años, la enviaron a trabajar a la granja de New Barns. Yo era el médico de la esposa del arrendatario, la señora Smith, y fue allí donde conocí a la muchacha. La señora Smith, una mujer elegante de nariz aguileña, la obligaba a vestirse de negro todas las tardes. No sé qué fue lo que hizo que me fijara en ella. Hay cierto tipo de rostros que acaban llamando la atención precisamente porque sus rasgos tienen una especie de indefinición; sucede lo mismo que cuando caminamos en medio de la niebla y nos detenemos a observar una forma borrosa que al final resulta ser algo tan poco extraordinario como un poste. Lo único particular en ella era una leve vacilación al hablar, algo parecido a un tartamudeo inicial que desaparecía al pronunciar la primera palabra. Si le hablaban con demasiada brusquedad, se irritaba, pero en general era de una gran bondad. Nunca se le escuchó hablar mal de nadie y trataba a todos los seres vivos con mucha ternura. A la señora Smith la quería con auténtica devoción, lo mismo que al señor Smith y a todos sus perros, gatos y canarios. Pero el loro de la señora Smith ejercía sobre ella una extraña fascinación. Aun así, cuando el gato saltó sobre el pájaro y este empezó a pedir ayuda con voz humana, ella salió corriendo, tapándose los oídos en lugar de impedir el ataque. La señora Smith consideró aquello una prueba más de la estupidez de la joven. Por otro lado, la muchacha no era atractiva, algo muy conveniente para la señora Smith, dada la conocida ligereza de su esposo en esas cuestiones.

Sus ojos miopes se llenaban de lágrimas cada vez que veía un ratón atrapado en una ratonera, y en una ocasión unos niños la encontraron de rodillas tratando de ayudar a un sapo en apuros. Si es cierto, como dijo aquel filósofo alemán, que sin fósforo no hay pensamiento, también lo es que la bondad no existe sin una buena dosis de imaginación. Y ella la tenía… más aún de la necesaria para comprender el sufrimiento y conmoverse ante él. Se enamoró en una situación que no deja dudas al respecto, porque si ya es necesaria imaginación para formarse un ideal de belleza, más aún se requiere para descubrirlo en una forma poco común. Cómo adquirió esa cualidad y qué hizo que se desarrollara son misterios insondables.

La muchacha había nacido en el pueblo y jamás había ido más allá de Colebrook o Darnford. Vivió con los Smith durante cuatro años. New Barns es una granja relativamente apartada, a unos dos kilómetros de la carretera, y ella se conformaba con ver día tras día los mismos cerros y los mismos valles, los mismos cuatro rostros de los hombres que trabajaban en la granja, siempre los mismos, día tras día, mes tras mes, año tras año. Nunca mostró interés en conversar, y tengo la sospecha de que ni siquiera sabía sonreír. Algunas tardes de domingo, si hacía buen clima, se ponía su mejor vestido, un sombrero de fieltro gris con una pluma negra (yo mismo la vi así vestida) y unas buenas botas, tomaba una sombrilla ridículamente elegante, saltaba un par de cercas y recorría los campos hasta llegar a unos doscientos metros de la carretera… Nunca más allá. Allí estaba la cabaña de los Foster. Ayudaba a su madre a preparar el té para los más pequeños, lavaba los platos, besaba a los niños y regresaba a la granja. Ese era todo su descanso, toda su libertad, todo su cambio. Era como si no necesitara nada más. Hasta que se enamoró. Se enamoró de manera silenciosa y obstinada… y probablemente también irremediable. El sentimiento creció poco a poco, pero terminó por dominarla como un hechizo irresistible. Se trataba de un amor tal como se entendía en la Antigüedad: un impulso fatal e inevitable… ¡una posesión! Así es, su destino fue obsesionarse y quedar embrujada por un solo rostro, una sola presencia, como una adoradora pagana bajo un cielo alegre y luminoso… para terminar despertando al fin de ese misterioso olvido de sí misma, de ese encantamiento, de ese éxtasis, empujada por un miedo muy parecido al inexplicable terror de un animal…

El sol se ocultaba por el oeste, y los pastos, enmarcados por las ondulaciones del terreno, tenían un aspecto sombrío y maravilloso a la vez. Del silencio de aquellos campos emanaba una profunda tristeza, parecida a la que provoca un acorde grave de música. Los hombres con los que nos cruzábamos caminaban con lentitud y sin sonreír, con la mirada clavada en el suelo, como si la melancolía de aquella tierra les pesara en los pies, encorvara sus espaldas y abatiera su mirada.

—Así es —dijo el médico cuando le comenté aquello—, cualquiera diría que esta tierra fue maldecida, porque todos sus hijos, incluso los que más apego sienten por ella, tienen el cuerpo tosco y el andar cansado, como si sus corazones arrastraran cadenas. Y, sin embargo, jamás en este camino se vio a alguien tan ágil y esbelto como aquel hombre: recto como un árbol y con tal prestancia que parecía querer alzarse del suelo, como si su corazón rebosara de alegría. Puede que solo se tratara del contraste, pero cuando se cruzaba con estos campesinos, sus pies parecían no tocar el polvo del camino. Saltaba las cercas, subía y bajaba las colinas con pasos largos y elásticos que lo hacían reconocible a gran distancia. Tenía unos ojos negros y brillantes. Era completamente distinto a todos los que lo rodeaban: sus movimientos eran ágiles y su mirada dulce —casi se diría que un poco temerosa—, la piel morena y una figura esbelta. Siempre me daba la impresión de que era una criatura del bosque. De allí venía.

Y el médico señaló con el látigo. Desde lo alto de la colina, por encima de las copas de los árboles de un parque a un lado del camino, se alcanzaba a ver la superficie del mar, muy por debajo de donde estábamos nosotros; parecía el piso de un enorme edificio, salpicado por bandas de olas oscuras, con estelas brillantes y armónicas que se desvanecían en una franja de agua cristalina bajo el cielo. En la inmensa claridad del horizonte, a lo lejos, se perdía la tenue humareda de un barco de vapor invisible, como un aliento empañando un espejo. Y cerca de la costa, bajo las hojas de los árboles, flotaban las blancas velas de un barco de cabotaje.

—¿Naufragó en la bahía? —pregunté.

—Sí, fue un náufrago. Un pobre emigrante centroeuropeo que iba rumbo a América y que las olas arrastraron hasta la orilla durante una tormenta. Para él, que no sabía nada del mundo, Inglaterra era un lugar desconocido. Aún pasó algún tiempo antes de aprender el nombre del país, y no me sorprendería que al principio temiera encontrarse con fieras salvajes o con hombres peligrosos cuando cayó, al llegar a rastras en la oscuridad, en un canal junto al espigón, en el que casi se ahoga por segunda vez. Luchó instintivamente por salir del agua, como un animal atrapado, y tras esa lucha logró finalmente ponerse a salvo. Debía de ser más resistente de lo que aparentaba para sobrevivir a tantos golpes, tanto miedo y tanto esfuerzo. Meses más tarde, y en un inglés tan elemental como el de un niño, me confesó que, por un instante, pensó que ya no pertenecía a este mundo y se encomendó a Dios. Y la verdad —decía—, ¿cómo podía saberlo? Por fin consiguió avanzar a gatas bajo la lluvia y la tormenta, y llegó hasta unas ovejas que estaban resguardadas bajo un seto. El rebaño se dispersó en todas direcciones, balando en la oscuridad, y él sintió un inmenso alivio al escuchar el primer sonido familiar en aquellas tierras. Serían más o menos las dos de la madrugada. Eso es todo lo que sabemos sobre cómo llegó hasta aquí, aunque no vino solo. Su temible compañía no apareció en la costa hasta mucho más tarde, ese mismo día.

El médico tomó las riendas, espoleó al caballo y bajamos la colina al trote. Tras doblar la esquina de High Street, avanzamos un poco más, bamboleándonos sobre el empedrado, hasta llegar a su casa.

Kennedy parecía afectado por una especie de abatimiento extraño, pero retomó el relato al caer la noche. Fumaba en pipa mientras caminaba de un lado a otro de la habitación. Una pequeña lámpara proyectaba su sombra sobre los papeles del escritorio, mientras yo, sentado junto a la ventana abierta después de aquel día calurosísimo y sin viento, contemplaba el mar inmóvil bajo la luz de la luna. No se escuchaba ni un murmullo, ni el leve chapoteo de algo cayendo al agua, ni un paso, ni un suspiro... No había más señal de vida que el aroma de los jazmines trepadores. La voz de Kennedy sonaba a mis espaldas y cruzaba el marco de la ventana antes de desvanecerse en la quietud exterior.

—Los relatos de antiguos naufragios siempre están llenos de sufrimiento. Era muy común que los náufragos que lograban no morir ahogados terminaran pereciendo de hambre en alguna playa desierta, o fueran asesinados, o convertidos en esclavos durante años por pueblos que los temían solo por ser extranjeros. Cuando uno lee esas historias, siempre siente compasión. Para un hombre, es duro vivir en una tierra ajena, indefenso y entre personas que no entienden su idioma, procedente de un país remoto e ignoto. Pero no creo que haya habido, entre todos esos náufragos que terminaron en los lugares más salvajes de la tierra, uno con un destino más trágico que aquel del que te hablo. Era el más inocente. El mar lo arrojó en esta bahía, en un punto que casi se ve desde esta ventana. Ni siquiera sabía el nombre de su barco. Poco a poco descubrimos que tampoco sabía que los barcos tuvieran nombre, "como los cristianos". Cuando contempló el mar desde lo alto de Talfourd Hill, su mirada se perdió en el horizonte, como si nunca antes lo hubiera visto. Y puede que así fuera. Por lo que logré entender, lo empujaron hasta la bodega de un barco junto a otros emigrantes en la desembocadura del Elba, y en ese momento estaba demasiado aturdido para fijarse en lo que lo rodeaba, demasiado triste para mirar, y demasiado angustiado como para interesarse por algo.

Antes de zarpar, los bajaron a todos al entrepuente y los dejaron encerrados. Explicó que era un camarote de techo bajo, con baos de madera, como en su tierra, aunque se accedía bajando por una escalera. El lugar era amplio, húmedo y oscuro. Había unas extrañas cajas de madera donde los emigrantes dormían uno encima del otro, y que se movían en todas direcciones. Se tumbó en una de ellas, con la misma ropa con la que había dejado su casa días atrás; su petate quedó a su lado. La gente maldecía, los niños lloraban, el techo supuraba humedad, todo crujía y se balanceaba de tal forma que nadie se atrevía ni a levantar la cabeza. En algún momento perdió de vista a su único compañero, un joven nacido en su mismo valle, y afuera solo se oía el rugido del viento y fuertes golpes de aire: ¡Bum! ¡Bum! Se mareó tanto que hasta olvidó rezar. No había forma de saber si era de día o de noche. En ese lugar parecía que nunca amanecería.

Antes de embarcar, había pasado mucho tiempo viajando en tren. Miraba por aquella ventanilla milagrosamente transparente y sentía que los árboles, los campos y los interminables caminos volaban a su alrededor hasta marearlo. Me intentó explicar que, durante ese viaje, había visto multitudes —naciones enteras— vestidas con ropas espléndidas. En una ocasión, los hicieron descender del vagón y él durmió sobre un banco en una casa de ladrillo, con su fardo bajo la cabeza. Otra noche pasó sentado durante horas en un empedrado, adormecido con las rodillas alzadas y el fardo entre los pies. El techo del edificio era de cristal y tan alto que un pino de montaña habría tenido espacio para crecer dentro. Había más gente allí reunida que la que él había visto, en días de fiesta, frente a la imagen milagrosa del convento de las carmelitas, en la llanura, adonde su madre lo llevó a rezar por él antes de partir, para pedirle a Dios que lo protegiera. Me dijo que no podía describirme lo inmenso de aquel lugar caótico, envuelto en humo y ruido de metales atronadores, pero alguien le dijo que se llamaba Berlín.

Luego sonó otra campana, apareció otra máquina de vapor y lo condujo por un paisaje monótono, completamente llano. Pasó una noche más en un edificio parecido a un establo, con el piso cubierto de paja, cuidando su petate entre hombres que no entendían su idioma. A la mañana siguiente los llevaron a la orilla pedregosa de un río de lodo increíblemente ancho, que ya no pasaba entre colinas, sino entre casas enormes. Un barco a vapor los esperaba y todos subieron, muy apretados. Esta vez iban también mujeres y niños, y el alboroto era inmenso. Caía una lluvia helada, el viento lo azotaba en el rostro, estaba completamente empapado y le castañeteaban los dientes. Él y el muchacho de su valle iban tomados de la mano.

Creían que los llevarían directamente a América, pero la máquina de vapor chocó de costado con algo que parecía una casa flotante. Sus paredes eran negras y lisas, y tenía en el techo lo que él describió como árboles desnudos en forma de cruz. Al menos eso creyó ver, porque jamás había visto algo semejante. Aquello era, en realidad, la nave que lo conduciría a América. La gente gritaba, todo se movía, una escala subía y bajaba. Subió con cuidado, temiendo caer al agua. Perdió de vista a su compañero y, al descender al interior de aquel abismo flotante, se le encogió el corazón.

Ese fue también el momento en que perdió el contacto definitivo con uno de los tres hombres con quienes, el verano anterior, había recorrido las aldeas de las estribaciones de su país. Llegaban en carreta los días de mercado y se alojaban en alguna caseta o en casa de otro judío. Uno de ellos tenía una barba espesa y aspecto respetable; llevaban cuellos rojos y galones dorados en las mangas, como si fueran funcionarios del Estado. Se sentaban con gran dignidad tras una mesa amplia; en la habitación contigua, para que la gente común no oyera, guardaban una curiosa máquina de telegrafía con la que decían mantenerse en contacto con el emperador de América. Los mayores se mantenían al margen, pero los jóvenes se agolpaban alrededor de la mesa y hacían preguntas, pues en América —decían— había trabajo todo el año por tres dólares al día, y no era necesario hacer el servicio militar.

Pero el káiser americano no aceptaba a cualquiera. ¡Vaya que no! Él mismo encontró muchas dificultades para ser admitido, y el hombre del uniforme tuvo que salir varias veces a telegrafiar en su nombre, pero al final, el káiser americano lo contrató por tres dólares diarios, porque era joven y fuerte. Aun así, muchos jóvenes que habrían podido ir se echaron atrás, intimidados por la distancia. Por otra parte, solo podían ir quienes tenían dinero. Algunos llegaron a vender sus tierras y sus casas porque el viaje era costoso, pero no importaba: al llegar, se podía ganar tres dólares al día y, si uno era listo, incluso encontrar sitios donde se decía que el oro se recogía del suelo.

En la casa de su padre vivía demasiada gente. Dos de sus hermanos se habían casado y tenían hijos. Él les prometió enviar dinero dos veces al año desde América. Su padre vendió a un posadero judío una vieja vaca, dos ponis que él había criado y un buen terreno de pasto para pagar a los hombres del barco, aquellos que llevaban gente a América con la promesa de hacerlos ricos rápidamente.

"Tenía algo de aventurero, porque ¡cuántos gloriosos episodios de la humanidad han comenzado así: con el trueque de una vieja vaca por el espejismo de un oro muy lejano! Te he ido contando, con mis propias palabras, todo lo que fui descubriendo sobre él a lo largo de dos o tres años, en numerosas conversaciones amables, porque nunca desaproveché la oportunidad de hablar con él cuando se presentaba. Me relató aquellas aventuras entre numerosos destellos de sus dientes blancos y el brillo alegre de sus ojos negros; al principio con un balbuceo infantil y, más tarde, cuando ya había aprendido nuestro idioma, con una fluidez impresionante, y siempre con esa entonación melodiosa y suave —además de vibrante— que le daba a las palabras inglesas un poder especialmente intenso, como si en realidad se tratara de una lengua misteriosa. Siempre negaba con la cabeza al recordar el miedo que sintió al poner pie en la cubierta del barco. Parecía sumirse en una especie de ensimismamiento, al menos en lo que respecta a los hechos. Lo más probable es que se sintiera terriblemente desgraciado y enfermo… es fácil imaginar a ese conmovedor y apasionado aventurero, tan lejos de todo lo que conocía, condenado a la soledad de su litera de emigrante. Era un hombre sumamente sensible.

Lo siguiente que supimos con certeza fue que apareció escondido en la pocilga de Hammond, junto al camino de Norton, a unos ocho kilómetros del mar en línea recta. De sus experiencias inmediatamente posteriores a su llegada no quiso hablar; era como si hubiesen dejado en su alma una huella oscura de asombro e indignación. Gracias a los rumores que circularon los días siguientes, sabemos que unos pescadores del oeste de Colebrook se sobresaltaron al escuchar golpes fuertes en las puertas de sus cabañas y una voz aguda que gritaba palabras incomprensibles en medio de la noche. Algunos incluso salieron de sus casas, pero es muy probable que fuera él quien huyó, espantado por la violencia de los gritos que se daban a esas horas. Algún tipo de locura temporal debió impulsarlo a subir por la colina de Norton. No cabe duda de que fue él a quien vio el carretero de Brenzett muy temprano al día siguiente, tendido en la hierba (aparentemente desmayado) junto al camino. Aunque se detuvo a observarlo de cerca, su inmovilidad extrema y su aspecto poco común lo asustaron.

Horas más tarde, unos niños entraron corriendo en la escuela de Norton, tan aterrados que la maestra tuvo que salir para espantar al 'hombre horrible' que se encontraba en el sendero. Él se alejó unos pasos con la cabeza gacha y, luego, comenzó a correr con una rapidez impresionante. El conductor del carro de leche del señor Bradley relató con orgullo que había azotado a un tipo peludo, parecido a un gitano, que intentó agarrarse a las riendas del poni en una curva cerca de los Vents. Según dijo, le golpeó en plena cara antes de que pudiera reaccionar y lo dejó tirado en el barro, aunque tardó casi medio kilómetro en lograr que el poni se detuviera. Tal vez, en un desesperado intento de buscar ayuda y comunicarse con alguien, el pobre diablo trató de detener el carro. Tres jóvenes también confesaron haberle lanzado piedras a un vagabundo extraño, cubierto de barro, que se tambaleaba como si estuviera ebrio, por el sendero que serpenteaba entre los hornos de cal.

Todo esto fue tema de conversación durante varios días, pero el testimonio más indiscutible fue el de la señora Finn (esposa del carretero de la señora Smith), quien afirmaba haberlo visto saltar el muro de la pocilga de Hammond y acercarse a ella tambaleándose y murmurando palabras que, según dijo, pondrían los pelos de punta a cualquiera. Como llevaba a su bebé en un cochecito, la señora Finn le gritó que se alejara y, cuando él insistió en acercarse, le dio un valiente paraguazo en la cabeza y corrió sin mirar atrás hasta la primera casa del pueblo. Allí se detuvo a recuperar el aliento y contó lo ocurrido al viejo Lewis, que en ese momento picaba un montón de piedras. El anciano se quitó las enormes gafas negras con que se protegía los ojos, enderezó sus piernas temblorosas y miró en la dirección que ella indicaba. Ambos siguieron con la vista la figura de aquel hombre que corría por el campo, lo vieron tropezar, levantarse y seguir corriendo, tambaleándose, agitando los brazos sobre la cabeza, en dirección a la granja de New Barns.

Ese fue el instante en que cayó en las redes de su oscuro y trágico destino. De lo que sucedió a continuación no queda ninguna duda y lo sabemos con certeza: el terror de la señora Smith, la convicción de Amy Foster de que, pese a la reacción de su señora, 'ese hombre no tenía intención de hacer daño a nadie', el enfado de Smith al regresar del mercado de Darnford y encontrarse con su perro ladrando desesperadamente, la puerta trasera cerrada con llave y su esposa en pleno ataque de nervios… todo por un vagabundo que, al parecer, seguía encerrado en el granero. ¿De verdad era cierto? Smith se encargaría de que no volviera a asustar a las mujeres.

Smith era conocido por su temperamento irritable, pero la imagen de aquella figura cubierta de barro, sentada sobre un montón de paja con las piernas cruzadas, moviéndose hacia adelante y atrás como un oso enjaulado, lo hizo detenerse en seco. Entonces, el vagabundo se incorporó en silencio frente a él: una masa de barro y suciedad. En el crepúsculo tormentoso, con los furiosos ladridos del perro de fondo, Smith sintió un escalofrío de miedo ante algo tan desconocido e inexplicable. Cuando aquella criatura se apartó las sucias greñas que le cubrían el rostro, como si separara las mitades de un telón, y lo miró con unos ojos brillantes, desorbitados y oscuros, el misterio de aquel encuentro mudo lo dejó completamente paralizado. Más tarde admitió —pues el caso se comentó bastante— que incluso llegó a retroceder unos pasos. El torrente de palabras atropelladas que brotaron de sus labios lo convenció de que tenía delante a un loco escapado de un manicomio. En realidad, esa impresión nunca lo abandonó. En el fondo, Smith seguía convencido de que ese hombre estaba loco.

La criatura comenzó a acercarse, farfullando de forma casi incomprensible (en realidad lo llamaba 'noble caballero' y le suplicaba por comida y refugio en nombre de Dios). Smith le respondió firme y lentamente desde el otro lado del patio. Finalmente, se lanzó sobre él sin aviso, lo empujó hasta la leñera y cerró con cerrojo. Luego se secó el sudor de la frente, a pesar de que hacía frío. Al menos había cumplido con su deber hacia la comunidad: encerrar al loco vagabundo que probablemente era muy peligroso.

Smith no era un hombre malvado, pero su idea de la locura era bastante limitada. No tenía la imaginación suficiente para considerar que aquel hombre quizás estaba muriéndose de frío y hambre. Para colmo, el supuesto maníaco comenzó a hacer un escándalo en la leñera. La señora Smith estaba arriba, gritando encerrada en su cuarto, y Amy Foster no dejaba de sollozar, retorciéndose las manos en la puerta de la cocina, murmurando: "¡No, por favor! ¡No, por favor!". Supongo que Smith no la pasó bien en medio de los gritos de su esposa, el llanto de su criada y esa otra voz extraña y perturbadora que lo desesperaba desde el otro lado de la puerta. No había forma de que relacionara a ese demente con el naufragio del que se hablaba en el mercado de Darnford. Lo más probable es que el hombre encerrado en la leñera estuviera muy cerca de perder la razón esa noche. Antes de tranquilizarse y perder el conocimiento, se lanzó contra todo en medio de la oscuridad, golpeándose contra los sacos sucios, mordiéndose los puños por la rabia, el frío, el hambre y la desesperación.

"Era un nativo de la cordillera oriental de los Cárpatos. El buque que se había hundido la noche anterior en el Eastbay había zarpado desde Hamburgo lleno de inmigrantes, y su nombre, tristemente célebre, era Herzogin Sophia-Dorothea.

"Meses más tarde, también supimos de aquellas fraudulentas 'agencias de emigración' que operaban en las regiones más apartadas de Austria, explotando a campesinos eslavos. Aquellos sinvergüenzas estaban aliados con los usureros locales, y su único objetivo era apropiarse de las granjas y las propiedades de aquellas pobres gentes sin educación. Por lo general, embarcaban a sus víctimas en Hamburgo. Yo mismo recuerdo haber visto entrar aquel barco en la bahía desde esta misma ventana, navegando de bolina con vela corta. Alcanzó el fondeadero marcado en las cartas marinas, frente a la estación de los guardacostas de Brenzett. Recuerdo también que, antes del anochecer, vi la silueta de su arboladura y su jarcia recortadas contra un fondo de nubes grises como la pizarra, y, un poco más a la izquierda, la aguja más delgada del campanario de Brenzett. El viento se levantó al anochecer y, ya entrada la medianoche, recuerdo haber oído desde la cama ráfagas violentas acompañadas de una lluvia torrencial.

"Esa fue, aproximadamente, la hora en la que los guardacostas creyeron ver las luces de un vapor en el fondeadero. Desaparecieron de pronto, pero lo que es incuestionable es que otro buque había intentado refugiarse en la bahía durante aquella noche infernal, de visibilidad casi nula. Chocó de lado contra el barco alemán, abriéndole una grieta por la que —según contó después uno de los buzos— 'podría haber pasado una gabarra del Támesis', y desapareció, intacto o dañado también, eso nadie lo supo, pero sí misterioso, silencioso y fatal. Jamás se volvió a saber de él, seguramente porque ya no surcaba los mares.

"No hubo ninguna pista, solo un silencio absoluto, como si se hubiese cometido un crimen perfecto: esas fueron las características de aquella tragedia que —seguro lo recuerdas— alcanzó triste fama. El viento debió impedir que los desgarradores gritos llegaran a la costa, y todo indica que nadie tuvo tiempo de dar la alarma. La muerte llegó sin hacer ruido. El barco de Hamburgo se inundó repentinamente y volcó mientras se hundía. Al amanecer no se veía en la superficie ni siquiera la perilla del mástil más alto. Los guardacostas se sorprendieron al no encontrarlo, y en un primer momento pensaron que se le había roto la cadena y el viento lo había arrastrado mar adentro. Más tarde, al cambiar la marea, el casco hundido debió moverse en el fondo del mar, porque comenzó a expulsar cadáveres.

"El cuerpo de una niña —una pequeña rubia con un vestido rojo— llegó hasta la orilla frente a la torre de defensa. Esa misma tarde, en una extensión de cinco kilómetros de costa, fueron apareciendo entre la espuma figuras negras, con las piernas desnudas: hombres de aspecto rudo, mujeres de facciones endurecidas y niños, casi todos rubios. Rígidos y empapados, todos fueron trasladados en parihuelas, escaleras y canastas, en una larga procesión, hasta la posada Ship Inn, donde los alinearon bajo la fachada norte de la iglesia de Brenzett.

"Según la versión oficial, lo primero que llegó a tierra desde aquel barco fue el cuerpo de la niña del vestido rojo. Pero algunos marineros que son pacientes míos y viven al oeste de Colebrook me contaron que, a primera hora de la mañana, dos hermanos que fueron a revisar el estado de su barca de pesca —varada en la arena a cierta distancia de Brenzett— encontraron el típico gallinero de barco con once patos ahogados en su interior. Sus familias se comieron los patos y trocearon la madera de la caja para hacer leña. Es probable que un hombre (suponiendo que estuviera en cubierta en el momento del accidente) pudiera haberse sujetado a aquella jaula de madera. Es posible. A mí también me parece poco probable, pero el hombre estaba allí… y durante días, casi semanas, ni se nos ocurrió pensar que podíamos tener frente a nosotros al único sobreviviente de la tragedia. Ni siquiera él pudo decirnos lo que había ocurrido cuando finalmente pudo hablar.

"Lo único que recordaba era haber experimentado un alivio momentáneo (seguramente cuando el barco fondeó) y que la oscuridad, el viento y la lluvia le quitaron el aliento. Todo sugiere que esa noche pasó algo de tiempo bajo cubierta, aunque también es cierto que ya estaba muy lejos de todo lo que conocía, llevaba cuatro días mareado, encerrado en el entrepuente con las escotillas cerradas, y no tenía ninguna idea de lo que era un barco, ni de cómo era el mar. Por eso era difícil que pudiera comprender lo que estaba ocurriendo. Desde luego, sí conocía la lluvia, el viento, la oscuridad; también reconocía el balido de las ovejas, y sabía lo que era la desesperanza, la incomprensión, el sufrimiento, el asombro ante aquellos hombres coléricos y aquellas mujeres furiosas. Sabía que había llegado ante ellos como un mendigo, pero en su tierra, decía, incluso a los que pedían limosna se les trataba con amabilidad. Los niños de su país no apedreaban a quienes pedían compasión. La estrategia de Smith para atraparlo lo dejó sin recursos. La leñera parecía un calabozo: ¿qué más le harían ahora? No es de extrañar que Amy Foster se le presentara en medio de todo aquello con el halo de un ángel piadoso.

"La joven no había podido dormir pensando en él. A la mañana siguiente se levantó antes que los Smith y salió en silencio por el patio trasero. Entreabrió la puerta de la leñera, miró dentro y le ofreció al hombre media hogaza de pan blanco… 'El tipo de pan que solo comen los ricos en mi país', solía decir él.

"Se puso de pie con lentitud entre los escombros, entumecido, hambriento, temblando, indeciso.

"—¿Quiere comer esto? —preguntó ella, con voz tímida y suave.

"Él debió pensar que era una dama noble. Devoró el pan mientras sus lágrimas mojaban la corteza. Se detuvo de pronto, tomó la muñeca de la joven y le besó la mano, agradecido. Amy Foster no se asustó. A pesar del lamentable estado en que se encontraba el muchacho, se dio cuenta de lo apuesto que era. Cerró la puerta con calma y volvió a la cocina. Poco después se lo confesó a la señora Smith, quien solo de imaginar que aquella criatura la tocara, temblaba de espanto.

"Aquel acto impulsivo de compasión lo reintegró a la sociedad humana en ese lugar. Y él jamás lo olvidó… nunca.

"Esa misma mañana, el viejo señor Swaffer (vecino de Smith) se acercó para opinar sobre el asunto y terminó llevándose al joven a su casa. Él esperó obediente, con las piernas temblorosas y cubierto de barro endurecido, mientras aquellos dos hombres hablaban a su lado en una lengua incomprensible. La señora Smith se negó a bajar del piso superior hasta que el 'loco' abandonara la granja. Amy Foster los observaba a través de la rendija de la puerta trasera mientras él intentaba obedecer las señas que le hacían. Aun así, Smith seguía desconfiando.

"—No se confíe, señor. Puede que nos esté engañando… —le repitió varias veces a su vecino.

"Cuando el señor Swaffer dio la orden a su yegua para que echara a andar, la fragilidad de aquella criatura —tan lamentablemente débil— era tal que por poco cae hacia atrás desde el carro de dos ruedas. Swaffer se lo llevó directamente a su casa. Y ahí fue cuando entré en escena yo."

"Me llamaron de la manera más sencilla: pasaba por allí y el viejo me hizo una seña desde la verja con el dedo índice, para que me acercara. Como es natural, me bajé para ver de qué se trataba.

"—Tengo algo aquí que me gustaría mostrarle —murmuró, conduciéndome hasta un edificio cercano a las otras dependencias de la granja.

"Allí fue donde lo vi por primera vez, en una enorme habitación de techo bajo, dentro de una especie de cochera. Estaba casi vacía, con las paredes encaladas; al fondo había una pequeña abertura cuadrada con un cristal rajado. El hombre yacía sobre un camastro de paja, le habían dado un par de mantas de caballo y parecía haber invertido las escasas fuerzas que le quedaban en asearse. Apenas podía hablar; respiraba con dificultad, y sus ojos, febriles y alertas, tenían el mismo temblor de un ave recién atrapada en una red. Mientras lo examinaba, el viejo Swaffer dio un par de pasos atrás, acariciándose el labio superior con los dedos. Le di algunas instrucciones, le dije que le enviaría un frasco de medicina y, como era de esperarse, le hice algunas preguntas.

"—Smith lo atrapó en el granero de New Barns —respondió con calma el viejo, como si el muchacho no fuera más que un animal salvaje—, y así fue como llegó hasta mí. Qué raro, ¿no cree? Usted que ha recorrido mundo… ¿le parece que podría ser un poco hindú?

"Yo estaba asombrado. Aquel cabello largo y negro esparcido sobre la paja contrastaba con la palidez olivácea de su rostro. Por un momento pensé que podía ser vasco. Eso no significaba que supiera español, pero intenté comunicarme con las pocas palabras que conocía en esa lengua y luego repetí el intento en francés. Los susurros que salieron de sus labios me dejaron completamente perplejo. Aquella misma tarde, cuando llegaron las hijas del rector a visitar a la señorita Swaffer (una de ellas podía leer a Goethe con diccionario, y la otra llevaba años luchando con Dante), lo intentaron desde la puerta con su alemán e italiano, pero salieron corriendo ante el torrente apasionado de palabras con que él les respondió, volviéndose desde su camastro. Ambas admitieron que el sonido era agradable, suave y melodioso, pero también inquietante, quizás por estar unido a una presencia tan vehemente y distinta de cualquier otra que hubieran conocido. Los niños del pueblo treparon la colina para asomarse por la pequeña ventana. Todos se preguntaban qué pensaba hacer con él el señor Swaffer.

"Por el momento, lo dejó vivir allí.

"Si el señor Swaffer no hubiera sido un hombre tan respetado, seguramente lo habrían tildado de excéntrico. Pregunta en el pueblo y te dirán que el señor Swaffer lee hasta las diez de la noche y que puede firmar un cheque de doscientas libras sin pensarlo. También dirán que los Swaffer han sido dueños de las tierras que van de aquí hasta Darnford desde hace más de trescientos años. Hoy ronda los ochenta, pero desde que lo conozco no parece haber envejecido un solo día. Es un gran criador de ovejas y comerciante de ganado. No se pierde ni una feria, aunque caiga un aguacero, y conduce su carro inclinado sobre las riendas, con el cabello gris sobre el cuello del grueso abrigo y una manta escocesa de cuadros verdes sobre las piernas. La serenidad propia de la edad le da aún más solemnidad. No lleva barba ni bigote, sus labios son finos y algo rígido y monacal ennoblece su semblante. Se sabe que ha caminado kilómetros bajo la lluvia solo para ver una nueva variedad de rosa en un jardín, o una col gigante cultivada por algún granjero. Le fascinaba todo lo 'extranjero'; quizá por eso se llevó al desconocido a su casa. Tal vez no fue más que un capricho. Lo cierto es que, semanas después, vi al loco de Smith cavando en el huerto de Swaffer. Al parecer, sabía usar una pala. Trabajaba descalzo.

"Su cabello negro le llegaba hasta los hombros. Debía ser el propio Swaffer quien le había dado aquella camisa de algodón a rayas, pero aún vestía los pantalones marrones de paño, típicos de su país —los mismos con los que había llegado a la orilla—, ceñidos como medias, y un cinturón ancho de cuero adornado con pequeños discos de latón. Todavía no se atrevía a entrar en el pueblo. Le parecía que la tierra estaba tan bien cuidada como los campos de un hacendado; el tamaño de los caballos de tiro lo asombraba, los caminos le parecían senderos de jardines, y el aspecto de la gente, muy opulento, sobre todo los domingos. Se preguntaba de dónde venían la crueldad de los adultos y la insolencia de los niños. Recogía su comida en la puerta trasera, la llevaba cuidadosamente con ambas manos hasta su habitación y se persignaba antes de comer. Junto al mismo camastro se arrodillaba cada anochecer de invierno para rezar. Cada vez que se cruzaba con el viejo Swaffer, se inclinaba con respeto y luego se enderezaba con firmeza, mientras el anciano lo observaba en silencio, llevándose los dedos a los labios. Jamás olvidaba saludar también a la señorita Swaffer, una mujer delgada, ancha de espaldas, de unos cuarenta y cinco años, que administraba la casa de su padre y siempre llevaba los bolsillos llenos de llaves. Tenía unos ojos grises y severos. Era anglicana, aunque su padre era baptista, y usaba una pequeña cruz de acero en la cintura. Vestía siempre de luto en memoria de uno de los muchos Bradley del distrito, con quien estuvo comprometida hace veinticinco años y que murió en un accidente de caza la víspera de su boda. Su rostro, impasible como el de los sordos, hablaba poco, y sus labios, tan finos como los del padre, sorprendían a veces con una sonrisa irónica y silenciosa.

"Ésas eran las personas a las que estaba unido por lealtad, y sobre su cabeza caía la inmensa soledad de aquel cielo invernal sin sol. Todos los rostros reflejaban tristeza. No podía hablar con nadie y hacía tiempo que había perdido la esperanza de comprenderlos. Era como si todos esos rostros pertenecieran a otro mundo, un mundo de muertos —como dijo muchos años después—. Me parece un milagro que no haya perdido la razón. No sabía dónde estaba. Algún lugar muy lejano de sus montañas… en algún punto más allá de las aguas. Se preguntaba si realmente había llegado a América.

"Comentaba que, de no ser por la cruz de acero en la cintura de la señorita Swaffer, ni siquiera habría sabido si estaba en un país cristiano; por eso, de vez en cuando, la miraba furtivamente, y eso lo reconfortaba. Nada allí se parecía a su tierra. Ni la tierra ni el agua. No había imágenes del Redentor en los cruces de caminos. Incluso los árboles y la hierba eran distintos. Lo único que le recordaba a su país eran tres viejos pinos noruegos que estaban frente a la casa del señor Swaffer. Una noche lo encontraron con la frente apoyada en uno de ellos, gimiendo y hablando solo. Decía que durante esa época esos árboles llegaron a ser como hermanos para él; el resto era extraño. Imagina el horror de una vida gobernada por realidades cotidianas que se presentan como en una pesadilla. En las noches en que no podía dormir, evocaba la imagen de la joven que le ofreció el primer trozo de pan en esa tierra ajena. En ella no había enojo, ni furia, ni miedo. Entre todos aquellos rostros impenetrables y misteriosos —como los de los muertos, dueños de un conocimiento que los vivos no pueden alcanzar—, solo el de aquella joven se le presentaba cercano y benévolo. A veces pienso que fue ese recuerdo de compasión lo que evitó que se cortara el cuello… pero luego me río de mí mismo y me digo que soy un viejo sentimental que olvida que el instinto de vivir es más fuerte que casi todo, y que solo una desesperación extrema puede doblegarlo.

"El muchacho realizaba todos los trabajos que le asignaban con una inteligencia que muchas veces sorprendía al viejo Swaffer. No tardó en demostrar que sabía manejar el arado, ordeñar vacas, alimentar bueyes y ayudar con las ovejas. Aprendía palabras con rapidez, y una hermosa mañana de primavera llegó a salvar a una nieta del señor Swaffer de una muerte prematura.

"La hija menor de Swaffer se había casado con Willcox, abogado y secretario del ayuntamiento de Colebrook. Solían ir un par de días al año a visitar al anciano. Su única hija, una pequeña que por entonces apenas tenía tres años, salió sola de la casa con su delantal blanco, avanzó torpemente entre el pasto y cayó de cabeza desde un pequeño muro al abrevadero de caballos en el patio inferior.

"El joven estaba con el carretero y el arado en el campo contiguo a la casa, y al girar para comenzar un nuevo surco, vio por el rabillo del ojo, a través del hueco de la verja, algo que podría haberse confundido con el aleteo de un ave blanca. Pero él tenía una vista de águila que solo parecía debilitarse ante la inmensidad del océano. Estaba descalzo y su aspecto era insólito; soltó a los caballos —para disgusto del carretero—, cruzó a saltos la tierra recién arada, apareció de pronto ante la madre, le colocó la niña en los brazos y se marchó tan rápidamente como había llegado.

"Aunque el abrevadero no era muy profundo, de no haber sido por su aguda vista, la niña probablemente habría muerto ahogada en el barro del fondo. El viejo Swaffer se dirigió lentamente al campo, esperó a que el hombre con el arado se le acercara, lo observó en silencio durante un rato y volvió a su casa sin decir una palabra. Desde ese día, la comida se le sirvió en la cocina, y la señorita Swaffer, siempre vestida de negro, acudía a la puerta de la sala para verlo persignarse antes de comer. Creo recordar que también desde ese día el viejo Swaffer comenzó a pagarle un salario.

"No he conseguido reconstruir su evolución paso a paso, pero se cortó el cabello y empezó a verse con frecuencia en el pueblo y por los caminos, como cualquier otro hombre. Los niños ya no le gritaban. Aprendió a reconocer las diferencias sociales, aunque nunca dejó de asombrarle que las iglesias fueran tan pobres en medio de tanta opulencia. Tampoco logró entender por qué estaban cerradas los días de semana, si nada había que robar en su interior. ¿Lo hacían tal vez para evitar que la gente rezara demasiado?

"En aquella época, el párroco comenzó a interesarse por él, y me imagino que sus hijas preparaban el terreno para su conversión. No lograron que abandonara el hábito de persignarse, pero sí que dejara de usar el collar con dos pequeñas medallas de cobre y un escapulario cuadrado. Los colgó junto a su cama, en la pared, y cada noche se le oía rezar lentamente con las mismas palabras ininteligibles y la misma fe que, según decía, mostraba su padre anciano frente a toda la familia. Aunque para trabajar usaba pantalones sencillos de pana, y los domingos un modesto traje blanco y negro, todos los hombres se volvían a mirarlo al cruzarse con él. Su origen extranjero había dejado en su actitud una marca imborrable y peculiar. Con el tiempo la gente se acostumbró a verlo, pero no por ello se acostumbró a él.

"Aquel andar rápido, apenas tocando el suelo, su piel morena, el sombrero ladeado hacia la izquierda, la costumbre de llevar la chaqueta al hombro en las noches calurosas como si fuera un dolmán de húsar, su forma de saltar las vallas intentando disimular su agilidad... Todas esas rarezas, por llamarlas así, provocaban desprecio y resentimiento entre los lugareños. Ninguno de ellos se tumbaba en la hierba tras la cena para mirar las estrellas, ni cruzaba el campo cantando melodías tristes a gritos. Más de una vez escuché su voz desde la ladera opuesta, por donde conducía a las ovejas, una voz tan alegre y aguda como la de una alondra, pero demasiado humana y melancólica para estos campos, donde solo cantan los pájaros. Yo mismo me sorprendía. Era un hombre distinto, de corazón ingenuo y lleno de una bondad que nadie parecía necesitar; ese náufrago era como un ser trasplantado desde otro planeta, separado de su pasado por una inmensa distancia, y de su futuro, por una absoluta ignorancia. Todos se escandalizaban ante su manera apasionada y rápida de hablar. 'Para ser un pobre diablo, es muy nervioso', solían decir.

"Una tarde, en la taberna Carro y Caballos, después de un par de tragos de whisky, terminó enfadando a todos al entonar una vieja canción de amor de su tierra. Lo abuchearon, y él calló, dolido de que Preble, el carretero cojo, Vincent, el gordo herrero, y el resto de los ilustres presentes prefirieran tomar su cerveza en silencio. Otra vez incluso trató de enseñarles a bailar. El suelo de arena levantó polvo mientras él se agachaba en cuclillas frente al viejo Preble, se apoyaba en un talón y extendía la otra pierna, lanzando unos gritos de júbilo; luego saltaba en pie y giraba sobre un solo pie, chasqueando los dedos sobre su cabeza. Hasta que un carretero desconocido, que había entrado a beber algo, comenzó a maldecir y se fue a la barra. El posadero tuvo que intervenir al verlo subirse a las mesas y bailar entre los vasos. En su taberna no quería 'acrobacias'. Lo sujetaron entre varios; como ya había bebido, intentó protestar, aunque sin éxito: lo echaron y terminó con un ojo morado.

"Estoy seguro de que percibía toda esa hostilidad a su alrededor, pero era fuerte, y no solo espiritualmente, también físicamente. Lo único que lo asustaba con ese temor vago que dejan las pesadillas, era el recuerdo del mar. Su hogar quedaba muy lejos y ya no deseaba ir a América. Yo me encargué de explicarle que en ninguna parte del mundo el oro se encontraba listo para ser recogido del suelo. ¿Cómo podría regresar a casa, cuando habían vendido una vaca, dos ponis y un terreno para pagar su viaje? En esos momentos, sus ojos se llenaban de lágrimas, apartaba la mirada del resplandor del mar y se echaba boca abajo sobre la hierba. Aunque también había ocasiones en que se ladeaba el sombrero con aire galante y desafiaba mi supuesta sabiduría. En realidad, él sí había encontrado el oro que buscaba en el corazón de Amy Foster. 'Un corazón de oro, que se conmovía ante el sufrimiento ajeno', decía con plena convicción.

"Su nombre era Yanko. Nos contó que era un diminutivo de John, pero como repetía tanto que era montañés —una palabra que en su lengua sonaba similar a Goorall—, ese nombre fue el que se le quedó. Y ese es el único rastro que dejó para la posteridad en el registro matrimonial de la parroquia. Allí puede leerse 'YANKO GOORALL', de puño y letra del párroco. Una cruz torcida, la firma del náufrago, cuyo trazo debió parecerle el momento más solemne de la ceremonia, es todo lo que queda hoy para perpetuar el recuerdo de su nombre.

"El cortejo de Amy Foster había comenzado tiempo atrás, desde el momento en que fue mínimamente aceptado por la comunidad. Lo primero que hizo fue comprarle una cinta verde en Darnford. Era la costumbre de su tierra: comprar una cinta en algún puesto de judíos en día de feria. Lo más probable es que la muchacha no supiera qué hacer con ella, pero él parecía seguro de que nadie malinterpretaría la pureza de sus intenciones.

"Solo cuando se hizo evidente para todos su deseo de casarse, se manifestó también lo… ¿podríamos decir 'odioso'? que resultaba ser en toda la región, por un millón de pequeñas e insignificantes razones. En una ocasión, Smith lo encontró junto a la valla de su granja y le advirtió que si volvía a verlo por allí, le rompería la cabeza. Pero él, retorciéndose el pequeño bigote con gesto resuelto, lo miró con unos ojos negros y feroces que disuadieron a Smith de cumplir su amenaza. Eso sí, le dijo a la joven que debía estar completamente loca para querer ser la novia de alguien que claramente no estaba en sus cabales. A pesar de todo, cuando caía la tarde y se escuchaban unos compases melancólicos silbados desde el otro lado del huerto, ella dejaba lo que tuviera entre manos —incluso a la señora Smith con la palabra en la boca— y salía corriendo a su encuentro. La señora Smith decía entonces que no era más que una descarada y una sinvergüenza.

"Los únicos que parecíamos apreciar la belleza de aquel joven éramos Amy y yo. Era muy apuesto, y en su porte había algo elegante y solemne, con un leve aire salvaje que por momentos lo hacía parecer una criatura de los bosques. La madre de la joven lloriqueaba y se lamentaba cuando ella la visitaba en su día libre. El padre se mostraba ofendido, pero fingía no saber nada, y en una ocasión, la señora Finn no dudó en advertirle directamente: 'Querida, ese hombre va a terminar haciéndote daño'. Y así siguieron las cosas. Se les veía pasear por los caminos, ella siempre con sus mejores ropas, que llamaban la atención desde lejos: el vestido gris, la pluma negra, las botas toscas, los guantes de algodón blanco; y él, con la chaqueta colgada al hombro, caminando a su lado con orgullo, dedicándole miradas llenas de ternura a la joven del corazón de oro.

"Me pregunto si realmente era consciente de lo poco agraciada que era. Quizá, al enfrentarse a una fisonomía tan distinta a las que conocía en su país, no tenía una percepción muy clara; o tal vez, simplemente, fue conquistado por esa cualidad divina de la compasión.

"Yanko estaba muy preocupado. En su tierra eran los ancianos quienes actuaban como embajadores en los asuntos matrimoniales, pero allí no sabía cómo proceder. Un día, mientras cuidaban las ovejas en el prado (en esa época ayudaba a Foster con los rebaños de Swaffer), se quitó el sombrero frente al padre de la joven y le declaró su amor con humildad. 'Imagino que está lo bastante loca como para casarse contigo', fue todo lo que Foster respondió. 'Y en ese momento —me contó luego—, el muchacho se volvió a poner el sombrero, me miró como si quisiera matarme, silbó al perro y se marchó, dejándome todo el trabajo'.

"Naturalmente, los Foster no querían perder el dinero que la joven aportaba: Amy siempre entregaba su salario completo a su madre. Foster, por su parte, rechazaba la idea del matrimonio. Aunque reconocía que el joven cuidaba bien a las ovejas, consideraba que no estaba preparado para casarse. Le parecía inquietante verlo hablar solo junto a los setos, como un loco, y no confiaba en lo que podría hacer un extranjero con una mujer. Tal vez planeaba llevarse a Amy lejos… o incluso desaparecer él solo. No le inspiraba ninguna seguridad. Le dijo a su hija que aquel joven podría llegar a maltratarla. Ella no dijo nada. La gente murmuraba que él había hecho 'algo'. El asunto se volvió tema de conversación en todo el pueblo y se armó cierto revuelo, pero los jóvenes no dejaron de salir juntos.

"Entonces ocurrió algo inesperado.

"No sé hasta qué punto el viejo Swaffer era consciente de que su criado lo consideraba una figura paterna, pero su relación tenía algo de feudal. Cuando Yanko pidió una audiencia que incluyera 'también a la señorita' (así llamaba él, simplemente, a la sorda y severa señorita Swaffer), fue para pedir su bendición para el matrimonio. Swaffer escuchó impasible la noticia, lo hizo retirarse, y luego gritó lo que acababa de oír en el oído menos sordo de su hija, quien no mostró ninguna sorpresa y respondió: 'No creo que otra joven quiera casarse con él'.

"Todo el mundo atribuyó la generosidad a la señorita Swaffer, pero poco después se supo que el viejo Swaffer le había regalado a Yanko una pequeña casa (la misma que viste esta mañana) y un acre de tierra, y le había traspasado la propiedad. Willcox se encargó de las escrituras y me dijo que le dio verdadero gusto hacerlo. El documento decía: 'En agradecimiento por haber salvado la vida de mi querida nieta, Berta Willcox'.

"Desde entonces, ya no había nada que pudiera impedir el matrimonio.

"El enamoramiento de ella duró mucho tiempo. La gente la veía cada tarde en la puerta de su casa, esperando a su esposo. Se quedaba allí, inmóvil, con el aire ausente de una hipnotizada, mirando hacia el sendero por donde él solía aparecer, caminando con su paso alegre, cantando alguna canción de amor de su tierra. Cuando nació su hijo, Yanko volvió a beber de más en la taberna Carro y Caballos, intentó bailar de nuevo y, una vez más, lo echaron. La gente lamentaba que esa mujer se hubiese casado con un payaso, pero a él no le importaba: ahora había un hombre —me decía orgulloso— a quien podría cantar y hablar en su lengua natal, y a quien enseñaría a hablar muy pronto.

"Aunque no estoy seguro, también me parecía que su andar se había vuelto más lento, su cuerpo menos ágil y su mirada menos brillante. Tal vez era una ilusión mía, pero hoy sigo creyendo que ya había empezado a caer en las redes del destino.

"Un día lo encontré en el camino de Talfourd Hill. Lo único que me dijo fue que las mujeres eran 'muy raras'. Algo había escuchado yo sobre algunas dificultades en su matrimonio, y la gente murmuraba que Amy Foster estaba empezando a darse cuenta de con quién se había casado. Al parecer, un día ella le quitó al niño de los brazos cuando le cantaba una de aquellas nanas tradicionales, como si creyera que esa música pudiera hacerle daño. Las mujeres eran muy raras. ¿Por qué no le permitía rezar por las noches? Solo quería que su hijo aprendiera las oraciones igual que él las había aprendido de su padre. Entendí que ansiaba que su hijo creciera pronto para poder hablar con alguien en ese idioma que a nosotros nos parecía tan extraño, tan apasionado, y no comprendía por qué a su esposa le desagradaba tanto la idea. Pero ya entraría en razón —me dijo—, y ladeó la cabeza con una mirada cómplice, antes de golpearse el pecho para hacerme entender que ella tenía un buen corazón: un corazón sensible, compasivo, siempre generoso con los pobres.

"Me alejé pensativo, preguntándome si aquello que en un principio había despertado una atracción irresistible en la torpe naturaleza de aquella mujer, no estaría generando ahora una forma de repulsión. Eso creía…

"El médico se acercó a la ventana y contempló el resplandor gélido del mar, inmenso en medio de la bruma, como si rodeara la tierra con todos los corazones perdidos en las pasiones que el amor y el miedo despiertan.

"—Desde un punto de vista fisiológico —dijo de pronto, volviéndose— era posible. Sí, era posible.

"Guardó silencio un instante y luego continuó:

"—Sea como sea, la siguiente vez que lo vi, estaba muy enfermo. Tenía un cuadro pulmonar. Era fuerte, pero supongo que no se había adaptado tan bien como yo creía. El invierno era muy duro, y los hombres de montaña tienden a caer en estados de melancolía. Creo que fue esa tristeza la que lo debilitó. Estaba medio vestido, tirado en el catre del piso bajo. En el centro de aquella pequeña habitación había una mesa con mantel; en el suelo, una cuna de mimbre, y en el hornillo, una tetera humeante. Algunas prendas de ropa infantil colgaban para secarse junto a la chimenea. La habitación estaba caliente, pero la puerta daba directamente al jardín, como seguramente notaste. Tenía mucha fiebre y hablaba solo. Ella estaba sentada en una silla, mirándolo desde el otro lado de la mesa con sus apagados ojos marrones.

"—¿Por qué no está en el piso de arriba? —pregunté.

Le di algunas instrucciones y, al marcharme, le insistí en que lo llevara a la cama de la planta superior. La joven retorció las manos.

—No puedo, no puedo. No deja de decir cosas y no sé qué quiere.

Observé detenidamente a aquel hombre, recordando inevitablemente todas las habladurías que se decían sobre él. Vi aquellos ojos miopes y apagados que alguna vez habían sido los de una criatura fascinante, pero que ahora parecían no ver nada al mirarme. Comprendí que ella estaba profundamente nerviosa.

—¿Qué le pasa a Yanko? —me preguntó con temor—. No parece tan enfermo, nunca he visto a nadie así…

—¿Te parece que está fingiendo? —repliqué, indignado.

—No puedo evitarlo, señor —respondió sin alterarse, juntó las manos y apartó la mirada—. Y también está el niño… Tengo miedo… Me pide que se lo dé y no entiendo lo que le dice.

—¿No puedes pedirle a algún vecino que te acompañe esta noche? —pregunté.

—Nadie quiere venir, señor —murmuró con resignación. Le insistí en que lo cuidara bien y luego me fui. En invierno siempre hay muchos enfermos.

—Por lo menos, que no hable… —alcancé a oírle decir mientras salía.

No sé cómo no lo intuí antes, pero así fue. Cuando giré la cabeza desde el carro, la vi aún inmóvil en la puerta, como si quisiera echar a correr por el camino embarrado. Esa noche la fiebre de Yanko había empeorado. Se revolvía en la cama, gemía, se quejaba. Amy Foster estaba sentada al otro lado de la mesa, observando cada movimiento y sonido con creciente terror, un miedo irracional hacia aquel hombre.

Había acercado la cuna de mimbre hasta sus pies. Estaba dividida entre el instinto maternal y el miedo.

En un momento, Yanko se giró hacia ella y le pidió agua, pues tenía una sed terrible. Ella no comprendió lo que decía, aunque él probablemente creyó haberlo dicho en inglés. La miró fijamente, delirante por la fiebre, incapaz de creer su silencio e inmovilidad, y finalmente gritó con impaciencia:

—¡Agua! ¡Dame agua!

Ella se sobresaltó, abrazó al niño y se quedó paralizada. Yanko continuó hablándole, pero su vehemencia no hizo más que intensificar su miedo. Supongo que siguió pidiéndole cosas, suplicando, ordenando, mientras su voz se volvía cada vez más extraña. La muchacha jura que aguantó hasta que ya no pudo más. Entonces, él tuvo un arranque de ira.

Se incorporó y, con voz ronca, pronunció una palabra… alguna palabra. Luego se levantó, como si no estuviera enfermo —eso dijo ella—. En medio del delirio y la indignación, avanzó hacia ella, y entonces, sin más, abrió la puerta y salió corriendo con el niño en brazos. Desde el camino aún pudo oírlo gritar su nombre con una voz desgarradora, pero ella siguió corriendo… Si hubieras podido ver el brillo de ese miedo, en la oscuridad de sus ojos, lo entenderías. Corrió cinco kilómetros hasta llegar a la casa de los Foster.

Yo fui quien lo encontró al día siguiente. Me habían llamado esa noche para atender una urgencia en el pueblo, y al regresar al amanecer, pasé junto a su casa; la puerta estaba abierta, y con la ayuda de mi asistente lo llevamos al interior. Lo colocamos sobre el catre. El fuego se había apagado, la lámpara humeaba, y las paredes empapeladas de un triste color amarillo estaban húmedas y frías.

—¡Amy! —grité.

Y aunque la casa era diminuta, mi voz se perdió en el vacío, como si me hallara en medio de un desierto. Yanko abrió los ojos.

—Se ha ido —dijo claramente—. Lo único que le pedí fue un poco de agua.

Estaba cubierto de barro. Lo arropé y me quedé a su lado, en silencio. De vez en cuando lograba pronunciar alguna palabra, con dificultad. Ya no hablaba en su lengua. La fiebre había desaparecido, y con ella, el calor de la vida. Por segunda vez, su mirada me recordó la de un animal salvaje, la de un pájaro atrapado en una red. Ella lo había abandonado enfermo, indefenso, sediento… Una lanza atravesaba su pecho.

—¿Por qué? —preguntó, con voz herida, como si acusara al propio Creador.

La única respuesta fue una ráfaga de viento, seguida de una poderosa tormenta. Me levanté para cerrar la puerta y lo escuché decir la palabra misericordioso justo antes de expirar.

Escribí en el acta de defunción que había muerto por un paro cardíaco. Seguramente su corazón falló, porque de otro modo habría sobrevivido también a aquella noche de frío y tormenta. Le cerré los ojos y me marché. A cierta distancia, me crucé con Foster, que caminaba decidido con su perro pegado a los talones.

—¿Sabe dónde está su hija? —pregunté.

—¡Claro que lo sé! —gritó—. Voy a decirle a ese tipo un par de cosas... ¡Asustar a mi hija así!

—No volverá a hacerlo —dije—. Está muerto.

Golpeó el barro con su bastón.

—Y está el niño...

Luego, tras unos segundos de silencio pensativo, añadió:

—No sé si es mejor así.

Eso fue todo lo que dijo. Y Amy Foster jamás volvió a decir nada. Ni siquiera menciona el nombre de su esposo. Nunca. Tal vez la imagen de aquel hombre se haya borrado de su memoria, como su figura ligera se ha desvanecido de estos campos. Ya no está allí para alimentar el miedo y la pasión. Es como si su recuerdo se hubiera disuelto en esa mente torpe, como una sombra en una pantalla blanca.

Sigue viviendo en la casa y ahora trabaja para la señorita Swaffer. Para todos es Amy Foster, y el niño, 'el hijo de Amy Foster'. Para ella, es Johnny, diminutivo de John. Ni siquiera podría asegurarte si ese nombre le evoca algo. ¿Piensa en el pasado alguna vez? Muchas veces la he visto inclinarse con ternura sobre la cuna. El niño, tumbado de espaldas, me miraba en silencio con sus grandes ojos negros, algo asustado, pero quieto... con el mismo brillo turbado que tienen los ojos de los pájaros en la red.

Y al mirarlo, siento que lo estoy viendo a él... a su padre... arrastrado por las olas hasta una orilla donde habría de morir, víctima del más cruel naufragio de soledad y desesperación."

EL ALMA DEL GUERRERO

El viejo oficial, de grandes bigotes blancos, dio rienda suelta a su indignación.

—¿Cómo es posible que todos ustedes, jovencitos, no tengan más sentido común? A muchos de ustedes no les vendría mal limpiarse la leche de los labios antes de juzgar a los rezagados de una generación que ha hecho mucho, y no ha sufrido poco, por su época.

Los oyentes manifestaron de inmediato su arrepentimiento, y el anciano guerrero se calmó un poco, aunque no permaneció en silencio.

—Yo soy uno de ellos, me refiero a que soy uno de los rezagados —continuó con serenidad—. ¿Y qué fue lo que hicimos? ¿Qué logramos? El gran Napoleón cayó sobre nosotros con la intención de emular las gestas de Alejandro Magno, respaldado por una multitud de naciones. A la impetuosidad y la fuerza de los franceses, nosotros opusimos extensiones desiertas interminables, y luego presentamos una resistencia feroz hasta que su ejército quedó inmovilizado, durmiendo sobre sus propios cadáveres. Después vino el muro de fuego de Moscú… se le vino encima por completo.

"A partir de allí comenzó la derrota del Gran Ejército. Los vi huir, como si se tratara del descenso fatídico de miles de pecadores pálidos y demacrados a través del círculo helado del infierno de Dante, abriéndose ante ellos a cada segundo, cada vez más, bajo sus miradas llenas de desesperación.

"Los que escaparon con vida casi necesitaron que sus armas se les clavaran al cuerpo con doble remache para poder salir de Rusa en medio de aquella helada que partía las piedras. Pero quien nos acuse de haberles permitido escapar estaría diciendo una necedad. ¿Por qué? Porque nuestros propios hombres llegaron al límite de su resistencia… ¡de su resistencia rusa!

"Es evidente que nuestro espíritu no había sido quebrantado y que nuestra causa no solo era justa, sino sagrada. Pero eso no aplacaba el viento que soplaba sobre hombres y caballos.

"Para bien o para mal, la carne es débil, y al final, quien paga el precio es la humanidad. ¿Por qué? Porque en aquella batalla de la pequeña aldea que les mencionaba, peleábamos tanto por la victoria como por el refugio que ofrecían aquellas casas. Y los franceses no eran distintos a nosotros.

"No se trataba de gloria ni de estrategia. Los franceses sabían perfectamente que aquello les obligaría a retirarse antes del amanecer, y nosotros también lo sabíamos. En cuanto a la guerra, ya no quedaba nada más por lo cual luchar; y aun así, tanto su infantería como la nuestra combatieron como gatos salvajes —o como héroes, si prefieren llamarlo así— entre aquellas casas, mientras nuestros refuerzos se congelaban a la intemperie, bajo el inclemente viento del norte que barría la nieve sobre la tierra. Hasta el aire parecía teñido de un gris lúgubre en contraste con el suelo blanco. Jamás había visto la creación de Dios tan siniestra como aquel día.

"Nosotros, la caballería —no éramos más que un puñado—, poco podíamos hacer, salvo darle la espalda al viento y soportar alguna que otra bala perdida de los franceses. También debe decirse que aquellos eran los últimos cañones franceses, y esa fue la última vez que lograron mantener su artillería en posición. Unos cañones que nunca salieron de allí. A la mañana siguiente los encontramos abandonados. Pero esa tarde todavía arrojaban fuego infernal contra nuestra columna de ataque. El viento era tan fuerte que se llevaba el humo… y hasta el sonido. Pero las lenguas de fuego eran claramente visibles en toda la línea francesa. Una ráfaga de nieve lo ocultaba todo, excepto los destellos rojo oscuro entre las espirales blancas.

"A intervalos, cuando las líneas se despejaban un poco, podíamos ver avanzar una columna interminable a través de la llanura, hacia la derecha. El Gran Ejército se arrastraba en retirada, mientras a nuestra izquierda la batalla continuaba con gran estruendo. El torbellino de nieve barría todo aquel paisaje de muerte y desolación, hasta que, de pronto, el viento cesó con la misma rapidez con la que había surgido por la mañana.

"Entonces nos llegaron órdenes de atacar a la columna en retirada. No sé por qué —quizá para evitar que nos congeláramos sobre nuestras monturas—. Giramos hacia la derecha y avanzamos al paso, dispuestos a atacarla de flanco. Serían alrededor de las dos y media de la tarde.

"Debo añadir que hasta ese momento de la campaña, mi regimiento no había estado en la primera línea contra el ejército de Napoleón. Desde la invasión, nuestra división había estado luchando en el norte contra Oudinot. Solo después comenzamos a avanzar, empujándolo hacia el Beresina.

"En resumen: era la primera vez que mis camaradas y yo veíamos de cerca al Gran Ejército de Napoleón. La visión era aterradora y sobrecogedora. Yo había oído las historias de la gente, y había visto también a algunos rezagados: bandas de forajidos, grupos de prisioneros a la distancia. ¡Pero ahí estaba el ejército en sí! Una muchedumbre desfallecida, medio enloquecida, tambaleante. Salía del bosque, a más de dos kilómetros de distancia, y se perdía en la oscuridad de los campos. Avanzamos al trote, la máxima velocidad que podían soportar nuestros caballos en esas condiciones, y caímos sobre aquella masa humana como si se tratara de un pantano. No ofrecieron resistencia. Escuché unos pocos disparos, no más de media docena. Sus sentidos estaban tan entumecidos como sus cuerpos.

"Tuve tiempo de observarlos con atención, cabalgando al frente del escuadrón. Algunos estaban tan perdidos en su miseria que ni siquiera se giraban a ver cómo nos abalanzábamos sobre ellos. ¡Soldados!

"Mi caballo empujó con el pecho a uno de ellos. Llevaba un capote azul de dragón, harapiento y chamuscado. Ni siquiera levantó una mano para apartar mis riendas o salvarse. Simplemente cayó al suelo. Nuestras tropas avanzaban sableando y acuchillando… Yo también lo hice… ¿Qué esperaban? El enemigo es el enemigo. Pero no puedo negar que un profundo horror empezó a apoderarse de mí. No se oía tumulto, solo un murmullo interrumpido por gritos y quejidos, mientras esa turbamulta seguía su marcha, indiferente. En el aire flotaba un hedor a harapos y heridas. Mi caballo tropezaba constantemente en ese remolino de hombres. Era como cruzar entre cadáveres animados por un último impulso. ¡Invasores! Sí… Dios ya había cobrado su cuenta con ellos.

"Le clavé las espuelas a mi caballo para abrirme paso y sentí de pronto una sacudida y un alarido de rabia cuando nuestro segundo escuadrón cayó sobre ellos por la derecha. Mi caballo resbaló, y alguien me agarró la pierna. No tenía intención de ser derribado. Lancé un sablazo a ciegas y de revés. Escuché un grito… y mi pierna quedó libre de inmediato."

"Justo en ese momento pude ver a un subalterno de mi regimiento a poca distancia de donde yo me encontraba. Su nombre era Tomassov. Una multitud de cadáveres andantes, con ojos parecidos al cristal, rodeaba su caballo, cada vez más enloquecidos. Él se mantenía muy erguido sobre la montura, sin mirarlos y con la espada tranquilamente envainada.

Ese Tomassov… en fin, tenía barba. Ya sé que todos tenemos barba de vez en cuando, por las circunstancias o por falta de navaja. Éramos un grupo de aspecto salvaje en aquellos días infames, de los cuales muchos no sobrevivieron. No hace falta que les recuerde cuán severas fueron nuestras pérdidas. Sí, puedo asegurarles que nuestra apariencia era feroz. Des Russes sauvages…

Tomassov tenía barba, sí… pero no parecía un *sauvage*. Era el más joven de todos nosotros, y cuando digo joven, quiero decir realmente joven. Desde lejos tenía un aspecto aceptable, a pesar de la muerte y del desgaste que la campaña había dejado en nuestros rostros. Pero al estar lo suficientemente cerca como para mirarlo a los ojos, uno notaba de inmediato su juventud, aunque no era exactamente un niño.

Sus ojos eran azules, como el cielo otoñal: soñadores, alegres, inocentes. Un mechón rubio adornaba su frente como una diadema dorada en tiempos de paz.

Probablemente piensen que hablo de él como si fuera un héroe de novela, pero eso no es nada comparado con lo que el edecán había dicho de él. Descubrió —decía— que tenía "labios de amante", fuera eso lo que fuese. Si con eso quería decir que tenía una boca bonita, bueno, en efecto, la tenía, pero él lo decía con desprecio. Nuestro edecán no era precisamente un hombre sutil. "Miren esos labios de amante", solía gritar cada vez que hablaba Tomassov.

A Tomassov, como es natural, no le hacía ninguna gracia. Pero, hasta cierto punto, había sido él mismo quien se había expuesto a las burlas debido a la profunda huella que el amor había dejado en él, una huella que tal vez no era tan extraordinaria como él creía. Lo que hacía que sus compañeros toleraran sus exaltaciones era el hecho de que estaban relacionadas con Francia… ¡con París!

Ustedes, jóvenes de esta generación, no pueden imaginar el prestigio que esos nombres tenían entonces. París era el centro de todas las maravillas para todo hombre que poseyera el don de la imaginación. La mayoría de nosotros éramos jóvenes y teníamos buenas conexiones, pero apenas salíamos de nuestros pequeños pueblos; no éramos más que unos humildes siervos de Dios —paletos, para decirlo claro—, así que estábamos más que dispuestos a escuchar todas las historias que Tomassov nos contaba sobre París. Lo habían asignado a nuestra delegación en París el año anterior a la guerra, probablemente gracias a buenos contactos, aunque bien pudo haber sido simple fortuna.

No creo que desempeñara un rol importante en esa delegación debido a su juventud y a su casi total falta de experiencia. Al parecer, tenía todo el tiempo del mundo cuando estaba en París, y lo dedicó a enamorarse, a mantenerse en ese estado y a cultivarlo; a vivir pensando solo en el amor, para decirlo de una vez.

Así que no fue simplemente un recuerdo lo que trajo de Francia. El recuerdo es algo volátil, puede olvidarse, disiparse, o incluso ponerse en duda. ¿Por qué lo digo? Porque yo mismo he llegado a dudar, y porque también a mí me llegó el momento de visitar París. El largo camino hasta allí, con batallas como etapas, aún me parece increíble si no fuera por cierta bala de mosquete que llevo en mi cuerpo desde un episodio de caballería en Silesia, al inicio de la campaña de Leipzig.

Y sin embargo, los episodios amorosos siempre terminan siendo más impactantes que los de peligro, y no se los encuentra en el frente. Los del amor son más escasos, más íntimos. Y recuerden que lo de Tomassov había ocurrido hacía muy poco. Apenas habían pasado tres meses desde su regreso de Francia cuando estalló la guerra.

Su mente y su corazón seguían llenos de aquella experiencia. Aún estaba conmovido por lo que le había sucedido, y era normal que saliera en sus conversaciones. Se consideraba un privilegiado, no porque una dama lo hubiera favorecido abiertamente, sino porque —cómo decirlo— había recibido una especie de iluminación que lo impulsaba a adorarla, como si se tratara de algo celestial.

Sí, era un hombre ingenuo. Joven, pero no tonto. Aunque poco reflexivo, inocente y sin malicia. Se pueden encontrar muchos como él aquí y allá, sobre todo en las provincias. También tenía un cierto aire poético. Era él mismo, sin disfraces. Supongo que nuestro padre Adán tendría algo de esa misma poesía. Por lo demás, era un russe sauvage, como nos llamaban los franceses, pero no del tipo que se come las velas como si fueran manjares. En cuanto a la mujer —la mujer francesa—, bueno, yo también estuve en Francia con otros cien mil rusos, y confieso que jamás la vi. Probablemente no estaba en París durante mi estancia. Y, de todos modos, no habitaban detrás de puertas que se abrieran de par en par para tipos como yo, ya saben a lo que me refiero. Nunca estuve en salones dorados, así que no podría decirles cómo eran. Tal vez parezca extraño, ya que yo era, digámoslo así, el confidente de Tomassov.

Él se volvía tímido al hablar frente a los demás. Supongo que en más de una ocasión los comentarios groseros de algunos camaradas lastimaron su sensibilidad. Pero yo estaba allí, y tuve que resignarme. La verdad es que nadie puede esperar que un joven, y menos en la situación de Tomassov, se muerda la lengua. Y en cuanto a mí —aunque tal vez no me crean—, no fue difícil, porque soy un hombre más bien callado.

En muchas ocasiones, él interpretó mi silencio como simpatía. Todo aquel mes de septiembre fue un período tranquilo para nuestro regimiento, y nos alojamos en varias aldeas. Fue durante esos días que escuché la mayor parte de aquella… no sé si llamarla historia. La historia que conservo en la memoria es más bien una confesión. O un desahogo, podría decirse.

Yo lo escuchaba en silencio, a gusto, mientras Tomassov me relataba su historia con entusiasmo. Y cuando terminaba, yo seguía en silencio.

En esas situaciones se producía un tipo de efecto silencioso que, creo, también le complacía a él.

Ella, como es de esperar, no era una mujer joven. Tal vez fuera viuda. En cualquier caso, no recuerdo que Tomassov mencionara un esposo ni una sola vez. Tenía un salón, algo verdaderamente distinguido, una especie de centro social donde ella reinaba con gran elegancia.

No sé por qué, pero siempre me imaginé aquella pequeña corte compuesta mayormente por hombres, aunque Tomassov, debo reconocer, era hábil en mantener esos detalles cuidadosamente al margen de la narración. Les juro que ni siquiera podría decirles si era rubia o morena, si sus ojos eran marrones o azules, cuánto medía, sus rasgos o su complexión. Su amor habitaba en un lugar que escapaba incluso a las impresiones físicas. Nunca la describió de forma precisa, pero admitía que en su presencia los pensamientos y sentimientos de todos giraban a su alrededor. Era ese tipo de mujer. En su salón se conversaba sobre los temas más elevados, pero a través de ella fluía, inaudible como una música misteriosa, la afirmación, el poder y la tiranía de la belleza.

Al parecer, la mujer era hermosa y sabía separar a sus interlocutores de sus intereses mundanos e incluso de sus propias vanidades. Era una delicia secreta y una preocupación secreta. Cada vez que la miraban, los hombres sentían de pronto que habían malgastado sus vidas. Era la propia felicidad, el goce puro, y al mismo tiempo llevaba tristeza y turbación a los corazones de los hombres.

"En resumen, debió de ser una mujer extraordinaria… o bien Tomassov era un hombre extraordinario, capaz de sentir por una mujer como ella todas esas cosas con tanta convicción. Ya mencioné que el joven tenía mucha poesía en su interior, pero todo lo que contaba sonaba auténtico. Muchas veces los poetas son quienes más cerca están de la verdad, nadie lo niega.

Ya sé que mi relato no tiene mucha poesía, pero carezco de ese talento. No me cabe duda de que la dama fue muy amable con el joven cuando él logró ser admitido en su salón. Lo más increíble fue, en realidad, que lo consiguiera. Pero cuando lo logró, aquel inocente se encontró rodeado por la compañía más distinguida y por los hombres mejor relacionados. Y todos saben lo que eso significa: grandes barrigas, cabezas calvas, dientes que faltan… así al menos lo describiría algún bromista. Ahora imaginen, entre toda esa comitiva, a un joven modesto, apuesto, impresionable, entregado. ¡Por mi honor, qué contraste! Qué alivio en medio de tantos sentimientos gastados. Y junto a todo eso, la justa dosis de poesía que hace que los simples no parezcan tontos.

A partir de ese momento, se convirtió en un esclavo devoto e incondicional. Su recompensa eran sonrisas y, de vez en cuando, acceso a la intimidad de la casa. Es muy posible que ese sofisticado bárbaro resultara agradable a la dama. Muy posible también que, ya que no se alimentaba de velas, pudiera satisfacer otras necesidades de ternura. Ya saben: hay muchas formas de ternura para las mujeres sofisticadas. Me refiero a las mujeres con cerebro e imaginación, no a las temperamentales. ¿Quién puede entender sus deseos y caprichos? La mayoría de las veces ni siquiera ellas saben lo que anhelan en lo más profundo, y van de un lado a otro, a veces con resultados desastrosos. Y cuando eso pasa, ¿quién se asombra más que ellas?

De todos modos, el caso de Tomassov era más bien idílico. Se encargaba de entretener a aquella elegante sociedad, y su devoción le brindaba algo parecido al éxito social. A él todo eso le daba igual. Para él solo existía una divinidad y un santuario al que se le permitía entrar fuera de los horarios establecidos para las visitas.

Aprovechó con total libertad los privilegios que le habían otorgado, ya que no tenía obligaciones oficiales. La delegación militar había resultado ser más honorífica que efectiva, presidida por un amigo personal de nuestro emperador Alejandro, que se dedicaba a disfrutar de la vida social… al menos eso se decía.

Una tarde, Tomassov fue a ver a la reina de sus pensamientos un poco antes de lo habitual. Resultó que no estaba sola. No se trataba de uno de esos personajes barrigones y calvos, aunque tampoco era un cualquiera. Era un hombre que rondaba los treinta años, un oficial francés que también gozaba de cierta intimidad privilegiada. Tomassov no sentía celos de él; ese sentimiento le habría parecido casi una falta de respeto.

Al contrario: en realidad sentía admiración. No pueden imaginarse cuánto prestigio tenían entonces los soldados franceses, incluso entre nosotros, los rusos, que mejor que nadie nos habíamos enfrentado a ellos. Era como si llevaran en la frente el signo de la victoria, y como si esa marca fuera eterna. Si no hubieran sido tan conscientes de ello, habrían sido casi sobrehumanos. Pero eran buenos camaradas y sentían una suerte de fraternidad hacia todo aquel que portara armas, aunque fueran enemigas.

Aquel era un ejemplar de primera: un oficial de la capitanía general, además de un hombre de alta sociedad. Fuerte, varonil, aunque se acicalaba tanto como una dama. Tenía la seguridad de quien conoce bien el mundo. Su frente, blanca como el mármol, contrastaba con el color saludable de su rostro.

No sé si tenía celos de Tomassov, pero sospecho que estaba algo molesto, como si todo aquello fuera una comedia sentimental. Sin embargo, estos hombres de mundo suelen ser impenetrables, y aparentaba tolerar la presencia de Tomassov con más liberalidad de la estrictamente necesaria. En un par de ocasiones incluso le ofreció consejos, con mucha cortesía. Tomassov quedó completamente conquistado por tales muestras de amabilidad bajo el frío barniz de la alta sociedad.

Lo condujeron hasta el petit salon, donde encontró a aquellas dos figuras exquisitas sentadas una junto a la otra en el sofá, y por un instante le pareció haber interrumpido una conversación especial. Ambos lo miraron de forma extraña —o eso creyó—, aunque no le dieron a entender que sobraba. Luego de un rato, la dama dijo al oficial, cuyo nombre era De Castel:

—Me gustaría que se tomara la molestia de averiguar cuánto hay de cierto en ese rumor.

—Es algo más que un simple rumor —respondió él, pero se levantó obediente y se fue. La dama se volvió hacia Tomassov y dijo:

—Usted quédese conmigo.

Ese mandato lo hizo inmensamente feliz. Y, de hecho, jamás pensó en marcharse.

Ella lo miró con esa ternura que hacía que algo se expandiera en su pecho. Era una sensación deliciosa, incluso cuando por momentos le cortaba el aliento. Se sumergió, como en éxtasis, en aquella conversación tranquila, seductora, llena de alegría inocente y sosiego espiritual. Sentía que su pasión ardía, rodeándola con llamas azules desde la cabeza hasta los pies, y aún más allá, mientras su alma reposaba en el centro como una gran rosa blanca…

Mmm, creo que eso basta. Me contó muchas cosas así, pero esta la recuerdo con claridad. Él también la recordaba perfectamente, porque fue uno de sus últimos recuerdos de la dama. Aquella iba a ser la última vez que la vería, aunque él no lo sabía todavía.

De Castel regresó, y su presencia rompió el encanto de aquel ambiente en el que Tomassov había estado inmerso, inconsciente del mundo exterior. No pudo evitar sentirse impresionado por la distinción de sus movimientos, la soltura de sus gestos, su superioridad frente a todos los hombres que conocía. Eso le causaba dolor. No podía evitar pensar que esas dos criaturas resplandecientes estaban hechas el uno para el otro.

De Castel se sentó junto a la dama y le murmuró con discreción:

—No hay ni la menor duda: es cierto —y entonces ambos miraron a Tomassov, que salió de su ensoñación y regresó a una semiconsciencia. Se sentó, esbozando una vaga sonrisa.

La dama apartó la vista del sonrojado Tomassov y dijo con una solemnidad poco común en ella:

—Necesito saber si su generosidad puede ser suprema… sin fallos. El amor más alto debe ser el origen de toda perfección.

Tomassov no pudo evitar abrir los ojos con admiración ante esas palabras que salieron de sus labios como perlas. El sentimiento, sin embargo, no iba dirigido al joven ruso, sino al refinado De Castel.

Tomassov no alcanzó a ver el efecto que esas palabras produjeron en el oficial, porque en ese instante bajó la cabeza y se quedó contemplando sus relucientes botas. La dama susurró amablemente:

—¿Tiene usted escrúpulos?

De Castel, sin levantar la mirada, murmuró:

—Podría convertirse en una interesante cuestión de honor.

Ella replicó con vivacidad:

—Eso suena artificial. Yo prefiero los sentimientos naturales. En realidad, no creo en otra cosa. Aunque tal vez su conciencia…

Él la interrumpió:

—En lo absoluto. No tengo una conciencia infantil. El destino de esa gente no tiene importancia militar para nosotros. ¿Qué podría importar? La fortuna de Francia es invencible.

—Entonces… —dijo ella, con intención, poniéndose de pie. Tomassov se levantó también, en medio de una gran confusión mental. Mientras besaba la mano de la dama, escuchó al oficial decir:

—Si tiene alma de guerrero… —(así hablaba la gente en aquella época)—, caerá a sus pies con el corazón agradecido.

Tomassov sintió que se deslizaba hacia una oscuridad más densa aún que la anterior. Siguió al oficial fuera del salón y luego fuera de la casa, porque sentía que eso era lo que se esperaba de él.

"Estaba empezando a anochecer, hacía mal tiempo y la calle estaba casi desierta. El francés, extrañamente, no parecía tener intención de irse, y Tomassov esperó sin impaciencia. Nunca tenía prisa por abandonar la casa donde ella vivía. Además, había ocurrido algo maravilloso. Aquella mano que había alzado con reverencia desde los dedos se había presionado contra sus labios. ¡Había recibido un favor secreto! Casi se sentía atemorizado. El mundo se había puesto a girar, y aún no terminaba de detenerse.

De Castel se detuvo en seco en la esquina de aquella calle tranquila.

—No me gustaría que me vieran a su lado en calles iluminadas, señor Tomassov —dijo con una extraña mueca de desdén.

—¿Por qué? —preguntó el joven, demasiado sorprendido aún como para sentirse ofendido.

—Por prudencia —respondió el otro con frialdad—. Me temo que debemos separarnos en este punto, pero antes de hacerlo le revelaré algo cuya importancia entenderá de inmediato.

Imaginen, por favor, que era una noche de finales de marzo, en el año 1812. Durante mucho tiempo se había ido enfriando la relación entre Rusia y Francia. La palabra "guerra" llevaba tiempo susurrándose en los salones, y ahora comenzaba a resonar también en círculos oficiales. La policía parisina había descubierto que nuestro delegado militar había sobornado a funcionarios del Ministerio de Guerra para obtener documentos oficiales de importancia. Los funcionarios corruptos —al parecer dos— habían confesado su crimen y serían ejecutados esa misma noche. Todo el mundo hablaría del asunto al día siguiente. Pero lo peor era que Napoleón, furioso, había decidido arrestar al delegado ruso.

Ésa fue la revelación a la que se refería De Castel, y aunque la dijo en voz baja, Tomassov la sintió como si hubiese sido un trueno.

—Lo van a arrestar —murmuró, desconsolado.

—Sí, y quedará como prisionero político... junto a todos los que estén con él...

El oficial francés tomó a Tomassov por el brazo, justo sobre el codo.

—Y se quedarán en Francia —repitió al oído, luego lo soltó, dio un paso atrás y se quedó en silencio.

—¡Y es usted... usted quien me cuenta todo esto! —exclamó Tomassov, con una gratitud casi igual a su admiración por la generosidad de aquel futuro enemigo—. ¡Ni un hermano habría sido tan noble! Trató de estrecharle la mano, pero el francés permaneció con el capote cerrado. Puede que en la oscuridad no notara el gesto. Retrocedió un poco y, con su voz firme de hombre de mundo —como si hablara de una partida de cartas o algo similar—, llamó la atención de Tomassov sobre el hecho de que, si quería actuar, cada segundo contaba.

—Claro que sí —afirmó Tomassov—. Hasta pronto, entonces. No tengo palabras para agradecerle su generosidad, pero si se presenta la ocasión, lo juro, podrá contar con mi vida…

El francés se retiró, y un segundo después ya se había desvanecido por una calle solitaria. Tomassov quedó solo y no perdió ni un minuto de los valiosos que le quedaban esa noche.

Vean cómo la murmuración y la charla intrascendente pueden pasar a formar parte de la historia. Si consultan los anales de aquella época, encontrarán como un hecho "demostrado" que nuestro delegado fue advertido por una dama de alta alcurnia que estaba enamorada de él. Se sabe, por supuesto, que era un hombre exitoso entre las mujeres y en las altas esferas. Pero lo cierto es que quien le advirtió no fue otra persona que nuestro sencillo Tomassov, un amante muy diferente.

Ese fue el secreto de cómo nuestro delegado logró escapar de las manos de Napoleón. Él y todos sus oficiales salieron de Francia sanos y salvos, como consta en los registros históricos.

Y entre esos oficiales, naturalmente, estaba el propio Tomassov. En palabras del oficial francés, había demostrado tener alma de guerrero, y nada habría sido más humillante para un alma así que ser arrestado antes de que comenzara la guerra, estar lejos de su patria justo cuando ésta se encontraba en peligro, apartado de sus camaradas, de su deber, su honor... y su gloria.

Tomassov se estremecía cada vez que pensaba en el tormento moral del que se había salvado, y mantenía en su corazón un profundo afecto hacia aquellas dos personas que lo habían librado de semejante destino. ¡Eran criaturas maravillosas! Para él, el amor y la amistad eran manifestaciones de la perfección, y en ellos había hallado ambas, por eso les rendía una especie de culto. Lo ocurrido afectó su visión de los franceses en general. Aunque era un patriota, y le indignaba que quisieran invadir su país, esa indignación no incluía animadversión personal. Era una persona de sensibilidad notable. Le dolía ver el sufrimiento humano que lo rodeaba. Sentía una compasión genuina, y viril, por todas las formas de la miseria.

Algunos con menos sensibilidad no comprendían aquello, y en el regimiento lo apodaron Tomassov "el humano".

No parecía molestarse. En realidad, no hay contradicción entre la humanidad y el espíritu del guerrero. La crueldad suele ser más común entre los civiles, los políticos, los comerciantes. Y en cuanto a las palabras violentas que se dicen durante la guerra... bueno, la lengua es un órgano difícil de controlar incluso en el mejor de los casos, y bajo la excitación resulta imposible.

Por eso no me sorprendió tanto ver a Tomassov con la espada desenvainada en medio de aquella carga. Más tarde, cuando regresábamos al trote, lo noté muy callado. No era muy conversador, pero me pareció claro que aquella visión del Gran Ejército lo había conmovido profundamente, como si hubiese presenciado algo que no pertenecía a este mundo. Yo mismo era un hombre rudo y, en fin, ahí estaba yo, junto a aquel hombre tan lleno de poesía. Se pueden imaginar la impresión que le causó todo aquello. Cabalgamos hombro con hombro, en silencio. Lo vivido iba más allá de las palabras.

Acampamos al borde del bosque, para proteger a los caballos. El viento del norte se había calmado tan rápidamente como había empezado, y la calma del gran invierno se extendía entre el Báltico y el Mar Negro. Se podía sentir su gélido vacío elevándose hasta las estrellas.

Nuestros hombres encendieron varias hogueras para los oficiales y limpiaron la nieve a su alrededor. Había grandes troncos para sentarse, y el campamento resultaba bastante tolerable, incluso sin la exaltación de la victoria. Esa llegaría más tarde; por ahora estábamos abrumados por la dureza de nuestra tarea.

Éramos tres junto al fuego, y el tercero era el edecán del que ya he hablado. Supongo que en el fondo era un buen hombre, aunque podría haber tenido mejores modales y menos rudeza. Solía opinar sobre la conducta humana como si un hombre fuera algo tan simple como dos palos cruzados. En realidad, un hombre se parece más al mar: sus movimientos son demasiado complejos para ser explicados, y de sus profundidades pueden surgir, en cualquier momento, cosas que solo Dios sabe.

Conversamos un poco sobre la carga, pero no demasiado. Es de esas cosas sobre las que cuesta hablar. Tomassov murmuró que le había parecido una carnicería. Yo no dije nada. Ya mencioné que, muy pronto, dejé que mi espada colgara inerte de mi muñeca. Aquella multitud ni siquiera intentó defenderse. Solo unos pocos disparos. Dos de nuestros hombres resultaron heridos. ¡Dos! Y nosotros habíamos cargado contra la columna principal del Gran Ejército de Napoleón…

"Tomassov murmuró débilmente:

—¿Qué sentido tiene todo esto?

Yo no quería discutir, así que me limité a responder:

—En fin...

Pero el edecán intervino de inmediato, de forma muy desagradable:

—Al menos ha servido para que los hombres entren en calor. A mí, por lo menos, me acaloró. Solo por eso me parece una buena razón. ¡Pero nuestro Tomassov es tan humano! Y encima está enamorado de una mujer francesa y es amigo de un montón de franceses. Seguro que ahora siente lástima por ellos. No te preocupes, amigo: ahora nosotros somos los que vamos rumbo a París; no tardarás en verla...

Ese era uno de sus discursos estúpidos. Todos pensábamos que la toma de París sería cosa de años… y al final… En menos de dieciocho meses me estaban estafando en un espantoso local del Palais Royal.

Lo cierto es que, con frecuencia, algunas de las cosas más insensibles de este mundo se revelan a los tontos. No creo que ese edecán creyera sus propias palabras; lo único que quería era burlarse de Tomassov, y lo hacía por costumbre, pura costumbre. Como es lógico, nadie le respondió. Terminó apoyando la cabeza en las manos y se quedó dormido así, frente al fuego.

Nuestra caballería estaba apostada en el ala derecha del ejército, y debo confesar que ofrecíamos una protección bastante pobre. A esas alturas ya habíamos perdido casi por completo el sentido de la inseguridad, aunque seguíamos fingiendo estar alerta. Poco después, apareció un soldado trayendo otro caballo del ronzal, y Tomassov, muy rígido, lo montó y salió a hacer su ronda por los puestos de avanzada. Puestos absolutamente inútiles.

La noche estaba en calma; solo se oían los chispazos de la hoguera. El viento embravecido se había elevado y alejado de la tierra, y no se percibía ni un soplo. La luna llena cruzó el cielo rápidamente hasta quedar inmóvil sobre nuestras cabezas. Recuerdo que alcé mi cara peluda hacia ella y me quedé mirándola un rato. Luego, lo creo sinceramente, me dormí también, encorvado sobre el tronco y con la cabeza inclinada hacia el fuego.

Ustedes conocen la calma de ese tipo de sueños. Por un momento uno siente que se precipita en un abismo; al siguiente, vuelve a un mundo que parece demasiado lejano para cualquier sonido que no sea el de la trompeta del Juicio Final. Y luego cae otra vez, como si el alma se deslizara por un pozo sin fondo, hasta que la conciencia vuelve a golpearnos. Uno se convierte en un simple juguete del sueño, y ese ir y venir es un tormento en ambos estados.

Aun así, cuando mi ordenanza se presentó frente a mí repitiendo: "¿Me haría el honor de comer algo? ¿Me haría el honor de comer algo?", logré mantener la conciencia. Me ofrecía una cacerola tiznada con gachas cocidas. Dentro habían dejado una cuchara de madera clavada como una lanza.

En aquella época, ese era el único rancho que recibíamos con regularidad. ¡Comida de gallina! Pero el soldado ruso es maravilloso. El muchacho esperó hasta que terminé, y luego se llevó la cacerola vacía.

Ya se me había pasado el sueño. Más aún: me sentía completamente despierto, con una conciencia exageradamente lúcida de todo cuanto me rodeaba. Son esos momentos extraordinarios en la vida de un hombre. Sentía una percepción íntima de la tierra, de toda su vasta extensión cubierta de nieve, que solo dejaba ver los árboles con sus troncos erguidos, semejantes a tallos. Ante aquella imagen de desolación total, tuve la impresión de estar escuchando los gemidos de la humanidad extinguiéndose poco a poco en medio de esa naturaleza muerta. Ellos eran franceses. Nosotros los odiábamos. Habíamos vivido separados unos de otros, y de pronto habían caído sobre nosotros con las armas en la mano, trayendo consigo a otras naciones... y todo para morir juntos, dejando a nuestro paso un reguero interminable de cadáveres congelados. Tuve una visión vívida de aquel rastro: una multitud lastimosa de pequeñas tumbas oscuras extendidas bajo la luz de la luna, dentro de una atmósfera inmóvil y despiadada... una especie de paz nauseabunda.

¿Pero acaso se podía imaginar una paz distinta para ellos? ¿Merecían otra? No sé qué tipo de asociaciones mentales provocaron el pensamiento de que la Tierra era un planeta pagano, sin espacio para las virtudes cristianas.

Puede que les sorprenda que recuerde estas cosas con tanto detalle. ¿Qué valor puede tener un pensamiento así para permanecer en la memoria de un hombre durante tantos años? Pues fue un episodio de significado extraño lo que lo fijó en mi mente para siempre. Un episodio de esos que no se olvidan nunca, como comprenderán cuando se los cuente.

No creo que hubiera estado absorto en esos pensamientos más de cinco minutos, cuando algo me hizo mirar por encima del hombro. No creo que fuera un sonido; la nieve apagaba todos. Pero algo fue, alguna especie de señal llegó hasta mi conciencia. Fuera lo que fuese, me giré y vi cómo dos figuras se acercaban bajo la luz de la luna. Una de ellas era nuestro Tomassov. La masa oscura que se veía a su espalda eran los dos caballos que su ordenanza se estaba llevando. Tomassov tenía el mismo aspecto de siempre, con sus botas altas, su esbelta figura y su capucha puntiaguda. Pero junto a él caminaba otra figura.

Al principio no quise creer lo que veía. ¡Increíble! Llevaba un casco con penacho y un capote blanco. No era tan blanco como la nieve — nada lo es en este mundo—, era más bien del color de la neblina. Tenía un aspecto marcial y espectral. Por un momento pensé que Tomassov había capturado al mismísimo dios de la guerra. Pero enseguida me di cuenta de que lo guiaba por el brazo. Y luego, de que lo sostenía. Los observé fijamente. Se acercaban casi arrastrándose. Así fue como llegaron hasta la luz de nuestra fogata y pasaron frente al tronco donde yo estaba sentado. El resplandor iluminó el casco, que estaba abollado, y el rostro del hombre, helado y cubierto de llagas, enmarcado por una piel raída. No era el dios de la guerra, sino un oficial francés. El gran capote blanco de coracero estaba desgarrado, con agujeros quemados.

Sus pies estaban envueltos en viejas pieles de cordero sobre los restos de unas botas. Eran monstruosos, y él se tambaleaba sobre ellos, sostenido por Tomassov, quien finalmente lo ayudó a sentarse con cuidado en el mismo tronco donde yo me hallaba.

No cabía en mí de asombro.

—Has traído a un prisionero —le dije sin creer del todo lo que veían mis ojos.

Comprendan que, a menos que se rindieran en masa, nuestra política no era tomar prisioneros. ¿De qué nos habría servido? Nuestros cosacos mataban a los rezagados o los dejaban a su suerte, según les pareciera. El resultado, al final, era el mismo.

Tomassov me miró con preocupación.

—Surgió del suelo en algún lugar, justo cuando salía del puesto de avanzada —dijo—. Creo que lo hizo a propósito, porque se lanzó a ciegas contra mi caballo. Se aferró a mi pierna, y, como es lógico, ninguno de los hombres se atrevió a tocarlo.

—Se ha salvado por un pelo —le respondí.

—No se daba cuenta —dijo Tomassov, observando a aquel hombre con un aspecto aún más preocupado—. Me lo he traído agarrado a la cinta de cuero del estribo, por eso he tardado tanto. Me dijo que era un oficial del estado mayor y luego, como si estuviera ya condenado, soltó un grito de dolor y me pidió un favor supremo. Me preguntó si entendía lo que quería decir, añadió luego en un susurro diabólico.

Por supuesto que le dije que lo comprendía. Oui, je vous comprends.

Entonces dijo: hágalo. ¡Ahora! Pronto… Por piedad.

Tomassov hizo una pausa y me miró con una expresión extraña, por encima de la cabeza del prisionero.

—¿Qué quería decir? —pregunté.

—Eso mismo le pregunté yo —respondió Tomassov, bastante sorprendido—. Y a continuación me dijo que quería que le hiciera el favor de volarle los sesos. "Como buen camarada soldado", añadió. "Como un hombre humano, un hombre con sentimientos."

El prisionero estaba sentado entre nosotros dos, con el rostro de una momia espantosa cubierta de cicatrices, una figura marcial y descompuesta, un horror de trapos y suciedad, pero con los ojos vivos y encendidos por una llama perpetua en medio de un cuerpo arrasado por la miseria. Un esqueleto en el banquete de la gloria. De inmediato, aquellos ojos implacables se fijaron en Tomassov. El pobre muchacho no podía apartar la mirada. Entonces el prisionero dijo, en francés:

—Yo lo reconozco. ¿No se da cuenta? Usted es aquel jovencito ruso. Aquel día se mostró muy agradecido; ahora le pido que pague su deuda. Págala. Libéreme con un disparo. Usted es un hombre de honor y yo no tengo ni un sable roto. Todo mi ser se rebela contra esta degradación. Usted sabe quién soy.

Tomassov no dijo ni una palabra.

—¿No tiene alma de guerrero? —preguntó el francés, en un susurro iracundo y con un tono cargado de burla.

—No lo sé —respondió Tomassov, con voz apagada.

El francés le dirigió una mirada de desprecio. Parecía sostenerse solo por la fuerza de su desesperación. De pronto soltó un grito y se derrumbó, sacudido por espasmos, como si estuviera siendo torturado. Luchaba contra el dolor, gimoteando. Nos inclinamos para que no cayera en el fuego mientras murmuraba con dificultad: Tuez moi, tuez moi…

El edecán despertó al otro lado de la hoguera y comenzó a maldecir por los gritos del francés.

—¿Qué es esto? ¿Nos vas a seguir atormentando con tu bendita humanidad, Tomassov? —exclamó—. ¿Por qué no arrojaste a este demonio al infierno de la nieve?

Como no le hicimos caso, acabó levantándose y se fue a otra hoguera. Al poco rato, el oficial francés se calmó. Lo acomodamos contra el tronco y permanecimos en silencio a cada lado suyo hasta que sonó la diana con la primera luz del día. El fuego que había durado toda la noche comenzó a palidecer sobre la nieve, y el aire helado se llenó del sonido cortante de las trompetas de caballería. Los ojos del francés, inmóviles y vidriosos, que por un momento nos hicieron pensar que ya había muerto, se movieron lentamente y se detuvieron en nuestros rostros, uno tras otro. Tomassov y yo intercambiamos miradas, desconcertados. Y entonces De Castel nos sorprendió al murmurar con voz cavernosa:

—Bonjour, messieurs.

Apoyó la barbilla en el pecho. Tomassov me dijo en ruso:

—Es él, el hombre del que te hablé… —Asentí, y él continuó con angustia—. ¡Sí, es él! Aquel hombre espléndido, admirado por todos… este horror, esta ruina que no logra morir. Es terrible.

No le respondí, pero entendí perfectamente lo que quería decir. No podíamos hacer nada por él. El invierno vengador nos aplastaba a todos con su puño de hielo, sin distinguir entre perseguidos y perseguidores. La compasión no era una palabra de uso corriente ante un destino tan inexorable. Quise decir algo sobre un convoy que partiría hacia la aldea, pero me detuve al ver el rostro de Tomassov. Ambos sabíamos lo que significaban esos convoyes: muchedumbres de infelices, llevados a punta de lanza por los cosacos a través de aquel infierno de hielo.

Nuestros escuadrones estaban ya formados en el borde del bosque. Pasaron unos minutos. Entonces el francés intentó levantarse. Lo ayudamos, sin saber por qué.

—Vamos —dijo con calma—. Ha llegado el momento. —Hizo una pausa, luego añadió—: Y también mi valor… por mi honor.

Otra pausa.

—¿Ni siquiera pueden compadecerse de un alma desesperada? ¿Tengo que suplicar de rodillas?

El silencio fue la única respuesta.

—¡Cobarde! —gritó, lanzando su última palabra a Tomassov.

El rostro del joven no se inmutó. Yo decidí ir a buscar dos guardias para que se lo llevaran, pero apenas había dado unos pasos cuando sucedió… aunque estoy seguro de que ya lo imaginaban.

Sí, Tomassov lo había hecho.

La nieve ahogó el disparo. Un leve chasquido, nada más. Ni los soldados que preparaban los caballos se dieron vuelta.

Así fue. El destino había puesto a De Castel en manos del único hombre que podía entenderlo. Y lo eligió como su redentor. Tomassov pagó la deuda de cien con un solo disparo. No fue castigado oficialmente, pero después de Danzig pidió su retiro y se perdió en el interior del país, donde una sombra incierta lo persiguió por años.

Así fue.

Cuando me acerqué, De Castel yacía rígido, de espaldas sobre la nieve. Tomassov estaba arrodillado, no a la altura de su cabeza sino de sus pies. Se había quitado el sombrero y el sol reflejaba un brillo dorado en su cabello. Su rostro no mostraba horror ni sufrimiento, sino la calma profunda de una meditación sin fin.

EL CÓMPLICE SECRETO

I

A mano derecha se veían unas estacas de pesca parecidas a un extraño sistema de vallas de bambú; estaban a medio sumergir y resultaban un tanto incomprensibles por la división que marcaban sobre un mar de peces tropicales. Tenían un aspecto medio enloquecido, como si un puñado de pescadores nómadas las hubiera abandonado de esa forma antes de retirarse hasta el otro extremo del océano. No se veía la menor señal de asentamientos humanos en toda la extensión que alcanzaba la vista. A mano izquierda se alzaban unos peñones áridos semejantes a muros de piedra, torres y restos de fortines que hundían sus cimientos en aquel mar azul, tan inmóvil y quieto que casi parecía sólido bajo mis pies; hasta el brillo del sol poniente se reflejaba con suavidad sobre el agua, sin siquiera denotar ese fulgor que manifiestan las ondulaciones más imperceptibles.

Cuando me di la vuelta para despedir con la vista al remolcador que nos acababa de dejar anclados, pude ver la línea de la costa fijada a aquel mar inalterable, filo contra filo, en una unión que no parecía tener fisura alguna y que se producía al mismo nivel: una de las mitades azul y la otra marrón, bajo la enorme cúpula celestial. Tan minúsculos como aquellos peñones se veían también dos pequeños bosques, uno a cada lado de esa impresionante unión que definía la desembocadura del río Meinam, del que acabábamos de salir en la fase inicial de nuestro viaje de regreso a casa. Hacia el interior se extendía una masa más grande y elevada: el bosque que rodeaba la gran pagoda de Paknam, el único lugar en el que podía descansar la vista del inútil intento de recorrer con la mirada aquel monótono horizonte.

Los meandros del río se distinguían por ciertos destellos aquí y allá, como pequeñas monedas de plata diseminadas, y en el recodo más cercano, del lado interno de la barra, perdí de vista al remolcador que se internaba dejando una estela de humo, como si aquella tierra inamovible hubiese engullido su casco, su chimenea y sus mástiles sin el menor esfuerzo. Seguí con la mirada la tenue nube de vapor que recorría la llanura y seguía las curvas tortuosas de la corriente hasta perderse tras la colina en forma de mitra sobre la que descansa la pagoda. En ese momento me quedé completamente solo en mi barco, anclado en el golfo de Siam.

Flotaba en lo que iba a ser el punto de partida de un largo viaje, inmóvil en medio de aquella inmensa quietud, con la sombra de los mástiles apuntando hacia el este y el sol cayendo por el poniente. En ese instante, yo era el único en cubierta; no se oía el menor ruido, nada se movía a nuestro alrededor, no había señales de vida, ni un pájaro en el aire, ni una canoa en el agua, ni una nube en el cielo. En ese intervalo de calma, justo al inicio de una travesía prolongada, parecía que el barco y yo estuviéramos midiéndonos mutuamente, evaluando nuestra capacidad para cumplir una misión tan ardua y extensa, apartados de toda mirada humana, con el mar y el cielo como únicos testigos y jueces posibles.

Es probable que hubiera cierto resol en el aire que dificultara un poco la visión, porque, justo hasta el momento anterior al ocaso, no distinguí detrás de una de las puntas más elevadas del principal peñón una silueta que estaba a punto de romper aquella perfecta soledad. La marea de oscuridad se levantó con rapidez y con la brusquedad típica de los trópicos, y sobre aquellas tierras sombrías comenzó a brillar un enjambre de estrellas, mientras yo seguía apoyado en la regala, como si se tratara del hombro de un amigo fiel. Aquel inmenso conjunto de cuerpos celestes hizo desaparecer de pronto la tranquilidad de mi comunión con la nave. Comenzaron a escucharse ruidos: pasos y voces, el ir y venir del camarero en la cubierta principal como un fantasma apurado, una campana que sonaba con urgencia bajo el puente de toldilla…

Vi a mis dos oficiales esperándome para cenar en el camarote iluminado. Nos sentamos a la vez y, mientras servía al primer oficial, comenté:

—¿Se dieron cuenta de que hay un barco anclado entre las islas? Cuando se ponía el sol, vi con claridad los topes sobre los peñones.

El primer oficial levantó su rostro anguloso, partido por un bigote enorme, y exclamó como era su costumbre:

—¡Cielo santo, señor! ¡No me diga eso!

Mi segundo oficial era un joven cauto, de mejillas sonrosadas y demasiado serio para su edad, pero cuando nuestras miradas se cruzaron noté que le temblaban ligeramente los labios. Bajé la vista de inmediato; no me correspondía a mí fomentar las bromas. Además, sabía poco de mis oficiales. Por unos episodios que solo me incumbían a mí, había sido designado para ese puesto solo quince días antes. Tampoco conocía mucho de la tripulación de proa. Ellos habían viajado juntos durante dieciocho meses, así que yo era casi un extraño a bordo. Doy estos datos porque se relacionan, de algún modo, con lo que viene a continuación, aunque la impresión más fuerte de todas era que también me sentía un desconocido para el propio barco y, si he de ser completamente honesto, también para mí mismo. Exceptuando al segundo oficial, yo era el más joven a bordo, y como no tenía aún experiencia en un puesto de responsabilidad, daba por hecho la pericia de los demás. Ellos solo estaban obligados a cumplir con eficiencia sus funciones, pero yo me preguntaba cuánto tiempo podría estar a la altura de la imagen ideal que todos los hombres tienen en secreto de sí mismos.

El primer oficial, ayudado por sus ojos redondos y su espectacular bigote, se entregó con entusiasmo a la tarea de elaborar una teoría sobre el barco anclado. Era un hombre que se tomaba todo muy en serio, realmente persistente, o como le gustaba decir, "le gustaba poner los puntos sobre las íes" en todo lo que se cruzara en su camino, empezando por el pequeño escorpión que había encontrado en su camarote la semana anterior. Seguía dándole vueltas al asunto del escorpión: cómo había llegado a bordo, por qué había elegido su camarote como despensa (un sitio sombrío, al gusto de esos bichos), y cómo había terminado ahogado en el tintero de su escritorio. Resultaba, por otro lado, mucho más sencillo encontrar una explicación para la presencia de un barco entre aquellos peñones, y justo cuando estábamos a punto de levantarnos de la mesa, compartió su conclusión. Estaba convencido de que era un barco de nuestro país, probablemente con demasiado calado para cruzar la barra, salvo en los primeros meses de primavera. Por eso habría decidido esperar unos días en ese puerto natural en lugar de intentar cruzar con la rada abierta.

—Estoy seguro de que es eso —afirmó el segundo oficial con voz grave—. Debe de tener por lo menos unos veinte pies de calado. Debe de ser el Sephora, de Liverpool, y lleva una carga de carbón. Desde Cardiff habrá tardado unos ciento veintitrés días.

Todos nos quedamos sorprendidos.

—Me lo dijo el capitán del remolcador cuando subió a bordo por su correspondencia, capitán —agregó el joven—. Pasado mañana tiene pensado llevar el barco río arriba.

Luego de dejarnos perplejos con tanta información, salió del camarote. El primer oficial comentó, con un dejo de tristeza, que no lograba entender del todo "las excentricidades de ese joven". No comprendía por qué no nos lo había dicho antes.

Justo cuando se disponía a retirarse, lo detuve un momento. La tripulación había trabajado mucho los últimos dos días y la noche anterior apenas había dormido. De pronto tuve la sensación de estar haciendo algo fuera de lo común cuando le ordené que toda la tripulación se fuera a descansar y que no dejara a nadie en cubierta; que yo mismo me quedaría allí más o menos hasta la una, y que a esa hora avisaría al segundo oficial para que me relevase.

—Luego, a las cuatro, que despierten al cocinero y al camarero —añadí—, y después que lo despierten a usted. Eso sí, en cuanto sople el menor viento, despertaremos a toda la tripulación y zarparemos.

El oficial fingió no estar sorprendido.

—Como quiera, señor.

Cuando salió del camarote, fue hasta la puerta del camarote del segundo oficial para informarle de mi extraño capricho de hacer una guardia de cinco horas. Escuché que el otro preguntaba, incrédulo:

—¿Quién? ¿El capitán mismo?

Se oyeron luego murmullos y, nuevamente, el sonido de una puerta al cerrarse, y luego otra. Unos minutos más tarde, salí a cubierta.

La sensación de ser un desconocido entre todas aquellas personas me había producido insomnio, y eso me llevó a adoptar aquella medida tan inusual. Puede que en el fondo albergara la vaga esperanza de que, en medio de aquellas solitarias horas nocturnas, pudiera ir familiarizándome un poco con aquel barco del que nada sabía, y que estaba tripulado por unos hombres de los que sabía aún menos. Cuando lo vi amarrado al muelle, estaba cubierto, como suele suceder cuando los barcos están en puerto, de tantos objetos ajenos a él y de tantas personas distintas, que apenas logré hacerme una idea clara. Ahora que estaba listo para zarpar, la cubierta principal me parecía realmente hermosa bajo las estrellas: hermosa, grande y bien delineada.

Caminé hasta la popa, con la imaginación perdida en el trayecto que nos esperaba por el archipiélago malayo, el océano Índico y el Atlántico hacia el norte. Todos esos recorridos me eran familiares, todas las situaciones y circunstancias que seguramente encontraría en el océano las conocía... conocía todo... menos mi propia responsabilidad de mando. Es verdad que me tranquilizaba pensar que ese barco, al fin y al cabo, era como cualquier otro, que esos hombres debían de ser también como cualquiera, y que lo más probable era que el mar no me ofreciera sorpresas imprevistas.

Concluí aquel pensamiento reconfortante, me dije que me apetecía un buen puro y bajé a buscarlo. Todo parecía de lo más tranquilo; en la popa, todos dormían plácidamente. Subí de nuevo al alcázar, cómodo en mi ropa de dormir, descalzo y con el puro encendido entre los dientes, en medio de aquella noche serena. La proa estaba en silencio. Lo único que escuché al pasar junto al castillo de proa fue el suspiro apacible de alguien que dormía en el interior. De pronto me invadió una alegría inmensa por la quietud que ofrecía aquel barco, comparada con la inquietud de la vida en tierra firme. Pensé en lo acertado que había sido al elegir aquella existencia sin grandes tentaciones ni urgencias, tan noble en su belleza moral gracias a la simplicidad de sus fines y virtudes.

La luz de posición colgada en proa brillaba con una claridad serena, casi simbólica, como una luz firme en medio de las misteriosas sombras de la noche. Me fijé, al pasar hacia popa por el otro costado, en que se habían olvidado de recoger la escalerilla de cuerda, que seguía colgando sobre la banda. Seguramente la habían echado para que subiera el capitán del remolcador cuando se acercó a recoger su correspondencia. Reconozco que me molestó; siempre he creído que la atención a los pequeños detalles es la base de toda buena disciplina. Pero de inmediato pensé que yo mismo había apartado a mis oficiales de su trabajo, y que había sido mi decisión la que había impedido que se realizara la guardia de fondeo y demás tareas debidamente. Dudé de si había sido prudente interferir tan directamente en la rutina normal, aunque lo hubiera hecho con las mejores intenciones. Una decisión como esa podía provocar que más adelante se me considerara un capitán excéntrico. Solo Dios sabría cómo aquel oficial de enormes bigotes les habría explicado a los tripulantes las rarezas de su capitán. Me enfadé conmigo mismo.

Hice un gesto mecánico —más por costumbre que por remordimiento— y recogí la escalerilla. Este tipo de escaleras de cuerda suelen ser ligeras y se pueden subir con relativa facilidad, pero al dar un fuerte tirón para levantarla, sentí otro igual en sentido contrario. ¡Qué diablos! Me quedé tan perplejo por la inmovilidad de la escalera que por unos instantes permanecí inmóvil, tratando de explicarme lo ocurrido, como el estúpido del primer oficial. Naturalmente, me asomé a la borda.

El costado de la nave proyectaba una franja de sombra sobre el oscuro brillo del agua, pero eso no me impidió ver de inmediato algo alargado y pálido que flotaba junto a la escalerilla. Incluso antes de que intentara averiguar qué era, emergió de aquel cuerpo desnudo de hombre un débil reflejo fosforescente: fue como un parpadeo en las aguas dormidas, como un relámpago de verano en un cielo nocturno. Tuve que contener un grito al ver frente a mí un par de pies, unas largas piernas y una espalda ancha, sumergida en aquel resplandor verdoso y espectral. Una de las manos, al nivel del agua, se aferraba al último peldaño de la escalera. El cuerpo estaba completo... pero le faltaba la cabeza. ¡Un cadáver sin cabeza! El puro se me cayó de la boca y se hundió en el agua con un susurro perfectamente audible en la quietud que envolvía el barco. Supongo que por eso el hombre levantó el rostro: un óvalo pálido en la sombra de la borda. Aunque ni siquiera entonces logré distinguir con claridad los rasgos de su cabeza morena. Eso bastó para disipar la espantosa sensación que me había paralizado el pecho durante unos segundos. Ya había pasado el momento de inútiles exclamaciones. Me paré sobre el palo de repuesto para inclinarme lo más posible sobre la borda y acercarme a aquel misterio que flotaba junto al barco.

Agarrado a la escalerilla como un nadador que descansa, el brillo del mar jugaba con sus miembros, dándole un aspecto cada vez más pálido y fantasmagórico. Por otra parte, el hombre seguía tan mudo como un pez. No hizo el menor movimiento para subir a bordo, y resultaba absurdo que no lo intentara. Lo más inquietante era, en realidad, la posibilidad de que simplemente no quisiera hacerlo. Fue precisamente esa inquietud la que me llevó a pronunciar las primeras palabras:

—¿Qué sucede? —pregunté en tono natural, dirigiéndome a aquel rostro bajo el mío.

—Un tirón —respondió con el mismo tono, y luego agregó con cierta inquietud—: No es necesario que llame a nadie.

—No pensaba hacerlo.

—¿Está usted solo en cubierta?

—Sí.

Por un instante creí que soltaría la escalerilla para alejarse nadando de la misma misteriosa forma en que había llegado. Pero al parecer, aquella criatura surgida del mar —sin duda desde la costa más cercana— solo quería saber qué hora era. Se lo dije.

—Y el capitán estará dormido, ¿verdad? —preguntó con balbuceo.

—Todo lo contrario —respondí.

Parecía debatirse consigo mismo, pues en cierto momento me pareció oír un murmullo grave, como diciéndose: "¿Qué sentido tiene?".

—Escuche, amigo. ¿No le importaría avisarle con cautela? —dijo, titubeando.

En ese instante, supuse que ya no tenía sentido seguir ocultándolo.

—Yo soy el capitán.

Desde el agua llegó una exclamación: "¡Por Júpiter!". El reflejo iluminó un pequeño remolino en torno a sus miembros, y se aferró también con la otra mano a la escalerilla.

—Me llamo Leggatt.

Tenía un tono de voz tranquilo y firme, una buena voz. Su serenidad hizo que también mi ánimo se serenara.

—No cabe duda de que usted es un buen nadador —dije con calma.

—Así es. Estoy en el agua desde las nueve, pero ya no sé si debo soltar esta escalerilla y seguir nadando hasta morir exhausto, o subir a bordo.

Me dio la impresión de que no lo decía al azar, sino que era un alma fuerte, y que aquello que decía era realmente una opción. Debería haberlo deducido por su juventud, pues solo alguien joven puede contemplar soluciones tan radicales, pero en ese momento me dejé llevar por una intuición. Se había creado entre nosotros una especie de comunicación misteriosa frente a aquel mar tropical, sombrío y tranquilo. Yo también era lo suficientemente joven como para no decir nada innecesario. El hombre en el agua empezó a trepar por la borda y yo corrí a buscarle algo de ropa.

Antes de entrar al camarote, me quedé unos segundos inmóvil en el pasillo al pie de la escalera. Detrás de la puerta cerrada del primer oficial escuché el leve sonido de un ronquido. La puerta del segundo estaba abierta y sujeta con un pequeño gancho, pero en la oscuridad del interior no se oía ni el menor ruido. Él también era joven y dormía profundamente. Tal vez estuviera despierto el camarero, pero no solía levantarse hasta que lo llamaban. Tomé un camisón de mi camarote y, al regresar a cubierta, vi que el hombre desnudo que había emergido del mar estaba sentado sobre la escotilla. En medio de la oscuridad su cuerpo brillaba con un resplandor casi luminoso; tenía los codos apoyados en las rodillas y la cabeza entre las manos. Se puso rápidamente el camisón de rayas grises, parecido al que yo llevaba, y me acompañó hasta la popa como si fuera mi reflejo, descalzo y en silencio.

—¿Qué ha pasado? —le pregunté en voz baja, mientras tomaba la lámpara encendida de la bitácora y la levantaba para verle mejor el rostro.

—Un feo asunto.

Tenía facciones regulares: una boca agradable, ojos claros bajo unas cejas pobladas y oscuras, una frente amplia y cuadrada, mejillas afeitadas, un bigote castaño y una barbilla redonda y firme. Con la luz de la lámpara dirigida a su rostro, su expresión se volvió concentrada, como la de un hombre solitario, absorto en sus pensamientos. Mi camisón le quedaba justo a la medida. Era un joven corpulento, de unos veinticinco años, no mucho más. Se mordía el labio inferior con el borde de unos dientes blancos y parejos.

—Está bien —dije, mientras colocaba la lámpara de nuevo en su sitio. La noche cálida y tropical volvió a envolvernos.

—Allí hay un barco —susurró.

—Sí, lo sé. Es el Sephora. ¿Sabía que estábamos aquí?

—No, no tenía idea. Yo soy el primer oficial —se detuvo un instante y rectificó—: o al menos lo era.

—Vaya… ¿Pasó algo grave?

—Sí, muy grave: maté a un hombre.

—¿Qué quiere decir? ¿Hace poco?

—No. Fue durante la travesía, hace unas semanas, a treinta y nueve grados de latitud sur. Pero cuando digo "un hombre"...

—Supongo que fue en un ataque de ira —sugerí con tono confidencial.

Me dio la impresión de que aquella cabeza oscura asentía lentamente sobre el gris fantasmal de mi camisón. Me parecía estar frente a mi propio reflejo, en plena noche, dentro de un espejo inmenso y sombrío.

—Para alguien que salió del Conway, es muy duro tener que admitir algo así —murmuró mi doble, con claridad.

—¿Estuvo en el Conway?

—Así es —respondió, sorprendido. Y añadió con lentitud—: Tal vez usted también…

Y era cierto. Pero como yo era dos años mayor, había salido del buque escuela antes de que él ingresara. Intercambiamos las fechas y luego permanecimos en silencio. Pensé, de pronto, en mi ridículo primer oficial, con su enorme bigote y sus exclamaciones tipo: "¡Por Dios santo, señor! ¡No me diga que habla en serio!". Mi doble me dejó entrever sus pensamientos cuando dijo:

—Mi padre era párroco en Norfolk. ¿Puede imaginarme frente a un juez y un jurado, acusado de eso? No hace falta. Hay hombres en esta tierra que parecen ángeles, pero ese no era mi caso. Era de esos tipos incapaces de hacer otra cosa que maldades y estupideces; alguien sin razón para vivir, que ni trabajaba ni dejaba trabajar. ¡No necesito decir más! Estoy seguro de que sabe exactamente a qué clase de hombre me refiero.

Apelaba a mí como si nuestras experiencias fueran tan semejantes como nuestra vestimenta. Conocía bien el poder destructivo de ese tipo de personas cuando no se les puede frenar por medios legales, e intuía también que mi doble no era ningún asesino vil. No me sentí inclinado a pedirle detalles, y él me fue contando la historia en líneas generales, con frases bruscas y algo inconexas. Eso era todo lo que necesitaba. Podía ver todo lo que había pasado como si fuera yo mismo quien estuviera dentro de aquel camisón.

—Todo ocurrió cuando estábamos recogiendo el trinquete al anochecer. ¡Recoger el trinquete! Ya puede imaginarse, solo con eso, el tipo de clima que teníamos. Habíamos dejado solamente esa vela para que el barco siguiera avanzando, así que puede imaginar las inclemencias que habíamos enfrentado los días anteriores. Es una de esas tareas que pueden poner nervioso a cualquiera, y él empezó a mostrarme las primeras señales de su insolencia. Ya le dije que me sentía un poco sobrepasado por aquel temporal que parecía no tener fin. Era terrible, se lo aseguro, terrible de verdad, y además el barco estaba medio sumergido. Aquel tipo estaba enloquecido de miedo y, como no era momento para discutir con calma, me di la vuelta y lo derribé como a un buey. Él reaccionó y se me fue encima. Nos enfrentamos justo en el momento en que el mar se nos venía encima. Toda la tripulación se dio cuenta de lo que ocurría y se aferraron a los aparejos, pero en ese momento yo ya lo tenía sujeto del cuello y lo golpeaba como si fuera una rata, mientras los hombres no paraban de gritar: "¡Cuidado! ¡Cuidado!". Entonces escuché un estallido, como si el cielo se me viniera encima. Dicen que durante diez minutos no se pudo ver nada en el barco, salvo los tres mástiles y parte del castillo de proa; la popa quedó completamente cubierta de espuma. Fue un verdadero milagro que nos encontraran, y quedó claro que yo hablaba en serio porque, cuando nos recogieron, yo aún lo tenía agarrado del cuello. El tipo tenía la cara negra, y eso ya les pareció demasiado. Nos llevaron a popa a los dos, todavía sujetos el uno al otro, mientras gritaban "¡Asesinato!" como un grupo de locos. Entramos en la cámara. Durante todo ese tiempo el barco podría haber naufragado en cualquier momento; el mar estaba tan enfurecido que con solo mirarlo uno sentía que se le encanecía el alma. Por lo que supe, el capitán también se puso a gritar como los demás. Llevaba casi una semana sin dormir, y estuvo a punto de perder la razón cuando se topó con semejante escena en medio del temporal. Todavía me pregunto cómo no me arrojaron por la borda en cuanto lograron separar mis dedos del cuello de su querido camarada. Según me dijeron, les costó bastante trabajo lograrlo. La historia es demasiado violenta para que un juez anciano y un jurado respetable sientan compasión por mí. Cuando recobré el sentido, lo primero que escuché fue el aullido enloquecido del temporal y la voz del viejo. Estaba sobre mi litera, mirándome directamente a la cara.

—Señor Leggatt, acaba de matar usted a un hombre: ya no puedo permitir que continúe siendo el primer oficial de este barco.

Ponía tanto empeño en alzar la voz que casi volvía monótona su anécdota. Estaba apoyado en la claraboya para mantenerse en equilibrio, completamente inmóvil.

—Un relato muy apropiado para compartir junto a una taza de té —concluyó con el mismo tono.

Yo también tenía una mano apoyada en la claraboya, y como él, permanecía inmóvil. Nos separaba menos de un pie. Por un momento pensé que si el viejo "¡Por Dios santo, señor! ¡No estará usted hablando en serio!" asomaba la cabeza por la escotilla, podría creer que estaba viendo doble, o que se trataba de un efecto de brujería: el misterioso capitán confabulado con su doble espectral junto al timón. Me preocupaba realmente que algo así pudiera ocurrir mientras lo escuchaba hablar con aquella voz serena.

—Mi padre es párroco en Norfolk —dijo. Parecía haber olvidado que ya me había dado antes ese importante dato. No cabía duda de que era una buena anécdota.

—Lo mejor será que venga a mi camarote —dije, avanzando con cautela.

Mi doble siguió mis pasos, y no hicimos ruido alguno porque ambos caminábamos descalzos. Lo dejé pasar, cerré la puerta con mucho cuidado, di aviso al segundo oficial y regresé a cubierta para hacer el relevo.

—De momento no hay la menor señal de viento —le indiqué cuando se acercó.

—No, señor, no parece —asintió medio dormido, con voz grave y la educación justa, mientras contenía un bostezo.

—Eso es lo único que debe vigilar; ya tiene sus órdenes.

—Sí, señor.

Di un pequeño paseo y, antes de bajar de nuevo, vi cómo tomaba su puesto, mirando al mar con los codos apoyados en los aparejos de mesana. El otro oficial seguía roncando. La lámpara de la cámara estaba encendida, y junto a ella había un pequeño florero con flores, un amable detalle del proveedor, pues serían las últimas flores que veríamos en varios meses. A cada lado de la caja del timón colgaban unos baos con plátanos. Todo en el barco seguía exactamente igual que antes, salvo por una cosa: los dos camisones del capitán estaban siendo usados a la vez; uno, inmóvil en la cámara, y el otro, en el camarote del capitán.

Conviene explicar que mi camarote tenía forma de L. La puerta se encontraba en el extremo inferior y se abría hacia el brazo corto del espacio. A la izquierda había un sofá; a la derecha, mi cama. El escritorio y la mesa de navegación estaban justo al frente, pero quien entrara no podía ver el brazo largo del camarote a menos que se internara. Allí había armarios, y sobre ellos, un estante con libros; algo de ropa, un par de chaquetas gruesas, gorras, un impermeable y objetos similares colgaban de los ganchos. Al fondo, una puerta conducía al baño, que también tenía acceso desde el salón, aunque nunca se usaba esa entrada.

La llegada de ese hombre misterioso puso en evidencia las ventajas de esa disposición. Cuando entré, y aunque el camarote estaba perfectamente iluminado por una lámpara colgante sobre el escritorio, no lo vi hasta que él mismo salió en silencio desde detrás de la ropa colgada en el rincón más oculto.

—Escuché que alguien entraba y me escondí enseguida —susurró.

Yo también le hablé en voz baja:

—Aquí no entrará nadie sin antes pedir permiso o tocar la puerta.

Asintió. Tenía las facciones delgadas y un bronceado un tanto apagado, como el de alguien que se recupera de una enfermedad. No llamaba la atención. Me contó cómo había estado arrestado en su camarote durante casi siete semanas. No había nada enfermizo en sus ojos ni en su expresión. En realidad, no se parecía a mí en lo más mínimo, pero mientras estábamos inclinados sobre la cama, hablándonos en susurros y de espaldas a la puerta, cualquiera lo bastante curioso como para abrirla y echar un vistazo a escondidas se habría sorprendido al ver aquella imagen del capitán duplicado, hablando en voz baja con su otro yo.

—Todavía no me ha dicho cómo logró llegar hasta nuestra escalerilla —le susurré, tras escuchar algunos detalles más sobre ciertas medidas adoptadas a bordo del Sephora.

—Justo cuando llegamos a la isla de Java por fin pude ponerme a pensar de nuevo en todo aquello. No había hecho otra cosa en realidad durante seis semanas, porque solo me permitían caminar una hora por la tarde, en el alcázar.

Hablaba en murmullos, mirando hacia la portilla abierta y con los brazos cruzados sobre el borde de la cama. Me imaginaba perfectamente la forma en que había reflexionado sobre todo aquello, más con tenacidad y obstinación que con prisa, algo para lo que yo habría sido completamente incapaz.

—Supuse que anochecería antes de que llegáramos a tierra —dijo en voz tan baja que tuve que aguzar el oído, a pesar de que estábamos tan cerca uno del otro que nuestros hombros casi se tocaban—, así que les pedí que me permitieran hablar con el viejo. Cada vez que me acercaba a él, me daba la impresión de que se enfermaba, como si ni siquiera pudiera soportar mi presencia. El trinquete había sido lo que salvó aquel barco, que estaba demasiado cargado como para navegar con los mástiles vacíos. Y el que lo había mantenido fue yo. De cualquier forma, el capitán vino, y cuando llegó a mi camarote se quedó de pie junto a la puerta, mirándome fijamente como si ya viera la soga alrededor de mi cuello. Le pedí directamente que dejara abierta la puerta de mi camarote aquella noche, cuando el barco pasara por el estrecho de la Sonda. La costa de Java y el cabo de Angier estaban solo a unas dos o tres millas.

Eso era todo lo que pedía. Durante el año que estuve en el Conway gané un premio de natación.

—Le creo —murmuré.

—Solo Dios sabe por qué razón me encerraban con llave por las noches. Después de ver algunas de las expresiones en sus caras, cualquiera habría creído que temían que saliera por las noches a estrangular a la tripulación. ¿Pero acaso parezco un asesino sanguinario? ¿Es ésa la impresión que doy? ¡Por Júpiter, si así fuera no creo que el capitán hubiera tenido el valor de entrar a mi camarote! Tal vez piense que podría haberlo empujado allí mismo si ya era de noche, pero no fue así, y no lo fue por la misma razón por la que tampoco intenté derribar la puerta. Habrían salido de inmediato a detenerme, y lo último que quería era otra pelea. Podía incluso haber muerto otro hombre, porque no tenía intención de escapar para que volvieran a atraparme, y no quería repetir toda aquella historia. El capitán se negó, con el gesto más tenso que le había visto jamás. Tenía miedo de los hombres y también de su viejo segundo oficial, que llevaba años navegando a su lado y no era más que un canalla encanecido. El camarero también llevaba quién sabe cuántos años con él, al menos diecisiete; un flojo que me detestaba solo porque yo era el primer oficial. Ningún primer oficial había hecho más de una travesía en el Sephora. Los que realmente llevaban el barco eran esos dos, y solo el diablo sabe a qué no le tenía miedo aquel capitán (durante el temporal perdió por completo el control de sí mismo). Tal vez temiera a la ley, o tal vez a su esposa. ¡Ah, sí! Porque su esposa también iba a bordo, aunque dudo que se metiera en algo, porque para ella habría sido un alivio que yo me fuera del barco, de la forma que fuera. Ya ve, mi historia se parece mucho a la de la "marca de Caín". Ya estaba más que listo para andar vagando por el mundo, un precio bastante alto para pagar por un Abel así. Pero, fuera como fuera, él no quiso saber nada de mí. "Este asunto debe seguir su curso legal. En este barco yo represento la ley", dijo temblando. "¿Entonces no quiere hacerlo?", pregunté. "¡No!". "Espero que pueda dormir después de lo que está haciendo", le dije, y me di la vuelta. "¿Y usted podrá?", respondió él, y cerró la puerta.

Pues bien, la verdad es que después de eso no pude dormir. Ya me costaba bastante desde hacía tres semanas. Hasta Java había sido una travesía lenta, dando la vuelta por Carimata durante diez días. Cuando fondeamos allí, supongo que pensaron que ya estaba todo bajo control. La costa más cercana estaba a unas cinco millas, y además era el destino del barco; el cónsul no iba a tardar en venir a buscarme, y no tenía mucho sentido tratar de huir a uno de esos islotes cercanos, donde probablemente no había ni una gota de agua. No sé cómo pasó, pero esa noche, cuando el camarero me llevó la cena, se olvidó de cerrar la puerta con llave. Después de comer, salí a dar una vuelta por el alcázar. Lo hice sin ningún plan concreto, solo quería tomar un poco de aire fresco. De pronto, sentí la tentación: me quité los zapatos de un golpe y, antes de que pudiera pensar en nada más, ya estaba en el agua. Alguien en el barco debió de oír el chapoteo, porque enseguida se armó un escándalo terrible: "¡Se fue! ¡Bajen los botes! ¡Se suicidó! ¡No, está nadando!". Y claro que estaba nadando. Cuando uno es un nadador como yo, no es fácil suicidarse por ahogamiento. Antes de que bajaran el bote, ya había llegado al peñón más cercano. Durante un rato los escuché gritar y remar, pero pronto se rindieron. El silencio volvió, y el mar quedó tan inmóvil como la muerte. Me senté sobre unas rocas y me puse a pensar. Estaba claro que al amanecer reanudarían la búsqueda, y entre aquellas piedras no había mucho lugar donde ocultarse. Y aunque lo hubiera habido, ¿de qué habría servido? Ya me había escapado del barco y no pensaba regresar. Así que me quité la ropa, hice un hatillo con una piedra y lo arrojé al lado más profundo de la costa del peñón. Como intento de suicidio, eso ya bastaba para mí. Que pensaran lo que quisieran. Yo no iba a ahogarme. Mi plan era nadar hasta caer rendido, que no es lo mismo. Nadé hasta otro islote, y desde allí vi la luz de posición de este barco. Así fue como pude nadar con una referencia. Seguí nadando con soltura, y en el camino encontré una roca plana que sobresalía unos centímetros del agua; estoy seguro de que desde la popa se ve con un catalejo. Subí y descansé un poco. Luego seguí nadando. Ese último tramo debió de ser como de una milla.

Su voz se iba apagando poco a poco, y no dejaba de mirar hacia la portilla, aunque no se viera ni una estrella. Yo no lo interrumpí en ningún momento. Había algo en su relato —quizá en él mismo— que volvía imposible la interrupción; era algo parecido a una cualidad, una sensación indescriptible. Cuando finalmente se calló, lo único que se me ocurrió fue hacer una pregunta absurda:

—¿Entonces todo este tiempo nadaste hacia nuestra luz?

—Así es, lo más recto que pude, me servía de referencia. No podía ver estrellas bajas porque la costa me tapaba la vista, y tampoco veía tierra firme. El agua parecía de cristal; tenía la sensación de estar nadando en una maldita cisterna sin fondo, de miles de metros de profundidad. Pero, aunque a veces pensaba en rendirme, no me gustaba la idea de quedarme dando vueltas como un buey enloquecido. Y lo único que sabía con certeza era que no quería volver... No, eso no. ¿Se imagina lo que habría sido si me hubieran atrapado en uno de esos peñones, completamente desnudo como un animal salvaje? Estoy seguro de que me habrían matado, y como no quería que eso pasara, lo único que podía hacer era seguir nadando hacia adelante. Entonces me topé con su escalerilla...

—¿Y por qué no llamaste al barco? —pregunté, elevando un poco la voz.

Él me rozó levemente el hombro, y sobre nuestras cabezas se oyó el sonido perezoso de unos pasos que se detuvieron al final. Seguramente el oficial había cruzado hacia el otro lado de la popa y se apoyaba ahora sobre la borda.

—No nos oyen, ¿verdad? —susurró mi doble, inquieto.

Y la verdad es que su inquietud era una respuesta suficiente, una respuesta clara a la pregunta que yo acababa de hacerle, una respuesta que contenía, por sí sola, toda la dificultad de esa situación. Cerré la portilla con cuidado para estar completamente seguro, porque si alzábamos mucho la voz, alguien podría escuchar alguna palabra.

—¿Quién es? —susurró entonces.

—Mi segundo oficial, pero no crea que sé mucho más que usted sobre él.

Y a continuación le hablé un poco de mí. Solo hacía quince días que me habían nombrado, de forma totalmente inesperada, capitán del barco. No conocía nada de la nave ni de su tripulación. Durante los días en puerto no tuve tiempo de familiarizarme con la embarcación ni de evaluar la competencia de ninguno de sus tripulantes. En cuanto a los hombres, lo único que sabían de mí era que había sido designado para llevar el barco de vuelta a nuestro país. Por lo demás —añadí—, yo era tan desconocido a bordo como él. En ese momento tomaba conciencia de esa realidad con una intensidad particular, y entendía que bastaba muy poco para que los marineros empezaran a verme como a alguien sospechoso.

El hombre se volvió. Los dos desconocidos del barco nos miramos entonces en pie de igualdad.

—La escalerilla... —susurró tras un silencio—. ¿Quién habría podido imaginar que iba a encontrar una escalerilla colgando de un barco fondeado justo aquí? Estaba a punto de marearme de la manera más desagradable. Después de la vida que me han obligado a llevar estas últimas semanas, a cualquiera le habría pasado lo mismo. No habría podido nadar ni un metro más allá de la cadena del timón y... ¡quién lo iba a pensar! Justo allí había una escalerilla a la que pude aferrarme. En cuanto la tomé, pensé: "¿Qué sentido tiene?". Cuando vi que se asomaba la cabeza de un hombre y me miraba, mi primer impulso fue alejarme nadando y dejar que gritara lo que quisiera, en el idioma que fuera. No me importaba que me viera, casi me producía cierto placer. Y como luego usted me habló con aquella voz tan tranquila… fue como si me hubiese estado esperando… y por eso decidí quedarme un poco más. He estado muy solo… y no me refiero solo al tiempo que pasé nadando. Me alegra haber podido hablar con alguien que no pertenece al Sephora. En cuanto a preguntar por el capitán, fue solo un impulso. Tal vez no habría servido de nada si todos hubiesen sabido de mi existencia y el resto hubiera aparecido por la mañana. No sé… lo único que deseaba era que alguien me viera antes de marcharme, aunque no sabría qué le habría podido decir… "Hace una noche hermosa, ¿no cree?", o algo así.

—¿Cree que vendrán? —pregunté, incrédulo.

—Es más que probable —respondió con voz apagada.

De pronto me pareció que tenía un aspecto completamente demacrado. Bajó la cabeza.

—Mmm… ya veremos entonces. Por lo pronto, métase a la cama —susurré—. ¿Necesita ayuda? Ahí es…

Se trataba de una cama alta con cajones en la parte inferior. Aquel prodigioso nadador necesitó que le sostuviera una pierna para poder subir. Se tendió, logró darse media vuelta hasta quedar boca arriba y se cubrió los ojos con el antebrazo. Con el rostro medio oculto, no cabía duda de que se parecía mucho a mí cuando me acostaba en esa misma cama. Me quedé unos segundos contemplando a mi otro yo antes de correr con cuidado las dos cortinas verdes colgadas de una barra de hierro. Pensé un instante en sujetarlas con una pinza, por seguridad, pero al sentarme en el sofá me dio demasiada pereza levantarme de nuevo; decidí hacerlo más tarde. Toda la tensión de aquella clandestinidad me había dejado un cansancio íntimo, era el agotamiento que produce hablar constantemente en susurros, y el secreto que envolvía toda esa excitación. Ya eran las tres, y yo me había levantado a las nueve; sin embargo, no tenía sueño, me era imposible dormir. Permanecí sentado, exhausto, contemplando las cortinas, tratando de aclarar aquella sensación de estar en dos lugares al mismo tiempo, y bastante molesto por esos golpes desesperantes que no cesaban de retumbar en mi cabeza. Me alivió, de pronto, darme cuenta de que no provenían de mi interior, sino del otro lado de la puerta. Antes de que pudiera ordenar mis pensamientos, ya había pronunciado la palabra "adelante", y el camarero entró con una bandeja en la que traía el café de la mañana. Al final, estaba tan agotado que me había quedado dormido. Me asusté tanto que grité:

—¡Aquí, muchacho! ¡Por aquí! —como si se encontrara a kilómetros de distancia. Él dejó la bandeja sobre la mesa junto al sofá y respondió:

—Ya me di cuenta de que está aquí, señor.

Me miraba con una expresión penetrante, pero yo no me atreví a sostenerle la mirada. Seguramente se estaba preguntando por qué había corrido las cortinas de la cama para luego dormir en el sofá. Salió y dejó la puerta sujeta con un gancho, como era su costumbre.

Se oía cómo la tripulación comenzaba a limpiar la cubierta. Yo sabía que si hubiera habido algo de viento, me lo habrían comunicado de inmediato. Así que seguía la calma, pensé, y eso hizo que me sintiera doblemente intranquilo. Me sentía más dividido que nunca. El camarero volvió a aparecer en la puerta y yo me levanté del sofá tan bruscamente que lo asusté.

—¿Qué desea?

—Cerrar la portilla, señor. Han empezado a limpiar la cubierta.

—Ya la cerré yo —dije, ruborizándome.

—Está bien, señor —dijo sin moverse de la puerta, y me lanzó una mirada inquisitiva, poco habitual. Luego apartó la vista, cambió de actitud y me habló con una voz inquietantemente amable y servicial:

—¿Puedo pasar a retirar la taza, señor?

—Claro que sí —respondí, y me di la vuelta mientras entraba y salía rápidamente con ella. Después quité el gancho, cerré la puerta y creo que hasta eché el pestillo. Aquello no podía durar mucho. Además, el camarote era un horno. Me incliné sobre él y abrí la portilla.

"Es necesario que me vean en cubierta", pensé.

Era evidente que podía hacer lo que quisiera sin que nadie objetara nada en mi círculo inmediato, pero aun así, me parecía excesivo cerrar el camarote con llave y llevármela. Me asomé por la escotilla y vi a mis dos oficiales, el segundo descalzo y el primero con botas de caucho, junto al camarero, que estaba bajando la escalerilla mientras conversaban. El camarero me vio y bajó enseguida. El segundo oficial se alejó dando órdenes, y el primero se acercó a mí, llevándose la mano a la gorra.

Había en su mirada una curiosidad que me incomodó. No sabía si el camarero les había dicho que yo era "extraño" o que estaba borracho. Solo sé que aquel hombre deseaba observarme con atención. Cuando estuvo junto a mí, parecía que se le habían congelado los bigotes. No le di tiempo a hablar:

—Que los hombres aseguren las vergas con las brazas antes de desayunar.

Esa fue la primera orden específica que di a bordo, y me quedé en cubierta para observar cómo se ejecutaba. Tenía que afirmar mi autoridad sin perder más tiempo. Le puse en su lugar a un joven algo bromista, y aproveché para observar los rostros de los marineros mientras pasaban frente a mí camino a las brazas de popa. Cuando llegó la hora del desayuno, no probé bocado. Presidí la reunión con una dignidad tan gélida, que los dos oficiales se sintieron aliviados al poder retirarse tan pronto como lo permitió el decoro. Durante todo ese tiempo, mi mente resbalaba hacia una dualidad que me empujaba casi a la locura. Ni mi yo secreto dejaba de observarme, ni yo dejaba de observarlo a él; estaba tan ligado a mis acciones como si fuera mi propia identidad, y me contemplaba, dormido en esa cama detrás de aquella puerta frente a la que yo estaba, mientras permanecía sentado a la cabecera de la mesa. Era lo más parecido a la locura, pero aún peor, porque era completamente consciente de lo que ocurría.

Me vi obligado a sacudirlo durante casi un minuto y, cuando finalmente abrió los ojos, ya estaba en pleno uso de su razón. Me inquirió con la mirada.

—Ya veo que todo va bien por ahora —susurré—. Lo mejor será que se esconda en el baño.

Me obedeció tan en silencio como un fantasma. A continuación llamé al camarero y le pedí que limpiara el camarote mientras yo me bañaba. "Y dese prisa." Con el mismo tono que yo había usado, respondió: "Sí, señor", y salió de inmediato en busca de la escoba y el recogedor. Me bañé chapoteando y silbando, para que el camarero pudiera oírme desde el camarote, mientras ese cómplice secreto de mi vida esperaba en silencio en un espacio reducido. A la luz del día, su rostro se veía demacrado, con la mirada hundida bajo la severa sombra de unas cejas unidas por un ceño levemente fruncido.

Cuando salí para regresar al camarote, vi que el camarero ya estaba terminando de sacudir el polvo. Llamé al primer oficial y mantuve con él una conversación trivial sobre su enorme bigote, cuando en realidad lo único que quería era darle la oportunidad de inspeccionar con detalle el camarote. Así pude cerrar la puerta de nuevo, esta vez con la conciencia tranquila, para que mi doble regresara al rincón más oculto. Poco más se podía hacer, en realidad. Se vio obligado a quedarse sentado en una banqueta, medio ahogado por la cantidad de abrigos que colgaban allí. Escuchamos cómo el camarero entraba al baño desde el salón, llenaba unas botellas de agua, limpiaba la bañera, lo ordenaba todo, salía de nuevo y cerraba con llave. Ese era mi plan para mantener a mi segundo yo oculto; dadas las circunstancias, no se podía concebir nada mejor. Así fue como permanecimos: yo, frente a la mesa del escritorio, tratando de aparentar estar ocupado con unos papeles, y él, escondido tras de mí y fuera del campo de visión de cualquiera que abriera la puerta.

Hablar durante el día habría sido una imprudencia, y no podía librarme de la extraña sensación de estar hablándome a mí mismo. De vez en cuando miraba por encima del hombro y lo veía ahí, sentado rígidamente sobre la banqueta, descalzo, con los pies juntos, los brazos cruzados y la cabeza inclinada, completamente inmóvil. Cualquiera podría haber creído que era yo.

También a mí me tenía fascinado. No pasaba un minuto sin que girara la cabeza para observarlo. En una ocasión lo miraba cuando una voz se oyó desde afuera:

—Disculpe, señor.

—¿Sí?

No aparté la mirada. Y así seguí, de hecho, hasta que la voz dijo:

—Se está acercando un bote, señor.

Vi que aquello lo hizo sobresaltarse; era el primer movimiento que hacía en horas. Pero ni siquiera entonces levantó la cabeza, que seguía inclinada.

—Está bien. Echen la escala.

Aún dudé un momento. ¿Debía susurrarle algo? Y si así era, ¿qué? Daba la impresión de que nada externo había alterado en lo más mínimo su inmovilidad. ¿Qué podía decirle que él no supiera ya? Finalmente, opté por subir a cubierta.

II

El capitán del Sephora tenía un bigote rojo que le cubría casi todo el rostro, y la típica piel que suele acompañar ese color de cabello, así como los ojos, de un azul turquesa muy claro. No era un hombre de complexión imponente; más bien de hombros altos, estatura media y una pierna algo menos recta que la otra. Al darme la mano, miraba vagamente a su alrededor. Pensé que su cualidad principal debía ser la tenacidad, pero sin energía. Mi cortesía pareció desconcertarlo, tal vez por timidez. Me habló entre balbuceos, como si le diera vergüenza pronunciar sus propias palabras, y me dijo su nombre (algo parecido a Archbold, aunque ha pasado tanto tiempo que ya no estoy seguro), seguido del nombre de su barco, con la misma desgana con la que se confiesa una falta. Me contó que había tenido una travesía con un clima terrible… realmente terrible, y que, para colmo, su esposa iba a bordo.

Estábamos en el camarote, y en ese momento el camarero trajo una bandeja con botellas y vasos.

—¡No, muchas gracias! —exclamó.

Al parecer no probaba ni una gota de alcohol, pero aceptó un vaso de agua. Dos, en realidad. Un trabajo como ese —dijo— daba mucha sed. Desde el amanecer de aquel día no había dejado de inspeccionar todos los peñones que rodeaban su embarcación.

—¿Y eso por qué? ¿Por gusto? —pregunté, fingiendo interés.

—¡En absoluto! —respondió con un suspiro—. Es una obligación penosa.

Seguía balbuceando, y yo deseaba que mi doble pudiera oír claramente cada una de sus palabras. Se me ocurrió decir que era un poco duro de oído.

—¿Cómo? ¿Tan joven? —preguntó, asintiendo, y me clavó una mirada azul, turbia y poco despierta. ¿Y eso por qué? ¿Era por alguna enfermedad? Hizo esas preguntas sin emoción, como si, en el fondo, pensara que era un castigo merecido.

—Así es, una enfermedad —repliqué, con una alegría fingida que lo dejó algo paralizado. Pero conseguí lo que quería: se vio obligado a alzar la voz para contarme su historia. No tiene mucho sentido reproducirla: los hechos que relataba habían ocurrido varios meses antes, y los había revivido tanto que ya había perdido toda noción de su relevancia, aunque no por eso dejaba de sentirse abatido.

—¿Y qué le parecería a usted si algo semejante sucediera en su barco? Todo el mundo sabe que durante los últimos quince años he sido el capitán del Sephora.

Se le veía muy deprimido, y lo más probable es que, en cualquier otra circunstancia, me hubiera compadecido de él. Pero no lograba quitarme de la mente la imagen de aquel que compartía mi camarote sin que nadie lo supiera, como si se tratara de mi segundo yo. Estaba escondido detrás de la mampara, a unos dos o tres metros de nosotros, que conversábamos en el salón. Miré educadamente al capitán Archbold (si es que así se llamaba), pero en su lugar vi al otro, con su camisón gris, sentado en la banqueta, los pies descalzos y muy juntos, los brazos cruzados y escuchando con la cabeza gacha cada palabra que decíamos.

—Llevo treinta y siete años en el mar, he pasado en él casi toda mi juventud y mi madurez, y nunca había oído que ocurriera algo semejante en un barco inglés… Y tenía que suceder justo en el mío. Y con mi esposa a bordo.

En ese momento, apenas le prestaba ya atención.

—¿Y no le parece posible que haya sido esa terrible tempestad de la que me habló la que mató a ese hombre? En más de una ocasión he visto cómo un golpe de mar puede romperle el cuello a un hombre al instante.

—¡Por Dios santo! —murmuró, con una expresión inquietante, clavando en mí su mirada—. ¡El mar! Le aseguro que para que el mar mate a un hombre tendría que tener otro aspecto.

Mi sugerencia parecía haberlo escandalizado. Lo miré sin esperar ninguna reacción fuera de lo normal, pero él se acercó de pronto y sacó la lengua tan bruscamente que no pude evitar retroceder de un salto. Luego, tras haber destrozado mi serenidad de una manera tan gráfica, asintió con tranquilidad. Si usted hubiera visto eso, me dijo, jamás lo habría podido olvidar. El clima era tan malo que no fue posible darle al cadáver el entierro marino tradicional, así que al amanecer lo llevaron a popa, le cubrieron la cabeza con una bandera, él leyó una breve oración, y luego, tal como estaba —con su impermeable y sus botas—, lo arrojaron al mar, cuyas olas gigantescas parecían querer tragarse el barco entero y todas las vidas a bordo.

—Y se salvaron gracias a que aseguraron la vela de trinquete.

—Así es, gracias a Dios y a esa vela nos salvamos —repitió con fervor—. Estoy convencido de que resistió todo el huracán por misericordia divina.

—Entonces fue cuando la sujetaron… —empecé a decir.

—Fue la mano de Dios —me interrumpió—. Solo la mano de Dios pudo hacerlo. No me avergüenza decir que fui incapaz de dar la orden. Sentía que si tocábamos cualquier parte del barco, la perderíamos; y perder esa vela en ese momento habría significado perder nuestra última esperanza.

La tempestad aún lo aterraba, así que lo dejé hablar un rato. Luego, con tono casual, como si el asunto no tuviera mayor importancia, comenté:

—Supongo que estará deseando entregar a su primer oficial a las autoridades en tierra.

Lo estaba. A la justicia. Sobre ese punto, su firmeza era tan inquebrantable que resultaba casi incomprensible, rozaba lo atroz, como si se tratara de una obsesión mística. Nada tenía que ver con el temor a que lo consideraran "sospechoso de permitir hechos de esa índole". Llevaba treinta y siete años en el mar sin mancha, y los últimos quince en el Sephora parecían haberlo obligado a adoptar una postura implacable.

—Escuche —prosiguió, intentando abrirse paso torpemente entre sus sentimientos—, yo no fui quien contrató a ese joven. Al parecer su familia tenía cierta relación con los propietarios del barco. De alguna forma, no tuve alternativa. Parecía muy inteligente, educado y todo eso, pero nunca terminó de agradarme. Yo soy un hombre sencillo, y… no sé cómo explicarlo, pero él no era el tipo de primer oficial que conviene a un barco como el Sephora. De eso sí estaba seguro.

—Yo jamás habría elegido a alguien así —insistió, sin necesidad, mirándome fijamente.

Le sonreí con cortesía, sin saber qué decir por un momento.

—Supongo que tendrá que informar del suicidio.

—¿Cómo dice?

—Suicidio. Me refiero a que tendrá que explicárselo a los propietarios cuando regrese.

—A menos que consiga encontrarlo antes de mañana —asentí con seriedad—. Vivo, quiero decir.

Murmuró algo que no logré entender del todo, así que me incliné hacia él, confundido.

—Tierra —dijo con más claridad—, le digo que tierra firme está a unas siete millas de donde tengo anclado el barco.

—Sí, aproximadamente.

Pareció empezar a recelar de mí por mi falta de entusiasmo, de curiosidad o de interés, aunque, fuera de mi supuesta sordera, no había fingido absolutamente nada. Simplemente me sentía incapaz de aparentar inocencia, y por eso ni siquiera lo intentaba. Además, el capitán había llegado a bordo con ciertas sospechas, y mi cortesía, en su percepción, debió parecerle una actitud rara, antinatural. ¿De qué otra forma lo podía haber recibido? ¿Con frialdad? Eso me habría resultado aún más imposible, y por razones psicológicas que no explicaré aquí. Lo único que me importaba era mantenerme al margen de su investigación. ¿Con hostilidad? Podía ser, pero eso quizá habría provocado una pregunta directa. Y yo sabía que jamás habría podido enfrentarme a él con una mentira abierta, también por razones más psicológicas que éticas. Si hubiera sabido el terror que me causaba mostrar mis verdaderos sentimientos de identificación con el otro… Aunque, por extraño que parezca (y esto lo comprendí tiempo después), me parece que no le sorprendió tanto mi parecido con el hombre que buscaba. Aquella misteriosa similitud con quien había despertado sus recelos desde el principio.

Sea como fuere, el silencio no duró mucho. El capitán continuó, avanzando con cautela.

Pareció empezar a sentir cierto recelo hacia mí por mi falta de entusiasmo, curiosidad e interés, aunque lo cierto es que, aparte de mi supuesta sordera, no había intentado fingir nada. Me sentía completamente incapaz de simular inocencia, por eso ni siquiera lo intentaba. Además, el capitán había llegado a nuestro barco con algunas sospechas, y mi cortesía debió parecerle extraña, poco natural. ¿De qué otra manera podría haberlo recibido? ¿Sin cordialidad? Eso me habría resultado totalmente imposible, y por razones más psicológicas que prácticas, que no explicaré aquí. Lo único que me interesaba era mantenerme al margen de su investigación. ¿Con hostilidad? Podía ser, aunque eso podría haber precipitado una pregunta directa. Precisamente porque era poco común en él y por su naturaleza, la cortesía era sin duda la mejor manera de dirigirme a ese hombre y contenerlo. Aunque también existía el peligro de que intentara quebrantar mi defensa de golpe. Creo que jamás habría podido enfrentarme a él con una mentira abierta, y eso más por razones psicológicas que morales. Si él hubiese sabido el miedo que me causaba expresar mis sentimientos de identificación con el otro... Aunque, por extraño que suene (lo comprendí más tarde), creo que no le sorprendió del todo mi parecido con el hombre que buscaba, esa misteriosa similitud con quien había despertado sus recelos desde el principio.

Sea como fuere, el silencio no duró mucho. El capitán continuó avanzando de manera indirecta:

—Creo que mi barco se encuentra a unas dos millas del suyo, no creo que más.

—Y ya es bastante, sobre todo con este calor sofocante —dije.

Otra pausa cargada de desconfianza. Se dice que la necesidad es la madre del ingenio, pero yo siempre añado que el miedo también lo agudiza, y en ese momento yo tenía miedo de que me hiciera una pregunta directa sobre mi otro yo.

—Es una sala de estar agradable, ¿no le parece? —dije, al notar cómo su mirada recorría una puerta tras otra—. Y además está perfectamente acondicionada. Fíjese, por ejemplo —añadí mientras me recostaba en uno de los asientos, fingiendo desenfado y abriendo la puerta del baño—, esto de aquí es mi cuarto de baño.

El capitán hizo un movimiento nervioso, pero apenas miró hacia el interior. Me incorporé, cerré la puerta del baño y lo invité a echar un vistazo, como si me sintiera orgulloso de mi barco. Se vio obligado a levantarse mientras le mostraba todo, aunque no parecía especialmente interesado.

—Ahora le enseñaré mi camarote —dije en voz alta, cruzando la sala hacia estribor con pasos deliberadamente firmes.

Me siguió y miró alrededor. Mi inteligente doble se había esfumado, y yo representé mi papel.

—Muy cómodo, ¿no le parece?

—Muy agradable, muy co... —No terminó la frase y salió con brusquedad, como si escapara de algún truco. Pero yo no pensaba soltarlo tan fácil. Me había hecho pasar tanto miedo que también quería mi pequeña venganza. Lo tenía en mis manos y pensaba seguir. Mi insistencia educada debía parecerle intimidante, porque no se resistió. No dejé que se le escapara un solo rincón: el camarote del primer oficial, la despensa, los pañoles, las velas almacenadas bajo la popa... Lo obligué a verlo todo. Cuando finalmente lo escolté hasta la salida del alcázar, soltó un largo suspiro y dijo, desanimado, que debía regresar a su barco. Le pedí al primer oficial que se encargara personalmente de preparar el bote del capitán.

El bigotudo hizo sonar el silbato que casi siempre llevaba al cuello y gritó: "¡Los del Sephora se van!". Mi doble tuvo que oírlo desde el camarote, y no me cabe duda de que sintió incluso más alivio que yo. Cuatro hombres salieron corriendo desde algún lugar y se dirigieron hacia la borda. Mis hombres también subieron a cubierta y se alinearon junto a la amurada. Yo acompañé a nuestro visitante hasta la pasarela con una ceremonia que rayaba en la exageración. Era un hombre tenaz, y con su peculiar manera de afrontar las cosas, se dio la vuelta y dijo con expresión culpable:

—Tampoco quiero que usted piense...

Lo interrumpí con voz firme:

—Por supuesto que no lo pienso. Ha sido un placer. Hasta la próxima.

Sabía más o menos lo que iba a decir, y pude evitarlo gracias a los privilegios de mi fingida sordera. El capitán estaba demasiado nervioso como para insistir, pero mi primer oficial, que había sido testigo cercano de la despedida, se quedó desconcertado, con gesto pensativo. Como no quería que pareciera que rechazaba la comunicación con mis oficiales, no le impedí hablarme.

—Parece un hombre agradable. Si el camarero no miente, la tripulación del Sephora le ha contado a nuestros marineros una historia realmente extraordinaria. Supongo que el capitán se la habrá relatado a usted, ¿verdad?

—Sí, el capitán me la contó.

—Una historia espantosa, ¿no le parece, señor?

—Así es.

—Casi peor que esas historias que hemos escuchado sobre asesinatos en barcos estadounidenses.

—No creo que las supere. Ni siquiera me parece que se parezca a ellas en lo más mínimo.

—¡Dios santo, señor! ¡No puede hablar en serio! Ya sabe que no tengo trato con barcos norteamericanos, así que no puedo contradecirle en eso. A mí me parece espantosa... aunque lo más raro de todo es que esos sujetos estaban convencidos de que su hombre estaba escondido en este barco. ¿Puede usted creerlo?

—Absurdo.

Mientras tanto, caminábamos por el alcázar de un lado a otro. No se veía a nadie de la tripulación de proa (ese día era domingo) y el primer oficial siguió hablando.

—Al parecer hubo una pequeña discusión. Nuestros hombres se ofendieron y les dijeron: "¿Cómo si fuéramos capaces de esconder a un tipo así? ¿Por qué no buscan en la carbonera a ver si está ahí?". Y se armó tremenda discusión. Aunque, por lo visto, al final hicieron las paces. Lo más probable es que se haya ahogado, ¿no le parece, señor?

—Prefiero no suponer.

—¿Quiere decir que no tiene ninguna duda al respecto, señor?

—Ninguna.

Lo dejé de inmediato. Tenía la certeza de estar causándole una pésima impresión, pero mi doble estaba abajo, y me resultaba muy difícil permanecer en cubierta sabiendo que él estaba ahí, casi tanto como estar abajo sabiendo que él no era yo. Se podía decir que era una situación de lo más tensa. No había en el barco ni una sola persona en la que pudiera confiar. La tripulación ya conocía la historia, así que habría sido imposible hacerlo pasar por otra persona, y ahora era más probable que nunca que ocurriera un encuentro.

El camarero estaba poniendo la mesa en ese momento; por eso, cuando bajé, solo pudimos comunicarnos con la mirada. Esa misma tarde intentamos hablar mediante susurros, pero teníamos en contra la calma dominical del barco, la quietud del aire y del agua, los elementos y los hombres: todo parecía volverse contra nosotros, como si se tratara de una conspiración secreta, incluso el clima, pero aquello no podía durar para siempre. Supongo que, precisamente por eso, ni siquiera podíamos confiar en la Providencia. ¿Hace falta que diga cuánto me entristecía esa idea? En cuanto al capítulo de los imprevistos, que suele jugar un papel tan importante en el libro del éxito, lo único que podía esperar era que se mantuviera cerrado, porque ¿qué clase de imprevisto favorable podría ocurrirnos?

—¿Escuchaste todo? —fue lo primero que le pregunté cuando volvimos a estar inclinados los dos solos sobre la cama.

Lo había escuchado perfectamente, como lo demostró con la ansiedad de su respuesta:

—Ese hombre dijo que apenas se atrevía a dar la orden.

Entendí que hablaba del trinquete que salvó al barco.

—Sí, temía perder la vela al sujetarla.

—Le juro que nunca dio esa orden. Puede que él crea que la dio, pero no es cierto. Se quedó inmóvil a mi lado, en popa. La gavira se rompió y él solo pudo balbucear, porque era nuestra última esperanza. Estoy seguro de que lo único que hizo fue lloriquear. ¡Y encima ya estaba anocheciendo! Ver a un capitán actuar así durante una tormenta como esa bastaría para enloquecer a cualquiera. A mí me sumió en una desesperación total. Yo me hice cargo de todo, me aparté de su lado y… pero no sé por qué se lo cuento si usted ya lo sabe todo… ¿o acaso cree que, si no me hubiera comportado con violencia, los hombres habrían reaccionado? ¡Por supuesto que no! ¿El contramaestre, tal vez? Puede ser. Pero no era solo mala mar: estaba completamente desatada. Supongo que el fin del mundo será algo parecido. Una cosa es verlo, y otra muy distinta es soportarlo día tras día… No culpo a nadie, solo digo que, al menos, yo me comporté un poco mejor que el resto. Después de todo, era el oficial de esa ruina…

—Lo entiendo perfectamente —le respondí en voz baja, con sinceridad. Se había quedado sin aliento y lo escuché jadear. Todo era muy simple: la misma tensión que lo había llevado a salvar la vida de veinticuatro hombres lo había llevado también a quitar la de uno, de un solo y certero culatazo, a una existencia indigna y rebelde. Pero no tuve tiempo de pensar más sobre eso, porque de inmediato se oyeron pasos en el salón y alguien golpeó con fuerza la puerta.

—Señor, tenemos viento suficiente para zarpar.

Esa llamada me obligó de inmediato a abandonar cualquier pensamiento o sentimiento.

—Avise a toda la tripulación a cubierta —grité a través de la puerta—. Subo enseguida.

Estaba a punto de conocer por fin mi propio barco. Antes de salir del camarote, nuestras miradas se cruzaron por última vez: éramos los dos únicos intrusos a bordo. Le señalé la banqueta del rincón y me llevé un dedo a los labios. Él me respondió con un gesto indefinido, acompañado de una leve sonrisa.

Éste no es el lugar más adecuado para que un hombre se extienda describiendo lo que siente la primera vez que un barco se mueve bajo sus órdenes. En mi caso, debo decir que las sensaciones no eran del todo limpias. No era solo yo quien estaba al mando: en el camarote estaba aquel desconocido, o dicho de otro modo, yo no estaba completamente en el barco, porque una parte de mí se encontraba junto a ese desconocido. La impresión de estar en dos lugares al mismo tiempo me afectaba de una forma tan física que sentía que el secreto se había apoderado de mi alma. No había pasado ni una hora desde que el barco se puso en marcha cuando le pedí al primer oficial —que estaba a mi lado— que me trajera la brújula, y lo hice en un susurro. Me di cuenta a tiempo, pero él se sorprendió visiblemente. Casi dio un brinco. Desde entonces adoptó conmigo una actitud más seria y vigilante, como si algo lo tuviera en guardia. Poco después me alejé de la borda para revisar la brújula, y lo hice con tal sigilo que el timonel me miró como si acabara de ver un fantasma. Eran detalles pequeños, pero para un capitán no es ninguna ventaja parecer excéntrico. Me sentía demasiado vulnerable, y eso me preocupaba, porque hay ciertos gestos que deberían surgir de un marino tan naturalmente como parpadear ante un objeto que se acerca al rostro. Hay órdenes que deben salir de los labios sin pensar, y actitudes que deben surgir sin esfuerzo. Pero en esas circunstancias, ese estado natural de alerta inconsciente me había abandonado por completo. Tenía que hacer un esfuerzo constante para salir del camarote y asumir mis responsabilidades. Cualquiera que me hubiera observado con ojo crítico habría dicho que era un capitán inseguro.

Y, además, estaban los sobresaltos. Al segundo día de navegación, bajé por la tarde a la cubierta inferior (llevaba unas pantuflas) y me detuve ante la puerta abierta de la despensa para decirle algo al camarero, que estaba de espaldas haciendo alguna tarea. Al oír mi voz, casi se cae del susto, como suele decirse, y dejó caer una taza al suelo.

—¿Qué demonios te pasa? —le pregunté, sorprendido.

El hombre parecía desorientado.

—Perdóneme, señor… estaba convencido de que usted seguía en su camarote.

—Puedes ver que no es así.

—Sí, señor… pero habría jurado que lo escuché moverse hace un instante. Qué raro… lo siento, señor.

Seguí con lo mío, procurando que no se notara que me había estremecido. Estaba tan identificado con mi doble que ni siquiera le conté el incidente en nuestras conversaciones, llenas de susurros y miradas. Lo más probable era que hubiera hecho algún ruido. En realidad, el milagro habría sido que no lo hiciera en algún momento. Y pese a su rostro ojeroso y pálido, daba la impresión de tener un gran autocontrol. Por recomendación mía, pasaba casi todo el día en el baño, que me parecía el lugar más seguro. Una vez que el camarero lo limpiaba, no había motivo alguno para que nadie entrara. Era un cuarto minúsculo. A veces se recostaba en el piso, con las piernas cruzadas y la cabeza sobre el codo. Otras veces lo encontraba sentado en la banqueta, con su camisón gris y el cabello corto: parecía un prisionero paciente e inmóvil. Por las noches dormía en mi litera, y conversábamos en susurros mientras escuchábamos los pasos del oficial de guardia caminando una y otra vez sobre nuestras cabezas. Aquellos momentos eran especialmente difíciles. Gracias a Dios, en uno de los armarios de mi camarote había un buen surtido de conservas, y no me era complicado conseguir algo de pan duro. Comía pollo asado, paté de foie gras, espárragos, ostras cocidas, sardinas… todo tipo de manjares enlatados. Mi café matutino lo tomaba también conmigo, y eso era todo lo que hacía por él en ese sentido.

Todos los días teníamos que hacer una maniobra extraña para que el camarero limpiara la habitación y el baño de manera adecuada. Llegué a odiar el momento en que aparecía por la puerta, la presencia y la voz de aquel hombre inofensivo. Estaba convencido de que sería el primero en desatar el funesto desenlace de un descubrimiento que sentía sobre mi cabeza como una espada suspendida.

Creo recordar que fue al cuarto día de travesía (en ese momento cruzábamos el golfo de Siam con viento suave y aguas tranquilas), sí, casi seguro que ya llevábamos cuatro días de malabarismos con lo inevitable, cuando aquel hombre, cuyos movimientos temía constantemente, dejó los platos y subió apresuradamente a cubierta. Allí no corría peligro alguno. Poco después volvió a bajar; al parecer había olvidado un abrigo mío que había dejado secando en una barandilla tras la tormenta de la tarde anterior. Al ver esa prenda sobre su brazo, me quedé paralizado en la cabecera de la mesa. Como era lógico, el camarero se dirigió a mi puerta, y no podía permitirme ni un segundo de duda.

—¡Camarero! —grité. Estaba tan nervioso que no pude controlar el volumen de mi voz. Ese tipo de exclamaciones era lo que provocaba que mi primer oficial, el del bigote descomunal, se llevara el dedo índice a la sien. Una vez lo vi hacer ese gesto en cubierta, mientras hablaba en voz baja con el carpintero. Estaba demasiado lejos para oír sus palabras, pero no me quedaba duda de que aquella pantomima se refería al nuevo y excéntrico capitán.

—Sí, señor —respondió el pálido camarero, volviéndose hacia mí con resignación. Para él, debía de ser una tortura soportar aquellos gritos injustificados, que lo detuviera sin razón, que lo expulsara del camarote sin explicaciones, o que lo sacara de la despensa con recados absurdos. Su rostro mostraba, cada vez más, una expresión de martirio.

—¿Adónde llevas ese abrigo?

—A su camarote, señor.

—¿Va a llover otra vez?

—No lo sé, señor, ¿quiere que lo revise?

—No, no es necesario.

Con eso ya había logrado lo que pretendía: mi otro yo había escuchado toda la conversación. Durante unos segundos, ninguno de mis oficiales levantó la vista de sus platos, pero pude notar cómo le temblaban los labios al joven segundo oficial.

Esperaba que el camarero colgara el abrigo y saliera enseguida. Pero lo hizo con una lentitud exasperante, aunque esta vez logré contener mis nervios y no gritarle. De pronto noté (y se oyó claramente) que, por alguna razón, estaba abriendo la puerta del baño. Eso sí que era el fin; el cuarto era diminuto. Sentí cómo se me secaba la garganta, me quedé paralizado. Pensé que iba a oír un grito de sorpresa o de horror y amagué con levantarme, pero no tuve fuerzas para hacerlo. Todo seguía en calma. ¿Acaso mi otro yo había estrangulado al camarero? No sé qué habría hecho si en ese momento el camarero no hubiese salido de mi habitación, cerrado la puerta y permanecido en silencio junto al mueble.

Pensé de inmediato: "¡Estoy salvado!", pero enseguida me invadió la inquietud: "¡No, perdido! ¡Se había marchado!".

Dejé el cuchillo y el tenedor sobre la mesa, y me recliné en la silla. Me sentía desfallecer. Poco después, cuando me sentí lo bastante recuperado como para hablar en voz calmada, le ordené al oficial que virara el barco y lo pusiera rumbo a las ocho en punto.

—No subiré a cubierta —dije—. Creo que voy a recostarme un rato, y a menos que cambie el viento, no quiero que nadie me moleste antes de medianoche. No me siento bien.

—Hace un momento tenía usted muy mal aspecto —observó el primer oficial sin mayor preocupación.

Los dos oficiales se marcharon y me quedé observando cómo el camarero recogía la mesa. No había nada extraño en su mirada, pero aun así evitaba encontrar la mía. De pronto sentí deseos de escuchar su voz.

—¡Camarero!

—¡Sí, señor! —exclamó como siempre.

—¿Dónde colgaste el abrigo?

—En el baño, señor —respondió con su tono habitual—. Todavía estaba algo húmedo, señor.

Me quedé varios minutos sentado en la sala. ¿Se había esfumado mi doble de la misma forma súbita en la que había llegado? Pero si su llegada había tenido una explicación, su desaparición no la tendría. Me dirigí lentamente a mi camarote oscuro, cerré la puerta, encendí la lámpara y esperé unos segundos antes de atreverme a girar la cabeza. Cuando lo hice, lo vi estirado en la parte más estrecha del camarote. Sería inexacto decir que me sobresalté, pero lo cierto es que me asaltaron dudas sobre su existencia física. ¿Era posible que solo se manifestara ante mí? Me sentía acechado por un fantasma. Sin moverse y con gesto grave, alzó las manos en un ademán que claramente significaba: "¡Por Dios! ¡De buena me salvé!". Sin duda. Sentí que había estado al borde de la locura, y que ese gesto, precisamente ese, fue lo que me detuvo antes de cruzar la línea.

En ese momento, el oficial bigotudo estaba haciendo virar el barco, y en el silencio absoluto que suele acompañar a los instantes en que toda la tripulación está en sus puestos, escuché su voz desde popa: "¡A sotavento!". La orden se repitió como un eco desde la cubierta principal. Las velas aletearon con suavidad bajo la brisa ligera y comenzaron a tensarse mientras la nave giraba lentamente. Contuve la respiración, todo parecía detenido en una quietud sobrenatural. Otro grito rompió el silencio: "¡Cobren la mayor!", y ambos nos sentamos en la cama al mismo tiempo que oíamos los gritos y las pisadas de los marineros tirando de la braza mayor.

Ni siquiera esperó que yo le preguntara algo.

—Escuché que buscaba algo a tientas, y logré acurrucarme en el baño —susurró—. Solo abrió la puerta y metió el brazo para colgar el abrigo; aun así…

—No se me habría ocurrido algo así —respondí con un susurro aún más nervioso que el suyo, consternado por el riesgo que habíamos corrido, y asombrado por esa naturaleza suya tan firme, capaz de afrontar todo con tanta serenidad. Hablaba en susurros, sin el menor rastro de ansiedad. Si uno de los dos estaba perdiendo la razón, desde luego no era él. Estaba perfectamente lúcido, y lo confirmó cuando agregó:

—No me serviría de nada volver a la vida.

Esas palabras bien podrían haber sido las de un fantasma. Pero en realidad se refería a lo que había escuchado de boca de su capitán: la teoría del suicidio. Me parecía que, si la había entendido bien, le sería útil, tal vez hasta necesaria, para lo que se proponía.

—Tendrá que dejarme en cuanto podamos internarnos entre las islas de Camboya —añadió.

—¿Dejarle? No estamos en una novela juvenil de aventuras —protesté, pero su réplica, cortante y seria, me hizo guardar silencio de inmediato.

—¡Por supuesto que no! ¡Ya sé que no estamos en una novela juvenil! Pero ya he tenido suficiente, no quiero más. ¿Cree que me importa lo que puedan hacerme? No me interesa si me condenan a la cárcel, a la horca o a lo que les parezca, pero no espere de mí que regrese a explicarle a un anciano con peluca y a doce comerciantes respetables lo que hice. ¿Qué sabrán ellos si soy o no culpable? ¿Culpable de qué? Eso es asunto mío. ¿O acaso no dice la Biblia: "Serás un fugitivo y un errante sobre la tierra"? Pues que así sea, ya no me encuentro sobre la superficie de la tierra. Así como llegué en plena noche, así me iré.

—¡Imposible! No puede usted…

—¿Que no puedo…? No puedo irme desnudo, como si fuera un alma en pena del Juicio Final, pero me llevaré este camisón. Aún no ha llegado el último día, pero usted me entiende, ¿verdad?

No pude evitar sentirme avergonzado de pronto. En realidad, lo había entendido perfectamente, y oponerme a que aquel hombre se alejara a nado habría sido una farsa, una cobardía por mi parte.

—No podrá marcharse hasta mañana por la noche —susurré—. En este momento estamos mar adentro y podría faltarnos viento.

—Usted me entiende —repitió en susurros—, claro que me entiende. Para mí es una enorme satisfacción poder contar con alguien que me entienda en este momento. Es como si usted hubiera estado esperándome —y con ese mismo tono, confidencial y bajo, añadió—: es verdaderamente maravilloso.

Nos quedamos allí un rato más, hablando en secreto. A veces nos callábamos, o decíamos alguna palabra aislada después de largos silencios. Él no apartaba la vista de la portilla, como solía hacer. De vez en cuando se oía una ráfaga de viento. Daba la impresión de que el barco estuviera fondeado, pues avanzaba con tanta suavidad sobre esas aguas oscuras y silenciosas —como un mar de fantasmas—, que ni siquiera producían sonido.

Cuando llegó la medianoche, subí a cubierta y, para gran sorpresa de mi piloto, viré hacia tierra. Sentí cómo sus bigotes se fruncían en señal de crítica. No cabe duda de que jamás habría hecho algo parecido de no haber querido salir cuanto antes de ese golfo adormecido. Creo que, cuando lo relevó el segundo oficial, le comentó que era una decisión absurda. El otro respondió con un bostezo. Aquel joven inepto arrastraba los pies con tanta indolencia, y se recargaba contra la borda con una actitud tan descuidada, que lo reprendí de inmediato.

—¿Aún no se ha despertado?

—Sí, señor. Estoy despierto.

—Entonces compórtese como alguien despierto. Y manténgase atento. Si encontramos alguna corriente, podremos acercarnos a las islas antes del amanecer.

La parte oriental del golfo está salpicada de islas. Algunas se alzan solitarias; otras, en pequeños grupos. Flotan sobre el fondo azul del litoral en franjas plateadas de agua inmóvil, con formas áridas y grisáceas, o verdes y redondeadas, como si fueran enormes arbustos de hoja perenne. Las más grandes miden una o dos millas de largo y exhiben perfiles montañosos, rocas grises cubiertas por un manto de vegetación enmarañada. Son lugares ignorados por el comercio, por la navegación, incluso por la geografía. La vida que contienen es todavía un misterio. No sería extraño que hubiera pueblos o pequeños asentamientos de pescadores en las más grandes, en contacto ocasional con el mundo exterior, pero durante esa mañana, mientras avanzábamos hacia ellas acariciados por la brisa más leve, no vi señal alguna de seres humanos ni canoas, ni siquiera con la ayuda del telescopio que exploraba con ansiedad esas tierras.

Era ya mediodía y, como aún no había ordenado virar, el bigote de mi primer oficial parecía más tenso que nunca.

—Mantendré el rumbo —dije finalmente—, y me acercaré lo más posible a la costa.

Su mirada, cargada de sorpresa, adquirió un tinte casi feroz; por un instante, tuvo un aspecto imponente.

—No hemos tenido buen avance por el centro del golfo —continué, como si fuera un detalle sin importancia—, así que esta noche veremos si nos favorecen las brisas de tierra.

—¡Por Dios, señor! ¿Dice usted que navegaremos de noche entre arrecifes y bajíos?

—Si hay brisas de tierra en la costa, habrá que acercarse para aprovecharlas, ¿no cree?

—¡Por Dios, señor! —murmuró entre dientes. Durante toda la tarde adoptó una expresión de ensueño, su modo personal de mostrar perplejidad. Después de la cena fui a mi camarote como si me dispusiera a descansar un poco. Allí volvimos a juntar nuestras cabezas, tan oscuras como la noche, sobre una carta náutica a medio desplegar sobre la cama.

—Esto de aquí —le dije— debe ser Koh-ring. No he dejado de observarla desde el amanecer. Tiene dos colinas y un valle; es probable que esté habitada. Y en la costa opuesta parece haber la desembocadura de un río grande... seguramente hay un pueblo más arriba. Es la mejor opción que encontré.

—Cualquier sitio está bien, que sea Koh-ring.

Se quedó unos segundos más observando la carta, pensativo, como si desde las alturas analizara las distancias y siguiera con la vista su propia silueta atravesando las tierras desiertas de Cochinchina, hasta internarse en regiones que aún no figuran en los mapas. Parecía una reunión entre dos capitanes decidiendo el rumbo del barco. Yo había tenido un día tan agitado, corriendo de un lado a otro, que ni siquiera me había vestido. Aún llevaba el camisón, las pantuflas y un sombrero maltratado. El calor del golfo era tan sofocante que la tripulación ya estaba acostumbrada a verme pasear así por el barco.

—El barco pasará cerca del extremo sur —le susurré—. Solo Dios lo sabe, pero para entonces ya habrá oscurecido. Me mantendré a media milla, si logro avanzar con cierta seguridad en medio de la noche.

—Tenga cuidado —susurró con tono de advertencia.

Y también yo entendí, en ese instante, que todo mi futuro —ese futuro para el que me había preparado con tanto esmero— podía venirse abajo por el más mínimo error, cometido en el primer barco bajo mi mando.

No podía permitirme seguir ni un minuto más en ese camarote. Le hice una señal para que se escondiera y salí rumbo a popa. De guardia estaba aquel joven tan serio. Caminé un rato de un lado al otro, pensando en la estrategia, y luego le pedí que se acercara.

—Mande a un par de hombres a abrir las portillas del alcázar —dije con calma.

No cabía duda de su sorpresa, o quizá fue simple descaro, porque exclamó ante esa orden incomprensible:

—¿Abrir las portillas del alcázar? ¿Para qué, señor?

—El único motivo por el que debe pensarlo es porque se lo he ordenado. Solo asegúrese de dejarlas abiertas y bien aseguradas.

Se sonrojó de inmediato y se alejó, pero estoy casi seguro de que, en el camino, le hizo algún comentario sarcástico al carpintero sobre la nueva costumbre de ventilar el alcázar de un barco. También sé que fue al camarote del primer oficial para comunicarle la orden, porque no pasó mucho tiempo antes de que el bigotudo apareciera en cubierta como por casualidad, escudriñándome desde abajo, tratando de encontrar en mí algún signo de locura o embriaguez.

Volví unos minutos con mi otro yo antes de la cena, más nervioso que nunca. Me sorprendió verlo tranquilo, sentado. Su calma me parecía casi antinatural.

Le expliqué el plan en susurros.

—Me acercaré lo más que pueda a la costa y luego viraré. Buscaré la forma de sacarlo de aquí y meterlo en el pañol de velas que conecta con el salón. Tiene un pequeño hueco, una escotilla desde donde se puede tirar de las velas, que da directamente al alcázar. Si el clima es bueno, se deja abierto para ventilar. Cuando vire el barco y toda la tripulación esté en popa maniobrando con las brazas de la mayor, tendrá tiempo de llegar hasta la borda del alcázar. Ya ordené que las portillas estén abiertas. Use una de las sogas para bajar sin hacer ruido, porque si alguien escucha un salto, todo se complicaría.

Permaneció callado un instante y luego murmuró apenas:

—De acuerdo.

—No estaré ahí para despedirme —agregué con esfuerzo—. Y sobre lo demás… espero haber comprendido.

—Me entendió por completo, desde el inicio hasta el final —y fue la primera vez que noté en su voz una leve ruptura. Me tomó la mano, pero justo en ese momento me sobresaltó la llamada a cenar. Él no perdió la compostura; simplemente me soltó.

Después de la cena, no bajé hasta que pasaron las ocho. Esa brisa débil pero firme estaba cargada de humedad, y las velas oscuras y pesadas aprovechaban todo su impulso. La noche estaba despejada y llena de estrellas, y aquellas pequeñas islas, como manchas flotantes, parecían navegar a la deriva contra el cielo estrellado. Frente a la amura, una de las más grandes oscurecía una porción considerable del firmamento.

Al abrir la puerta, lo vi con la espalda inclinada sobre la carta náutica. Se había alejado del rincón y estudiaba la mesa.

—Todo está muy oscuro —susurré.

Retrocedió un paso y se recostó sobre la cama, sereno, tranquilo. Yo me senté en el sofá. No teníamos nada que decirnos. Sobre nuestras cabezas se oían los pasos del oficial de guardia caminando de un lado al otro, hasta que, de pronto, noté que su ritmo se aceleraba. Sabía lo que eso significaba: iba hacia la escalera. Poco después escuché su voz desde la puerta.

—Vamos muy rápido, señor. La costa está cerca.

—De acuerdo —respondí—. Subo en seguida.

Esperé a que se alejara de la cámara y, entonces, me levanté. También mi doble se puso en movimiento. Había llegado el momento de despedirnos en susurros, ya que nunca habíamos hablado a plena voz.

—Venga —abrí un cajón y saqué tres soberanos—. Llévelos. Tengo seis, le daría todos, pero debo guardar algo para comprar frutas y vegetales cuando pasemos por el estrecho de Sonda.

Él negó con la cabeza.

—¡Tómeselos! —insistí—. Nunca se sabe cuándo…

Sonrió y dio una palmada sobre el bolsillo del camisón. No era el lugar más seguro, así que saqué un pañuelo de seda, envolví las monedas y se lo ofrecí de nuevo. Supongo que lo conmoví, porque lo aceptó y se lo ató a la cintura.

Nos miramos fijamente. Pasaron unos segundos. Sin dejar de mirarnos, extendí la mano y apagué la lámpara. Luego salí al salón y dejé la puerta entreabierta.

—¡Camarero!

Se escuchaba el golpeteo de las vinagreras en la despensa, mientras él las limpiaba antes de retirarse. Le hablé en voz baja para no despertar al primer oficial, cuya habitación estaba justo al frente.

Se volvió, alarmado.

—¡Señor!

—¿Podría traerme un poco de agua caliente de la cocina?

—Señor, creo que el fuego de la cocina ya está apagado desde hace rato.

—Suba a revisar.

El camarero subió a toda prisa.

—¡Ahora! —susurré con firmeza desde el salón. Quizás hablé demasiado alto, pero temía no poder pronunciar palabra. Un segundo después, lo sentí a mi lado. El doble del capitán se deslizó delante de la escalera por un pasillo oscuro y estrecho, rumbo a la puerta. Enseguida nos encontrábamos sobre el pañol de velas, avanzando a gatas. De pronto me vi descalzo, con la cabeza descubierta, quemada por el sol. Tomé el sombrero que traía en la mano y traté de ponérselo a él, pero lo rechazó en silencio. Luego, quizá comprendiendo mis razones, lo aceptó. En medio de la oscuridad, unimos nuestras manos por un momento. Nos estrechamos con fuerza, sin decir palabra.

Cuando regresó, el camarero me encontró de pie, tranquilo, junto a la despensa.

—Señor, lo siento, está apenas tibia. ¿Quiere que encienda el hornillo?

—No, no te preocupes.

Subió lentamente a cubierta. Yo debía acercar el barco todo lo posible a la costa, porque él tenía que lanzarse al agua al virar. ¡Tenía que dejarlo! Ya no podía echarme atrás. Caminé hacia sotavento y sentí un nudo en el estómago al ver lo cerca que estábamos de tierra. En otras circunstancias, jamás habría permitido semejante riesgo. El segundo oficial me siguió, inquieto.

Seguí observando, hasta que recuperé la voz.

—Ya podemos pasar el barco a barlovento de la isla —dije con calma.

—¿Va en serio, señor? —balbuceó, incrédulo.

No le respondí, y me dirigí al timonel con voz clara:

—A toda vela.

—A toda vela, señor.

Sentía la brisa en las mejillas, las velas se inflaban con un viento firme, y todo el mundo parecía guardar silencio. Era demasiado agotador mirar la silueta de la tierra, que se agrandaba cada vez más. Cerré los ojos: el barco tenía que acercarse un poco más. ¡Tenía que hacerlo! El silencio se volvía insoportable. ¿Nos habíamos detenido?

Cuando volví a abrir los ojos, sentí que el corazón casi se me detenía del susto. La colina al sur de Koh-ring parecía flotar sobre el barco como un fragmento de la noche eterna. En medio de esa enorme masa no se percibía ni un solo resplandor, ni el más leve sonido. Flotaba hacia nosotros, ya casi al alcance de la mano. Vi la silueta de los marineros de guardia contemplando la escena en un silencio sepulcral.

—¿Pretende seguir avanzando, señor? —preguntó una voz temerosa a mi lado.

No le presté atención; debía continuar.

—A toda vela. Que nadie haga nada por el momento —advertí a todos.

—Apenas puedo distinguir las velas —dijo el timonel con un tono extraño.

¿Era posible que el barco ya estuviera demasiado cerca? No estábamos del todo bajo la sombra de la tierra, pero sí envueltos por su oscuridad. El barco había sido devorado, como si ya formara parte de esa sombra.

—Avise al primer oficial —ordené al joven a mi lado, que estaba pálido como un muerto—, y a toda la tripulación.

Mi voz sonó con fuerza redoblada por la cercanía del acantilado, y enseguida varias voces respondieron:

—Ya estamos en cubierta, señor.

Todo volvió a quedar inmóvil bajo esa sombra creciente, que parecía alzarse por encima de nosotros con la solemnidad de una montaña silenciosa. En el barco, el silencio era tan denso que parecía el de una nave de muertos entrando al Erebo.

—¡Dios mío! ¿Dónde estamos? —murmuró el primer oficial, sin apoyo siquiera en su habitual bigote. Juntó las manos y exclamó—: ¡Estamos perdidos!

—¡Cállese! —grité con autoridad.

Bajó la voz, pero sus gestos seguían llenos de angustia.

—¿Pero qué estamos haciendo aquí?

—Buscamos el viento de tierra.

Se llevó las manos a la cabeza y me encaró:

—Jamás lograremos salir de aquí. Y todo esto fue idea suya, señor. Ya sabía yo que íbamos a terminar así. No podremos evitar la costa, estamos demasiado cerca para virar. El barco se pondrá a la deriva antes de que podamos completar la maniobra. ¡Dios mío!

Le agarré el brazo antes de que comenzara a golpearse su estúpida, aunque leal, cabeza, y fui yo quien lo sacudió con violencia.

—¿De verdad cree que ya estamos sobre la costa? ¡A toda vela!

—¡A toda vela! —repitió el timonel, con un tono asustado e infantil.

Aún tenía en mi mano el brazo del primer oficial, y lo agitaba mientras hablaba.

—Y usted vaya a su puesto, ¿me oye? Váyase a proa y verifique que las escotas del trinquete siguen bien aclaradas.

Durante ese intervalo evité mirar hacia la costa, por temor a que me abandonara el valor. Finalmente lo solté, y salió disparado como si su vida dependiera de ello.

Me pregunté qué pensaría mi doble desde el pañol de velas, oculto, escuchando quizá todo aquel alboroto, comprendiendo por qué estaba obligado a acercarme tanto a tierra. La primera orden que di, "¡Timón a sotavento!", retumbó bajo la sombra de Koh-ring como si estuviéramos frente a un precipicio. Clavé la vista en la costa. Con esa brisa leve y el agua tan calma, era imposible calcular la velocidad del avance. ¡Imposible! Mi otro yo ya debía estar bajando por la borda… tal vez incluso ya se había lanzado.

Esa masa negra que se alzaba sobre nuestros mástiles comenzó a virar y alejarse. En ese instante, olvidé por completo al desconocido que saltaba al mar; lo único que sentía era que yo mismo era un desconocido en aquel barco. No sabía nada de él. ¿Respondería a mis órdenes? ¿Sería capaz de gobernarlo?

Viré la verga mayor y esperé impotente. Era posible que el barco ya se hubiese detenido. Nuestro destino estaba en suspenso, bajo la sombra gigantesca de Koh-ring, como si estuviéramos ante las puertas de una noche eterna. ¿Qué iba a hacer ahora el barco? ¿Se movía o no? Me acerqué a la borda, y solo vi una superficie acristalada y adormecida. Era imposible saber si avanzábamos. Aún no conocía los signos del barco. ¿Nos movíamos o no? Necesitaba algo visible sobre el agua, algo que pudiera lanzar como referencia. No tenía nada a mano, y no podía darme el lujo de buscarlo. Entonces vi un objeto blanco flotando a unos cincuenta metros del costado del barco. Algo blanco en medio de las aguas negras, un destello fosforescente. ¡Mi sombrero! Seguramente se le cayó y ni siquiera intentó recuperarlo. Pero me había dejado justo lo que necesitaba: una señal para medir el movimiento. En ese momento no pensé en él, en que ya había dejado el barco, en que ya era un fugitivo sin marca en la frente que lo delatara… Demasiado orgulloso para justificarse ante nadie.

Observé ese sombrero como si fuera una manifestación de la misericordia repentina que había sentido por su carne mortal. Solo quise protegerle la cabeza del sol, y ahora esa prenda me ayudaba a salvar el barco. ¡Sí! El sombrero estaba a proa. Eso confirmaba que el barco viraba.

—Gira el timón —susurré al marinero, que seguía inmóvil.

A la luz de la bitácora, vi en sus ojos un brillo de locura cuando dio un salto hacia el timón.

Fui a popa. En la cubierta, en la oscuridad, la tripulación esperaba junto a las brazas. Las estrellas parecían deslizarse de derecha a izquierda. Todo estaba tan quieto que alcancé a escuchar a un marinero decirle a otro con inmenso alivio:

—Por fin viró.

Las velas giraron al compás de gritos de júbilo y el bigotudo empezó a dar las órdenes de rigor. El barco se dirigía hacia alta mar, y yo estaba solo con él. Nada ni nadie podía ya interponerse entre nosotros ni oscurecer nuestra mutua comprensión, esa perfecta comunión que debe existir entre un capitán y su primer barco.

Mientras subía de nuevo al alcázar, pude ver de nuevo el límite de la oscuridad recortando aquella enorme masa de oscuridad que parecía la misma entrada del Erebo, y también el fugaz destello de mi sombrero blanco, que quedaba también en la distancia para señalar el punto exacto por el que había pasado aquel con quien había compartido en secreto mi propio camarote y también mis pensamientos, como si se tratara de un segundo yo. Se había arrojado al agua para afrontar su castigo: ese hombre libre, ese nadador orgulloso que ahora se dirigía hacia su nuevo destino.

UNA AVANZADA DEL PROGRESO

I

Había dos hombres blancos encargados de la factoría. Kayerts, el jefe, era bajo y gordo; Carlier, el ayudante, era alto, de cabeza grande y tronco ancho asentado sobre un par de piernas largas y delgadas. El tercer hombre del equipo era un negro de Sierra Leona que decía llamarse Henry Price. Sin embargo, por alguna razón, los nativos del río abajo le habían dado el nombre de Makola, y nunca pudo desprenderse de él durante sus vagabundeos por la región. Hablaba inglés y francés con acento cantarino, tenía una hermosa caligrafía, entendía de contabilidad y, en el fondo de su corazón, seguía siendo fiel al culto de los malos espíritus. Su esposa era una mujer negra de Luanda, muy corpulenta y ruidosa. Sus tres hijos se revolcaban bajo el sol frente a la puerta de su casa, una construcción de una sola planta que parecía una choza. Makola, taciturno e impenetrable, despreciaba a los dos hombres blancos. Tenía a su cargo un pequeño almacén de barro con techo de paja seca y afirmaba llevar con orden las cuentas de los abalorios, telas de algodón, pañuelos rojos, cables de cobre y otras mercancías que allí se acumulaban. Además del almacén y de la choza de Makola, había un gran edificio en el claro donde se alzaba la factoría. Estaba hábilmente construido de caña, con una galería que lo rodeaba por los cuatro costados. Tenía tres habitaciones. La del centro era la sala común, con dos mesas toscas y algunas banquetas. Las otras dos eran los dormitorios de los hombres blancos. Por todo mobiliario tenían sendas estructuras de camas y mosquiteros. El piso, hecho de tablones, estaba cubierto por las pertenencias de los blancos: cajas abiertas y medio vacías, ropa de ciudad, botas viejas; todo eso sucio, todo eso roto, acumulado misteriosamente en torno a hombres desaliñados.

A cierta distancia de los edificios había otra construcción. En ella, bajo una cruz que había perdido la vertical, yacía el hombre que había contemplado los comienzos de todo aquello, quien había proyectado y dirigido la construcción de esa avanzada del progreso. En su país había sido un pintor fracasado que, cansado de perseguir la fama con el estómago vacío, había llegado hasta allí gracias a influencias importantes. Fue el primer jefe de la factoría. Makola lo había visto morir de fiebre en la casa recién terminada, con su habitual actitud de "ya lo decía yo". Luego vivió un tiempo solo, con su familia, sus libros de contabilidad y el Espíritu Maligno que gobierna las tierras al sur del ecuador. Se llevaba muy bien con su dios. Tal vez se lo había ganado prometiéndole más hombres blancos con los cuales entretenerse. De todas formas, el director de la Gran Compañía Comercial, que llegó en un vapor parecido a una enorme caja de sardinas cubierta por un tejadillo, encontró la estación en buen orden y a Makola tan activo y tranquilo como siempre. El director mandó colocar la cruz sobre la tumba del primer agente y nombró a Kayerts como su reemplazo. Carlier fue nombrado su segundo.

El director era un hombre despiadado y eficiente, que a veces, de manera casi imperceptible, dejaba entrever un humor sombrío. Pronunció un discurso ante Kayerts y Carlier, señalando el prometedor estado de la factoría. El puesto comercial más cercano quedaba a unas trescientas millas de distancia. Era una excelente oportunidad para distinguirse y obtener comisiones por el comercio. Ese nombramiento era un favor para los dos principiantes. Kayerts estuvo a punto de llorar de gratitud. Prometió hacer todo lo posible por estar a la altura de tan halagadora confianza, etc. Había trabajado en la Administración de Telégrafos y sabía expresarse correctamente. Carlier, antiguo suboficial de caballería en un ejército protegido por varias potencias europeas, se mostró menos impresionado. Si había comisiones, mejor, y su mirada malhumorada recorrió el río, los bosques, la maleza impenetrable que parecía aislar la estación del resto del mundo, murmurando: "Ya veremos".

Al día siguiente, tras dejar en la orilla algunas balas de mercancía y varias cajas de provisiones, el vapor con forma de caja de sardinas se fue para no volver en seis meses. Desde la cubierta, el director saludó con la gorra a los dos agentes, quienes le respondieron desde tierra con sus sombreros, y dijo a un viejo empleado mientras se dirigía al cuartel general:

—Mira a esos dos idiotas. Deben estar locos en mi país para mandarme semejantes especímenes. Les dije que plantaran una huerta, que levantaran cercas nuevas, almacenes y un embarcadero flotante. ¡Apuesto a que no harán nada! Ni siquiera sabrán por dónde empezar. Siempre he pensado que esta estación es inútil, ¡y ellos encajan perfecto!

—Aquí se formarán por sí solos —comentó el veterano con una tranquila sonrisa.

—Sea como sea, no tendré que verlos por seis meses —respondió el director.

Los dos hombres en tierra siguieron con la vista al vapor hasta que desapareció tras un recodo; luego, tomados del brazo, subieron por la orilla de regreso a la factoría. Hasta ese momento, siempre habían estado rodeados de blancos y bajo la vigilancia de sus superiores. Y ahora, insensibles como eran a la sutil influencia de su entorno, se sintieron profundamente solos ante la selva: una selva que se volvía más extraña e incomprensible por los misteriosos indicios de intensa vida que albergaba. Eran individuos completamente insignificantes e inútiles, cuya existencia solo era posible dentro de la complejidad de las sociedades civilizadas. Pocos hombres se dan cuenta de que su vida, su carácter, sus capacidades y su valor no son más que una expresión de su confianza en la estabilidad de su entorno. El coraje, la compostura, las emociones, los principios; todos los pensamientos nobles y mezquinos no son del individuo, sino de la multitud: de una multitud que cree ciegamente en la fuerza de sus instituciones, su moral, su policía y su opinión pública. Pero el contacto con el salvajismo puro y sin filtros, con la naturaleza y el ser humano primitivo, despierta inquietudes profundas en el corazón. A la sensación de aislamiento frente a la especie, a la soledad de los propios pensamientos, se suma la negación de lo habitual —lo seguro—, y la afirmación de lo inusual —lo peligroso—; una intuición de lo incontrolable y perturbador, que excita la imaginación y pone a prueba los nervios, tanto de los sabios como de los necios.

Kayerts y Carlier caminaban del brazo, como niños en la oscuridad; compartían una misma sensación de peligro, no del todo desagradable, que casi creían imaginaria. Hablaban sin parar en tono amistoso.

—Nuestra factoría tiene una buena ubicación —dijo uno. El otro asintió, exagerando las bellezas del lugar. Pasaron junto a la tumba.

—Pobre tipo —dijo Kayerts.

—¿Murió de fiebre, verdad? —preguntó Carlier, deteniéndose.

—Sí —respondió Kayerts, algo irritado—. Dicen que no se cuidaba del sol. El clima aquí no es peor que en casa, siempre que no te expongas demasiado. ¿Me escuchaste, Carlier? Aquí yo soy el jefe, y mi orden es que no te expongas al sol.

Dijo eso en tono de broma, pero hablaba en serio. La idea de enterrar a Carlier y quedarse solo lo estremecía. Sintió, de pronto, que aquel Carlier le era más necesario que un hermano en cualquier otra parte del mundo. Carlier, entrando en el juego, saludó militarmente y contestó:

—¡Sus órdenes serán obedecidas, jefe! —y luego soltó una carcajada, le dio una palmada en la espalda a Kayerts y exclamó—: ¡Viviremos tranquilos! Nos sentaremos y recogeremos el marfil que nos traigan los nativos. ¡Este país, al fin y al cabo, tiene lo suyo!

Los dos rieron a carcajadas, mientras Carlier pensaba: "Este pobre Kayerts, tan gordo y enfermizo. Sería terrible tener que enterrarlo aquí.

Es un hombre respetable…". Antes de llegar a la galería de la casa, ya se llamaban el uno al otro "mi querido amigo".

El primer día trabajaron mucho, perdiendo el tiempo con martillos, clavos y calicó rojo para colgar cortinas y hacer que la casa resultara más bonita y habitable; querían acomodarse en su nueva vida. Para ellos era una tarea imposible. Enfrentarse con eficacia, incluso con problemas meramente materiales, exige una mayor serenidad de espíritu y más coraje de lo que la gente suele imaginar. Ninguno de aquellos dos hombres podía estar más incapacitado para una lucha semejante. La sociedad, no por bondad, sino por sus extrañas necesidades, había velado por ellos prohibiéndoles todo pensamiento independiente, toda iniciativa, toda desviación de la rutina; y se lo había prohibido bajo pena de muerte. Solo podían seguir viviendo a condición de comportarse como máquinas. Y ahora, libres del cuidado alentador de los hombres con pluma detrás de la oreja o de los hombres con galones dorados en los puños, eran como dos condenados a cadena perpetua que, liberados después de muchos años, no saben qué hacer con su libertad. No sabían cómo hacer funcionar sus facultades porque, al no tener práctica, eran incapaces de pensar por sí mismos.

Al cabo de dos meses, Kayerts decía con frecuencia: "Si no fuera por mi Melie, yo no estaría aquí". Melie era su hija. Había renunciado a su puesto en la Administración de Telégrafos —aunque había estado allí muy contento durante diecisiete años— para conseguir una dote para su hija. Su esposa había muerto, y la niña era criada por sus tías. Extrañaba las calles, el pavimento, los cafés, sus viejos amigos; todo lo cotidiano, los pensamientos que evocaban los objetos familiares: pensamientos fáciles, monótonos y tranquilizadores de un funcionario público; echaba de menos los chismes, las pequeñas enemistades, los comentarios maliciosos pero inofensivos, y las bromas entre burócratas. "Si hubiera tenido un cuñado decente", solía comentar Carlier, "un hombre con corazón, no estaría aquí". Había dejado el ejército y se había hecho tan odioso para su familia por su flojera y descaro que un cuñado, desesperado, hizo todo lo posible para conseguirle un puesto en la Compañía como agente de segunda clase. Como no tenía ni un centavo, aceptó ese medio de vida tan pronto como quedó claro que ya no podía sacar más provecho de sus parientes.

Al igual que Kayerts, extrañaba su vida anterior. Extrañaba el tintineo de sables y espuelas en una tarde luminosa, las bromas de cuartel, las muchachas de las ciudades guarnición; pero, además, estaba resentido. Era evidentemente un hombre al que todo le había salido mal. A veces, eso lo entristecía. Pero los dos se llevaban bien, unidos por la estupidez compartida y la ociosidad. Juntos no hacían absolutamente nada, y disfrutaban de que se les pagara por ello. Con el tiempo, llegaron a sentir algo parecido al afecto mutuo.

Vivían como ciegos en una habitación amplia, conscientes solo de lo que tocaban (y eso de manera incompleta), incapaces de ver el panorama general. El río, el bosque, la tierra llena de vida, eran para ellos un vacío. Ni siquiera la intensidad del sol les revelaba algo inteligible. Las cosas aparecían y desaparecían ante sus ojos como si no tuvieran relación entre sí, ni sentido alguno. El río parecía brotar de la nada y fluir hacia ninguna parte. Fluía a través de un vacío. De ese vacío llegaban a veces canoas y hombres con lanzas, que se reunían de repente en el patio de la factoría. Venían desnudos, de piel negra y brillante, adornados con conchas blancas como la nieve y collares de bronce resplandecientes, de cuerpos esbeltos y perfectos. Hablaban con un murmullo tosco y balbuceante, se movían con majestuosidad, y lanzaban rápidas y salvajes miradas con sus ojos inagotablemente curiosos.

Los guerreros se ponían en cuclillas en largas filas, de a cuatro o más por hilera, frente a la galería, mientras sus jefes regateaban durante horas con Makola por un colmillo de elefante. Kayerts se sentaba en su sillón mirando aquellos tratos sin entender nada. Los observaba con sus redondos ojos azules y llamaba a Carlier: "¡Mira, mira a ese tipo!, y a ese otro a la izquierda. ¿Has visto un rostro como ese? ¡Qué salvaje más gracioso!".

Carlier, fumando tabaco nativo en una pipa de madera corta, se contoneaba retorciéndose el bigote y, vigilando a los guerreros con indulgencia altanera, decía: "Animales hermosos. ¿Trajeron huesos? ¿Sí? Ya era hora. Mira los músculos de ese tipo, el tercero desde el final. No quisiera que me diera un puñetazo. Tiene bonitos brazos, pero las piernas, de la rodilla para abajo, no sirven. No serían buenos soldados de caballería". Y luego, al ver sus propias piernas, siempre decía: "¡Bah! ¡Apestan! ¡Tú, Makola! Lleva a la tropa hasta el almacén —en todas las factorías lo llamaban fetiche, tal vez porque ahí residía el espíritu de la civilización— y dales algo de esos trapos que guardas ahí. Prefiero verlo lleno de huesos que de cachivaches".

Kayerts asentía.

—¡Sí, sí! Vayan y terminen de hablar allá, señor Makola. Yo iré luego a pesar el colmillo. Hay que tener cuidado. —Luego, volviéndose hacia su compañero—: Ésta es la tribu de río abajo; son bastante aromáticos. Creo que ya habían venido antes. ¿Escuchas todo ese ruido? ¡Lo que tiene que aguantar uno en este país de locos! Me duele la cabeza.

Visitas tan provechosas eran escasas. Durante días el patio permanecía vacío, cubierto por la luz vibrante y vertical del sol. Bajo la orilla elevada, el río seguía fluyendo sereno y brillante. En la arena, en medio de la corriente, hipopótamos y cocodrilos tomaban el sol uno al lado del otro. Y por todos lados, rodeando el claro donde se alzaba el puesto, los inmensos bosques —escondiendo ominosas complejidades de vida fantástica— yacían en elocuente silencio bajo la grandeza muda de su presencia.

Los dos hombres no entendían nada y no se interesaban por nada más allá del paso de los días que los separaban del regreso del vapor. Su predecesor había dejado algunos libros viejos. Ellos los recogieron y, como nunca habían leído nada similar, se sintieron sorprendidos y entretenidos. Durante días discutieron sin cesar sobre las tramas y los personajes. Allí, en pleno centro de África, conocieron a Richelieu, D'Artagnan, Ojo de Halcón y Papá Goriot, entre muchos otros. Esos personajes ficticios se volvieron tema habitual de conversación, como si fueran amigos reales. Despreciaban sus virtudes, sospechaban de sus motivos, dudaban de su coraje. Los crímenes relatados los indignaban; los pasajes tiernos los emocionaban. Carlier decía con voz grave: "¡Qué absurdo!", y Kayerts, con los ojos llorosos, se frotaba la cabeza calva y murmuraba: "Es un libro estupendo. No sabía que hubiera tipos tan inteligentes en el mundo".

También encontraron viejos números de un periódico metropolitano. Hablaban de la "expansión colonial" en tono grandilocuente. Hacían referencia a los derechos y deberes de la civilización, a la nobleza de llevar la luz, la fe y el comercio a los rincones oscuros del mundo. Carlier y Kayerts los leyeron, reflexionaron, y empezaron a pensar mejor de sí mismos. Carlier dijo una tarde, levantando una mano: "Dentro de cien años, tal vez aquí haya una ciudad. Con muelles, depósitos, barracas y… salones de billar. Civilización, muchacho. Virtud y todo eso. ¡Y la gente sabrá que dos tipos decentes, Kayerts y Carlier, fueron los primeros hombres civilizados en vivir en este sitio!".

Kayerts asintió:

—Sí. Es consolador pensarlo.

Ya casi habían olvidado a su predecesor, pero un día Carlier salió temprano y enderezó la cruz.

—Me hacía bizquear cada vez que pasaba por ahí —le explicó a Kayerts mientras tomaban café—. Estaba tan torcida. Así que la puse derecha. Bien firme, te lo aseguro. Me apoyé con ambas manos en el travesaño. Ni se movió. Lo hice muy bien.

A veces iba a visitarlos Gobila. Gobila era el jefe de una de las aldeas vecinas. Era un salvaje de cabellos canosos, delgado y de piel negra, con un taparrabos blanco y una sucia piel de pantera colgada a la espalda. Llegaba dando grandes zancadas con sus piernas huesudas y, blandiendo un bastón tan alto como él, entraba en la sala de la estación y se sentaba en cuclillas a la izquierda de la puerta. Se quedaba allí, mirando a Kayerts, y de vez en cuando soltaba un discurso que el otro no entendía en absoluto. Kayerts, sin abandonar sus ocupaciones, le decía de vez en cuando amistosamente: "¿Cómo va todo, ilustre?", y se sonreían mutuamente. A los dos blancos les caía bien aquella vieja e incomprensible criatura y lo llamaban padre Gobila. El estilo de Gobila era paternal y parecía tenerles genuino afecto a todos los blancos. Para él, todos eran jóvenes e imposibles de distinguir (salvo por la estatura), y estaba convencido de que eran hermanos e incluso inmortales. La muerte del artista, el primer hombre blanco que conoció de cerca, no alteró esa creencia, pues estaba firmemente convencido de que aquel hombre había fingido su muerte para ser enterrado con algún propósito misterioso, sobre el cual era inútil preguntar. Tal vez esa era su forma de regresar a casa, a su país. De cualquier manera, aquellos eran sus hermanos, y les transfirió su afecto absurdo. Ellos le correspondían a su modo. Carlier le daba palmadas y encendía cerillos sin cesar para entretenerlo. Kayerts siempre le dejaba oler la botella de amoníaco. En resumen, se comportaban con él igual que lo había hecho el otro blanco que terminó en un agujero bajo tierra. Gobila los observaba con atención. Tal vez fueran el mismo hombre, o al menos uno de los dos. No podía resolver el misterio, pero seguía siendo amistoso.

Como resultado de esa amistad, las mujeres de la aldea de Gobila marchaban en fila india entre las cañas, trayendo cada mañana a la estación aves, boniatos, vino de palma y, a veces, una cabra. La Compañía no abastecía de forma suficiente a las estaciones, y los agentes dependían de esos productos locales para sobrevivir. Los conseguían gracias a la buena voluntad de Gobila, y vivían bien. De vez en cuando uno de ellos caía con fiebre, y el otro lo cuidaba con dedicación. No se preocupaban demasiado. Las fiebres los debilitaban y su aspecto empeoraba con el tiempo. Carlier tenía los ojos hundidos y se mostraba irritable. Kayerts tenía un rostro hinchado y ojeroso, que contrastaba con la redondez de su vientre, lo que le daba un aspecto muy extraño. Pero como siempre estaban juntos, no se daban cuenta del cambio que se producía en su apariencia y comportamiento.

Pasaron cinco meses de ese modo.

Una mañana, mientras Kayerts y Carlier estaban tirados en sus sillones en la galería hablando de la próxima visita del vapor, un grupo de hombres armados emergió del bosque y se dirigió hacia la estación. No eran de esa región. Eran altos, delgados, y llevaban las clásicas túnicas azules con flecos que les llegaban a los talones, y mosquetes de percusión sobre sus espaldas desnudas y rectas. Makola, visiblemente alterado, salió corriendo del almacén —donde pasaba todo el día— para recibir a los visitantes. Entraron en el patio y miraron alrededor con expresiones serenas y despectivas. Su jefe, un negro robusto y decidido, con los ojos inyectados en sangre, se plantó frente a la galería y pronunció un largo discurso. Hizo muchos gestos y luego calló de pronto.

Había algo en su entonación, en el sonido de las largas frases que usó, que impresionó a los dos blancos. Sonaba como algo vagamente familiar, como si fuera un idioma imposible que a veces se escucha en sueños.

—¿Qué idioma es ese? —preguntó Carlier, sorprendido—. Al principio creí que iba a hablar en francés. Pero no, es un tipo de jerigonza diferente de la que oímos por aquí.

—Sí —respondió Kayerts—. Oye, Makola, ¿qué dice? ¿De dónde vienen? ¿Quiénes son?

Pero Makola, que parecía estar sobre ascuas, respondió apresurado:

—No lo sé. Vienen de muy lejos. Tal vez la señora Price los entienda... tal vez sean hombres peligrosos.

El jefe, luego de esperar un momento, dijo algo a Makola, quien negó con la cabeza. Entonces el hombre echó un vistazo a su alrededor, vio la choza de Makola y se dirigió hacia ella. Poco después se escuchaba a la señora Makola hablando con mucha rapidez. Los otros forasteros —eran seis en total— comenzaron a pasearse por el lugar con toda calma, asomaron la cabeza por las puertas del almacén, se agruparon alrededor de la fosa y señalaban la cruz como si la comprendieran, actuando en general como si estuvieran en casa.

—No me gustan esos tipos, y te digo, Kayerts, que seguro vienen de la costa: traen armas de fuego —dijo Carlier con tono sagaz.

A Kayerts tampoco le gustaban. Por primera vez, ambos comprendieron que vivían en condiciones en las que lo inesperado podía ser peligroso, y no había nada en el mundo —salvo ellos mismos— que pudiera interponerse entre ellos y lo desconocido. Se sintieron incómodos, entraron en la casa y cargaron sus revólveres. Kayerts dijo:

—Debemos decirle a Makola que les diga que se vayan antes de que oscurezca.

Los forasteros se marcharon por la tarde, después de una comida que les preparó la señora Makola. La inmensa mujer estaba agitada y hablaba mucho con los visitantes, gesticulando hacia el bosque y el río. Makola permanecía sentado aparte, observando. De vez en cuando se levantaba para susurrarle algo a su esposa. Luego acompañó a los forasteros por una hondonada detrás de la estación y regresó lentamente, pensativo. Cuando los blancos le preguntaron, se comportó de forma extraña: parecía no entender nada, como si hubiera olvidado el francés, o como si no supiera hablar en absoluto. Carlier y Kayerts concluyeron que el negro había tomado demasiado vino de palma.

Pensaron en turnarse para hacer guardia, pero por la noche todo parecía tan tranquilo y pacífico que se acostaron como de costumbre. Toda la noche estuvieron molestos por los tambores en las aldeas. A un redoble profundo y rápido le seguía otro más lejano; luego todo se detenía. Pronto volvían a sonar, breves llamados aquí y allá, hasta que se mezclaban, se volvían más fuertes y sostenidos, se extendían por el bosque, y retumbaban durante la noche como si la tierra entera se hubiera convertido en un tambor gigantesco golpeando sin cesar, llamando al cielo. Y entre aquel estrépito profundo se escuchaban gritos repentinos, como fragmentos de canciones salidas de un manicomio: altos, agudos, disonantes, como si quisieran alzarse por encima de la tierra y acabar con la paz de las estrellas.

Carlier y Kayerts durmieron mal. Ambos creyeron oír disparos durante la noche, pero no pudieron ponerse de acuerdo sobre de dónde venían. Por la mañana, Makola había desaparecido. Regresó al mediodía con uno de los forasteros del día anterior, y evitó por completo cualquier intento de Kayerts por acercarse a él; parecía haberse quedado sordo. Kayerts intentaba entender lo que ocurría. Carlier, que había estado pescando en la orilla, regresó y comentó mientras le mostraba su pesca:

—Los negros están muy inquietos; me gustaría saber qué pasa. Vi como quince canoas cruzando el río durante las dos horas que estuve allá.

Kayerts, preocupado, dijo:

—¿No crees que Makola está actuando muy raro hoy?

Carlier aconsejó:

—Mantén a los hombres reunidos por si hay problemas.

II

El director había dejado a diez hombres en la factoría. Aquella gente se había enrolado en la Compañía por seis meses (sin tener ni la menor idea de lo que era un mes y solo una vaga noción del tiempo en general), pero llevaban sirviendo a la causa del progreso más de dos años.

Como pertenecían a una tribu de una zona muy distante de la tierra del dolor y la oscuridad, no se escapaban, dando por hecho que serían asesinados por los habitantes del país por ser vagabundos extranjeros; y tenían razón. Vivían en chozas de paja en la ladera de un barranco cubierto de malezas, justo detrás de los edificios de la factoría. No eran felices; extrañaban los cantos festivos, las brujerías, los sacrificios humanos de su tierra: allá tenían a sus padres, hermanos, hermanas, a los jefes admirados, los hechiceros respetados, los amigos queridos y otros vínculos que se suponen humanos. Además, las raciones de arroz que les proporcionaba la Compañía no les sentaban bien, pues era un alimento desconocido para ellos, al que no lograban acostumbrarse. En consecuencia, se sentían enfermos y tristes. Si hubieran pertenecido a otra tribu, habrían decidido morir —porque nada hay más fácil para ciertos pueblos que el suicidio— y así se habrían librado de las incomprensibles dificultades de la existencia. Pero como eran de una tribu guerrera, de dientes afilados, tenían más resistencia y seguían vivos, tercamente, a pesar de todo. Trabajaban muy poco y habían perdido su magnífico aspecto físico. Carlier y Kayerts los cuidaban con esmero, sin lograr que mejoraran. Todas las mañanas los reunían y les asignaban diversas tareas —desmonte de maleza, construcción de cercas, tala de árboles, etcétera—, pero nadie en este mundo podía convencerlos de que hicieran bien el trabajo. En la práctica, los dos blancos tenían muy poco control sobre ellos.

Por la tarde, Makola fue a la casa grande y encontró a Kayerts observando tres espesas columnas de humo que se alzaban sobre el bosque.

—¿Qué es eso? —preguntó Kayerts.

—Unas aldeas ardiendo —respondió Makola, que parecía haber recuperado la compostura.

Luego dijo de pronto:

—Tenemos muy poco marfil; seis meses de comercio malos. ¿Quiere usted más marfil?

—Sí —dijo Kayerts con impaciencia. Pensaba en lo bajo que sería su porcentaje.

—Los hombres que estuvieron aquí ayer son comerciantes de Luanda que tienen más marfil del que pueden transportar hasta sus aldeas. ¿Lo compro? Conozco su campamento.

—Por supuesto —dijo Kayerts—. ¿Y qué clase de comerciantes son?

—Tipos peligrosos —dijo Makola con indiferencia—. Pelean con la gente y se llevan a las mujeres y a los niños. Son violentos y tienen armas de fuego. Hay mucho desorden en todo el país. ¿Quiere usted marfil?

—Sí —dijo Kayerts.

Makola guardó silencio por un momento. Luego dijo:

—Nuestros trabajadores no sirven —murmuró, mientras observaba a su alrededor—. La factoría está en desorden, señor. El director se va a quejar. Más vale encontrar bastante marfil, así no dirá nada.

—No puedo hacer nada; los hombres no trabajan —dijo Kayerts—. ¿Cuándo puedes conseguir el marfil?

—Muy pronto —dijo Makola—. Tal vez esta noche. Déjelo en mis manos y quédese en la casa, señor. Creo que deberíamos darles vino de palma a nuestros hombres para que bailen esta noche. Así se alegran. Mañana trabajarán mejor. Tenemos bastante vino de palma, aunque algo fermentado.

Kayerts aceptó, y Makola llevó con sus propias manos las grandes calabazas hasta la puerta de su choza. Estuvieron allí hasta la noche, y la señora Makola revisó una por una. Los hombres las encontraron al anochecer. Cuando Kayerts y Carlier se retiraron, una gran fogata comenzó a arder frente a las chozas de los trabajadores. Oyeron sus gritos y el ruido de tambores. Algunos de la aldea de Gobila se habían unido a los de la estación, y la fiesta fue todo un éxito.

A medianoche, Carlier se despertó de pronto al oír gritar a un hombre; luego se escuchó un disparo. Solo uno. Carlier salió corriendo y se encontró con Kayerts en la galería. Los dos estaban sobrecogidos. Al cruzar el patio para ir a buscar a Makola, vieron sombras moviéndose en la oscuridad. Una de ellas gritó:

—¡No disparen! ¡Soy yo, Price!

Luego Makola apareció ante ellos.

—Vuelvan, vuelvan, por favor —les urgió—, van a arruinarlo todo.

—Hay gente extraña aquí —dijo Carlier.

—No importa; ya lo sé —dijo Makola.

Luego susurró:

—Todo va bien. Traen el marfil. ¡No digan nada! Yo sé lo que hago.

Los dos hombres blancos regresaron de mala gana a la casa, pero no lograron dormir. Oyeron pasos, susurros y algunos gemidos. Parecía como si varios hombres hubieran descargado objetos pesados en el suelo, se hubieran peleado durante un rato y finalmente se marcharan. Acostados, pensaban: "Este Makola no tiene precio". Por la mañana Carlier salió con mucho sueño y tocó la cuerda de la campana grande. Los trabajadores se reunían todas las mañanas al oírla. Esa mañana no apareció nadie. Kayerts también salió, bostezando. Al otro lado del patio vieron a Makola salir de su choza con una palangana de estaño llena de agua jabonosa. Makola era un negro civilizado, muy pulcro. Le tiró el agua al perro amarillento y, volviéndose hacia la casa, gritó desde lejos:

—¡Todos los hombres se fueron anoche!

Lo entendieron perfectamente, pero en su sorpresa ambos gritaron al mismo tiempo: "¿Qué?". Luego se miraron entre sí.

—Nos hemos metido en un buen lío —gruñó Carlier.

—¡Es increíble! —murmuró Kayerts.

—Iré a las chozas para comprobarlo —dijo Carlier, alejándose a grandes pasos. Cuando llegó Makola, encontró a Kayerts solo.

—Casi no lo puedo creer —dijo Kayerts, a punto del llanto—. Los cuidábamos como si fueran nuestros hijos.

—Se marcharon con la gente de la costa —dijo Makola tras vacilar un poco.

—¡Qué me importa con quién se hayan ido esos brutos desagradecidos! —exclamó Kayerts. Luego, con una repentina sospecha, miró a Makola con dureza y añadió—: ¿Y tú cómo sabes todo eso?

Makola se encogió de hombros, mirando al suelo.

—¿Qué voy a saber? Yo solo pienso. ¿Quiere venir a ver el marfil que tengo ahí? Es muy bueno. Nunca he visto nada mejor.

Se dirigió hacia el almacén. Kayerts lo siguió mecánicamente, aún pensando en la increíble deserción. En el suelo, frente a la puerta del almacén —el "fetiche"—, había seis espléndidos colmillos de marfil.

—¿Qué les diste a cambio? —preguntó Kayerts después de mirar con satisfacción el marfil.

—No fue un trato común —dijo Makola—. Trajeron el marfil y me lo dieron. Les dije que se llevaran lo que quisieran de la factoría. Es un marfil excelente. Ninguna estación tendrá colmillos como estos. Los comerciantes necesitaban cargadores y nuestros hombres no servían para nada. No fue un trato formal, no se registró en los libros; todo quedó limpio.

Kayerts casi estalló de indignación:

—¡Qué! —gritó—. Estoy seguro de que vendiste a nuestros hombres a cambio de esos colmillos.

Makola permaneció impasible y en silencio.

—Yo..., yo... —balbuceó Kayerts—. ¡Eres una bestia! —exclamó.

—Hice lo que más les convenía a ustedes y a la Compañía —dijo Makola, sin inmutarse—. ¿Por qué grita tanto? Mire ese colmillo.

—¡Estás despedido! Te voy a denunciar, ni siquiera quiero ver los colmillos. ¡Y te prohíbo que los toques! ¡Te ordeno que los lances al río! ¡Eres un... un...!

—Está usted muy exaltado, señor Kayerts. Si se irrita así bajo el sol, le va a dar fiebre y morirá como el primer jefe —dijo Makola solemnemente.

Los dos se quedaron en silencio, mirándose fijamente como si trataran de distinguirse a través de una gran distancia. Kayerts se estremeció. Makola no dijo más de lo que había dicho, ¡pero a Kayerts sus palabras le sonaron como una amenaza ominosa! Dio media vuelta bruscamente y regresó a la casa. Makola volvió a su choza, y los colmillos, desparramados frente al almacén, brillaban con valor bajo el sol.

Carlier volvió a la galería.

—¿Se fueron todos, verdad? —preguntó Kayerts desde el fondo de la habitación con voz apagada—. ¿No encontraste a nadie?

—Ah, sí —respondió Carlier—. Encontré a uno de los hombres de Gobila muerto junto a las chozas, tenía un disparo. Fue el tiro que oímos anoche.

Kayerts salió de inmediato. Encontró a su compañero mirando sombríamente hacia el patio y los colmillos, hacia el almacén. Se sentaron un rato sin hablar. Luego Kayerts le contó la conversación con Makola. Carlier no dijo nada. A la hora del almuerzo comieron muy poco. Ese día apenas cruzaron palabra. Un gran silencio parecía pesar sobre la factoría y les cerraba la boca. Makola no abrió el almacén; pasó el día jugando con sus hijos. Se acostó sobre una estera frente a su casa mientras los niños se sentaban sobre su pecho y gateaban sobre él. Era una imagen conmovedora. La señora Makola cocinaba como siempre durante todo el día. Los blancos comieron un poco mejor por la tarde. Después Carlier, fumando su pipa, caminó lentamente hacia el almacén; se quedó mucho tiempo junto a los colmillos, los tocó con el pie, incluso intentó levantar el más grande por su extremo más delgado. Regresó junto a su jefe, que no se había movido de la galería, se dejó caer en una silla y dijo:

—¡Ya entendí! Los sorprendieron mientras dormían, borrachos con el vino de palma que permitiste que Makola les diera. ¡Todo fue planeado! Lo peor es que algunos de los hombres de Gobila también estaban allí y los arrastraron con ellos, no hay duda. El menos borracho se despertó y le dispararon por estar sobrio. ¡Qué país tan raro! ¿Qué piensas hacer?

—No podemos intervenir, por supuesto —dijo Kayerts.

—Claro que no —asintió Carlier.

—La esclavitud es algo horrible —balbuceó Kayerts con voz quebrada.

—Terrible, todo tipo de sufrimientos —gruñó Carlier con convicción.

Lo decían de verdad. Todos mostramos respeto por ciertas palabras que cualquiera de nuestros iguales puede pronunciar. Pero respecto a los sentimientos, nadie sabe nada. Hablamos con indignación o entusiasmo; hablamos de opresión, de crueldad, de crimen, de devoción, de sacrificio, de virtud, y en realidad no sabemos qué hay detrás de esas palabras. Nadie sabe lo que significan el sufrimiento o el sacrificio, salvo quizás las víctimas de la misteriosa intención que alimentan esas ilusiones.

A la mañana siguiente vieron a Makola muy ocupado instalando en el patio las grandes básculas con que se pesaba el marfil. Poco después dijo Carlier:

—¿Qué está haciendo ese sucio infeliz? —y salió caminando lentamente hacia el patio.

Kayerts lo siguió. Se quedaron mirando. Makola no les hizo caso. Cuando la balanza estuvo lista, intentó colocar un colmillo sobre ella. Era demasiado pesado. Alzó la vista, sin decir una palabra, y durante un minuto se quedaron los tres alrededor de la balanza, inmóviles como estatuas. De pronto Carlier dijo:

—¡Agárralo por el otro lado, Makola, animal! —y entre los dos lo levantaron. Kayerts temblaba de pies a cabeza.

—¡Dios mío, Dios mío! —murmuró, y metiendo la mano en el bolsillo sacó un pedazo de papel sucio y un pedazo de lápiz. Dio la espalda a los otros como si fuera a hacer alguna trampa y anotó furtivamente los precios que Carlier le gritaba con voz demasiado alta. Cuando terminaron, Makola murmuró para sí: "Hace demasiado sol para los colmillos". Carlier le dijo a Kayerts con tono despreocupado:

—Oye, jefe, sería mejor que lo ayudes a llevar todo esto al almacén.

Mientras volvían a la casa, Kayerts comentó suspirando:

—Había que hacerlo.

Y Carlier dijo:

—Es deplorable, pero como los hombres eran de la Compañía, el marfil también es de la Compañía. Tenemos que hacernos cargo de él.

—Por supuesto, informaré al director —dijo Kayerts.

—Claro, él es quien debe decidir —aprobó Carlier.

A mediodía comieron con apetito. Kayerts suspiraba de vez en cuando. Cada vez que mencionaban a Makola, añadían una ofensa. Así calmaban sus conciencias. Makola se tomó la tarde libre y se fue a bañar a sus hijos al río. Ninguna persona de las aldeas de Gobila se acercó ese día a la estación. Ni al día siguiente. Ni en toda la semana. La gente de Gobila podía haber muerto y haber sido enterrada, a juzgar por las señales de vida que daban. Pero en realidad estaban de luto por los hombres que habían perdido por culpa de la brujería de los blancos, que habían traído gente mala a su tierra. Esa gente ya se había ido, pero el miedo permanecía. El miedo siempre permanece. Un hombre puede destruir todo lo que hay en su interior: el amor, el odio, las creencias, incluso la duda, pero mientras se aferra a la vida no puede destruir el miedo; ese miedo sutil, indestructible y terrible, que se adueña de todo su ser; que se esconde en sus pensamientos; que ronda su corazón; que espera en sus labios la lucha del último aliento. El miedo llevó al manso anciano Gobila a ofrecer más sacrificios humanos a los Espíritus Malignos que se habían apoderado de sus amigos blancos. Su corazón estaba lleno de angustia. Algunos guerreros hablaban de matar y de quemar, pero el precavido anciano los disuadió. ¿Quién podía prever las calamidades que esas misteriosas criaturas podían desatar si se enojaban? Lo mejor era dejarlas tranquilas. Tal vez, con el tiempo, desaparecerían bajo tierra, como ocurrió con el primero. Su pueblo debía mantenerse alejado de los blancos y esperar tiempos mejores.

Kayerts y Carlier no desaparecieron, sino que permanecieron sobre la tierra que comenzaron a sentir más grande y más vacía. No era tanto la absoluta y muda soledad del puesto lo que los impresionaba, como una sensación inexpresable de que algo dentro de ellos se había desvanecido, algo que les daba seguridad y los protegía de que la selva se apoderara de sus corazones. Las imágenes del hogar, el recuerdo de hombres como ellos, que pensaban y sentían de la misma forma, se desvanecían en una distancia tan lejana que el sol brillante del mediodía la volvía invisible. Y desde el inmenso silencio de la selva que los rodeaba, la desesperanza y el salvajismo parecían acercarse, arrastrarlos con suavidad, observarlos, envolverlos con una solicitud irresistible, familiar y repulsiva.

Los días se prolongaron en semanas; luego, en meses. Los de la aldea de Gobila tocaban tambores y gritaban a la luna nueva como antes, pero seguían sin acercarse a la factoría. Makola y Carlier intentaron una vez, en canoa, volver a establecer la comunicación, pero fueron recibidos por una lluvia de flechas y tuvieron que regresar al puesto a toda prisa para salvar la vida. Aquel intento provocó en el territorio de arriba y abajo del río un alboroto que se pudo oír durante días. El vapor se retrasaba. Al principio hablaron despreocupadamente del retraso, luego con ansiedad, después con pesadumbre. El asunto se había vuelto muy serio. Los víveres escaseaban. Carlier lanzaba el sedal en la orilla, pero el río estaba bajo y no había peces en la corriente. No se atrevían a alejarse mucho de la factoría para cazar. Además, tampoco había caza en el bosque impenetrable. Una vez Carlier mató a un hipopótamo en el río. No tenían ningún bote para recogerlo y se hundió. Cuando volvió a la superficie, fue lejos y la gente de Gobila se apoderó del cadáver. Fue ocasión para una fiesta nacional, pero Carlier tuvo un ataque de rabia y dijo que era necesario exterminar a todos los negros para que el país fuera habitable. Kayerts vagaba silenciosamente, sin rumbo; se pasaba horas mirando el retrato de su Melie. Era una chiquilla de largas trenzas descoloridas y rostro ligeramente agrio. Kayerts tenía las piernas hinchadas y apenas podía caminar. Carlier, debilitado por la fiebre, ya no podía andar contoneándose, sino que se tambaleaba con aire de indiferencia, como convenía a un hombre que se acordaba de su maravilloso regimiento. Estaba ronco y se había vuelto sarcástico y proclive a decir cosas desagradables. Según él, "hablaba con franqueza". Hacía mucho tiempo que había calculado sus porcentajes en el comercio, incluyendo el último trato de "ese infame de Makola". Había decidido también no hablar del asunto. Kayerts dudó al principio, tenía miedo del director.

—Ha visto cosas peores y se ha quedado callado —sostenía Carlier, riéndose con una carcajada ronca—. ¡Confía en él! No te lo va a agradecer si le dices la verdad. No es mejor persona que tú o que yo. ¿Y quién va a hablar si nosotros cerramos la boca? Aquí no hay nadie.

¡En eso radicaba el problema! No había nadie, y como estaban a solas con su debilidad, se fueron convirtiendo cada vez más en un par de cómplices en vez de un par de amigos íntimos. Todas las noches decían: "Mañana aparecerá el vapor". Pero uno de los vapores de la Compañía había naufragado y el director estaba ocupado, visitando factorías muy distantes e importantes en el río principal. Creía que aquella era inútil y que los inútiles que en ella estaban podían esperar. Mientras tanto, Kayerts y Carlier se mantenían comiendo arroz hervido sin sal y maldecían a la Compañía, a toda África y al día en que nacieron. Hay que haber vivido con semejante dieta para conocer el espantoso problema en que se convierte la necesidad de tragar comida. Literalmente no había en la estación más que arroz y café; bebían el café sin azúcar. Los quince últimos terrones los había guardado Kayerts bajo llave, encerrados solemnemente en una caja junto con media botella de coñac "para caso de enfermedad", según explicó. Carlier se mostró de acuerdo.

—Cuando se está enfermo —dijo—, cualquier extra viene bien.

Esperaban. La maleza empezó a crecer en el patio. Ya no sonaba la campana. Los días pasaban silenciosos, exasperantes y lentos. Cuando los dos hombres se hablaban, discutían; y sus silencios eran amargos, como si estuvieran teñidos por la amargura de sus pensamientos. Un día, tras una comida de arroz hervido, Carlier tomó su café y lo dejó sin probarlo, diciendo:

—¡Maldita sea, vamos a tomar un café decente por una vez! ¡Saca el azúcar, Kayerts!

—Es para los enfermos —murmuró Kayerts sin levantar la vista.

—¡Para los enfermos! —se burló Carlier—. ¡Tonterías!… Muy bien, yo estoy enfermo.

—Estás tan enfermo como yo y no lo voy a tocar —dijo Kayerts en tono pacífico.

—¡Venga, saca el azúcar, avaro, viejo traficante de esclavos!

Kayerts levantó la vista con rapidez. Carlier le sonreía con marcada insolencia. Y de pronto a Kayerts le pareció que nunca hasta entonces había visto a aquel hombre. ¿Quién era? No sabía nada de él. ¿De qué era capaz? Sintió en su interior un súbito estallido de violenta emoción, como si se encontrara en presencia de algo inimaginable, peligroso y definitivo.

Sin perder la compostura, consiguió decir:

—La broma es de muy mal gusto. No la repitas.

—¿La broma? —dijo Carlier inclinándose hacia adelante en su asiento—. Tengo hambre, estoy enfermo y no estoy bromeando. Odio a los hipócritas. Eres un hipócrita. Eres un traficante de esclavos. Yo soy un traficante de esclavos. No hay más que traficantes de esclavos en este maldito país. ¡Y, por supuesto, hoy pienso tomar azúcar con el café!

—Te prohíbo hablarme de ese modo —dijo Kayerts con cierta decisión.

—¿Tú? ¿Qué dices? —gritó Carlier y se puso de pie de un salto.

Kayerts se levantó también.

—Soy tu superior… —comenzó a decir, intentando dominar el temblor de su voz.

—¿Qué dices? —chilló el otro—. ¿Superior de quién? Aquí no hay superiores. No hay nada. Nada salvo tú y yo. Saca el azúcar, asno barrigón.

—¡Cállate la boca y sal de esta habitación! —gritó Kayerts—. ¡Quedas despedido, miserable!

Carlier blandió un taburete. De repente se puso peligrosamente serio.

—¡Fofo, civil inútil, toma! —aulló.

Kayerts se escondió bajo la mesa y el taburete pegó contra el tabique de hierba de la habitación. Luego, mientras Carlier intentaba rodear la mesa, Kayerts, desesperado, le embistió a ciegas, con la cabeza baja, como un jabalí acosado, y derribando a su amigo corrió enloquecido a lo largo de la galería y se metió en su habitación. Cerró la puerta con llave, tomó su revólver y se quedó allí, jadeante. No había pasado ni un minuto cuando Carlier ya golpeaba furioso la puerta mientras aullaba:

—Si no sacas el azúcar te voy a pegar un tiro como a un perro. Ahora, uno, dos, tres. ¿No lo vas a hacer? Te voy a enseñar quién manda aquí.

Kayerts, creyendo que la puerta se venía abajo, escapó por un agujero cuadrado que hacía las veces de ventana. Los separaba la anchura de la casa. Pero al parecer el otro no tenía fuerzas suficientes para derribar la puerta y Kayerts lo oyó correr. Luego comenzó a correr él también penosamente con sus piernas hinchadas. Corrió todo lo rápido que pudo con el revólver en la mano e incapaz de comprender lo que estaba ocurriendo. Vio sucesivamente la casa de Makola, la tienda, el río, el barranco y el monte bajo; y volvió a verlos cuando dio una segunda vuelta corriendo a la casa. Y corriendo con toda rapidez los vio una vez más. Esa misma mañana no habría podido caminar ni un metro sin resoplar.

Y ahora corrió. Corrió con la suficiente rapidez como para apartarse de la vista del otro hombre.

Luego, cuando débil y desesperado pensaba: "Antes de que termine la próxima vuelta, moriré", escuchó al otro hombre tropezar pesadamente y luego detenerse. También él se detuvo. Estaba en la parte trasera de la casa y Carlier ante la fachada, como antes. Le oyó dejarse caer en un sillón, maldiciendo, y de pronto sus piernas cedieron y se deslizó, sentándose contra la pared. Su boca estaba seca como la ceniza y su rostro, húmedo de sudor y de lágrimas. ¿Qué pasaba? Pensó que todo era una horrible ilusión; creyó estar soñando, que iba a volverse loco. Después de un rato volvió en sí. ¿Por qué habían reñido? ¡Por el azúcar! ¡Qué absurdo! Se lo daría, no lo quería para nada. Y empezó a incorporarse con un repentino sentimiento de seguridad. Pero antes de levantarse del todo tuvo un destello de sentido común, que lo llenó de nuevo de desesperación. Pensó: "Si cedo ahora ante ese animal de soldado, el horror recomenzará mañana y al día siguiente y todos los días. Cada vez tendrá más pretensiones, me pisará, me torturará, me convertirá en su esclavo. ¡Estaré perdido! ¡Perdido! El vapor puede tardar días, tal vez no llegue nunca". Tuvo un temblor tan fuerte que se vio obligado a sentarse de nuevo. Se estremeció, desesperado. Sintió que no podía moverse y que tampoco se movería ya más. Estaba completamente obsesionado por la súbita percepción de que nada tenía sentido, de que en esos momentos tanto la vida como la muerte se habían vuelto igualmente difíciles y terribles.

En seguida oyó que el otro tiraba su sillón; se levantó de un salto con extrema facilidad. Escuchó y se sintió confuso. ¡Tengo que correr otra vez! ¿Hacia la derecha o hacia la izquierda? Oyó pasos. Echó a correr hacia la izquierda, empuñando el revólver, y en ese mismo instante, o así le pareció, chocaron violentamente. Los dos gritaron sorprendidos. Se produjo una ruidosa explosión entre ambos, una llamarada de fuego rojo y humo espeso; y Kayerts, ensordecido y cegado, se volvió apresuradamente pensando: "Me ha dado, todo ha terminado". Esperaba que el otro se le acercara para gozar de su agonía. Se agarró a un montante del tejado: "¡Todo ha terminado!". Luego escuchó una estrepitosa caída al otro lado de la casa, como si alguien hubiera caído de cabeza sobre una silla; luego, silencio. No pasó nada más. No murió. Solo sentía como si su hombro se hubiera dislocado. Había perdido el revólver. ¡Estaba desarmado y desesperado! Esperó su fin. El otro hombre no hacía ningún ruido. Era una trampa. ¡Estaba acechando! Pero ¿por qué lado? ¡Quizá estuviera apuntándole en ese mismo instante!

Después de unos momentos de horrible y absurda agonía, decidió ir al encuentro de su destino. Estaba dispuesto a rendirse. Dio la vuelta a la esquina, apoyando la mano en la pared para tranquilizarse, dio unos pasos y casi cayó desmayado. Había visto en el suelo, sobresaliendo de la otra esquina, un par de pies vueltos hacia arriba. Un par de pies blancos, desnudos, calzados con zapatillas rojas. Se sintió mortalmente enfermo y durante un momento permaneció en una profunda oscuridad. Luego, Makola apareció ante él diciendo tranquilamente:

—¡Venga, señor Kayerts! ¡Está muerto!

Estalló en lágrimas de gratitud; un ruidoso ataque de llanto. Al cabo de un rato se encontró sentado en una silla mirando a Carlier, que yacía de espaldas. Makola estaba de rodillas al lado del cuerpo.

—¿Es éste su revólver? —preguntó Makola levantándose.

—Sí —dijo Kayerts. Luego, con rapidez—: ¡Corría detrás de mí para dispararme, tú lo viste!

—Sí, lo vi —dijo Makola—. Solamente hay un revólver; ¿dónde está el de él?

—No lo sé —susurró Kayerts, con una voz que de pronto se tornó muy débil.

—Iré a buscarlo —dijo el otro suavemente.

Dio la vuelta a la galería mientras Kayerts permanecía sentado, mirando el cuerpo. Makola volvió con las manos vacías, quedó sumido en sus pensamientos, luego entró tranquilamente en la habitación del muerto y salió con un revólver que enseñó a Kayerts. Kayerts cerró los ojos. Todo empezó a girar en torno suyo. La vida era ahora más difícil y más terrible que la muerte. Había matado a un hombre desarmado.

Después de meditar un rato, Makola dijo suavemente, señalando al muerto que yacía con el ojo derecho reventado:

—Murió de fiebre.

Kayerts lo miró sin expresión.

—Sí —repitió Makola pensativamente, pasando por encima del cuerpo—. Creo que murió de fiebre. Lo enterraremos mañana.

Y se fue lentamente hacia su esposa, que lo estaba esperando, dejando a solas a los dos hombres blancos en la galería.

Llegó la noche y Kayerts se sentó inmóvil en su sillón. Se sentía tranquilo, como si hubiera tomado una dosis de opio. La violencia de las emociones que había experimentado le producía una sensación de agotada serenidad. Había vivido en una sola tarde todas las profundidades del horror y de la desesperación y ahora había encontrado el reposo en la convicción de que la vida ya no tenía secretos para él: ¡ni tampoco la muerte! Se sentó junto al cadáver, pensando; pensaba intensamente, le sobrevenían nuevos pensamientos. Le parecía que se había desprendido de sí mismo por completo. Sus antiguos pensamientos, convicciones, gustos y antipatías, las cosas que respetaba y las que aborrecía se le presentaban ahora bajo su verdadera luz. Parecían despreciables e infantiles, falsas y ridículas. Se sentía a gusto con su nueva sabiduría, sentado junto al hombre que había matado. Discutía consigo mismo sobre todas las cosas que había bajo el cielo, con esa especie de extraviada lucidez propia de algunos lunáticos. De paso reflexionó que, de todos modos, el muerto era una bestia dañina; que diariamente morían miles de personas, tal vez centenares de miles —¿quién podía saberlo?—, y que en esa cantidad, una muerte más no importaba; no tenía importancia, al menos para una criatura capaz de pensar. Él, Kayerts, era una criatura capaz de pensar. Hasta aquel momento de su vida había creído muchos absurdos, como el resto de la humanidad, formada por tontos; ¡pero ahora podía pensar! ¡Se sentía en paz; conocía bien la filosofía más elevada! Luego intentó imaginarse muerto y a Carlier sentado en su sillón, contemplándolo; y lo consiguió de tal forma que en pocos instantes ya no supo quién estaba muerto y quién estaba vivo. Esa extraordinaria conquista de su imaginación, sin embargo, lo dejó estupefacto y tuvo que hacer un complicado y oportuno esfuerzo mental para salvarse a tiempo de convertirse en Carlier. Su corazón palpitó y sintió calor en todo su cuerpo pensando en el peligro pasado. ¡Carlier! ¡Qué cosa más bruta! Para tranquilizar sus excitados nervios —¡no era sorprendente que estuvieran así!— intentó silbar un poco. De pronto se quedó dormido o, al menos, creyó dormir; pero había niebla y alguien había silbado en aquella niebla.

Se incorporó. Era de día y una pesada bruma había descendido sobre la tierra; una bruma penetrante, envolvente y silenciosa; la bruma matinal de las tierras tropicales; la bruma que se pega y que mata; la bruma blanca y mortífera, inmaculada y venenosa. Se puso de pie, miró al cadáver y alzó los brazos dando un grito como el de un hombre que, al despertarse de un trance, se encuentra para siempre en una tumba.

—¡Socorro, Dios mío!

Un alarido inhumano, vibrante y repentino, atravesó como un afilado dardo la blanca mortaja de aquel país de tristeza. Le siguieron tres chillidos cortos e impacientes, y luego, durante un rato, las coronas de niebla siguieron rodando tranquilas en el formidable silencio. Siguieron luego muchos más chillidos rápidos y penetrantes, como los gritos de alguna exasperada y despiadada criatura, que desgarraron el aire. El progreso llamaba a Kayerts desde el río. El progreso, la civilización y todas las virtudes. La sociedad llamaba a su hijo ya formado para que fuera, para que lo atendieran, lo instruyeran, lo juzgaran, lo condenaran; lo llamaba para que volviera a aquel montón de basura que había dejado atrás, para que se hiciera justicia.

Kayerts escuchó y entendió. Bajó tambaleándose de la galería, dejando al otro hombre completamente solo por primera vez desde que los habían arrojado allí juntos. Marchó a tientas en la niebla, clamando en su ignorancia al cielo invisible para que deshiciera su obra. Makola pasó rápidamente entre la bruma, gritándole mientras corría:

—¡El vapor! ¡El vapor! No pueden ver. Están llamando a la factoría. Voy a tocar la campana. Baje al embarcadero, señor. Yo tocaré.

Desapareció. Kayerts permaneció quieto. Miró hacia arriba; la niebla rodaba baja, por encima de su cabeza. Miró en torno suyo como un hombre perdido; vio una mancha oscura, una mancha en forma de cruz emergiendo entre la cambiante pureza de la bruma. Empezó a caminar tambaleándose hacia ella, mientras la campana de la estación, con sus tumultuosos repiques, respondía al impaciente clamor del vapor.

El director gerente de la Gran Compañía Civilizadora (ya sabemos que la civilización sigue al comercio) desembarcó el primero y, sin detenerse, dejó atrás al vapor. La niebla río abajo era cada vez más densa; arriba, en la estación, la campana sonaba incesante y bronca.

El director gritó en voz alta al vapor:

—No ha bajado nadie a recibirnos; tal vez haya pasado algo, aunque suena la campana. ¡Es mejor que vengan también!

Y empezó a subir trabajosamente por la empinada orilla. El capitán y el maquinista del vapor subieron tras él. Mientras ascendían, la niebla comenzó a disiparse y pudieron ver al director a buena distancia. De pronto lo vieron caminar más aprisa, llamándolos por encima del hombro:

—¡Corran! ¡Hacia la casa! He encontrado a uno de ellos. ¡Corran y busquen al otro!

¡Había encontrado a uno de ellos! Y hasta un hombre como él, de variadas y desagradables experiencias, se sintió un tanto descompuesto por el encuentro. Se quedó en pie y buscó afanosamente en sus bolsillos una navaja, mientras miraba a Kayerts, que estaba colgado por una cuerda de cuero de la cruz. Evidentemente, había subido a la tumba, que era alta y estrecha, y después de atar el extremo de la correa al travesaño, se había dejado caer. Los dedos de sus pies estaban a solo unas pulgadas del suelo; sus brazos colgaban, rígidos; parecía estar cuadrado en posición de firmes, pero con una mejilla de color púrpura juguetonamente posada sobre su hombro. Y, con indolencia, mostraba su hinchada lengua al director gerente.

UN GUIÑO DE LA FORTUNA

Cada vez que salía el sol me encontraba mirándolo de frente. El barco se deslizaba con suavidad sobre un mar en calma y, después de sesenta días de travesía, estaba deseando llegar a mi destino: una hermosa y fértil isla tropical. Sus habitantes más entusiastas la llamaban "La perla del océano", de modo que muy bien podemos llamarla también nosotros "la Perla". Un nombre apropiado, una perla que destila toda su dulzura sobre el mundo.

Lo último no es más que una manera velada de decir que allí se cultiva una caña de azúcar de primera calidad. La población de la Perla vive en realidad de la caña. Se podría decir que allí el pan de cada día es el azúcar. Yo iba hacia allí en busca de un cargamento y con la esperanza de que la última cosecha hubiese sido buena, para que el cargamento fuera lo más voluminoso posible.

Mi segundo de a bordo, el señor Burns, fue el primero que avistó tierra, y yo me quedé extasiado desde el primer segundo frente a aquella imagen azul y pinacular, de una transparencia fascinante sobre el azul del cielo, una especie de emanación natural de la isla que se alzaba para saludarme en la distancia. A unas sesenta millas de la costa, la visión de la Perla es un fenómeno muy particular. Yo no pude evitar preguntarme, medio en broma, medio en serio, si acaso lo que aguardaba en aquella isla iba a ser tan maravilloso como aquella visión ensoñada que tan pocos marinos han tenido el privilegio de contemplar.

Ciertos pensamientos horribles sobre el trabajo amainaron aquella primera alegría de estar a punto de terminar el viaje. Sentía una enorme ansia de tener éxito, y quería hacerle honor a la confianza que los propietarios habían depositado en mí con una frase promisoria: "Le damos a usted toda la libertad para que saque el máximo provecho a nuestro barco". Me habían ofrecido el mundo entero como escenario, pero en privado sentía que mis cualidades tenían el mismo tamaño que una punta de alfiler.

El viento cedió un poco y el señor Burns comenzó con sus habituales y molestos comentarios acerca de mi mala suerte. Puede que fuera precisamente su devoción por mí lo que lo convirtiera a su vez en el peor de mis críticos. Aun así, me habría negado a soportar aquellos comentarios si no me hubiese correspondido cuidarlo en cierta ocasión debido a una enfermedad gravísima que había tenido en alta mar. No habría tenido ningún sentido despedir a un oficial tan eficaz, y mucho menos después de haberlo arrancado de las garras de la muerte. Eso no significaba que no hubiese deseado en más de una ocasión que hubiera sido él mismo quien se despidiera.

Todavía tardamos en acercarnos a la costa y anclamos fuera del puerto hasta el día siguiente. La noche fue complicada e intranquila. Burns y yo estuvimos casi toda la noche en cubierta en aquel fondeadero desconocido para los dos. Las nubes descendían por los peñones de pórfido bajo los que nos hallábamos. El viento se puso a soplar con una fuerza desconcertante entre los mástiles desnudos, produciendo un gemido lastimero. Comenté que al menos habíamos tenido la buena fortuna de encontrar un fondeadero antes de que anocheciera, ya que, si no hubiese sido así, nos habríamos visto obligados a pasar una noche desagradable con las velas abiertas y fuera del puerto. Pero mi primer oficial replicó, inflexible:

—¡Si usted lo llama suerte, señor! Sí, es la suerte de siempre, el tipo de suerte que uno le agradece a Dios que no sea peor.

Y el resto de las horas de oscuridad las pasó muy nervioso, haciéndome recurrir a mis reservas de filosofía. ¡Menuda noche sin fin, agotadora y desesperante pasamos al fin los dos anclados en aquel fondeadero negro como la brea! Las olas enfurecidas batían nuestro barco, y a cada rato venía una fuerte ráfaga desde los acantilados y arrancaba a nuestras jarcias un seco lamento como el de un alma en pena.

Cuando el barco por fin entró en el puerto eran las siete de la mañana, fondeamos a unos metros del muelle y mis reservas de filosofía estaban al mínimo. Estaba vistiéndome a toda prisa cuando el camarero entró con el traje de mañana sobre el brazo.

Yo me encontraba agotado y abatido, y mientras intentaba meter la cabeza en aquella camisa blanca que, para mayor irritación, estaba tan almidonada que apenas la podía desplegar, le pedí —al borde del enfado— que me trajera "el desayuno de una vez". Mi intención era bajar a tierra lo antes posible.

—Sí, señor, a las ocho estará listo. Ha venido un caballero de tierra que desea hablar con usted.

Estiró las palabras de aquella frase de una forma de lo más particular. Yo tiré con fuerza de la camisa que me estaba poniendo y miré fijamente al camarero.

—¿A estas horas? —exclamé—. ¿Quién es? ¿Qué quiere?

Cuando uno acaba de llegar del mar tiene que hacerse responsable de las circunstancias de haber llevado durante todo ese tiempo una vida totalmente aislada. Al principio, todos los sucesos tienen un énfasis especial en el asunto de su novedad. A mí me había sorprendido la visita de aquel hombre tan madrugador, pero tampoco había ninguna razón para que el camarero se mostrara tan sorprendido.

—¿Le preguntaste su nombre? —pregunté con sequedad.

—Creo que se llama Jacobus —murmuró con expresión tímida.

—¡El señor Jacobus! —exclamé a voz en grito, más sorprendido aún, aunque con un espíritu completamente distinto—. ¿Y cómo no me lo dijiste en cuanto entraste?

Pero cuando dije aquello el camarero ya había salido corriendo del camarote. A través de la puerta entreabierta pude ver que, en medio de la cámara, estaba de pie un hombre alto y fornido junto a la mesa sobre la que ya estaba puesto el mantel, un mantel "marino" pero sin mancha alguna y de una blancura deslumbrante. De momento, iba todo bien.

Dije en voz alta desde el otro lado de la puerta, y con la mayor cortesía posible, que me estaba terminando de vestir y que saldría enseguida. Me llegó la respuesta del visitante en tono bajo y tranquilo: no había prisa, podía tomarme todo el tiempo del mundo. Se atrevió a sugerir que le ofreciera una taza de café.

—Mucho me temo que el desayuno no será muy copioso —me disculpé—. Supongo que sabrá que llevamos sesenta y un días en alta mar.

Me respondió con una pequeña risa y un "Seguro que está bien, capitán". Tanto las palabras como el tono y la actitud del hombre que estaba en la sala tenían para mi gusto un aire inesperadamente amistoso y prometedor, pero eso no acabó con mi sorpresa. ¿Por qué había venido a visitarme? ¿Tramaba algún oscuro plan para aprovecharse de mi ingenuidad comercial?

¡Ah, siempre es igual con esos intereses comerciales! Acaban estropeando siempre lo mejor de cada vida. ¿Por qué tiene que utilizarse el mar para el comercio o para la guerra? ¿Por qué nos obligan a matar y traficar en él siempre detrás de unos fines tan egoístas y superfluos? Sería mucho más agradable navegar de acá para allá con algún puerto y un poco de tierra firme en donde poder estirar de cuando en cuando las piernas, comprar unos cuantos libros y variar un poco el menú, pero, ya que me había tocado vivir en un mundo homicida y decididamente hostil, mi deber era aprovechar las oportunidades que me ofrecieran.

La carta de los propietarios del barco, lo he comentado ya, dejaba a mi arbitrio la tarea de sacar a la nave el máximo rendimiento según mi criterio, aunque, eso sí, incluía también una posdata que había sido redactada en los siguientes términos:

Sin ninguna intención de interferir en su plena libertad de acción, escribimos también en el próximo correo a algunas amistades comerciales del lugar que le podrían ser de utilidad. En especial deseamos que le haga una visita al señor Jacobus, un fletador y destacado hombre de negocios. Si entabla una buena relación con él, con toda seguridad le facilitará la tarea de dar a la nave el uso más provechoso posible.

¡Entablar una buena relación! ¡Pero si aquel tipo tan notable se había subido él solo al barco y me había pedido una taza de café! Ya que la vida no es precisamente un cuento de hadas, cuando a uno le suceden este tipo de situaciones, suele alarmarse. ¿Es que acaso había ido a parar al único rincón de la tierra en el que los hombres ricos y comerciantes subían a los barcos debidamente amarrados para desayunar? ¿Se trataba de magia blanca o un amarre de magia negra y comercial? Decidí (mientras terminaba de hacerme el nudo de la corbata) fingir que no había oído bien el nombre. Durante el viaje había pensado en muchas ocasiones en aquel eminente señor Jacobus, y tal vez mi oído me había jugado una mala pasada y confundido con el suyo algún nombre similar… Puede que el camarero hubiese dicho en realidad Antrobus… o Jackson.

Salí de mi camarote y saludé con un:

—¿El señor Jacobus?

Y él me respondió de inmediato con una amable sonrisa y un tranquilo:

—Sí.

Él mismo parecía no darle demasiada importancia al hecho de ser el señor Jacobus. Observé con atención aquel rostro grande y pálido, su pelo fino, su bigote también fino y de un vago color indefinido. Daba la impresión de tener pegados aquellos labios gruesos y suaves. Apenas se veía la sonrisa. Parecía un hombre corpulento y tranquilo. En ese momento entraron en la sala mis dos oficiales para desayunar y se los presenté, pero no fui capaz de entender por qué el señor Burns tenía esa apariencia de indignación contenida, que se manifestaba con ese silencio tan sepulcral.

Cuando por fin nos sentamos a la mesa, escuché vagamente algo sobre una trifulca en la escalera de la cámara. Por lo visto, un desconocido había intentado bajar a verme y el camarero se lo había impedido.

—No puede verle.

—¿Por qué no puedo?

—Ya le he dicho que el capitán está desayunando en este momento; después tiene intención de ir a tierra: tendrá usted ocasión de hablar con él cuando suba a cubierta.

—Pero eso no es justo, antes ha dejado pasar…

—No he tenido nada que ver con eso.

—Por supuesto que sí. Todos deberíamos tener las mismas oportunidades, ha dejado pasar a ese…

No fui capaz de escuchar el resto. Después de conseguir disuadir a aquella persona, el camarero bajó otra vez. No se puede decir que se hubiera sonrojado (era mulato), pero la verdad es que sí estaba visiblemente azorado. Dejó los servicios sobre la mesa y se puso a esperar junto al mueble con aire indiferente, como siempre hacía cuando tenía la sensación de haberse pasado de la raya y haberse metido en un lío. El rostro del señor Burns tenía una actitud de desprecio tan extraordinaria que no tenía ni la menor idea de qué mosca le había picado.

Y como el capitán estaba en silencio, nadie decía una palabra, como es la costumbre en los barcos. Yo no decía nada porque aquella situación tan extraordinaria me había dejado mudo. No esperaba más que el habitual desayuno marinero, y de pronto tenía en aquellos rostros un auténtico botín de provisiones llegadas de tierra: huevos, salchichas, una mantequilla que con toda seguridad no provenía de nuestras latas danesas, chuletas y hasta un plato de papas. Hacía tres semanas que no veía una papa de verdad. Las contemplé con auténtico interés, y en ese sentido, el señor Jacobus resultó ser un hombre sensible y capaz de anticiparse a los pensamientos ajenos.

—Por favor, capitán, pruébelas —señaló con voz tranquila y cordial—, son magníficas.

—Sí que lo parecen —admití—. Supongo que las cultivan en las islas.

—Oh, no. Las importamos. Si fueran cultivadas aquí serían mucho más caras.

Sentí mucho haber comenzado la conversación de una manera tan torpe. ¿Se hablaba de ese tipo de cosas con un acaudalado hombre de negocios? Me parecía agradable la naturalidad que mostraba, parecía sentirse en su casa, pero ¿de qué podía uno hablar con un hombre que aparece de pronto, llegado de una pequeña ciudad en una isla que uno no ha visto en la vida, cuando además se llevan sesenta y un días en alta mar? Aparte del azúcar, ¿qué otra cosa podía interesarle, sobre qué le gustaba hablar? Si nos hubiéramos puesto a hablar directamente de negocios, habría resultado indecente o, peor aún, poco diplomático. De momento lo único que podía hacer era continuar por los caminos más comunes.

—¿Son caros los alimentos por aquí? —pregunté con cierta inquietud en mi interior por lo elemental de la conversación.

—Yo no diría eso —contestó con calma y con la sobriedad que caracterizaba su forma de hablar.

No quiso añadir nada más, pero tampoco se podía decir que hubiese eludido el tema. Después de observar la mesa con sobriedad (no dejó que le sirviera nada), se puso a comentar algunos detalles sobre los suministros. Al parecer la carne de ternera se importaba principalmente desde Madagascar, el cordero era escaso y caro, como era previsible, pero el cabrito era muy bueno…

—¿Son chuletas de cabrito? —pregunté a toda prisa, señalando uno de los platos.

Sentí cómo se sobresaltaba el camarero, abandonando al instante su actitud melancólica.

—¡Por Dios, no, señor mío! ¡Es cordero de primera!

El señor Burns desayunó tan aprisa que cualquiera habría podido pensar que estaba desesperado por verse obligado a formar parte de un disparate tremendo, y cuando terminó, murmuró una excusa y salió a cubierta. A los pocos minutos salió también el segundo oficial con el rostro un poco acalorado. Tenía un hambre de colegial, y después de aquellos dos meses de travesía, se podía decir que le había hecho los honores a aquel generoso festín. No fue mi caso. A mí todo aquello me pareció un despilfarro absoluto. Aun así, había sido una verdadera hazaña haber preparado todo a tal velocidad y felicité al camarero, quien me devolvió una modesta sonrisa e inclinó la mirada de una forma que no supe interpretar, mientras observaba al invitado con sus hermosos ojos negros.

Este último me pidió una taza más de café y le dio un ascético pellizco a un trozo de bizcocho totalmente duro, del que no creo que se comiera ni una miga, y durante todo el proceso, y como quien está en otra cosa, me hizo un informe detallado sobre la cosecha de azúcar, las casas que comerciaban en la zona y el estado de la situación en cuanto a los fletes. Su conversación estaba constantemente salpicada de alusiones a personalidades, y siempre parecía contener advertencias veladas, a pesar de que su rostro tranquilo no perdía ni un instante su aparente ecuanimidad. No hay que añadir que yo le prestaba toda mi atención. Cada una de aquellas palabras tenía para mí un valor incalculable, y mis ideas acerca de la interferencia entre la amistad y los negocios se modificaron hacia una opinión más favorable. Aquel hombre puso a mi disposición en aquella charla los nombres de todos los barcos disponibles, con su tonelaje, y además me facilitó el nombre de todos los capitanes. Después de aquella información comercial, pasó al mundo del chismorreo local. El Hilda había perdido el mascarón de proa en el golfo de Bengala y su capitán había quedado muy tocado por el episodio. El barco y él llevaban ya muchos años juntos, y el anciano caballero estaba convencido de que aquel episodio era una especie de nefasto augurio sobre su próxima desaparición. El Stella había sufrido un tremendo temporal en las costas del Cabo y las olas se habían alzado hasta la cubierta, llevándose con ellas al primer oficial. Y solo unas pocas horas antes de llegar a puerto había muerto el bebé. El infeliz capitán H y su mujer estaban desolados. Lo más probable es que, si lo hubiesen conseguido llevar vivo hasta el puerto, habría sobrevivido, pero durante la última semana se habían quedado sin viento, y apenas habían tenido una brisa muy leve… Esa misma tarde iba a ser el entierro. Suponía que yo iría también…

—¿A usted le parece que debo ir? —le pregunté un tanto reticente.

Lo creía, sin duda, todo el mundo lo vería muy bien. Iban a acudir todos los capitanes del puerto. La pobre señora de H estaba desolada, todo había sido espantosamente duro.

—¿Y usted? ¿Está casado, capitán?

—No, no estoy casado —respondí—. Ni casado, ni comprometido.

Di gracias mentalmente a mi buena estrella y, mientras Jacobus me dedicaba una soñadora sonrisa, le agradecí que hubiese venido a verme, así como toda la importantísima información de negocios que me había facilitado. Eso sí, no le dije nada de mi asombro.

—Como es lógico, estaría encantado de ponerme en contacto con usted en el plazo de uno o dos días —dije para concluir.

Él alzó los párpados para observarme con mejor atención y, no sé por qué extraño motivo, su gesto me pareció todavía más difuso.

—Según las instrucciones que me dieron los propietarios —añadí entonces—, supongo que ya habrá recibido usted su carta.

Seguía con las cejas alzadas, pero de pronto ya no parecía mostrar ninguna emoción en particular, es más, me dio de pronto la sensación de ser un individuo imperturbable.

—Ah, supongo que se estará refiriendo usted a mi hermano.

En ese momento, el que soltó una exclamación fui yo mismo, y espero que mi voz no mostrara más que una cortés sorpresa cuando le pregunté a qué se debía en aquel caso el placer… Buscaba con tranquilidad algo en su bolsillo interno.

—Mi hermano es una persona muy diferente, pero yo soy muy conocido en esta parte del mundo. Puede que haya oído hablar de mí...

Sacó su tarjeta y me la ofreció. Una tarjeta muy gruesa, ¡ya lo creo! Alfred Jacobus —el otro era Ernest—: comercio de todo tipo de aprovisionamiento marítimo. Tenía provisiones frescas y saladas, aceite, pintura, cabos, lona, etc. Ofrecía avituallamiento a todos los barcos del puerto con contratos y condiciones muy favorables.

—Nunca había oído hablar de usted —respondí con brusquedad.

Él no abandonó su tono templado y seguro.

—En ese caso le aseguro que quedará usted muy satisfecho —respondió.

Ni siquiera eso me tranquilizó; no sé por qué me daba la sensación de que se habían estado burlando de mí. Por otra parte, si me había engañado, el único responsable del engaño era yo. Aquella audacia de invitarse a sí mismo a desayunar habría sido suficiente como para engañar a cualquiera. De pronto pensé que aquel hombre me había suministrado todos aquellos víveres solo porque tenía intención de negociar.

—Supongo que se habrá levantado muy pronto esta mañana —dije.

Él admitió sin ocultarlo que llevaba desde antes de las seis en el muelle y que había estado esperando que llegara mi barco. En ese momento pensé que me iba a resultar imposible librarme de él.

—Si cree que nos podemos permitir vivir de esta forma —añadí mirando con irritación los restos de la mesa—, está usted muy equivocado.

—Lo que me parece es que lo encontrará todo a su gusto, capitán.

No había nada que fuera capaz de alterar su calma. Yo estaba enfadado, pero no podía proyectar mi enfado sobre él. Me había contado muchas cosas de gran utilidad y además era el hermano de aquel rico hombre de negocios. Todo me parecía sospechoso.

Me levanté y le dije lo más cortésmente que pude que tenía intención de bajar a tierra, y al instante me ofreció su bote para que lo utilizara mientras me encontrara en el puerto.

—Solo le cobraré un precio simbólico —añadió con el mismo tono tranquilo—. Tengo contratado a un hombre durante todo el día en el embarcadero, lo único que tiene que hacer es tocar un silbato cuando quiera disponer del bote.

Se apartó de la puerta para que yo pasara primero y al final acabó consiguiendo que me fuera con él. Estábamos cruzando el alcázar cuando se acercaron a nosotros dos hombres mal vestidos y, en un silencio sepulcral, me tendieron sus tarjetas sin decir ni una sola palabra ante la atenta y crítica mirada de Jacobus. Fue una ceremonia inútil y de lo más lúgubre. Se trataba de los emisarios de otros proveedores, y Jacobus, que me seguía a medio metro de distancia, ni siquiera les prestó la más mínima atención.

Cuando llegamos al muelle nos separamos y, en voz baja, me hizo saber su deseo de que esperaba verme con frecuencia "en su almacén". Allí podía disponer también de una sala para capitanes en la que había periódicos y una caja de puros "bastante decente". Lo dejé allí sin más miramientos.

Mis consignatarios me dieron la bienvenida con la clásica amabilidad comercial, pero me hicieron una descripción del estado de la situación de los fletes que ni mucho menos era tan idílica como me había hecho creer mi conversación con el Jacobus equivocado. Aun así, me seguí sintiendo más inclinado a creer en la versión de este, y, mientras cerraba tras de mí la puerta del despacho, pensaba: "Demasiadas mentiras, demasiada diplomacia comercial. Este es el tipo de cosas con las que se encuentra un hombre que viene del mar. Con toda seguridad van a intentar fletar el barco por debajo del precio de mercado".

Cuando llegué a la gran sala en la que se encontraban todos los escritorios, se puso frente a mí y me detuvo con amabilidad el jefe de los empleados, un hombre alto, delgado, bien afeitado, vestido de blanco impecable, y con un pelo muy corto en el que se veían aquí y allá algunas primeras canas. Me dijo que estarían encantados de ayudarme en lo que pudieran. ¿Iba a regresar esa tarde? ¿Cómo? ¿Que iba a un funeral? Ah, claro, pobre capitán H…

Mantuvo todavía aquella expresión apenada durante unos instantes, y a continuación, después de apartar de su mundana preocupación a aquella criatura que había enfermado durante una tempestad y que había acabado falleciendo debido a la excesiva calma del mar, me preguntó con una sonrisa de tiburón llena de dientes —si los tiburones pudieran tener una dentadura postiza— si había conseguido acabar ya con todos los pequeños trámites de la estancia en el puerto.

—Sí, con Jacobus —respondí sin darle mayor importancia—. Por lo que sé, se trata de Ernest Jacobus, el hermano del propietario de la nave, quien le envió ya una carta de presentación.

No me preocupaba que entendiera que no estaba indefenso y en manos de su empresa, pero él me respondió torciendo el bigote en señal de suspicacia.

—¡Vaya! —dije—. ¿Es que acaso no es su hermano?

—Oh, desde luego… pero no se hablan desde hace diecisiete años —añadió con un aire solemne tras una pausa.

—¿Y por qué razón se pelearon?

—Ah, nada, nada que merezca la pena ser reseñado —respondió con cautela—. Tiene un negocio muy importante y nadie duda de que es el mejor proveedor de barcos de la zona. Le va muy bien el negocio, aunque también hay otras cuestiones, como el carácter de las personas, ¿no le parece? Buenos días, capitán.

Se alejó hacia su escritorio con un aire tan taimado que casi me pareció cómico; de pronto parecía una solterona, una anciana comerciante escandalizada ante una falta de tono. ¿Habría cometido sin saberlo una indecencia comercial? Las indecencias en los negocios son graves, porque atentan contra el bolsillo. ¿O se trataba simplemente de un puritano escandalizado porque Jacobus fuera tan abiertamente a la caza de clientes? No me quedó duda de que no tenía una gran dignidad. Me pregunté qué pensaría el hermano que se dedicaba a los grandes negocios, pero cada país tiene sus costumbres. Cuando se está en una comunidad tan aislada y dedicada estrictamente al comercio, los usos sociales tienen su propia medida.

Con gusto hubiera prescindido de la fúnebre oportunidad de que mis colegas me reconocieran a la vez, pero aun así me encaminé al cementerio. Éramos un grupo numeroso de hombres con las cabezas descubiertas y vestidos de traje oscuro. Me percaté de que, de entre todas aquellas personas allí congregadas, los más conmovidos eran los que podrían cuadrar en el obsoleto perfil de "lobo de mar", puede que porque aún tenían unos modales menos refinados que los de la siguiente generación. Cuando a un lobo de mar se le sacaba de su elemento natural, con frecuencia se convertía en un simple sentimental. Me fijé especialmente en uno que estaba frente a mí, y en el lado opuesto de la tumba, llorando. Las lágrimas recorrían aquel rostro, tan ajado a la intemperie, como gotas de lluvia que se deslizaran sobre un muro viejo y desvencijado. Más tarde me enteré de que todo el mundo lo consideraba el terror de los marineros, un hombre duro que jamás había tenido mujer ni hijos y que llevaba tantos años dedicado al mar desde su primera juventud que a las mujeres y a los niños apenas si los conocía de vista.

Puede que estuviera llorando en realidad por las oportunidades perdidas, de pura envidia por la paternidad, o por celos de aquel sufrimiento que jamás podría sentir. Los hombres, también los de mar, son animales caprichosos, víctimas y objetos de oportunidades perdidas; aun así, hizo que me avergonzara de mi dureza. Yo no lloré.

Me limité a escuchar con una gélida distancia crítica aquella misma oración que en dos ocasiones yo mismo había tenido que recitar a causa del fallecimiento en el mar de dos hombres casi niños. Todas aquellas palabras de esperanza y duelo, aquellas aladas palabras que podían llegar a ser tan inspiradas en la libre inmensidad del agua y el cielo, en aquella ocasión parecían caer con cansancio en la pequeña fosa. ¿Qué sentido tenía preguntar a la muerte dónde estaba su aguijón ante aquel pequeño y sombrío agujero en la tierra? A partir de ese momento, mis pensamientos siguieron su propio camino y se fueron perdiendo entre otros asuntos más urgentes de la vida —aunque tampoco es que fueran especialmente elevados—, como los barcos, los fletes y las transacciones comerciales. Al fin y al cabo, el hombre es casi tan inestable como el mono en lo que se refiere a sus propios sentimientos, y aunque a mí mismo no me agradaba, no podía estar constantemente entregado a pensamientos del tipo: "¿Tardaré en firmar un contrato para un flete?", "El tiempo es oro...", "¿Me conseguirá ese Jacobus algún buen negocio...?", "Iré a verlo dentro de un par de días".

Que nadie crea que seguía aquellos pensamientos con precisión, más bien al contrario, en realidad era yo el perseguido por ellos; vagos todos, imprecisos, inquietos y avergonzados. Eran insistentes casi hasta la insensibilidad y la repugnancia. Y todos ellos habían sido desencadenados por la constante presencia del proveedor de barcos. Ahí estaba también Jacobus, compungido en medio de aquel grupo de marinos. Me violentaba la presencia de aquel hombre que, gracias a la confusión con su propio hermano, me había llevado a hacer un papel tan deslucido, porque, aunque mis sentimientos mantenían hasta cierto punto la decencia, mis pensamientos...

Y acabó por fin. El pobre padre —un hombre de unos cuarenta años, patillas negras y un penoso corte en la barbilla recién afeitada— nos dio las gracias a todos sorbiéndose las lágrimas. Por alguna razón, puede que porque todavía me despisté un poco a la salida del cementerio, porque era el más joven de los presentes, o porque consideró que mi tristeza (que en realidad se debía solo al remordimiento) se debía a otro sentimiento más noble, o quizá, porque fuera el único entre toda aquella gente que le resultaba desconocido, se dirigió hacia mí, se puso a mi lado y me dio las gracias otra vez mientras yo lo escuchaba en un compungido silencio y con la conciencia intranquila. De pronto me metió una mano bajo el brazo y elevó la otra para señalar a una recia y alta figura que ya se alejaba calle abajo con su traje gris azotado por el viento.

—Un buen tipo, un tipo bueno de verdad —añadió tratando de contener un nuevo sollozo—, ese Jacobus.

A continuación me relató, casi en un susurro, que fue Jacobus el primer hombre que subió a bordo cuando llegó a puerto y que, cuando se enteró de la tragedia, se encargó de todos los trámites habituales, llevó a tierra los papeles de la nave, se hizo cargo del funeral…

—Un buen hombre. Yo estaba completamente sobrepasado, llevaba ya diez días cuidando a mi mujer y ya no sabía qué hacer. ¡Fíjese! El niño murió exactamente el mismo día que llegamos. ¡Aún no sé cómo conseguí traer el barco! Apenas veía nada, era incapaz de hablar, no podía… Puede que ya le hayan dicho que también perdimos al segundo durante la travesía… Nadie me podía reemplazar. Y mi mujer, la pobre, estuvo a punto de volverse loca todo el día allí encerrada con él… ¡Dios! No es justo.

Seguimos paseando en silencio. No sabía qué decir para despedirme de él, pero, cuando llegamos al muelle, me soltó el brazo y golpeó la palma de la mano abierta con el puño.

—¡No es justo, Dios! —exclamó de nuevo—. No se case a no ser que pueda usted antes prescindir del mar… Esto no es justo.

Por mi parte, no tenía ninguna intención de "prescindir" del mar, y cuando se alejó de mí para subir a su barco, yo ya estaba completamente convencido de que no me casaría jamás. Estaba esperando en los escalones al barquero de Jacobus, que debía de estar en otro lugar en ese momento, cuando el capitán del Hilda se acercó a mí con un paraguas de seda en la mano, el rostro pequeño y bien afeitado recogido entre los cuellos de una anticuada camisa a lo Gladstone. Para su edad, tenía un aspecto muy juvenil, una figura atractiva y unos ojos azules muy claros. Su abundante pelo blanco tenía el brillo del cristal y se rizaba un poco hacia arriba bajo el ala de un elegante y antiguo panamá con una cinta negra. Aquel anciano tenía en su elegante aspecto algo angélico, casi infantil.

Me saludó como si me viera a diario desde su primera infancia, haciendo un comentario risible sobre cierta mujer negra muy robusta que estaba sentada sobre un taburete junto al borde del muelle, y acto seguido me dijo con toda naturalidad que tenía un barco muy bonito.

Le devolví el cumplido de inmediato.

—No tan bonito como el Hilda.

Como respuesta, las comisuras de su boca se curvaron de inmediato en señal de desaliento.

—¡Ah! Apenas puedo mirarlo.

Puede que no me hubiera enterado —me dijo con inquietud— de que había perdido el mascarón de proa, una mujer vestida con una túnica azul con ribetes dorados. Puede que el rostro no estuviese muy logrado, pero tenía unos brazos blancos hermosamente fabricados y extendidos como si estuviera nadando. ¡Ah! ¿Que ya lo había oído? ¿Y cómo podría haber imaginado que llegaría a ocurrir algo así? ¡Después de veinte años!

Si hubiesen escuchado solo el tono de su lamento, nadie habría podido suponer que se trataba de una mujer de madera. Le temblaba la voz y agitaba los brazos de una forma casi escandalosa... Por lo visto, desapareció en plena noche, una noche clara y tranquila, sin apenas oleaje, en el golfo de Bengala; lo hizo de manera silenciosa y nadie en el barco fue capaz de decir por qué, cómo, ni a qué hora. El pasado octubre habría cumplido veinte años... ¿Había visto alguna vez algo parecido?

Con el gesto más comprensivo que fui capaz de poner, le aseguré que nunca había escuchado nada igual, y él se quedó muy contrito. Estaba convencido de que se trataba de un pésimo augurio, de una advertencia, pero, cuando se me ocurrió sugerirle que tal vez podría encargar la figura de otra mujer, fui severamente juzgado por mi frivolidad. El anciano se ruborizó bajo aquella piel poco curtida, como si le hubiera dicho una indecencia. Uno podía —me dijo— sustituir un mástil, un timón o cualquier otra pieza del barco que se perdiera, pero ¿es que acaso tenía algún sentido poner un mascarón nuevo? ¿Qué satisfacción se podía obtener de algo así? ¿A quién le podía importar? No hacía falta ser muy inteligente para darse cuenta de que yo no había tenido como compañero de a bordo a un mascarón durante veinte años.

—¡Un mascarón nuevo! —exclamó otra vez, como si su indignación no fuera a acabar jamás—. ¡Menuda idea! El próximo mayo cumpliré ya veintiocho años desde que enviudé, y creo que antes se me ocurriría casarme de nuevo que encargar otro mascarón. Me parece que es usted tan mala persona como ese Jacobus.

Aquel último comentario me pareció de lo más divertido.

—¿Y qué ha hecho Jacobus? ¿Intentó hacer que se casara usted otra vez, capitán? —pregunté con deferencia, pero él ya no podía parar y me dirigió una sonrisa mordaz.

—¡Como si no fuera capaz! Es de esos tipos capaces de ofrecerte cualquier cosa por dinero. No llevaba ni una hora a bordo cuando ya me estaba proponiendo venderme un mascarón que tenía en el almacén. Y hasta consiguió que Smith, mi segundo, me tratara de convencer del asunto. "Señor Smith —le dije—, usted me conoce desde hace mucho tiempo, ¿le parece que tengo yo el aspecto de alguien que acepta un mascarón sobrante?". ¡Después de tantos años! A veces ustedes los jóvenes tienen una manera de hablar...

Traté de parecer lo más compungido posible, y añadí mientras me subía al bote:

—En ese caso, no se me ocurre más solución que tallar una voluta en la roda y dorarla.

Parecía haberse quedado sin fuerzas después de su estallido.

—Sí, puede ser. Una voluta. También me lo comentó Jacobus. Cuando se trata de sacarle dinero a un marino, siempre se le ocurre alguna cosa. Estoy seguro de que me haría pagar una fortuna por esa talla. Una roda dorada, dice usted… Puede que a usted sí que le agrade; ustedes los jóvenes no saben lo que es el decoro.

Terminó la frase con un gesto de rechazo.

—Da lo mismo una cosa que otra. Tampoco importa demasiado que este viejo barco vaya por el mundo con el tajamar desnudo —dijo con lástima, y, mientras el bote se empezaba a alejar de los escalones, añadió con cómica hostilidad—: ¡Y le juro que sería capaz de hacerlo, aunque solo fuera por molestar a ese canalla suministrador de mascarones! No olvide que por aquí conozco ya de sobra a todo el mundo. ¡Venga a bordo algún día a hacerme una visita!

La primera noche en el puerto la pasé silenciosamente en mi camarote. Me alegraba haber podido alejarme, aunque solo fuera unas horas, de la vida en tierra. A pesar de haber llegado del mar hacía tan poco tiempo, todo me parecía complicado y discordante a mi alrededor, con todas aquellas caras nuevas. Aun así, iba a tener noticias de Jacobus antes de dormirme.

El señor Burns desembarcó después de cenar para —así lo llamó— "echar una ojeada", y, aunque ya era más que entrada la noche, no le pregunté qué tenía intención de ver con tan poca luz. Ya era medianoche y yo estaba sentado en el salón con un libro, cuando escuché unos sigilosos pasos y saludé a Burns por su nombre.

Entró con el bastón y el sombrero en la mano, extremadamente vulgarizado con aquel elegante disfraz de paisano, con aire confiado y un feo brillo en la mirada. Le pedí que se sentara un momento, y él dejó aparte el sombrero y el bastón, y después de discutir algunos asuntos pendientes del barco, me dijo:

—Cuando he bajado a tierra, me han contado algunas anécdotas interesantes sobre ese proveedor de barcos que con tanta eficacia le ha conseguido encajar todo el suministro, señor.

Lo llamé al orden por aquella forma de hablar, pero él negó con desprecio. Nadie podía dudar de que el truco era extraordinario: presentarse en el barco de un desconocido con el desayuno en dos cestas e invitar al capitán en su propia mesa. En la vida había visto un gesto tan audaz y, al mismo tiempo, tan sinvergüenza.

Sin ninguna intención de hacerlo, no sé por qué, acabé defendiendo las estrategias de Jacobus.

—Es el hermano de uno de los hombres de negocios más ricos del puerto.

Los ojos de mi segundo parecían estar soltando chispas verdes.

—Y hace dieciocho o veinte años que su hermano no le dirige la palabra —añadió triunfalmente—. ¿Qué me dice usted a eso?

—Que también lo sabía —respondí con indiferencia.

—¿De modo que lo sabía? Ya… —continuó dando vueltas a aquel tema de la ética comercial—. Pues debo decirle que no me resulta agradable ver cómo se aprovechan de su bondad. Sobornó a nuestro camarero con un billete de cinco rupias para que lo dejara pasar; puede que fueran diez, no importa, todo eso se lo acabará cobrando con creces en la factura final.

—¿Y ésa es una de las historias que le han contado en tierra? —pregunté.

Me dijo que era una cosa que había percibido por sentido común desde el primer minuto. Lo que había oído en tierra es que ninguna persona respetable de la ciudad quería hacer tratos con Jacobus. Al parecer, vivía en un viejo caserón con jardín a las afueras de la ciudad. Burns me dio aquella última información y adoptó de inmediato un aire misterioso.

—Y aseguran también que tiene encerrada allí a una joven.

—Y supongo también que todas estas historias se las habrán contado a usted en algún lugar de lo más respetable, ¿verdad? —dije utilizando el tono más sarcástico que pude.

El golpe fue eficaz, porque, al igual que todas las personas desagradables, el señor Burns es un hombre muy susceptible. Se quedó tan sorprendido que su boca permaneció abierta unos instantes, y no le di ni siquiera tiempo para que reaccionara:

—Y además, ¿por qué demonios habría de importarme a mí? —concluí retirándome a mi habitación.

Ésa habría sido la respuesta más natural, pero lo cierto es que no me dejaba en absoluto indiferente. Es verdad que no tiene ningún sentido ponerse demasiado nervioso por la moralidad del proveedor del barco o por lo bien o mal relacionado que esté, pero hay que añadir también que su personalidad ya había dejado huella en nuestro primer día de puerto.

Tras su primera gran hazaña, Jacobus se mostró de lo más discreto. Todas las mañanas tenía la costumbre de salir en el bote y visitar todos los barcos a los que ofrecía el suministro, y de vez en cuando se quedaba también a bordo para desayunar con alguno de los capitanes.

Vi que se trataba de una costumbre bastante generalizada, por eso lo saludé con un gesto familiar una de aquellas mañanas, cuando me lo encontré en la cámara al salir de mi camarote. Miré la mesa y comprobé que ya se habían encargado de poner un cubierto. Esperaba mi aparición de pie con un gran ramo de flores en su robusta mano. Al parecer, eran de su propio jardín; tenía un hermoso jardín y las había cortado él mismo aquella mañana, había pensado que me gustarían… Se dio media vuelta.

—Camarero, ¿podría traerme una jarra grande con agua, por favor?

Con cierta sorna, y ocupando ya mi puesto en la mesa, le dije que estaba haciendo que me sintiera como una hermosa jovencita y que no debería sorprenderse si me ruborizaba, pero él ya estaba arreglando las flores en el aparador.

—Camarero, por favor, póngalo frente al plato del capitán —señaló con su habitual tono grave.

El regalo era tan evidente que no pude evitar aspirar su aroma, y, al tomar asiento sin hacer ruido, Jacobus añadió que no había nada como unas flores para mejorar el ambiente de la sala de un barco. Me preguntó por qué no tenía yo una maceta frente a una claraboya para cultivarlas en alta mar. Tenía un empleado de lo más eficiente, capaz de instalarlas en un solo día, y me podía facilitar también una docena de buenas plantas…

Las yemas de los diez dedos reposaban tranquilamente al borde de la mesa, a ambos lados de la taza de café. El rostro seguía inexpresivo. El señor Burns no paraba de sonreír maliciosamente. Contesté que no me hacía especial ilusión convertir mi claraboya en un invernadero, ni que la mesa del camarote estuviera constantemente llena de moho y de materia orgánica.

—Tener unas hermosas flores no requiere ni el más mínimo trabajo, en realidad —insistió alzando la mirada.

—Por supuesto que requiere trabajo, un gran trabajo —le llevé la contraria—, y todo para que algún idiota deje la claraboya abierta un día de viento fresco, le salpiquen tres gotas de agua salada y se muera todo en una semana.

El señor Burns gruñó suavemente de placer, y Jacobus abandonó el tema y no insistió más. Después de un rato, abrió los labios de nuevo para preguntarme si ya había visto a su hermano. Mi respuesta fue muy áspera:

—No, aún no.

—Es una persona muy distinta de mí —concluyó con aire cansado mientras se ponía en pie. Tenía unos movimientos especialmente silenciosos—. En fin, muchas gracias, capitán. Si hay algo que necesite, no dude en decírselo a su camarero. Supongo que ahora tendrá intención de ofrecer una cena a los empleados de las oficinas.

—¿Para qué? —exclamé algo irritado—. Lo haría si fuera un comerciante habitual en este puerto, pero no me conoce nadie por aquí y lo más probable es que tarde años en regresar. No entiendo por qué debería... ¿o es que me está diciendo que es la costumbre?

—Al menos es lo que todo el mundo espera de alguien como usted —respondió con calma—. Ocho de los empleados más importantes, más el director; eso son nueve comensales, y con ustedes tres suman doce. No tiene por qué ser excesivamente costoso si le dice al camarero que me avise con la suficiente antelación.

—¿Qué se espera de mí? ¿Cómo va a estar esperando nadie algo parecido? ¿Tengo cara de ser especialmente complaciente o algo por el estilo?

Su rigidez inmóvil me pareció especialmente digna e imperturbable, casi peligrosa.

—Hay tiempo de sobra para decidir esas cosas —terminé débilmente, y con un gesto con el que vagamente le estaba dando la despedida, aunque antes de marcharse me dijo con pesar que aún no me había visto por el almacén para probar esos puros. Tenía un paquete de seis mil para la venta; eran muy baratos.

—Creo que le conviene ir reservando ya algunos —añadió con una sonrisa algo triste y abandonó el camarote.

El señor Burns dio un nervioso puñetazo sobre la mesa.

—¿Pero se ha visto alguna vez un sinvergüenza semejante? Se le ha metido entre ceja y ceja sacarle algo, lo que sea, señor.

En cuanto dijo aquello, me sentí inclinado a defender a Jacobus, y dije con calma que tal vez era así como eran los negocios, pero mi absurdo segundo se puso a murmurar por lo bajo frases del tipo: "No lo soporto más... que se acuerde de lo que le he dicho...", y otras parecidas, mientras salía furioso del camarote. Si no lo hubiese estado cuidando durante aquellas espantosas fiebres, no le habría tolerado esa actitud ni un solo día más.

Ya que Jacobus me había recordado a su bien asentado hermano, decidí hacer aquella visita lo antes posible. Llegados a ese punto, ya había oído hablar de él un poco más. Al parecer, era miembro del Consejo y no tenía una buena relación con las autoridades. Tenía un poder evidente sobre la opinión pública y mucha gente le debía dinero.

Importaba todo tipo de mercancías a gran escala. Por poner un caso, prácticamente la totalidad del negocio del azúcar estaba en sus manos, aunque es cierto que de eso me enteré más tarde. La impresión que me causó era la de que se trataba de un gran cacique local. No estaba casado y todas las semanas organizaba reuniones para jugar a las cartas en su casa, que estaba situada a las afueras, reuniones a las que acudían las personas más influyentes de la colonia.

Me llevé una sorpresa al descubrir que su oficina se encontraba en un deteriorado barrio de las afueras, entre pequeñas casas y muy alejado de la zona habitual de negocios. Orientado por una pequeña pizarra, subí por aquella estrecha escalera de madera y entré en aquel despacho con el suelo de madera cubierto de trozos de papel de estraza y paja de embalar. Había una gran cantidad de cajas, que parecían estar llenas de botellas de vino, apoyadas contra una de las paredes. Un mulato jovencito y manchado de tinta, de cuello largo y aspecto triste, vagamente parecido a un pollo enfermo, se levantó de un taburete de tres patas que había junto a un escritorio humilde y me miró como si le acabara de dar un ataque de miedo. Me costó trabajo conseguir que comunicara que acababa de llegar, pero no alcanzaba a comprender a qué se debía tanta reticencia. Al fin entró para anunciar mi presencia, y sus reticencias fueron inmediatamente comprensibles cuando escuché los amenazadores insultos que recibió, los golpes y patadas que le dieron, para acabar en la calle sin la menor consideración, ya que volvió a salir por la puerta con un grito ahogado y la cabeza por delante.

Me quedaría corto si dijera que solo me sobresalté. Me quedé totalmente inmóvil, como si fuera un hombre desconcertado en medio de un sueño. El pobre infeliz se llevó la mano a la parte de su cuerpo en la que había recibido la patada y me dijo:

—Por favor, puede pasar cuando quiera.

Su serenidad era llamativa, pero eso no hacía la situación menos insólita. La sensación de haber visto a aquel muchacho en otro lugar —algo decididamente imposible— le daba a la escena un toque final de extrañeza que casi me hacía dudar de mi propia cordura. Eché un inquieto vistazo a mi alrededor como un sonámbulo al que acabaran de despertar.

—Perdone —dije—, supongo que no habrá error alguno, pero esta es la oficina del señor Jacobus, ¿no es así?

El chico me dedicó una mirada suplicante —¡y tan familiar a la vez!— y, antes de que le diera tiempo a responder, una voz ofensiva se hizo oír desde el interior:

—Pase, pase… ya que ha venido hasta aquí; no tenía ni idea.

Crucé el recibidor como si me dirigiera a la jaula en la que está encerrada alguna fiera desconocida y salvaje, con audacia pero también a la expectativa. A pesar de la diferencia de que ningún animal salvaje podría indignar a nadie, ya que ese es un don reservado a los odiosos seres humanos. Aunque estaba muy indignado, eso no impidió en absoluto que me impresionara el extraordinario parecido entre los dos hermanos.

Este no era rubio, como el otro, sino moreno, pero era igual de corpulento. No llevaba ni chaqueta ni chaleco, y no había ninguna duda de que lo había sorprendido echando una siesta en la mecedora que estaba en el rincón más alejado de la ventana. Por encima de aquel gran bulto blanco en el que consistía su arrugada camisa, abotonada con tres cubrebotones de diamantes, se veía un húmedo y redondo rostro con un bigote castaño que colgaba lacio y desarreglado. Empujó con el pie una silla corriente con asiento de enea.

—Siéntese.

Eché un breve vistazo a la silla, y a continuación, dejando curso libre a la indignación de mi mirada, le informé de que había ido a visitarlo siguiendo las instrucciones específicas de los propietarios de la nave.

—Claro, por supuesto… No me aclaraba con lo que me dijo ese estúpido… ¡No importa! Ya le enseñaré yo a no molestarme a esas horas —dijo sonriendo con fiereza.

Miré el reloj. Eran algo más de las tres. En las oficinas del puerto estaban a esa hora en plena actividad. Gruñó con impaciencia:

—Siéntese, capitán.

Recibí su cortés invitación a sentarme diciendo con calma:

—Creo que podré escuchar todo lo que tenga usted que decirme sin sentarme.

Expulsó un sonoro y ruidoso "Bah", y me destruyó con una sola mirada. Tenía el aspecto de un gato gigante que de pronto se hubiera puesto a bufar.

—¡Por favor! ¿Pero quién se ha creído usted que es? ¿Para qué ha venido a verme? Si no le apetece sentarse y hablar de negocios, por mí puede irse usted al diablo.

—No conozco al diablo en persona —respondí—, pero reconozco que, después de este recibimiento, no me importaría ir a verlo. No estaría mal encontrarse con un caballero, para variar.

Siguió a mis espaldas sin parar de gruñir:

—¡Menudo sinvergüenza! No se preocupe, que escribiré a los propietarios del barco comentándoles lo que pienso de usted.

Me di la vuelta para mirarlo.

—Haga usted lo que le parezca, no me importa en absoluto. Por mi parte, le puedo garantizar que ni siquiera me tomaré la molestia de pronunciar su nombre.

Se detuvo en la puerta del despacho mientras yo cruzaba aquella desordenada sala de una punta a la otra. En cierto modo, me atrevería a jurar que estaba desconcertado.

—¡Como te vuelvas a atrever a despertarme a las tres y media para recibir al primero que venga, te aseguro que no te voy a dejar ni un solo hueso sano! —gritó de pronto al mulato—. ¿Oíste lo que te dije? ¡Sea quien sea! Y mucho menos un maldito capitán de barco —terminó con un grave gruñido.

Aquel frágil jovencito se agitó como una caña y emitió un débil quejido. Yo me detuve en seco y, ante la visión de un martillo (que supongo que habría estado utilizando para abrir las cajas), le di un consuelo al pobre hombre:

—Muchacho, si yo fuera tú, me metería eso en la manga y a la mínima ocasión…

¿Qué tenía aquel rostro que hacía que me resultara tan familiar? El chico seguía atrincherado tras el escritorio y apenas levantó la vista. Aquellos párpados caídos, de pronto, me dieron la clave. En realidad, se parecía —sí, aquellos mismos labios gruesos y pegados— a los propios hermanos Jacobus. A aquellos dos hombres: al enriquecido hombre de negocios y al insistente vendedor (que ya eran entre sí lo bastante parecidos). Se parecía tanto como un mulato delgado y cetrino puede parecerse a un hombre blanco y robusto de mediana edad. El color exótico de la piel y su delgadez me habían confundido por un instante, pero ahora me resultaba evidente en él la sangre de los Jacobus, aunque en una versión debilitada y diluida, como si la hubiesen disuelto en un cubo de agua, de modo que no terminé la frase. Tenía intención de decirle: "Le partiría la cabeza a ese animal". No tenía duda de que se trataba de una conclusión sensata, pero no suele ser buena idea aconsejar el parricidio a nadie, por muy grande que haya sido la ofensa.

—Sinvergüenza… Canalla… Bah, capitanes de barco…

No hice ningún caso a los gruñidos que seguían produciéndose a mis espaldas, y para mi bochorno he de decir que mi irritación era tal que di un portazo al salir.

Supongo que no sorprenderá a nadie que esa visita me hiciera, si cabe, aún más amable a los ojos del otro Jacobus. Con algo parecido a cierta camaradería, a los pocos días me dejé ver por su almacén. A su local, un almacén sombrío y alargado repleto de todo tipo de mercancías, se entraba desde la calle a través de un alto portal abovedado. Pude ver al otro Jacobus trabajando en mangas de camisa entre sus empleados. La sala para los capitanes era un cuarto abovedado con piso de piedra y barrotes en las ventanas, como si alguien hubiese tratado de darle un aspecto hospitalario a un calabozo. Se podían ver un par de alegres botellas y varios vasos de colores formando un conjunto alrededor de una jarra de barro rojo, en una mesa en la que había periódicos de todas partes del mundo. Un hombre desconocido y elegantemente vestido con un traje gris a cuadros dejó uno de aquellos periódicos y me saludó con una leve inclinación de cabeza.

Me imaginé que se trataría del capitán de algún vapor. Habría sido imposible conocerlos a todos. Iban y venían con mucha frecuencia y fondeaban sus barcos demasiado lejos, en la entrada del puerto. Llevaban una vida casi paralela a la nuestra. El hombre dio un pequeño bostezo.

—Un lugar un poco triste, ¿no cree?

Supuse que estaba hablando de la ciudad.

—¿Le parece? —murmuré.

—¿A usted no? Yo me marcho mañana, gracias a Dios.

Tenía todo el aspecto de ser un caballero honrado y orgulloso. Lo vi acercarse a la caja de puros, sacar una petaca del bolsillo y comenzar a llenarla con calma. Cuando se encontraron nuestras miradas, me hizo un guiño de mortal complicidad y me animó a hacer lo mismo.

—Los puros son realmente buenos.

Negué con la cabeza.

—Pero yo no me voy mañana…

—¿Y qué más da? ¿Le parece un abuso a la hospitalidad de Jacobus? ¡Por Dios! Si ese hombre lo carga todo en la factura… Hasta estas pequeñas cosas aparecen en la cuenta. ¡Ese hombre sabe cuidarse perfectamente! Qué demonios, así son los negocios…

Me dio la sensación de que una especie de sombra cruzó de pronto su expresión satisfecha, como si dudara un poco al cerrar la petaca, aunque al final se la guardó alegremente en el bolsillo. Desde la puerta se oyó una voz tranquila:

—Hace usted muy bien, capitán.

El robusto y sigiloso Jacobus entró en la habitación. Dadas las circunstancias, su silencio se podía interpretar como una respuesta cordial. Se había puesto la chaqueta antes de venir a reunirse con nosotros y se sentó en el asiento que había dejado vacante el capitán del vapor, que se despidió con una inclinación y una breve y sonora carcajada. A continuación se produjo un profundo silencio. Era difícil saber, viendo aquella mirada, si Jacobus no dormía a ratos con los ojos abiertos. Aun así, me daba perfecta cuenta de hasta qué punto me estaba escrutando aquella penetrante mirada. Un experto sonido de martillo empezó a clavar una caja en algún lugar de la caverna. Toc-toc… Toc-toc-toc. Otros dos empleados, uno con voz tranquila y nasal y el otro con voz aguda y enérgica, se pusieron a repasar en voz alta una factura.

—Medio rollo de cáñamo de diez centímetros.

—¡Sí!

—Seis argollas.

—¡Sí!

—Seis latas de sopa, tres de paté, dos de espárragos, catorce libras de tabaco.

—¡Sí!

—Es un cargamento para el capitán que acaba de salir —murmuró el imperturbable Jacobus—. Los capitanes de los vapores suelen hacer pedidos muy pequeños. Van llevándose lo que necesitan a medida que les va haciendo falta. Dentro de quince días ese hombre estará en Semarang, por eso hace ese pedido tan pequeño.

En el almacén no paraba de sonar la música de una lista larguísima con los artículos más variados: brochas de pintura, salsa Yorkshire Relish, etc.

—Tres sacos de papas de primera —dijo la voz nasal.

Cuando oyó aquello, Jacobus parpadeó como si acabara de despertar de un sobresalto y pareció un poco más animado. Después de gritar una orden hacia la tienda, apareció un empleado de rizos medio grasientos y con un lápiz detrás de la oreja, que traía una muestra de seis papas y las puso una detrás de la otra encima de la mesa con una sonrisa.

Me invitaron a observarlas con admiración y yo respondí con un poco de hostilidad. Sin el menor nerviosismo en la voz, Jacobus me propuso que comprara unas diez o quince toneladas… ¡Toneladas! No daba crédito a lo que acababa de oír. Mi tripulación habría tardado años en comerse aquello y las papas (perdón por dejar aquí una consideración tan elementalmente pragmática) son una mercancía que se estropea con facilidad. Por un momento pensé que lo estaba diciendo en broma, que tal vez estaba intentando averiguar si yo era un completo idiota, pero su intención no era tan sencilla. Lo que pretendía era que las comprara por mi cuenta.

—Le estoy proponiendo a usted un pequeño negocio, capitán. Le haría un precio especial.

Le aseguré que no había ido con intención de comerciar, y creo que hasta añadí con cierta hostilidad que nunca se sabía dónde acababan ese tipo de negociaciones.

Dio un pequeño suspiro y cruzó las manos por encima del estómago en un ejemplar gesto de resignación. La calma de su osadía era realmente admirable. Al cabo de un rato se despertó de nuevo de su letargo y añadió:

—¿Quiere un puro?

—No, gracias. No fumo puros.

—¡Fúmese uno, aunque sea una vez! —exclamó con una especie de alegría impaciente, y a continuación se produjo un penoso silencio. Hay ciertas ocasiones en las que alguien, de pronto, manifiesta una inteligencia y una profundidad insospechadas, o, por decirlo de otra forma, dice algo inesperado. Y lo que era realmente inesperado ver que salía de los labios de Jacobus fue:

—El hombre que acaba de salir tenía razón. Coja uno. Aquí todo está sujeto a los negocios.

Sentí un poco de vergüenza, y el simple recuerdo de su hermano hacía que, por contraste, él pareciera un hombre decente. Algo acomplejado, le dije que no tenía nada en contra de su hospitalidad.

No hizo falta que transcurriera ni un minuto para que descubriera a qué lugar me había llevado mi declaración. Como si pretendiera cambiar de tema, Jacobus comentó de pronto que su residencia privada estaba a tan solo diez minutos caminando desde allí. Tenía un hermoso jardín, digno de verse, rodeado por un muro. Tendría que pasarme cualquier día y echarle un vistazo.

Parecía sentir una gran afición por los jardines. Yo también la tenía, pero me parecía excesivo que mi contrición me acabara llevando a contemplar los parterres de Jacobus, por muy dignos de verse que fueran.

—La única que está allí es mi hija —dijo con sencillez.

Resulta complicado exponer todas las cosas de una manera ordenada; ahora me veo obligado a retrotraerme a un par de semanas antes. El médico del puerto había subido a bordo de mi barco para visitar a uno de los marineros que estaba enfermo y, como es costumbre, cuando terminó la visita se le invitó a pasar a mi camarote. En ese momento se encontraba también allí otro capitán de barco, y en cierto momento de la conversación salió a relucir el nombre de Jacobus. El otro hombre —esa fue mi impresión— lo pronunció sin especial consideración. No recuerdo qué estaba a punto de decir yo cuando el médico —un hombre agradable y muy culto— me interrumpió con decisión y no me dejó continuar.

—Ahí andan hablando otra vez de mi respetado suegro.

Como es lógico, aquel comentario nos hizo callar a todos, pero recordé el episodio, y en cierta ocasión, buscando algo cortés que decir, le pregunté:

—¿Y vive con usted su hija casada, señor Jacobus?

Movió muy despacio su gran mano de derecha a izquierda. ¡No! Esa era otra de las chicas, respondió lentamente como solía hacer.

—Ella… —comenzó, y durante la pausa pareció estar buscando unos instantes la palabra para describirla, pero mis esperanzas se vieron defraudadas porque al fin acabó dándome una descripción de lo más común:

—Es una persona diferente.

—Estoy seguro de ello… Ah, por cierto, señor Jacobus, el otro día pasé a visitar a su hermano. No será una gran cortesía si le digo lo diferente que lo encontré de usted.

Y me respondió misteriosamente y de forma reflexiva:

—Es un hombre de costumbres regulares.

Seguramente se refería a su costumbre de dormir entre horas, pero yo murmuré algo sobre sus más bien bárbaras costumbres y, acto seguido, salí del almacén.

Finalmente, todo el mundo acabó enterándose de mi encuentro con el Jacobus que se dedicaba a los grandes negocios. Alguien de entre mis conocidos debió de hacer referencia al episodio, o tal vez había sido el chico mulato el que lo había contado todo. He de confesar que la gente se mostró bastante escandalizada, pero no precisamente con la brutalidad de Jacobus. Uno de mis conocidos me reprochó mis prisas.

Le relaté punto por punto todo el suceso de la visita; ni siquiera evité el revelador parecido entre el mulato y su torturador. No mostró sorpresa alguna. Sin duda, claro, sin duda. ¿Y qué más daba? Con tono más o menos alegre, me aseguró que no era el único. El mayor de los Jacobus había sido soltero toda su vida, un respetable soltero; nunca había dado de qué hablar en ese sentido y había llevado una vida de lo más normal. Nadie se podía ofender por algo así.

Repliqué que yo sí me había sentido ofendido, y mi interlocutor abrió los ojos con gran sorpresa. ¿Por qué? ¿Porque un joven mulato se llevaba unos cuantos golpes? Pues tenía que saber que aquello no era nada del otro mundo. No me podía hacer a la idea de lo falsos e insolentes que podían llegar a ser algunos de aquellos mestizos. En realidad, lo que le contaba le daba pie a interpretar la situación al contrario: el señor Jacobus era muy amable al emplear a aquel joven y mostraba hacia él una amable debilidad que muy bien podía disculparse.

El conocido con el que estaba hablando pertenecía a una de las grandes familias francesas descendientes de los viejos colonos. Eran familias nobles y venidas a menos, que vivían una vida doméstica llena de apuros en una decadencia penosa y cargada de dignidad. Comúnmente, aquellos hombres eran empleados en las oficinas del gobierno o en las oficinas comerciales. Las hijas solían ser hermosas e ingenuas, amables y educadas, y casi siempre bilingües. Charlaban ingenuamente tanto en francés como en inglés. Llevaban una existencia tan vacía que costaba imaginársela.

Pude ser invitado a alguna de aquellas casas porque unos años antes, durante una estancia en Bombay, le fui de utilidad a un simpático e inútil joven que estaba allí varado sin saber en qué emplear el tiempo ni cómo volver a su isla de origen. Finalmente, el conflicto se resolvió por la módica suma de doscientas rupias, pero cuando aparecí, la familia se empeñó en hacerme saber su gratitud invitándome a su casa. Yo sabía francés, por lo que mi presencia era doblemente aceptable. En el transcurso de todo aquel tiempo, habían conseguido finalmente casar al joven con una mujer que casi le doblaba la edad, y había quedado en una situación más o menos acomodada, el único oficio para el que parecía realmente capacitado. Aunque no todo era tan sencillo. La primera vez que fui a su casa, su esposa le descubrió una pequeña manchita de grasa en los pantalones y se montó toda una escena con gritos y amenazas, tan apasionada que por un instante me sentí dentro de un drama de Racine.

Como es lógico, nunca se mencionó el tema del dinero que le había prestado, pero la señorita Angele y la señorita Mary, sus hermanas, y también las tías de ambas familias —que hablaban un extraño francés previo a la Revolución Francesa—, al igual que otros parientes lejanos, me adoptaron de una forma tan unánime e íntima que resultaba casi bochornoso.

Con el hermano mayor de aquella familia fue con quien hablé del tema del Jacobus que se dedicaba a los grandes negocios, porque trabajaba como empleado en una de las oficinas de mi consignatario. Lamentó mi actitud sin dejar de asentir con pausa y sabiduría. Me dijo que era un hombre influyente y que uno nunca sabía cuándo iba a necesitarlo, pero yo le comenté mi infinita preferencia por su hermano el tendero, y cuando dije eso, mi amigo adoptó una expresión de lo más severa.

—¿A qué viene esa cara tan seria? —pregunté impaciente—. El otro día me invitó a que me acercara a ver su jardín y tengo intención de hacerlo antes o después.

—No lo haga —replicó con tanta avidez que me eché a reír, pero él no contestó ni con media sonrisa.

En realidad, el problema era otro. Al parecer, en cierta ocasión mi Jacobus había transformado por completo la conciencia pública de la isla. Los dos hermanos eran socios y se llevaban perfectamente, cuando llegó a la isla un circo ambulante y mi Jacobus se enamoró locamente de una de las amazonas. Por si fuera poco, estaba casado. No se cuidó ni siquiera de ocultar aquella pasión tan fuerte que había sido capaz de arrastrar a aquella criatura enorme y plácida. Su conducta fue todo un escándalo.

Siguió tras los pasos de aquella mujer hasta el Cabo y siguió a la zaga del circo por todas las ciudades del mundo, en una situación cada vez más degradante para él. La mujer dejó de hacerle caso y comenzó a tratarlo como a un auténtico perro. A la isla llegaban historias realmente salvajes que indicaban hasta qué punto había alcanzado su degradación moral, y el hombre ya no tenía ni el menor signo de voluntad para liberarse…

Aquella grotesca imagen de ese robusto proveedor de barcos atenazado por un amor ilícito me pareció tan fascinante que escuché una vez más con la boca abierta una narración que en realidad era tan antigua como el mismo mundo, y que había sido tema de leyendas, fábulas morales y poemas. En este caso resultaba ridícula para su propio protagonista. ¡Qué extraña víctima de los dioses!

Durante todo aquel episodio, la esposa abandonada falleció y su hermano se hizo cargo de la hija, a la que casó lo mejor que pudo, a pesar de las circunstancias.

—¡Claro! ¡La mujer del doctor! —exclamé.

—Ah, entonces lo sabía… Un hombre muy eficiente. Estaba ansioso por ascender en este mundo, y la muchacha conservaba aún una buena dote de su madre, aparte del dinero que podía llegar más adelante… Evidentemente no se hablan —añadió—. Cuando se cruzan por la calle, el médico lo saluda con una inclinación de cabeza, pero cuando se encuentran juntos a bordo del mismo barco, evitan hablar; ya ha sucedido alguna vez.

Yo repliqué que lo más probable era que aquella historia ya estuviera superada por ambas partes.

Mi amigo me dio la razón, aunque era Jacobus quien en realidad tenía la culpa de que nadie perdonara ni olvidara. Finalmente regresó, pero no lo hizo arrepentido, como habría sido necesario para poder congraciarse con sus conciudadanos. Volvió y trajo con él a una criatura, una niña.

—Me ha comentado que su hija vive con él —añadí con interés.

—No hay duda de que se trata de la hija de la mujer del circo —respondió mi amigo—. Supongo que también será hija suya, estaría dispuesto a admitir que lo es, en fin, no tengo ninguna duda al respecto…

Lo que no entendía era por qué había decidido llevarla a una comunidad respetable en la que se podía perpetuar para siempre el recuerdo de aquel escándalo. Y aún faltaba algo mucho más lamentable que se produjo después: la mujer a la que había abandonado apareció otra vez a bordo de un barco correo…

—¿Cómo? ¿Regresó aquí? ¿A reclamar a su hija? —sugerí.

—¡Eso no lo habría hecho jamás una mujer como ella! —replicó mi amigo con desdén—. Imagínese a una arpía en plena desesperación, desequilibrada, pintarrajeada y cadavérica. Al parecer, la habían echado de Mozambique pagándole el pasaje. Un caballo le había pegado una coz y le había provocado una herida interna. Cuando llegó no tenía ni un solo centavo, y no creo que ni siquiera pidiera ver a la niña. Sea como sea, no lo pidió hasta el último día de su vida. Jacobus alquiló para ella una pequeña casa y consiguió que se encargaran de ella un par de hermanas del hospital. No se casó con ella in extremis, como sugirieron las buenas monjas, porque ella no quiso ni oír hablar del asunto. Según dijeron las propias monjas: "La mujer murió sin arrepentirse". Al parecer empleó su último aliento para echar a Jacobus de la habitación. Puede que esa fuera la razón por la que nunca llevó luto; la niña fue la única que lo llevó. Cuando era pequeña se la veía de vez en cuando paseando por la calle acompañada de una negra, pero cuando se fue haciendo mayor, no volvió a poner un pie fuera del jardín. Debe de tener más de dieciocho años.

Eso fue lo que me contó mi amigo, junto con algunos pocos detalles más, del tipo que no creía que hubiese más de dos o tres personas de posición en toda la isla que hubiesen visto a la niña, y que una mujer mayor, familiar de los Jacobus, se había visto obligada por la pobreza a hacer de dama de compañía de la jovencita. El negocio elegido por Jacobus (algo que sin duda enfadaba a su hermano) se revelaba ahora más comprensible que nunca, porque lo mantenía en contacto solo con gente que estaba de paso en la isla, mientras que cualquier otro oficio habría provocado situaciones complicadas con miembros de su clase. Se ve que el hombre tenía aún cierto tacto, aunque careciera completamente de vergüenza. Si no fuera así, ¿por qué se empeñaba en tener con él a aquella chica? Era una situación dolorosa para todos.

Pensé de pronto (y con espantoso disgusto) en el otro Jacobus y no pude reprimir un comentario malvado:

—Supongo que si la tuviera contratada en su propia casa como una criada de última categoría y de vez en cuando le diera un tirón de pelos o un bofetón, la cosa sería mucho más aceptable para la respetable clase social a la que pertenece.

Mi amigo no era tan inepto como para no captar la ironía en la que había envuelto mi frase y se limitó a encogerse de hombros.

—Me parece que no está entendiendo la situación. Para empezar, esa chica no es ninguna mulata, y un escándalo es un escándalo. La gente tiene que sentir al menos que se le da la oportunidad de olvidar. Puede que incluso para ella misma habría sido mejor si le hubiese dado un puesto de criada o algo parecido. No hay duda de que él saca el dinero a la gente de la forma más mezquina, pero en ese negocio nunca habrá suficientes ingresos como para que pueda prosperar.

Cuando me alejé de mi amigo, en mi mente quedó la noción de que Jacobus y su hija eran como dos náufragos en una isla desierta; la joven estaba encerrada en la casa como si se tratara de una gruta en un acantilado, mientras Jacobus salía a la playa a buscar algo de comida, exactamente igual que si fueran dos víctimas de un naufragio que estuviesen esperando que alguien llegara al rescate y los devolviera por fin junto al resto de la humanidad.

Y sin embargo, la realidad física de Jacobus no encajaba con aquel perfil tan romántico. La siguiente vez que se presentó a bordo para hablar de negocios, se tomó tranquilamente su café y me preguntó si estaba contento, pero en aquella ocasión apenas presté atención a los chismes del puerto que me estuvo relatando con su voz grave. Llegados a ese punto, también yo tenía cosas en las que pensar. Cuando ya había fletado el barco y estaba pensando en un rápido y satisfactorio viaje de regreso, de repente me di cuenta de que no tenía suficientes sacos. ¡Un desastre! Y por lo visto, se habían agotado totalmente las existencias de aquel tipo de saco especial que yo necesitaba. Se esperaba que llegara un envío en breve, se decía incluso que ya estaba en camino, pero mientras tanto la carga de mi barco se había interrumpido en seco y yo estaba en apuros. Mis consignatarios, los mismos que tan gentilmente me habían recibido a mi llegada, ahora me escuchaban impotentes al haber pasado al bando de mis fletadores. El encargado de la oficina, un hombre esbelto con aire de solterona, y tan pacato que ni siquiera se atrevía a pronunciar en voz alta el nombre de Jacobus, hizo una exposición de mi caso desde el punto de vista comercial:

—Mi querido capitán —dijo estirando sus flacas mejillas en una sonrisa de amabilidad tiburonesca—, nosotros no estamos legalmente obligados a mencionar la falta de sacos antes de la firma del contrato de flete. Si se mira la situación, estrictamente era su responsabilidad considerar la posibilidad de un retraso, aunque no somos nosotros quienes deberíamos salir beneficiados por ello. La culpa, en realidad, no es de nadie. También a nosotros nos ha tomado literalmente por sorpresa —concluyó con aquel tono pacato y mintiendo descaradamente.

He de reconocer que aquella conversación me dejó sediento. Es algo muy común cuando uno está rabioso; mientras paseaba sin rumbo fijo, de pronto me acordé de la gran jarra de cerámica que había en la sala de capitanes del "salón" de Jacobus.

Saludé con la cabeza a algunos hombres que estaban allí reunidos y aplacé mi indignación con un largo trago al que siguió otro. A continuación, me senté desolado y sumido en mis pensamientos. El resto de los hombres leía el periódico, fumaba y discutía de otras cosas sin prestar demasiada atención a mi presencia, pero respetando mi ensimismamiento. Me levanté y me fui sin dirigir la palabra a nadie, pero Jacobus, el marginado, se me acercó de forma inopinada en medio del tumulto de la tienda.

—Me alegro mucho de verle, capitán. ¿Cómo va todo? ¿Cuándo zarpa? Me da la sensación de que no tiene usted buena cara últimamente. Cansado, ¿no?

Iba en mangas de camisa y sus palabras tenían la cortesía intrascendente de los negocios, pero aun así tenían cierta calidez humana. No era más que cortesía comercial, pero en aquel punto la educación había brillado por su ausencia hasta ese momento. Estoy casi seguro (por la forma en la que su mirada se dirigió automáticamente hacia cierta estantería) de que estaba a punto de sugerirme que comprara el nuevo tónico Clarkson contra los nervios que tenía en el almacén, cuando lo interrumpí siguiendo una intuición y le dije:

—Tengo un serio problema con la carga.

Bajo aquella máscara adormilada de labios pegados, en realidad estaba totalmente despierto, porque me entendió al instante y movió la cabeza de tal modo que yo terminé aliviando mi desesperación con él.

—No tengo duda de que tiene que haber mil sacos de cuarto en la colonia. Solo hay que salir a buscarlos.

Sacudió afirmativamente la cabeza, y, a pesar de estar los dos envueltos en el ruido de la actividad de la tienda, me susurró al oído con tranquilidad:

—Por supuesto, pero la gente que tiene una reserva de sacos de cuarto no querrá venderlos así como así, por si los necesitan de ese tamaño.

—Eso es exactamente lo que me han dicho mis consignatarios, que no hay forma de comprarlos. ¡Bobadas! Será que no quieren. Les va mejor tener el barco parado, pero si los descubriera me los tendrían que vender. Escuche, Jacobus, estoy seguro de que usted es la persona indicada para traérmelos de cualquier parte.

Él protestó con un ademán de la cabeza y yo me quedé frente a él con gesto impotente mientras me miraban aquellos ojos de párpados caídos y mirada vaga, como un hombre cuya alma hubiese quedado traumatizada tras una crisis.

—Aquí no podemos hablar del tema —susurró de pronto—, tengo demasiado trabajo. Si puede esperarme en mi casa, no está ni a diez minutos caminando desde aquí. Ah, qué estupidez, no sabe dónde está.

Pidió su chaqueta y me dijo que me acompañaría. Tenía que regresar al almacén para terminar una gestión que le iba a llevar aproximadamente una hora y luego charlaría conmigo sobre el tema de los sacos. Me dijo todo aquello a través de unos labios inmóviles y casi cerrados. Sentí cómo reposaba sobre mí aquella mirada suya grave y tranquila como siempre, la mirada de alguien cansado, aunque aquella vez también tuve la impresión de que me estaba escrutando. No conseguí adivinar qué era exactamente lo que Jacobus buscaba en mí, y me quedé callado preguntándomelo.

—Le ruego que me espere en mi casa hasta que pueda acercarme a hablar del asunto, ¿le parece?

—Por supuesto —exclamé.

—Aun así no le prometo…

—No espero ninguna promesa de usted.

—Lo que quiero decir es que ni siquiera le prometo que pueda intentar lo que estoy pensando. Primero habría que ver…

—Está bien, aprovecharé lo que surja y esperaré lo que haga falta. ¡Realmente no puedo hacer otra cosa en este endemoniado puerto!

No había terminado de pronunciar aquella frase cuando ya nos habíamos puesto en marcha a paso vivo. Doblamos unas cuantas esquinas y acabamos en una calle totalmente vacía y con aspecto de camino rural empedrado y con matas de hierba entre las piedras. La casa estaba alineada con la calle y tenía un piso sobre un sótano de piedra sin pulir, de tal forma que cuando uno pasaba por delante las cabezas quedaban por debajo de la altura de las ventanas. Las persianas estaban echadas como si fueran ojos, y la casa parecía estar durmiendo plácidamente bajo aquel sol de la tarde. A un lado quedaba la entrada sobre un callejón con la hierba incluso un poco más descuidada que la de la calle. Se trataba de una puerta pequeña, cerrada con un simple cerrojo.

Jacobus se disculpó por adelantarse para mostrarme el camino y caminó por delante de mí por un sombrío pasillo hasta el suelo de madera de lo que me imaginé que debía de ser el comedor. Todo estaba iluminado por tres puertas de cristal que estaban abiertas a una galería, o más bien una especie de logia con unos arcos de ladrillo dispuestos a lo largo de la casa que daba al jardín. Realmente se trataba de un magnífico jardín; tenía un césped verde y bien cuidado y unos parterres con flores al fondo, situados alrededor de un estanque de agua oscura con un borde de mármol. En la distancia, la vegetación de varios árboles medio ocultaba los tejados de otras casas. Daba la sensación de que la ciudad estaba a kilómetros de distancia. Todo estaba envuelto en una soledad colorida y amodorrada en un cálido y voluptuoso silencio. En los mismos lugares en los que ciertas sombras largas e inmóviles caían sobre los parterres, las flores producían un efecto extraordinario, agrupándose en enormes manchas de color. Me quedé pasmado e inmóvil y Jacobus me agarró con gentileza del codo para dar media vuelta a la izquierda.

Ni siquiera me había percatado de la presencia de la joven. Estaba sentada en una silla de mimbre baja y honda, de perfil, tan inmóvil como si se tratara de una figura en un tapiz. Jacobus me soltó del brazo.

—Ésta es Alice —dijo con tranquilidad, y su amable forma de hablar hizo que su nombre pareciera una confidencia, como si yo debiera asentir y susurrar del mismo modo: "Ya veo". Como es lógico, no hice nada parecido. Ninguno de los dos hizo nada, en realidad, y los dos nos quedamos mirando a la joven. Durante un rato ella tampoco se movió y se quedó mirando hacia delante como si estuviese contemplando un espectáculo que desfilara por el jardín bajo aquella contundente luz que reposaba sobre las flores.

Cuando acabó la pequeña ensoñación, miró a su alrededor y levantó la vista. Del mismo modo que yo no la había reconocido al instante, estoy seguro de que a ella le ocurrió algo similar hasta que no me vio junto a su padre. Aquel rápido movimiento de párpados caídos y aquellos ojos bien abiertos en una mirada fija no dejaban lugar a ninguna duda.

Por debajo del desconcierto de la muchacha pareció insinuarse el miedo y, a continuación, algo parecido al enfado. Jacobus dijo mi nombre en voz alta y luego añadió:

—Se encuentra usted en su casa, capitán. No tardaré en volver. —Y se marchó a toda prisa. Antes de que me hubiera dado tiempo a hacer una inclinación de cabeza para despedirme de él, ya me había quedado a solas con la joven, alguien que, recordé al instante, no había visto a ninguna mujer ni a ningún hombre de la ciudad desde que decidió recogerse el cabello. Cualquiera habría dicho que no se lo había tocado desde aquel momento, porque conformaba una masa de mechones negros y brillantes recogidos de cualquier manera en lo alto de su cabeza, con largas hebras que le colgaban a ambos lados de la cara, una mata de pelo de tal densidad y abundancia que no hacía falta más que mirarla para sentir tanto su peso como su magnífico descuido. Se inclinó hacia adelante para abrazarse las rodillas; llevaba puesta una vieja bata con volantes de algún color parecido al ámbar y que mostraba su cuerpo joven y flexible acurrucado en el asiento, como si se hubiese encogido para poder dar un salto con más fuerza. Me dio la sensación de que hacía un par de sobresaltos nerviosos parecidos a un brinco particular, y, tras ellos, la inmovilidad total.

Intenté reprimir el absurdo impulso de salir corriendo detrás de Jacobus (porque al final yo había acabado sobresaltándome también), agarré una silla, la puse no demasiado lejos de la joven, me senté con tranquilidad y me puse a hablar del jardín sin preocuparme demasiado por lo que decía, pero con un tono lo más amable que pude, como si me estuviese dirigiendo a un animal salvaje. En ese momento ni siquiera tenía la seguridad de que me estuviera entendiendo. Ni levantó la mirada ni hizo el menor gesto de estar escuchándome. Yo seguía hablando sin parar solo para impedir que saliera corriendo, pero tuvo otro de aquellos estremecimientos y contuve la respiración.

Al fin pensé que tal vez lo único que no había impedido que saliera huyendo de un solo salto era la poca ropa que llevaba. Aquella butaca de mimbre era la única cosa sólida que la rodeaba, y lo que había debajo de aquella vieja bata de color ámbar debía de ser de la calidad más ínfima y etérea. No había manera de no darse cuenta, resultaba evidente. Al principio me sentí muy incómodo, pero para una mentalidad que no es prejuiciosa es relativamente sencillo superar ese tipo de molestias. No aparté la mirada de Alice y seguí hablando con calma. El pensamiento de que no había habido otras personas antes que yo que le dirigieran la palabra hacía que me sintiera aún más seguro. Desconozco la forma en la que la situación se fue cargando de cierta tensión emocional, pero lo cierto es que eso fue lo que pasó, y cuando empecé a darme cuenta de la situación, un breve chillido interrumpió el flujo de mi cortés monólogo.

No procedía de la chica sino de alguien que estaba detrás de mí y que me hizo volver la cabeza al instante. Entendí enseguida que la vieja que había aparecido en el umbral no podía ser otra que la vieja pariente de Jacobus, la dama de compañía de la joven. Sin esperar a que cambiara su atónita actitud, me levanté y le hice una reverencia.

Era difícil dudar de que las dos damas de la casa de Jacobus se pasaban el día vestidas con atuendos muy ligeros. Aquella gorda anciana, de rostro parecido a un limón gigante arrugado, con aquellos ojos como botines y una mata de pelo medio canoso, iba vestida con una prenda color ceniza de algo parecido a la seda que le caía desde el cuello hasta los pies y que hacía que su cuerpo adquiriera una forma totalmente cilíndrica.

—¿Cómo ha entrado usted aquí?

Pero antes de que pudiera decir una sola palabra en mi descargo, ya se había volatilizado. Se oyó a continuación un pequeño tumulto de voces en algún extraño lugar de la casa. Resultaba evidente que nadie sabía cómo me había presentado yo allí. Después de un minuto regresó hasta la puerta caminando como un pato furioso y echándoles la bronca a dos negras que iban tras ella.

—¿Y qué quiere usted?

Me volví hacia la joven, que ahora estaba sentada un poco más erguida y con las manos en los reposabrazos del sillón. Le pedí ayuda.

—Señorita Alice, espero que no permita que me echen a la calle.

Ella entornó levemente sus fantásticos y almendrados ojos negros y recorrió la estancia de una forma indescriptible, al tiempo que, con una voz despectiva, daba en francés lo más parecido a una explicación:

—C'est papa.

Volví a hacer una reverencia a la anciana.

La mujer me dio la espalda para echar a las dos negras y luego me escrutó de una manera muy singular, con uno de sus pequeños ojos casi cerrado y el rostro encogido como si le hubiese dado un súbito dolor de muelas. Salió de nuevo a la galería, se sentó en una mecedora que estaba a unos metros y agarró una labor que estaba sobre una pequeña mesita. Antes de comenzar, se rascó enérgicamente la cabeza con ella por debajo de la mata de pelo canoso.

Aquel vestido sencillo, casi semejante a una bata, se pegaba a su silueta flotante y regordeta. Llevaba unos calcetines blancos de algodón y unas pantuflas de terciopelo marrón. Sobre el reposapiés se podían ver con claridad los tobillos y los pies. Comenzó a mecerse lentamente sin dejar de tejer. Yo ya había regresado a mi asiento, pero ahora estaba callado porque la anciana me generaba cierta desconfianza. ¿Qué hacer si me ordenaba marcharme? Parecía capaz de cualquier cosa. No paraba de resoplar y tejía con demasiada furia. Sin venir a cuento, dirigió un grito a la muchacha, en francés, algo que podría traducirse de la siguiente y coloquial manera:

—¿En qué andará metido tu padre ahora?

La joven se encogió de hombros de una forma tan brusca que dio la sensación de que todo su cuerpo se estremecía en el interior de aquella bata tan grande y respondió con una voz áspera en la que había, sin embargo, cierta cualidad seductora, al estilo de cierto tipo de vinos ásperos que se beben con gusto:

—Es un capitán… ¡Déjame tranquila!

La mecedora aumentó el ritmo de balanceo y la voz de la anciana surcó el aire, tan aguda como si se tratara de un silbido.

—Vaya un par están hechos, tu padre y tú. Es capaz de cualquier cosa, eso lo sabe todo el mundo, pero nunca me habría esperado algo así.

Pensé que tal vez había llegado el momento adecuado de hablar en francés, de modo que dije con voz tranquila y discreta que estaba allí por un asunto de negocios, que tenía que hablar de ciertas cosas con el señor Jacobus.

—¡Pobre ingenuo! —replicó al segundo con su estridente voz, y luego, cambiando un poco el tono, prosiguió—: Para los negocios ya tiene la tienda. ¿Cómo es que no va al almacén a hablar con él?

La velocidad de los dedos y de la mecedora ya estaba llegando a un punto verdaderamente mareador.

—¿Y a eso le llama usted negocios? —gritó con indignación—. ¿A estar ahí sentado mirando a la muchacha?

—No —respondí sin perder la calma—. A esto lo llamo yo un placer, un placer inesperado. Y a no ser que la señorita Alice tenga alguna objeción…

Me volví ligeramente hacia ella.

—¡Qué me importa a mí! —replicó enfadada. Apoyó el codo en la rodilla y se sujetó la barbilla con la mano. No había duda de que era una barbilla Jacobus. También en ese instante me recordaron al Jacobus rico aquellos párpados caídos y aquella mirada negra y furiosa. Tenía el mismo dibujo de las cejas: negro, ominoso. ¡Vaya! Se parecía a los dos, en realidad, y al fin tuve que reconocer, con cierta sorpresa, que ambos Jacobus eran hombres realmente apuestos.

—Ah, en ese caso me limitaré a mirarla hasta que sonría —dije.

—¡Me da igual! —replicó con brutal desdén.

La vieja interrumpió la conversación brutalmente y a gritos:

—¿Pero qué descaro es ese? ¡Y tú lo mismo, Alice! ¿Qué es eso de que te da igual? Por lo menos ve a vestirte un poco. Mira que estar ahí sentada de esa forma delante de un marinero de muelle.

El sol se encontraba a punto de abandonar la Perla del Océano en busca de otros mares y otras tierras. El jardín estaba resplandeciente con el color de aquellas flores que parecían brillar con la luz que habían ido acumulando a lo largo de todo el día. Aquella inquietante anciana se dirigió a la joven y le dijo que se pusiera un corsé y una enagua con una falta de discreción tan total que me ofendió. ¿Es que acaso era yo un muñeco de trapo?

—No lo haré —respondió ella.

No se trataba sencillamente de la brusca respuesta de una niña obstinada; en sus palabras había algo parecido a la desesperación. No cabía la menor duda de que con mi llegada había provocado una especie de desequilibrio en la relación de las dos. La vieja tejía con gran precisión y no levantó ni por un segundo la mirada de la labor.

—Realmente se puede decir que eres digna hija de tu padre. ¡Toda esa tontería de que querías entrar en un convento y ahora dejas que te mire de arriba abajo cualquier desconocido!

—Vete de aquí.

—¡Pequeña sinvergüenza!

—Vieja bruja… —murmuró la chica con claridad y sin despegar la barbilla de la mano, con la mirada hundida de lleno en el jardín.

Eran la una para la otra. La vieja se levantó de la silla de un salto, tiró a un lado la labor y, con un exagerado movimiento de sus extremidades, cuya silueta se veía a la perfección bajo aquel leve y ceñido vestido, avanzó a grandes pasos hacia la joven, que ni siquiera se inmutó. Me sentí realmente inquieto cuando la anciana se volvió bruscamente hacia mí al ver la pasmosa indiferencia de la muchacha.

Me di cuenta de que iba armada con una aguja de coser, y, cuando levantó la mano, por un momento pensé que me la iba a lanzar a modo de dardo, pero al final lo único que hizo fue rascarse la cabeza sin dejar de observarme con un ojo entornado y medio distorsionado en una especie de mueca extraña.

—Querido señor mío —preguntó con impertinencia—, ¿le parece a usted que puede salir algo bueno de todo esto?

—Ya lo creo que sí, señorita Jacobus —intenté no perder el tono de una inocente visita para el té—. He venido porque me gustaría comprar unos sacos.

—¡Sacos! ¡Mire usted! ¡Como si no le hubiese visto yo misma soltarle toda una serenata a esta infeliz!

—¡Tú lo que deseas es verme en la tumba! —gritó la joven con voz ronca.

—¿En la tumba? ¿Y qué pasaría entonces conmigo? ¡Enterrada viva antes de morir por culpa de una niña con semejante padre! —exclamó, y luego se volvió de nuevo hacia mí—. Usted hace negocios con él, muy bien, en ese caso, ¿por qué no nos deja en paz, buen hombre?

Dijo "en paz" con un tono familiar y superior, casi limítrofe con la burla. No sería la última vez que lo oyera. Demostraría un escaso conocimiento de la naturaleza humana quien pensara que esa iba a ser mi última visita a aquella casa en la que ninguna persona respetable había puesto el pie durante años. Realmente habría sido muy ingenuo quien pensara que una acogida como aquella podía asustarme hasta ese punto, porque, para empezar, yo no tenía ninguna intención de huir de una manera tan miserable.

No se debe olvidar tampoco que los sacos los necesitaba realmente. Aquella primera tarde, Jacobus se empeñó en que me quedara a cenar, aunque no sin antes decirme con toda franqueza que no sabía si iba a poder ayudarme. Le había estado dando vueltas y mucho se temía que era demasiado difícil... aunque no utilizó tantos rodeos para explicármelo.

A la mesa fuimos solo tres comensales. La muchacha, usando alternadamente sus "¡No lo haré!", "¡Me da igual!" y "¡Qué me importa a mí!", afirmó repetidamente su intención de no sentarse a la mesa, no cenar y no moverse siquiera de la galería. La anciana no paraba de girar a su alrededor con sus pantuflas, gritando indignada. Jacobus se inclinó finalmente sobre la muchacha y le murmuró algo con voz tranquila, y yo añadí desde lejos alguna pequeña broma, unas palabras que me valieron un codazo clandestino (un puñetazo, tal vez) de la anciana, que de pronto se había sentido protegida por la oscuridad de la noche. Conseguí contener un grito de sorpresa, y durante toda la cena la joven ni siquiera se molestó en levantar la cabeza para mirarnos. Podía tener una apariencia infantil, pero aquel mal humor caprichoso tenía también una cualidad y un tinte particularmente trágico.

Nos sentamos finalmente a cenar, y ella siguió acurrucada y con la mirada fija en la oscuridad, como si su mal humor precisara alimentarse del perfume que emanaba el jardín.

Antes de irme, le dije a Jacobus que me pasaría al día siguiente para saber si el tema de los sacos había prosperado de alguna forma.

—Vendré a su casa a diario hasta que lo consiga. Me encontrará aquí siempre.

Aquellos gruesos labios se abrieron ligeramente en una sonrisa melancólica.

—De acuerdo, capitán.

A continuación, me acompañó con mucha calma hasta la puerta y susurró con sinceridad una recomendación: "Siéntase como en su casa", y también una frase promisoria, la de que en su mesa siempre habría un plato para mí. Estaba ya de vuelta, camino al muelle, cuando recordé de pronto que aquella misma noche había sido invitado a cenar con la familia S. Me molestó mi propio descuido (iba a ser un poco vergonzoso tener que dar explicaciones), pero aun así no pude dejar de pensar que la velada había sido realmente entretenida. Y se trataba además de una cuestión de negocios. Los sagrados negocios.

Un negro descalzo me alcanzó corriendo y me abrió paso a la escalera del muelle. Reconocí al instante que se trataba del negro de Jacobus, el barquero; seguramente estaba cenando en la cocina. Me pareció que su habitual "Buenas noches, señor", con el que solía despedirme cuando subía por la escalera de mano, tenía aquella noche un tono más cordial que las anteriores.

Cumplí la promesa que le había hecho a Jacobus. Fui con frecuencia a su casa. Casi siempre me encontraba allí cuando hacía algún descanso por la tarde y se acercaba desde el almacén. Era mi voz, que hasta ese momento había estado charlando con su Alice, la que lo saludaba desde la puerta, y cuando regresaba por la noche, casi podía apostar que iba a seguir sonando desde la galería. Yo lo saludaba con la cabeza y él se sentaba tranquilamente, dejando caer blandamente todo su peso y mirando con una inquietud alegre mis constantes esfuerzos por hacer sonreír a su hija.

Cuando estaba delante de él, solía llamarla "Alice", aunque, cuando me llevaba a una de aquellas malhumoradas conversaciones en las que no conseguía sacarla de su trágico carácter, también me dirigía a ella como "señorita me-da-igual". En algunos momentos pensé que estaba a punto de estallar y descargar sobre ella una lluvia de insultos, y sabía que, si lo llegaba a hacer, Jacobus no movería ni una pestaña. Entre nosotros dos se había creado algo parecido a una particular y misteriosa comprensión mutua.

He de añadir también que el comportamiento de la muchacha con su padre no era muy distinto que conmigo.

¿Cómo habría podido ser de otra forma? A mí me trataba igual que a su padre, y en aquella casa nunca había habido ninguna visita. No sabía cómo se comportaban los hombres, y en su mente yo pertenecía a la misma chusma con la que su padre se relacionaba en el puerto. Para ella yo no tenía el menor interés. Su padre tampoco. Las únicas personas que merecían la pena eran la gente de la isla que no quería tener relación con él por alguna cosa perversa que había hecho. Esa era, por lo visto, la explicación que su dama de compañía le había dado de su situación de aislamiento en el mundo. ¡Y es que algo había que contarle! Yo no tenía duda de que el propio Jacobus había dado en algún momento su consentimiento a aquella versión, y habría que añadir quizá que la vieja la había adornado con evidente placer. Siempre la tenía en los labios; aquella explicación universal, aquella alusión universal, el insulto universal.

Uno de aquellos días, Jacobus llegó antes de lo acostumbrado, me hizo una seña para que lo acompañara al comedor, se secó el sudor con un gesto agotado y me aseguró que había conseguido una remesa de sacos de cuarto.

—Su barco necesitaba mil cuatrocientos, ¿no es así, capitán?

—Sí, así es —contesté con ansiedad, pero él no cambió su actitud tranquila. Jamás lo había visto tan cansado.

—Muy bien, capitán, puede decirles a sus hombres que vayan a pedir esa partida a mi hermano.

Yo me quedé con la boca abierta y él debió percibir mi asombro porque continuó, tratando de tranquilizarme:

—Lo encontrará todo a su gusto, capitán.

—¿Ha hablado usted con su hermano de este asunto? —pregunté claramente sorprendido—. ¿Lo ha hecho por mí? Lo digo porque estoy seguro de que él sabía que era mi barco el que se encontraba a la espera por falta de sacos. Cómo ha podido…

Se secó el sudor una vez más. En ese momento, me di cuenta también de que iba más elegantemente vestido que de costumbre, y con una ropa que no le había visto jamás. Apartó la mirada para que no se cruzara con la mía.

—Supongo que habrá oído hablar a la gente… es verdad. Él… Yo… hubo unos años… —Su voz fue decreciendo hasta acabar reducida a un susurro indistinguible—. En fin, tengo que contarle algo, algo que…

Interrumpió de pronto el murmullo. Me dio la sensación de que no podía contarme de qué se trataba, y lo cierto es que me daba igual. Me fui corriendo a la galería a buscar mi sombrero para ir a comunicarles la buena noticia a mis fletadores.

Cuando escucharon el ruido, la niña volvió su mirada hacia mí en la oscuridad y la anciana dejó su labor. Me detuve un instante y exclamé de buen humor:

—Su padre es un hombre extraordinario, señorita me-da-igual. Eso es todo.

Ella contempló mi alegría con una sonrisa burlona. Jacobus se acercó a mí con inusual familiaridad, me agarró del brazo cuando pasé a su lado en el comedor y me dijo algo sobre un plato a la mesa esa noche. Estaba distraído y repliqué:

—¿Cómo? ¡Ah, claro que sí!, gracias, encantado.

¿Cenar con él? Claro, encantado, aunque solo fuera por gratitud.

Unas horas más tarde, en la misma sombría calle empedrada, me di cuenta por fin de que no era solo la gratitud la que me llevaba de vuelta a aquella casa con jardín en la que yo había sido el único invitado en años. Puede que sí el hambre, pero la gratitud nunca había arañado las entrañas de esa forma, y yo sentía un deseo extraordinario de cenar en casa de Jacobus.

En aquella ocasión, la muchacha volvió a negarse a sentarse a la mesa con nosotros.

Mi desesperación había ido creciendo poco a poco, y la anciana seguía dedicándome sus mejores miradas malignas. De pronto le dije a Jacobus:

—Ponga un poco de pollo y ensalada en este plato.

Me obedeció sin levantar la mirada y yo me levanté y lo llevé junto a un cuchillo, un tenedor y una servilleta hasta la galería. El jardín había quedado borrado hasta ser una enorme masa en la penumbra, como si fuese un cementerio de flores en la oscuridad. Ella seguía sentada en la butaca, mirando hacia la oscuridad, como si se sintiera abrumada por el misterio de la desaparición de la luz y el color. Había densas nubes de aroma de cuando en cuando, como si se tratara de espíritus que vagaran en medio de la difunta multitud de las flores. Intenté ser lo más alegre y persuasivo posible, y le hablé siempre en un tono muy bajo. Cualquier espectador habría pensado que se trataba de los susurros de un enamorado. Cada vez que hacía una pausa, esperando una respuesta por su parte, con lo único que me encontraba era con un silencio abrumador. Era lo más parecido a ofrecerle de cenar a una estatua.

—No he podido probar bocado porque me atenazaba el pensamiento de que usted se encontraba en medio de la oscuridad, hambrienta en la galería. Es usted muy cruel al ser tan testaruda, hágase cargo de lo mucho que sufro.

—Me da igual.

Por un instante sentí la tentación de ejercer violencia sobre ella, sacudirla, pegarle incluso.

—Comportándose de esa forma, lo único que va a conseguir es que no quiera volver más.

—¿Y a mí qué?

—A usted le gusta.

—Eso no es cierto —dijo con sorna.

Le puse la mano encima del hombro, y, si se hubiese movido, creo que no habría dudado en sacudirla, pero no se movió, y con aquella inmovilidad consiguió que mi enfado se desvaneciera.

—Sí le gusta. Si no le gustara, no me la encontraría a diario en la galería. ¿Qué hace aquí si no? La casa está llena de habitaciones. Si no quisiera verme, se podría quedar en su habitación, pero quiere, y lo sabe bien.

Tuve la sensación de que se producía un estremecimiento bajo mi mano y solté a la muchacha como si esa señal de animación en su cuerpo me hubiese producido cierta congoja. Nos llegaba a los dos la brisa cálida del jardín como si se tratara de un suspiro voluptuoso y perfumado.

—Regrese con ellos —susurró casi con lástima.

Cuando entré de nuevo en el comedor, Jacobus bajó la mirada. Dejé el plato sobre la mesa de nuevo sin mucho cuidado. Ante aquel gesto de impaciencia, él murmuró algo parecido a una disculpa, y yo me volví bruscamente hacia él como si fuera el único responsable de todas aquellas "espantosas excentricidades", creo que las llamé así.

—Aunque me parece que la señorita Jacobus, aquí presente, es en realidad la verdadera responsable de esa actitud tan ofensiva —dije con altivez.

Ella replicó con su habitual tono agudo y sus modales de cuarta:

—¿A qué viene eso? Y si piensa de ese modo, ¿por qué no nos deja en paz, señor mío?

Me maravilló que se atreviera a responder de aquel modo delante de Jacobus, pero lo cierto es que ¿qué habría podido hacer él para contenerla? Tenía demasiada necesidad de ella. Jacobus levantó una mirada lenta y cansada y de nuevo la volvió a inclinar.

—¿No habían terminado ya sus negocios ustedes dos? En ese caso… —continuó ella con su voz autoritaria.

La anciana tenía toda la arrogancia de los Jacobus. Llevaba el pelo peinado con raya al lado como si fuera un hombre y estuvo a punto de rascarse con el tenedor de la misma forma en que lo hacía con la aguja, pero se contuvo a tiempo. Sus pequeños ojos tenían un brillo envenenado. Yo me volví un poco amenazadoramente hacia mi propio anfitrión, que estaba sentado en la cabecera de la mesa.

—¿Qué le parece a usted todo esto, Jacobus? ¿Debo inferir entonces que nuestro trato ya está cerrado?

Me hizo esperar un poco, y cuando llegó la respuesta, lo hizo de una forma inesperada y abriendo un camino muy distinto al que sugería la pregunta.

—Creo que aún podríamos hacer algún negocio con esas papas que tengo, capitán. Le aseguro que…

No lo dejé continuar:

—Ya le dije en su momento que no me dedico al comercio.

Dio un largo suspiro que hinchó su voluminoso pecho.

—Piénselo, capitán —continuó con su calma y tenacidad habitual, y yo no pude evitar una carcajada fuera de lugar cuando recordé cómo había perseguido aquel hombre a la amazona del circo, la pasión que se había desbordado bajo aquella superficie en calma, tan profunda que ni los latigazos de una fusta (eso me habían contado) pudieron desatar en él algo parecido a una tempestad. Su pasión había debido de ser como la pasión de un pez, si es que se puede imaginar un pez apasionado.

La sensación de incomodidad moral se hizo aquella tarde más palpable que nunca en aquella casa prohibida a toda la gente "decente". Cuando acabó la cena, no quise quedarme a fumar, y al darle la mano a aquella gruesa y almohadillada palma de Jacobus, me prometí a mí mismo que nunca más volvería a estar bajo su techo. A pesar de todo, le di la mano. ¿O no me había sacado de un tremendo apuro? Me sentí obligado a decir unas mínimas palabras de agradecimiento y él respondió tensando los labios en aquella sonrisa suya de habitual tristeza.

—Espero que le vaya todo bien, capitán —dijo suspirando.

—¿A qué se refiere? —pregunté asustado—. ¿A que su hermano podría…?

—Oh, no se preocupe por eso —respondió—. Mi hermano es un hombre de palabra, capitán.

Al alejarme de su puerta no me tranquilizó la promesa que me había hecho a mí mismo de que lo hacía por última vez. Me daba perfecta cuenta de que no estaba siendo sincero en mis reflexiones sobre los motivos de Jacobus y, como es lógico, me obligué a regresar al día siguiente.

¡Qué frágiles, irracionales y ridículos podemos llegar a ser! ¡Qué fácilmente nos vemos arrastrados cuando nuestra imaginación nos lleva a la irritante insinuación de un deseo! Yo estaba realmente interesado en la muchacha, me tenía seducido la vaga expresión de su rostro, sus constantes silencios, el gesto de perpetuo desagrado de sus labios, sus parcas palabras, la negra profundidad de su mirada cuando se volvía implacable hacia mí, tratando de provocarme, solo para apartarla un segundo después en un gesto irritante.

Como es lógico, toda la ciudad comentaba ya mis asiduas visitas a la casa. Sentí un claro cambio de actitud en algunos conocidos, y algo ligeramente distinto en las inclinaciones de cabeza del resto de los capitanes cuando me cruzaba con ellos en el embarcadero, o en las oficinas, cuando acudía a resolver alguna gestión. El encargado, que parecía una solterona, me trataba con una especie de cortés distancia, como si se recogiera la falda por miedo a ensuciarse. Me daba la sensación de que se volvían para mirarme hasta los negros de los muelles, y el barquero de Jacobus me decía un "Buenas noches, señor" que había dejado de ser cordial y había empezado a ser directamente familiar, o incluso confidencial, como si en algún momento hubiésemos sido cómplices en el mismo delito.

Me crucé por la calle con mi amigo, el mayor de los S., y me saludó desde el otro lado de la calle alzando la mano y con una sonrisa burlona en los labios. El hermano menor, aquel que se había casado con la vieja arpía, se vio en la obligación de advertirme en nombre de nuestra vieja amistad y en pago del favor que me debía.

—Mi querido amigo, se está haciendo a sí mismo un flaco favor con su manera de elegir sus amistades —dijo con gravedad.

Yo sabía que el encuentro entre los dos hermanos Jacobus estaba siendo la comidilla de toda la Perla del Océano, y quise saber también de qué se me acusaba a mí.

—Gracias a mí se ha producido un acercamiento que puede que termine en reconciliación, algo deseable desde todos los puntos de vista de las convenciones sociales, ¿no lo cree así?

—Es cierto que si esa muchacha desapareciera todo sería más fácil… —reflexionó juiciosamente, y un segundo después (realmente era un hombre imprevisible), me dio un pequeño golpecito en la parte baja del chaleco—. Viejo calavera… —dijo con aire burlón—, con lo poco que le importan a usted las convenciones… Pero aun así será mejor que se cuide de sí mismo cuando haga tratos con un personaje como Jacobus, que no tiene ninguna reputación que perder.

Se dirigió a mí con la gravedad de un ciudadano respetable y me dijo con aire compungido:

—Todas las mujeres de nuestra familia están francamente escandalizadas.

En esos días yo había dejado ya de visitar a los S. y a los D. Las señoras de más edad casi gritaban de espanto cuando yo me presentaba, y en los jóvenes había tal abanico de reacciones —curiosidad, miedo, burla (exceptuando quizá a la señorita Mary, que me miraba con una piedad dolorosa, como si acabara de salir de una larga enfermedad)—

que no tuve que hacer el más mínimo esfuerzo para dejar de verlos a todos ellos. Habría preferido dejar de tratar a toda la ciudad si hubiese sido necesario para poder sentarme junto a aquella muchacha burlona, altiva y más bien poco vestida, con aquella bata leve y gastada, color ámbar, con una gran "uve" en el cuello. Daba la impresión de que acabara de saltar de la cama o de que hubiese salido corriendo de un incendio, con aquellos largos mechones de pelo sobre su tenso rostro.

Se pasaba las horas del día apoyada en los codos y con la mirada perdida. ¿Por qué escuchaba mis absurdos monólogos? Y aún más, ¿por qué se empolvaba la cara antes de que llegara yo? Aquella debía de ser su idea de arreglarse, y, a pesar de su descuido, aquel gesto manifestaba al menos una señal de esfuerzo en su cuidado personal.

Puede que me equivocara y que los polvos fueran sin más una costumbre diaria, o que su presencia en la galería no fuera sino una simple muestra de que su indiferencia era tan grande que ni siquiera mis visitas la afectaban. Fuera como fuera, el efecto que había tenido en mí había sido el mismo.

Me agradaba contemplar sus lentos cambios de postura, sentirme al acecho de aquella figura inmóvil compuesta por las delicadas líneas de su cuerpo, observar atentamente aquellos increíbles ojos negros y almendrados que contemplaban el vacío con avidez. Parecía una criatura presa de un hechizo con la frente de una diosa y el pelo alborotado y generoso de una gitana. Hasta su indiferencia me seducía. Cada vez más me sentía estrechamente unido a ella debido a aquel deseo irrealizable, y conservaba la cabeza fría… completamente fría. Soportaba también sobre mis espaldas la soñolienta vigilancia de Jacobus, tranquilo y expresivo, a pesar de todo, como si también se hubiese establecido un pacto entre los dos. Soportaba también las insolencias de la vieja: "¿Es que nunca nos va a dejar tranquilas, buen hombre?", sus insultos y bromas siniestras. No había duda de que era una Jacobus, de pies a cabeza.

Cada vez que me separaba de la muchacha yo era el primero que comenzaba a insultarme con fiereza. ¿Pero qué disparate era todo aquello?, me preguntaba. A ratos me sentía como si fuera esclavo de una oscura costumbre y regresaba a ella con la cabeza clara y el corazón libre, sin sentir siquiera piedad por aquella náufraga (era tan náufraga que podría haber aparecido tranquilamente en cualquier isla desierta) y sin embargo cautivo de una especie de mágica promesa. No me podía imaginar nada más indigno que aquello. Solo con recordar mis susurros cuando le puse la mano en el hombro y le ofrecí el plato de pollo era suficiente para acabar con toda esperanza.

En ciertas ocasiones, su actitud ensimismada y altiva bastaba para hacerme rechinar los dientes de rabia. Si abría la boca era solo para mostrarse espantosamente grosera y dirigirse bruscamente a aquel amigo de su réprobo padre, mientras su anciana tía le hacía saber su aprobación con una risita. Cuando no era así, sus observaciones resultaban inanes, a pesar de estar enunciadas con un infinito desprecio.

¿Pero cómo habría podido comportarse de otra forma si aquella canalla solterona de estrecho vestido gris nunca le había enseñado modales? Puede que los modales no sean necesarios para los que ya nacen proscritos, y supongo que, amparándose en las normas sociales, ningún colegio habría querido admitir a una alumna como Alice. Y Jacobus no había sido capaz de mandarla a ningún otro sitio. ¿Cómo habría podido hacerlo? ¿Con quién? ¿A qué lugar? Ni él mismo tenía la suficiente propensión a la aventura como para trasladarse a otro sitio. Puede que su pasión lo hubiese arrastrado detrás de un circo y le hubiese hecho recorrer de un lado a otro un buen número de costas desconocidas, pero cuando la tormenta se calmó, había regresado sin avergonzarse al mismo puerto en el que, por muy marginado que estuviera, aún seguía siendo un Jacobus, una de las familias más antiguas de la isla, más antigua incluso que los franceses. Lo más probable es que algún Jacobus hubiese participado en la extinción del último dodo… La niña, por su parte, no había aprendido nada, nunca había asistido a la conversación entre varias personas, no sabía nada, nunca le habían contado nada. Como es lógico, sabía leer, pero la única lectura a la que tenía acceso eran los periódicos de la sala de capitanes. Jacobus tenía la costumbre de llevárselos a casa cuando ya estaban demasiado sucios o estropeados.

Como su inteligencia no le alcanzaba para comprender los temas que se trataban en ellos, con excepción de las crónicas policiales y los relatos de crímenes, se había acabado haciendo una idea de que la civilización era un teatro de secuestros, delitos, robos, asaltos con arma blanca y todo tipo de enloquecida violencia. Inglaterra y Francia, París y Londres (las dos únicas ciudades de las que parecía tener noticia) eran en su imaginación lugares espantosos en los que rezumaba la sangre, lo contrario que en su pequeña isla, donde lo más común eran los pequeños robos, con algún que otro delito más destacable muy de vez en cuando, y solo entre los trabajadores indios de las plantaciones de azúcar o entre los negros de la ciudad. En Europa, por el contrario, aquellas cosas sucedían constantemente en la población de hombres blancos entre los que, tal y como decía la vieja Jacobus, los vagabundos marineros, socios de su querido papá, eran lo peor de lo peor.

No había forma de que tuviera el más mínimo sentido de la proporción. Supongo que en su cabeza Inglaterra tenía el mismo tamaño que la Perla del Océano, pero con olor a sangre de lado a lado, y repleta de sucesivas filas de casas en ruinas por el asalto constante de los ladrones. No había manera de explicarle que aquellos horrores que ocupaban toda su imaginación se disolvían en una enorme masa de vida ordenada, como unas pocas gotas de sangre en el océano. Me miraba con perplejidad a través de sus ojos entornados y después desviaba su burlón y empolvado rostro sin decir nada. No se molestaba ni siquiera en encogerse de hombros.

Los lotes de periódicos que había llevado el último correo informaban en aquella época de una serie de crímenes que se habían producido en el East End en Londres, de un sonado secuestro en Francia y de varios asaltos a mano armada en Australia. Una de aquellas tardes, mientras cruzaba el comedor, escuché cómo la señorita Jacobus le decía a la muchacha con su venenoso tono habitual:

—No sé qué estará tramando exactamente tu querido padre con ese individuo, pero me parece exactamente el tipo de hombre capaz de llevarte al otro lado del mundo y allí cortarte el cuello para quedarse con todo tu dinero.

Las sillas de las dos estaban separadas en la galería y yo salí en ese momento y me senté entre las dos.

—Así es, eso es lo que hacemos con las jovencitas en Europa —empecé diciendo con mucha gravedad, y me volví hacia la señorita Jacobus con gélida animadversión—. A las ancianas desagradables primero las estrangulamos silenciosamente y luego las cortamos en pedacitos que vamos desperdigando por aquí y por allá. Se esfuman…

No estoy seguro de si la aterroricé, pero sí creo que la intranquilicé con la imagen, sobre todo porque hasta aquel día siempre me había dirigido a ella con una inmerecida amabilidad. Aquellas gruesas manos que estaban tejiendo cayeron de pronto sobre las rodillas. No dijo ni una palabra más mientras yo estuve mirándola fijamente. A continuación, cuando aparté la mirada, dejó su labor a un lado sin hacer ruido y se fue de la galería. Se esfumó, ciertamente.

Pero la anciana no me preocupaba en absoluto, en realidad a quien miraba era a la muchacha. Ella era la razón de que fuera hasta allí cada día, temeroso, avergonzado y ansioso: siempre que estaba a su lado me invadía una sensación única en la que me recreaba con miedo, desprecio de mí mismo y al mismo tiempo un profundo placer, como si se tratara de un vicio secreto que prometía convertirse en mi perdición, como la adicción a una droga que acaba llevando a la ruina y degradando a quien la consume.

La contemplé lentamente empezando por su despeinada cabeza y fui bajando por la agradable línea de su hombro, seguí por la curva de su cadera, el dibujo de su larga extremidad hasta el tobillo, bajo uno de los volantes, sucio y roto hasta la punta de la rota chinela azul de tacón alto que estaba suspendida de la punta del pie y flotaba ligeramente como si la estuvieran sacudiendo a golpes rápidos y nerviosos por la impaciencia que le producía mi mirada. Y en medio del aroma de todas aquellas flores me dio la sensación de estar respirando su único e inexplicable encanto, el aroma particular de aquella cautiva permanentemente enfadada.

Observé su redonda barbilla, la barbilla de los Jacobus, aquellos labios rojos fruncidos siempre en una mueca de su rostro empolvado y oscuro, la delgada línea de la mejilla, los destellos blancos en los pelos de las cejas, sus ojos rasgados y entornados en los que parecía brillar un líquido negro e inmóvil con una mirada tan hueca de pensamiento que parecía estar contemplando su propia imagen reflejada en alguna especie de lejano espejo escondido entre los árboles.

Y de pronto, sin ni siquiera mirarme y como si no hubiese dejado de hablar sola, me preguntó con aquella voz áspera y sin embargo melodiosa:

—¿Por qué continúa viniendo por aquí?

—¿Que por qué continúo viniendo? —repetí para ganar tiempo después de la sorpresa. Ni siquiera me habría podido decir a mí mismo con sinceridad por qué lo hacía—. ¿De qué sirve que haga esa pregunta?

—De nada, la verdad, no sirve de nada —respondió con burla hacia el aire vacío con la barbilla apoyada en la mano, una mano que jamás había tendido a ningún hombre, que nadie había estrechado nunca (yo era el único que le había estrechado el hombro en cierta ocasión). Una mano amplia, bonita, un poco masculina. A esas alturas ya conocía a la perfección (de base ancha y con dedos siempre en movimiento) aquella mano que no tenía nada que asir en este mundo. Yo mismo fingí estar jugando.

—No, continúe… ¿de verdad lo quiere saber?

Encogió con indolencia sus preciosos hombros y resbaló un poco sobre ellos la vieja y delgada bata.

—No hace falta, olvídelo.

Bajo la superficie de aquel aire dejado había algo realmente seductor. Alice pretendía despertarme con la provocación de su descuido, ofreciéndome algo esquivo para que yo deseara atraparlo.

—¿Por qué? ¿No le parece que yo debería decir la verdad? —preguntó abiertamente.

Me miró de lado y moviendo sus labios en un gesto de carnoso desagrado murmuró:

—No creo que se atreva.

—¿Le parece que le tengo miedo? En fin… Puede que el problema sea que ni yo mismo sepa muy bien a lo que vengo. Supongamos, como dice la señorita Jacobus, que no es para nada bueno. Usted parece creer palabra por palabra hasta el último disparate que dice, por mucho que discuta con ella.

—¿Y a quién podría creer? —exclamó furiosa.

—No lo sé —me vi obligado a reconocer al pensar en ella como una víctima de aquella sociedad que la condenaba al ostracismo—. Podría usted creer en mí, si quisiera.

Se movió ligeramente y al final me preguntó como si se tratara de un experimento:

—¿En qué consisten exactamente los negocios que está haciendo con papá?

—¿Es que no sabe a lo que se dedica su padre? Vamos, si es quien vende provisiones a los barcos.

Estaba acurrucada, pero me dio la sensación de que se ponía rígida de pronto.

—No hablo de eso, quiero decir que qué le trae a esta casa.

—¿Supone que se trata de usted? ¿Y a eso lo llama "negocios"? ¿Lo llama así? Da igual, cambiemos de tema. Mi barco ya está preparado y zarpará pasado mañana.

Murmuró un "Qué pronto" y se puso en pie a toda prisa, fue hasta la mesita y se puso un vaso de agua. Caminaba con pasos rápidos y nerviosos y moviendo con gentileza la parte superior de su cuerpo. Cuando pasó a mi lado, sentí como si se multiplicara el encanto de aquella sensación peculiar y promisoria que tanto me había hecho buscar su cercanía. Me invadió una súbita tristeza al pensar que todo aquello estaba a punto de acabar, que dentro de solo un día ya no iba a poder estar en aquella galería, sentarme en aquella silla y sentir el perverso sabor del desprecio en aquellas posturas desmañadas, ni beberme la aprobación de sus miradas mordaces, ni escuchar las burlas de aquella voz áspera y melodiosa. Sentí un miedo espantoso a embarcarme, como si un veneno mortal me hubiese hecho efecto en lo más íntimo.

Me vi obligado a controlarme, como en esos episodios en los que uno debe tirar del freno para no dar un salto y ponerse a correr de un lado a otro, gritando, gesticulando y montando una escena. ¿Para qué? ¿De qué habría servido? No tenía ni idea. En aquel momento lo único que me interesaba era acabar cuanto antes mejor con aquella tensión tan violenta. Me recosté en la silla tratando de sonreír, ese tipo de sonrisa indulgente y despreciativa que utilizaba como escudo contra su violencia y los insultos de la anciana.

Ella se bebió el agua de un trago como si la hubiese invadido una sed alarmante y se dejó caer en la silla que tenía más cerca, como si hubiese sido totalmente vencida. Su forma de estar, al igual que algunas tonalidades de su voz, tenían cierto deje masculino: las rodillas separadas bajo la bata, las manos juntas colgando entre las piernas, el cuerpo inclinado hacia el frente, la cabeza caída. Observé su espeso moño trenzado; era de un tamaño considerable y le coronaba la cabeza de una forma exuberante e indiferente. De pronto comprobé que la muchacha estaba temblando de los pies a la cabeza, como si el vaso de agua la hubiese congelado por dentro.

—¿Qué le sucede? —pregunté inquieto aunque intentando tranquilizarla.

Ella sacudió la cabeza sin levantarla y se puso a gritar con voz ahogada, pero cada vez más alto:

—¡Váyase! ¡Váyase! ¡Váyase!

Me levanté y me acerqué hasta donde se encontraba. Contemplé su cuello redondo y fuerte y luego me agaché para verle la cara. Yo mismo me puse a temblar un poco.

—¿A qué viene esa furia, señorita me-da-igual?

Se echó hacia atrás de un golpe brusco y su cabeza quedó por encima del respaldo de la silla. Ahora podía ver su garganta lisa, densa, palpitante. Tenía los ojos casi cerrados pero bajo los párpados se veía una especie de espantoso brillo blanco, como si estuviera muerta.

—¿Qué le sucede? —pregunté angustiado—. ¿Qué es lo que la atemoriza?

Consiguió recomponerse un poco y abrió los ojos asustados. La tarde tropical iba haciendo que las sombras se alargaran sobre la tierra caliente y exhausta, cubierta de oscuros deseos, de extravagantes esperanzas y miedos indescriptibles.

—¡No importa! ¡Da igual!

A continuación, y tras una especie de grito ahogado, se puso a hablar a tal velocidad que apenas podía comprender sus increíbles palabras:

—Porque incluso si usted me quisiera encerrar en un lugar vacío y liso como la palma de una mano siempre me podría ahorcar con mi propio pelo.

Transcurrió un instante en el que seguí sin creer lo que acababa de oír, tratando de asimilar aquellas inconcebibles palabras. Hay ocasiones en que resulta en todo punto imposible adivinar los pensamientos que están pasando por la cabeza de nuestros semejantes. Descubrí qué monstruosas podían llegar a ser las imágenes de violencia que había bajo la frente de aquella muchacha, a quien habían hecho creer que su padre era literalmente "capaz de cualquier cosa", alguien a quien debía temer y odiar. Era tan inconsciente de su propia vergüenza como del resto de las cosas de este mundo, pero su ignorancia provocaba que el miedo se manifestara de aquella forma casi infantil.

No hace falta explicar que desconocía el valor de las palabras. ¿Cómo podía ella saber algo de la muerte si apenas sabía nada de la vida? Aquellas palabras demostraban que la muchacha estaba fuera de sí y que era víctima de un terror desatado que, más que a la lástima, movía a un fascinado asombro. Era incapaz de imaginar los peligros que veía en su mente. Puede que una especie de secuestro. Aquello era lo más probable, sobre todo después de haber escuchado la conversación con aquella espantosa vieja. Seguramente pensaba que la iban a secuestrar, a atar de pies y manos, a amordazarla incluso. Ante aquella posibilidad me sentí de pronto como si hubiesen abierto frente a mí las puertas de un horno.

—¡Juro por mi honor que se acabará volviendo loca si sigue escuchando a esa horrible mujer!

Observé su gesto demacrado y tembloroso. Daba la sensación de que hasta se le habían hundido un poco las mejillas, pero no tenía ni idea de cómo podía tranquilizarla, yo, el compañero de aquel padre caído en desgracia, "lo peor de lo peor" de la Europa más canalla. Era ridículo.

—¡Por Dios santo! ¿Qué piensa que puedo hacer?

—No lo sé.

Le había empezado a temblar la barbilla. Yo la miraba con toda mi atención. Di un paso hacia la silla.

—No voy a hacerle nada, se lo juro. ¿Está mejor así? ¿Me entiende? No le haré nada de nada, nada malo de ningún tipo, y pasado mañana ya no estaré aquí.

¿Qué otra cosa le podría haber dicho? Ella parecía estar bebiéndose mis palabras con la misma ansiedad con la que se había bebido aquel vaso de agua. A continuación murmuró temblorosa y con el mismo conmovedor tono de voz que otras veces le había oído de sus labios:

—Yo le quisiera creer, pero ¿y papá?

—¡A su papá que lo cuelguen! —La brutalidad de mi exclamación me delató por completo—. Ya estoy harto de su papá. ¿O es que piensa que me asusta? Él no me puede obligar a hacer nada.

Ante su ignorancia todas aquellas cosas me sonaban poco enérgicas, pero hay que admitir que la sinceridad, como se suele decir, tiene también un poder irresistible. Produjo un efecto que superaba con creces mis esperanzas y cualquier imaginación. Lo más parecido a un milagro que me había sucedido fue contemplar la transformación que se produjo en la muchacha; aquella relajación tensa pero cada vez más evidente de su mirada, de sus músculos, de hasta la última parte de su cuerpo. Aquella mirada negra en la que tantas veces me había parecido vislumbrar un sentido trágico, una seducción oscura, ahora parecía estar totalmente vacía y despojada de toda conciencia. No parecía estar ni siquiera advirtiendo mi presencia, y su rostro había quedado sumergido por la ensoñación, con la expresión común de los Jacobus.

El hombre es un animal perverso. En lugar de alegrarme de mi triunfo, no pude evitar mirarlo con cierta indignación y sorpresa. Me pareció que había cierto cinismo en aquel cambio tan brusco, algo de la desvergüenza de los Jacobus. Me sentí de pronto como si me hubiesen estafado en un trato complicado en el que me había metido yo solo, sin saber hasta qué punto me equivocaba. Sí, me habían engañado sin ningún respeto, al menos sin el menor respeto en cuanto a lo que tiene que ver con la decencia.

Se levantó de la butaca con un movimiento natural y felino, indolente y ágil, prestando de forma deliberada tan poca atención a mi presencia que me enfurecí hasta el punto de no moverme de donde estaba; me mantuve firme a unos centímetros de donde estaba ella. Ella adoptó con la tranquilidad y lentitud de quien se piensa solo en una habitación la actitud de quien se despereza: estiró sus hermosos brazos con los puños cerrados, echó un poco la cabeza hacia atrás y se relajó en aquella sensación de alivio de todos aquellos días de posturas incómodas en los que había sentido tanta rabia y tanto miedo.

Y todos aquellos gestos en medio de una actitud de indiferencia total, increíble, humillante y desesperada en la que la ingratitud se sumaba a la traición.

Puede que hubiese tenido que sentirme halagado, pero en realidad ocurrió todo lo contrario: sentía que mi rabia era cada vez mayor, y todos aquellos movimientos suyos y su actitud cuando pasó junto a mi cuerpo con la misma indiferencia que si hubiese sido un poste de madera puso mi cólera en una situación límite.

No diré aquí que sabía lo que estaba haciendo, pero está claro que no fue precisamente la reflexión lo que hizo que un segundo más tarde hubiese rodeado su cintura con mis brazos. En realidad fue casi un gesto automático, como cuando uno intenta recoger algo que se cae o que está a punto de escaparse, sin ternura. Ella no tuvo tiempo de decir una palabra y le di un beso en los labios cerrados con tanta desesperación que tuvo que parecerle un mordisco.

Ella no me lo impidió y, como es lógico, no me conformé solo con uno. Ella permitió que continuara, pero no lo hizo como si me tratara como a un objeto —estaba cerca, a mi lado, joven deseable y llena de fuerza y de juventud—. Era en realidad como si no le importara demasiado, como si estuviese segura de estar a salvo pasara lo que pasara. En aquella pequeña tormenta de caricias, nuestros rostros estaban pegados el uno al otro. Aquellos ojos negros y enormes miraban a los míos sin que en ningún caso la muchacha pareciera enfadada o conmovida o halagada. Puede que en aquella mirada inmóvil, que parecía estar contemplando mi locura de una forma tan impersonal, hubiera cierto punto de sorpresa, pero no mucho más. Le cubrí el rostro de besos y nada parecía hacer creer que aquello no pudiese durar para siempre.

Me sobrevino ese pensamiento y ya casi había desistido cuando de pronto fue ella la que empezó a agitarse con una violencia que provocó su liberación al instante, algo que me desesperó todavía más y me hizo sentir el deseo de no permitir que se fuera nunca. La agarré entonces con más fuerza diciendo: "¡No, no, deje de hacer eso!", como si fuera mi mortal enemiga. Ella no dijo ni una palabra. Me puso las manos sobre el pecho y empujó con todas sus fuerzas, pero sin conseguir romper la integridad de aquel círculo mágico de mis brazos. Ahora parecía totalmente despierta, pero sus ojos seguían sin revelar ninguna emoción. Contemplar aquella mirada negra era lo más parecido a contemplar un pozo profundo, y lo cierto es que su cambio de táctica me pilló totalmente por sorpresa. En vez de intentar separarme con las manos se lanzó contra mi pecho y a continuación hizo un movimiento ondulante, parecido al de una serpiente, con el que se agachó y consiguió escapar de mis brazos. Todo sucedió a gran velocidad: pude ver cómo recogía la cola de la bata y salía corriendo desmañadamente y como si cojeara hacia la puerta que quedaba al fondo de la galería. Desapareció. La puerta se cerró tras ella tan despacio que no pensé que hubiese quedado cerrada del todo. Por un instante tuve la sensación de estar viendo un ojo negro observándome a través de la puerta entornada. No sabía si amenazarla con el puño o mandarle un beso.

Y es que cualquiera de las dos cosas se habría correspondido bien con mis sentimientos. Miré hacia la puerta dudando un poco, pero al final opté por no hacer nada. Una especie de sexto sentido —puede que fuera también cierta sensación de culpa, esa sensación, ah, que suele llegar siempre tarde— me llevó a echar un vistazo a mi alrededor y me di cuenta de que aquel turbulento episodio podía terminar de una manera inquietante. Jacobus estaba en la puerta del comedor y no había manera de saber durante cuánto tiempo había estado allí. Cuando recordé la lucha con la muchacha tuve la sensación de que había sido un testigo mudo desde el principio hasta el final, aunque aquella suposición parecía increíble. Puede que la muchacha lo oyese llegar y se escapara justo a tiempo.

Jacobus entró en la galería como solía hacer con los ojos entornados y los labios pegados. De pronto me volvió a sorprender el inmenso parecido de la muchacha con aquel hombre. Los ojos egipcios y la frente baja de diosa estúpida eran la herencia del serrín de la pista de circo, pero todo lo demás: la silueta y el modelado, la barbilla redonda y hasta los labios pertenecían a Jacobus: justo la parte más refinada, mejor acabada y más expresiva.

La enorme mano de Jacobus se apoyó en el respaldo de una silla ligera (por allí había varias) y la agarró con fuerza. Creí percibir la posibilidad —más que probable por otra parte— de que toda aquella historia fuese a acabar con una cabeza rota. Me sentí tremendamente humillado. El escándalo iba a ser tremendo, eso ya nadie lo podía evitar, pero no sabía qué actitud adoptar. Me puse en guardia para hacerle frente hiciera lo que hiciera, era lo único que podía hacer dadas las circunstancias. Me hacía cargo de que nunca podría estar a la altura del descaro de Jacobus.

Me dedicó una de sus melancólicas sonrisas sin abrir siquiera los labios y se sentó. He de admitir que me sentí más tranquilo; la perspectiva de pasar de los besos a los puños no me resultaba particularmente atractiva. Puede que… puede que ni siquiera llegara a ver nada. Se comportaba como hacía normalmente, pero nunca me había encontrado solo en la galería. Si hubiese dicho algo, si me hubiese preguntado dónde se encontraba Alice o algo parecido lo habría podido juzgar por el tono, pero ni siquiera me dio la oportunidad. Lo más intrigante era que no me había mirado. "En ese caso lo sabe", me dije con seguridad, y sentí por él un desprecio que acrecentaba el asco que ya sentía por mí mismo.

—Hoy ha vuelto antes a casa —comenté.

—Está todo muy tranquilo, hoy había poco que hacer en el almacén —dijo con aire triste.

—En fin… ya sabe que me marcho —dije, pensando que aquello podía ser lo que más deseara oír.

—Sí —murmuró—, pasado mañana.

Eso no era lo que había tenido intención de decir, pero él no dejaba de mirar al suelo, y yo seguí con la mirada la dirección a la que apuntaban sus ojos. En medio del silencio de aquella casa, los dos nos quedamos mirando el zapato de tacón alto que la joven había perdido al huir. Los dos lo miramos fijamente. Había caído al revés.

Después de un rato que me pareció eterno, Jacobus echó la silla un poco hacia adelante, se agachó con el brazo extendido y lo recogió. En comparación con el tamaño de su mano parecía un objeto frágil. En realidad, ni siquiera era un zapato, sino una especie de sandalia de cabritilla azul, gastada y raída. Se ataba con unas cintas, pero la muchacha se las ponía metiendo el pie en ella de forma descuidada. Jacobus alzó la mirada de la zapatilla y me miró.

—Por favor, capitán, siéntese —dijo con su tono de siempre.

La visión de aquel zapato había activado en mí de nuevo el hechizo, y eso me hizo desistir al instante de la idea de marcharme a casa. Me habría resultado imposible. Me senté con la mirada fija en aquel objeto fascinante. Jacobus iba dándole vueltas al zapato de su hija de forma distraída con aquellas manos enormes, como si estuviera estudiando los materiales de los que estaba fabricado. Durante un rato estuvo observando la fina suela, y luego el interior, con aire ausente.

—Me alegra haberlo encontrado aquí, capitán.

Asentí con una especie de gruñido mirándolo de reojo, y añadí:

—Dentro de poco ya no estaré por aquí.

Seguía con la mirada fija en el interior de aquel zapato, donde también estaba fija la mía.

—¿Ha pensado en el tema de las papas que le comenté el otro día?

—No, la verdad es que no —contesté bruscamente. Cuando intenté levantarme, frenó mi intento con un gesto austero y autoritario de la mano en la que sostenía el zapato. Seguía sentado. Lo miré.

—Ya sabe que yo no me dedico al comercio.

—Pues debería hacerlo, capitán, debería.

Durante un instante traté de reflexionar. Si me iba de la casa en ese momento, casi con toda seguridad nunca volvería a ver a la muchacha, y sentía que necesitaba verla una vez más. Se trataba de una necesidad con la que no podía dialogar y que no podía pasar por alto. No, no quería irme de allí. Quería quedarme y volver a sentir una vez más aquella sensación inquietante, aquel deseo sin límites al que me había acostumbrado tanto que ahora temía —¡yo, precisamente!— el momento de embarcarme.

—Señor Jacobus —dije lentamente—, considerando toda la situación en su conjunto... y me refiero a su conjunto completo,

¿entiende a lo que me refiero?... ¿aun así le parece a usted que es buena idea que usted y yo hagamos negocios juntos?

Esperé un poco. Continuaba mirando el zapato, y ahora lo sujetaba por la mitad: tenía la punta gastada y el tacón asomaba a los lados de aquel puño macizo.

—Todo saldrá bien —dijo, mirándome por primera vez a la cara.

—¿Está usted seguro?

—Lo encontrará a su gusto, capitán —dijo con su habitual tono tranquilo, aguantando un poco el aliento y soportando mi dura e inquisitiva mirada con su expresión adormilada de siempre y sin pestañear.

—En ese caso, hagamos negocios —respondí—. Ya veo que es lo único que le interesa.

No tenía intención de que se produjera un escándalo, y en ese momento no pude evitar pensar que la buena reputación puede llegar a salir, en ocasiones, demasiado cara. La sensación de rechazo y desprecio nos abarcaba a todos: a Jacobus, a mí, a toda la isla, todos parecíamos cómplices de una innoble transacción. Hasta aquella imagen que recordaba de la Perla del Océano a millas de distancia de la costa, todo aquel brillo azul y diáfano, aquella maravilla sin sustancia, de pronto se convirtió también en algo espantoso. ¿Era esa la fortuna que me había acabado deparando al final aquella apariencia de niebla y vaporosos sueños? ¿Esa era la suerte que me había tocado al fin?

—Yo creo —dijo Jacobus tras lo que me pareció el silencio de un horrendo cálculo— que le vendría bien llevarse unas treinta toneladas. En eso consistiría el lote, capitán.

—¿En eso consistiría el lote? Puede que me venga bien, lo que no creo es que disponga de suficiente dinero como para pagarlo.

Nunca en mi vida lo había visto tan entusiasta.

—¡Vaya! —exclamó con un tono que me pareció que contenía una abierta amenaza—. Eso es una verdadera lástima. —Hizo una nueva pausa y, a continuación, dijo implacable—: ¿Y de cuánto dinero dispone, capitán?

En ese momento me tocó a mí mirarlo de frente, cosa que hice al tiempo que le decía la cantidad de la que podía disponer. Sentí claramente su decepción. Se quedó unos instantes reflexionando sobre el asunto, con su mirada hundida en la mía, antes de hacerme otra avariciosa sugerencia:

—Podría obtener más de sus fletadores. No le resultaría muy difícil, capitán.

—No, no puedo —respondí cortante—, ya cobré mi sueldo y las cuentas están cerradas —continué cada vez más furioso—. Y le diré también que aunque pudiera hacerlo, no lo haría —me lancé al vacío por fin—. Es usted demasiado Jacobus para mí, señor Jacobus.

Lo dije en un tono más que insultante, pero él permaneció tranquilo, quizá solo un poco desconcertado, hasta que de nuevo se le ocurrió otra idea, pero la luz de sus ojos se apagó al instante. Era un Jacobus en su tierra, un proscrito además, por eso poco podía importarle lo que dijera un capitán de barco. Como proveedor de navíos podía soportar lo que fuera. Murmuró algo de lo que solo conseguí entrever la palabra "correcto", aunque nada parecía estar más lejos de aquella situación desde mi punto de vista. Recordé —aunque en realidad no lo había olvidado en ningún momento— que tenía que ver a la muchacha. No quería irme. Quería seguir en aquella casa hasta verla una vez más.

—Escuche —dije al fin—, esto es lo que haré. Cargaré todas las malditas papas que sea capaz de comprar con mi dinero solo si usted va al muelle de inmediato para ver cómo las cargan y las envían al barco. Llévese la factura y el recibo firmado, aquí tiene la llave de mi escritorio para que se la dé a Burns. Él le pagará.

Antes de que hubiera terminado de hablar ya se había levantado de su silla, pero no tomó la llave. Burns se negaría a pagarle. Ni siquiera pensaba pedírselo.

—De acuerdo, en ese caso —dije despreciándolo con la mirada—, no tenemos nada más que hablar, señor Jacobus. Aun así, tendrá que esperarme a bordo para que arregle mis cuentas con usted.

—De acuerdo, capitán, ahora mismo voy.

Parecía no saber qué hacer con el zapato que aún tenía en la mano. Me miró desanimado por última vez y luego lo dejó sobre la silla de la que se acababa de levantar.

—¿Y usted? ¿No quiere venir a ver…?

—No se preocupe por mí, sé cuidar de mí mismo.

Pareció sorprendido durante unos segundos y se quedó inmóvil como si intentara entender, pero, a continuación, murmuró un grave "Por supuesto, capitán, por supuesto", que parecía ser el resultado de algún pensamiento repentino. Vi cómo se hinchaba y deshinchaba su pecho. ¿Un suspiro? No miró hacia atrás cuando salió a toda prisa para hacerse cargo de sus papas.

Esperé a que se apagara en el comedor el sonido de sus pasos y luego esperé todavía un poco más. Me volví a continuación hacia la puerta que quedaba más lejos y exclamé hacia la galería:

—¡Alice!

No me contestó nadie y ni siquiera sentí que alguien se moviera al otro lado de la puerta. La casa parecía haber quedado vacía de Jacobus. No llamé más y me invadió un tremendo desaliento. Me sentía moralmente asqueado y abatido. Me di la vuelta hacia el jardín con los codos apoyados en la balaustrada y la cabeza entre las manos.

A mi alrededor empezó a caer la noche. Las sombras se fueron alargando y se volvían cada vez más densas, mezclándose en una charca crepuscular en la que los parterres brillaban como brasas de colores y llegaban nubes de intenso perfume, como si en aquel hemisferio el anochecer se pudiera comparar con la penumbra de un templo y un jardín, un incensario gigante mecido frente al altar de las estrellas. Los colores de las flores iban oscureciéndose a medida que perdían brillo.

Oí un pequeño ruido, volví la cabeza y la muchacha me pareció más alta y delgada cuando se aproximó cojeando y balanceándose con una especie de movimiento flotante, hasta que se hundió de nuevo en aquella butaca baja y profunda. No sé por qué razón yo tenía la sensación de que todo ocurría ya demasiado tarde, que debería haber acudido a mi llamada. Ella tendría que… La sensación que me invadía era la de haber perdido una oportunidad única.

Me levanté y me senté en la silla que estaba junto a la suya, casi frente a ella. Aquella voz permanentemente quejumbrosa volvió a dirigirse a mí con desprecio.

—Aún está usted aquí.

Bajé la voz.

—Por fin ha venido.

—He venido a recoger mi zapato antes de que traigan las luces —dijo con un tono áspero y sensual, contenido, pero frágil, aunque su grave temblor ya no me conmovía. Lo único que alcanzaba a ver era el óvalo de su rostro, la garganta descubierta y el brillo blanco e inmóvil de sus ojos. No hay duda de que era misteriosa. Tenía las manos apoyadas sobre los brazos de la butaca, pero ¿dónde había quedado la sensación provocadora que era el aroma de su juventud en flor?

—Aquí tiene su zapato —dije con calma, y, como no respondió nada, continué—: Deme su pie y se lo pondré yo mismo.

No se movió. Me agaché y busqué a tientas el pie que se veía bajo los volantes de la bata. Ella no se apartó y pude ponerle el zapato y abrocharle las cintas. Parecía un pie inanimado. Lo dejé en el suelo con mucho cuidado.

—Si se atara la cinta no perdería el zapato, señorita me-da-igual —dije tratando de hacer una broma, aunque sin mucha convicción. En mi interior me sentía como si estuviera lamentándome por la ilusión perdida de un vago deseo, por la repentina seguridad de que ya no volvería a sentir nunca más a su lado aquella extraña sensación entre agradable y maligna que había estado experimentando todos aquellos días, y que le daba a la muchacha aquel aire frágil y promisorio, herido y desafiante. Todo había acabado ya—. El zapato lo ha recogido su padre —terminé, pensando que muy bien podría no haberse enterado.

—A papá no le tengo miedo… cuando está solo —dijo como si bromeara.

—Ya veo, en ese caso solo le tiene miedo cuando se encuentra con sus dudosos socios, los desconocidos, la "hez de Europa", como suele llamarnos su encantadora tía o tía abuela a los hombres como yo…

—Usted no me da miedo —continuó.

—Seguramente porque no sabe usted que ahora tengo negocios con su padre. Ya ve, al final estoy haciendo exactamente lo que él quería que hiciera. Y además he faltado a la promesa que le hice a usted; ese es el tipo de hombre en el que me he convertido. Y ahora… ¿seguro que sigue sin tener miedo? Si cree lo que dice esa anciana tan venerable, debería usted tener miedo.

Ella respondió con voz tranquila y articulada con extremo cuidado:

—No, no tengo miedo —dudó—, ahora no…

—Me parece muy bien, no hay ninguna necesidad de que lo tenga porque no volveré a verla antes de embarcarme —me puse en pie y me quedé un segundo inmóvil junto a su butaca—, pero seguro, me acordaré de usted en este viejo jardín, paseando bajo esos árboles y entre estos hermosos parterres. Supongo que amará usted este jardín.

—Yo no amo nada.

En su tono se filtró entonces el débil eco de aquella nota rencorosa que tan molesta me había resultado en otras ocasiones, pero en mí apenas despertó más que la cansada seguridad de la vacuidad de todas las cosas de este mundo.

—Adiós, Alice —dije.

No contestó, ni siquiera se movió. En ese momento me parecía imposible —me habría resultado casi incorrecto— limitarme a cogerle la mano, estrechársela y marcharme de allí. Me incliné con calma y apoyé los labios en su suave frente. Sentí en ese instante, con claridad y miedo, mi desapego total de aquella criatura. Mientras le daba vueltas a aquella cruel seguridad, sentí el tacto leve de los brazos de Alice alrededor de mi cuello y un beso torpe y rápido que no consiguió acertar en mis labios. ¡No! Puede que Alice ya no tuviera miedo, pero a mí ya nada conseguía conmoverme. Los brazos se desprendieron silenciosamente de mi cuello, la butaca de mimbre crujió un poco y solo mi sentido de la dignidad hizo que no saliera huyendo ante aquella catastrófica revelación.

Crucé el comedor sin prisa. Pensaba: "Ahora está escuchando mis pasos, no lo puede evitar, luego oirá cómo abro y cierro la puerta". La cerré con tanto cuidado a mis espaldas como el ladrón que huye con el tesoro. Durante aquella salida de puntillas, sentí el último momento de emoción en aquella casa cuando pensé en la joven a la que acababa de dejar allí sentada en la oscuridad, con su espesa melena negra y aquellos ojos negros, tan vacíos como la misma noche, contemplando su jardín cercado, silencioso, cálido, repleto del perfume de las flores prisioneras que, al igual que ella misma, también permanecían ocultas a la mirada de todos, enterradas en aquel mundo de oscuridad.

De camino hacia el puerto las callejuelas permanecían silenciosas y mal iluminadas. Sentí la seguridad en el fondo de mi alma de que cuanto más riesgos toma uno en la vida, mejor entiende que en ella todo es vulgar, limitado y vacío; cuando nos adentramos en lo desconocido de nuestras propias sensaciones, descubrimos rápidamente lo mediocres que son nuestros intentos, y lo pronto que son derrotados. El barquero de Jacobus me estaba esperando en la escalera con un extraño aire de buena disposición. Me llevó hasta el barco, pero no se despidió con su acostumbrado "Buenas noches, señor". En lugar de echarse a un lado, se quedó junto a la escalera.

Mi mente estaba aún a millones de kilómetros de cualquier tema comercial cuando, de pronto, el señor Burns se lanzó sobre mí en medio del alcázar en penumbra, tartamudeando con nerviosismo. Llevaba ya horas recorriendo la cubierta como un loco, esperando a que regresara. Antes de la puesta de sol, había abordado el barco una barcaza cargada de papas; sobre los sacos iba sentado nuestro enorme proveedor. Todavía estaba allí, sentado e inmóvil, en mi camarote. ¿Le podía decir a qué venía todo aquello? ¿Qué significaba? Seguro que no era verdad que…

—Sí lo es, Burns, lo he hecho —le corté. Ya empezaba a llevarse las manos a la cabeza en señal de desesperación, cuando le di la llave de mi escritorio y le ordené, de un modo que no admitía réplica, que bajara al instante, pagara la factura a Jacobus y lo hiciera salir del barco—. No quiero verlo —confesé abiertamente, mientras subía por la escalerilla de popa. Me sentía tremendamente cansado. Me dejé caer en la butaca que había junto a la lumbrera y me sumí en la contemplación de las luces del muelle y de la masa negra que formaba la montaña en la zona sur del puerto. No escuché cómo salía Jacobus del barco con hasta el último de mis soberanos en el bolsillo. No escuché nada, hasta que llegó Burns, incapaz de aguantar un minuto más antes de atacarme con sus lamentos y sus reproches por la debilidad de mi carácter.

—Claro que hay sitio en la escotilla de popa, pero lo más probable es que se pudran allí. ¡Señor! En mi vida había visto tantas juntas… ¡Diecisiete toneladas! Me imagino que lo primero que tendré que hacer a primera hora de la mañana será subirlas.

—Supongo que sí, a no ser que las quiera echar por la borda, aunque lo más probable es que ni siquiera pueda. A mí ni me importaría, pero ya sabe que está prohibido tirar basura en el puerto.

—Señor, eso es lo más sensato que ha dicho desde hace mucho: basura. Porque mucho me temo que no es otra cosa. Prácticamente ochenta soberanos perdidos: le ha limpiado completamente la caja, señor. ¡No lo entiendo!

Me resultaba en todo punto imposible explicarle la naturaleza de aquel intercambio comercial, de modo que lo dejé allí a solas con sus lamentos y con la seguridad de que yo era un tonto sin remedio. Al día siguiente ni siquiera bajé a tierra. Para empezar, no tenía dinero ni para comprarme un cigarro, Jacobus me había dejado completamente sin blanca, aunque esa no era la única razón. En apenas unas pocas horas la Perla del Océano se había convertido en algo realmente odioso. Yo no quería ver a nadie y mi reputación estaba en entredicho. Era perfectamente consciente de que estaba siendo objeto de comentarios hirientes y sarcásticos.

A la mañana siguiente, al amanecer, cuando terminamos de soltar la amarra y el remolcador nos sacó lentamente entre las boyas, pude ver a Jacobus de pie en su bote. El negro remaba con todas sus fuerzas mientras él llevaba a los pies varias cestas con provisiones para los barcos que estaban anclados en las bancadas. El padre de Alice ya había empezado su ronda matinal. Tenía un gesto tranquilo y amistoso. Alzó la mano y gritó algo con tono cordial. Lo único que alcancé a oír, a adivinar más bien, fueron las palabras "en la próxima ocasión" y "totalmente a su gusto". De las últimas palabras sí que estaba totalmente seguro. Me limité a responder levantando el brazo y le di la espalda. No me gustaba la familiaridad del saludo. ¿Es que no había quedado zanjado el tema con el trato de las papas?

Ya que se trata aquí de un relato portuario no me extenderé con las travesías, pero me alegró verme de nuevo en el mar, aunque no con tanta alegría como en otras ocasiones. En otras ocasiones no había tenido que cargar conmigo mis recuerdos. Tenía el bendito olvido de los marinos, ese olvido congénito e indestructible tan parecido a la inocencia y que hace casi imposible examinar los propios sentimientos. En ese momento, sin embargo, me acordaba de la joven. Los primeros días los pasé subsumido en una constante interrogación sobre los hechos y sensaciones relacionados con ella y con mi comportamiento.

Hay que añadir también que la insufrible actividad de Burns con las papas no hacía precisamente que me olvidara fácilmente del papel que había representado. Para Burns todo aquello no era más que una transacción comercial realmente incomprensible, y su devoción —si es que en vez de devoción no habría que llamarlo directamente ganas de fastidiar, como casi acabé creyendo al final— lo llevaba a procurar que las pérdidas fueran las menores posibles. ¡Ya lo creo! Tenía una manera de ocuparse de aquellas papas que casi rozaba la venganza, como suele decirse.

En la escotilla de popa había siempre una polea y la guardia que estaba en cubierta se entretenía subiendo, esparciendo y clasificando las papas para luego volver a meterlas en sacos y bajarlas de nuevo abajo. La carga (y, por tanto, todas las asociaciones mentales y visuales que le eran naturales —el jardín con todo el aroma de sus flores, la joven con su tenaz desprecio y su trágica soledad de náufrago irremediable—), estuvo constantemente ante mi vista a lo largo de muchas millas de viaje. Y como si se tratara de un refinamiento sádico, el olor que emanaba de ellas era pestilente. Me seguían hasta la popa nubes tóxicas de papas podridas que se mezclaban con mis pensamientos, mi comida y acababan enredando hasta mis sueños. Todo el barco estaba bajo los efectos de una atmósfera de corrupción.

Yo no paraba de regañar a Burns por su excesivo celo; habría preferido cerrar las escotillas y dejar que se pudrieran bajo la cubierta.

Habría sido arriesgado, sin duda, porque las emanaciones habrían acabado impregnando el azúcar. Eran tan intensas que daba la sensación de que habrían sido capaces de corromper hasta la misma maquinaria. Burns, por otra parte, había acabado convirtiendo todo aquel asunto en algo personal. Me juró que sabía cómo organizar un cargamento de papas en el mar porque de niño se había dedicado al comercio. Estaba convencido de que podía reducir el número de las pérdidas al mínimo. Aquel celo —no podía ser otra cosa—, mezclado con aquella vanidad, hacía que para mí fuera imposible decirle sin más que tirara por la borda mi aventura comercial. Supongo que habría sido capaz de negarse en redondo a obedecer una orden directa y se habría generado una situación cómica a bordo a la que no habría sabido cómo hacer frente.

Agradecí que llegara el mal tiempo como nunca lo ha hecho marino alguno. Cuando finalmente me puse al pairo para que subiera el práctico frente a Puerto Philip Heads, hacía ya más de una semana que no abríamos la escotilla de popa, y yo casi había llegado a olvidar que en alguna ocasión tuviéramos a bordo algo parecido a una papa.

Hacía un día espantoso y con fuertes ráfagas de viento y lluvia. El práctico era un hombre bienhumorado, se ocupaba del barco y me daba conversación empapado de pies a cabeza. Cuanto más mojado estaba, más contento parecía consigo mismo y con lo que había a su alrededor. Se frotaba las manos muy satisfecho, un gesto que a mí, que llevaba soportando aquel tiempo varios días, me parecía incomprensible.

—Cualquiera podría pensar que lo que le gusta a usted es mojarse —comenté.

Tenía un pequeño terreno junto a su casa, en las afueras, y estaba pensando en su jardín. Bastó el sonido de la palabra "jardín" para despertar en mi imaginación, tras tantos días sin escucharla, todo un mundo de fantásticos colores, perfumes y una belleza juvenil sentada en una butaca. Sí. Aquella emoción tan evidente rompía de nuevo la relativa calma que había conseguido con las inquietudes propias de mi responsabilidad en aquella semana de mal tiempo. En la colonia, me dijo el práctico, había habido una sequía tremenda. Aquélla era la primera lluvia digna de ser llamada así que caía en siete meses. Todas las cosechas se habían agostado hasta la raíz. Sin cambiar el tono en absoluto, pero con evidente interés, me preguntó si no teníamos a bordo algunas papas de sobra.

¡Papas! Y yo que había conseguido olvidarme de ellas… Fue como si me sintiera de nuevo sumergido hasta el cuello en su corrupción. Burns me miró con gesto de asombro por detrás del práctico.

Al final se llevó una tonelada y pagó diez libras por ella, justo el doble del trato al que yo había llegado con Jacobus. En ese momento se despertó en mí la codicia. Aquella misma noche, cuando ya nos encontrábamos en el puerto, se acercó a nosotros una barca de la aduana. Mientras los trabajadores iban poniendo los sellos correspondientes en las bodegas, el oficial al mando me llevó a un lado y me preguntó:

—Capitán, ¿no tendrá por casualidad algunas papas para vender?

No había duda de que en tierra la gente tenía mucha hambre de papas. Le vendí una tonelada por doce libras y se fue encantado. Aquella misma noche soñé con una montaña de oro que tenía forma de tumba y dentro de la cual estaba enterrada la muchacha, y cuando desperté, me vi totalmente insensibilizado por la avaricia. Cuando llegué a la oficina de nuestro agente marítimo, se subió las gafas a la frente cuando terminamos con las transacciones cotidianas y me preguntó:

—Capitán, estaba pensando que, ya que viene usted de la Perla del Océano, quizá tiene algunas papas para vender.

—Desde luego —respondí—, podría reservarle a usted una tonelada por quince libras.

—¡Ya veo! —exclamó al instante, pero se quedó mirando fijamente mi rostro durante unos instantes y, finalmente, al igual que los otros, aceptó las condiciones. Al parecer, aquella gente era incapaz de vivir sin papas. Yo sí, no quería volver a ver una papa en toda mi vida, pero el diablo de la avaricia se había apoderado totalmente de mí. Desconozco la forma en la que se difundió la noticia, pero, cuando llegué a bordo poco más tarde, me encontré en el combés con un grupo de hombres con pinta de vendedores callejeros y a Burns paseando de un lado al otro del alcázar, mirándolos con altivez. Todos habían acudido a comprar papas.

—Toda esta gente lleva horas esperando bajo el sol —me dijo Burns muy excitado—. Se han bebido toda el agua del barril de cubierta. Aproveche la ocasión, señor, usted siempre es demasiado bondadoso.

Elegí a un hombre de piernas gruesas y a otro un poco bizco para que se encargaran de negociar, por la sola razón de que era más sencillo distinguirlos de los demás.

—¿Traen dinero? —les pregunté antes de que bajaran al camarote.

—Sí, señor —respondieron dando una palmada en el bolsillo. Me complació aquel gesto decidido. Todavía faltaba mucho para que terminara el día y ya había vendido todas las papas a un precio que casi triplicaba el que había pagado por ellas. Burns estaba excitadísimo y exultante y no paraba de felicitarse por el enorme cuidado que había tenido para que la empresa tuviera éxito, aunque tampoco ocultó que tendría que haberle sacado más aún.

No conseguí dormir demasiado bien aquella noche. Jacobus me venía constantemente a la cabeza en medio de imágenes de náufragos que morían de hambre en islas cubiertas de flores. Un sueño tremendamente desagradable. A la mañana siguiente, cansado y un poco débil, me levanté y redacté una copiosa carta a los propietarios del barco, proponiéndoles una ruta para los dos años siguientes por Oriente y los mares de China. Le dediqué todo el día a aquella tarea y, cuando terminé, me sentí mucho más tranquilo.

La respuesta llegó a su hora. Les sorprendió mucho el proyecto que les presentaba y me decían que, a pesar de la pequeña dificultad con los sacos (que confiaban en que iba a saber resolver con más previsión en el futuro), el viaje había producido sus beneficios y, que, en su opinión, era mejor continuar, al menos durante un tiempo, con el negocio del azúcar.

Di la vuelta a la página y seguí leyendo:

"Hemos recibido también una carta de nuestro querido amigo, el señor Jacobus. Nos alegra que se haya entendido bien con él. En su carta nos comenta que, aparte de la ayuda que ya le prestó en el lamentable episodio de los sacos, podría, si vuelve usted a principio de la temporada, ofrecerle un flete a buen precio. No tenemos duda de que se inclinará por esta oferta… etcétera, etcétera".

Dejé caer aquella carta y me quedé inmóvil durante un buen rato. A continuación, escribí una (breve) respuesta para mandarla por correo, pero me descubrí pasando por delante de un buzón, y luego de otro más, y, finalmente, subiendo por Collins Street con la carta aún en el bolsillo, sobre mi corazón. Collins Street, y más aún a las cuatro de la tarde, no se puede decir que sea el lugar más solitario del mundo, pero jamás me había sentido tan alejado del resto de la humanidad como aquella tarde, paseando por sus aceras repletas de gente en constante lucha con mis pensamientos, en un punto en que mis sentimientos ya habían sido vencidos.

En cierto punto, aquella olímpica tenacidad de Jacobus, un hombre con una sola pasión y poseído por una sola idea, me pareció realmente heroica. No se había rendido conmigo, había vuelto a acudir a su odioso hermano y se había convertido en odioso hasta para mí. ¿Hacía todo aquello para sí o para la pobre muchacha? Aquel último pensamiento, superpuesto al recuerdo del torpe beso que no llegó a alcanzar mis labios, me consternaba porque, dejando al margen todo lo que Jacobus hubiera visto, imaginado o supuesto, estaba seguro de que no había tenido noticia de aquel beso, a no ser que ella se lo hubiera contado. ¿Cómo habría podido regresar a soplar sobre aquella chispa con mi frío aliento? No, no, tenía que pagar el precio completo por aquel beso inesperado.

Me detuve frente al primer buzón que encontré, saqué la carta que llevaba en el bolsillo del pecho —el gesto fue parecido al de arrancarse el corazón— y la eché en él. A continuación, regresé al barco sin perder tiempo.

Tenía curiosidad por saber con qué iba a soñar aquella noche, pero al final no soñé con nada en particular. Cuando llegó la hora de desayunar, le notifiqué a Burns que acababa de renunciar a mi puesto.

Dejó caer el cuchillo y el tenedor y me miró indignado.

—¿Por qué ha hecho eso, señor? Usted quería a este barco.

—Es cierto que lo quiero, Burns —respondí—, pero lo cierto es que tanto el océano Índico como todo lo que hay en él han perdido su encanto para mí. Regreso a casa como pasajero por el canal de Suez.

—Y todo lo que hay en él… —repitió con disgusto—. Nunca había escuchado a nadie decir nada parecido. Creo además que en ningún otro momento desde que nos conocemos usted lo habría dicho. ¿Qué tiene un océano que no tenga otro? ¡Encanto, por supuesto!

Supongo que sentía por mí verdadero afecto, pero cuando le dije que lo había recomendado para que se convirtiera en mi sucesor se puso mucho más contento.

—No importa lo que diga la gente —añadió—, a mí me parece que ese Jacobus le ha hecho un gran favor. Hay que reconocer que el negocio de las papas ha sido más que rentable, claro que sí…

—Así es, Burns —lo interrumpí—, ha sido un guiño de la fortuna.

No le conté que lo que me expulsaba de aquel barco era lo mismo que había comenzado a querer, y, mientras yo seguía allí sentado, anegado en la melancolía de la despedida y anticipando un modesto futuro lleno de complicaciones —porque aquel puesto de mando era como un pie en el estribo para alguien joven—, Burns abandonó definitivamente su crítica actitud:

—¡Qué afortunado es usted! —dijo.

UN ANARQUISTA

Durante aquel año estuve dos meses de la estación seca en una de las fincas —se trataba en realidad de una de las principales haciendas ganaderas— de una famosa compañía fabricante de extracto de carne.

BOS. Seguro que todo el mundo se ha cruzado en alguna ocasión con estas tres letras mágicas en las páginas de anuncios de las revistas y periódicos, en los escaparates de comestibles y en los calendarios para el próximo año que se suelen recibir por correo en noviembre. También se reparten en folletos redactados con un estilo sospechosamente entusiasta, y en varias lenguas, con tantas estadísticas sobre mataderos y sangre que casi podrían desmayar a un turco. El "arte" con que se ilustra esta "literatura" representa, en colores vivos y brillantes, un toro negro, enorme y bravo sobre una serpiente amarilla que se retuerce en una hierba verde esmeralda, con un cielo azul cobalto de fondo. Resulta espantoso y alegórico a la vez. La serpiente simboliza la enfermedad, la debilidad, puede que simplemente el hambre, que, al fin y al cabo, es la enfermedad crónica más común entre los seres humanos. Todo el mundo conoce BOS, S. A. y sus incomparables productos: VinoBOS, JellyBOS, y la última e incomparable maravilla, TriBOS, un alimento que no solo se ofrece en una versión altamente concentrada, sino también semidigerida. Hasta ese punto parece llegar el amor que la compañía siente por el prójimo: una deferencia semejante a la que tienen los pingüinos machos y hembras con sus hambrientas crías. Como es lógico, el capital de un país debería estar siempre dispuesto de un modo productivo. No tengo nada que decir en contra de la compañía. Pero como a mí también me mueven sentimientos de afecto por el prójimo, he de decir que me entristece el moderno sistema de publicidad. Por más que informe sobre el espíritu de empresa, el ingenio, la desenvoltura y los recursos de ciertos individuos, para mí no es más que la prueba del predominio absoluto de esa degradación mental llamada credulidad.

En muchos lugares del mundo civilizado e incivilizado me he visto obligado a tragar los productos BOS con más o menos provecho y con más bien escaso placer. Preparado con agua caliente y sazonado con abundante pimienta para resaltar el gusto, el extracto no resulta del todo desagradable, pero nunca he sido capaz de soportar sus anuncios. Puede que no hayan ido lo bastante lejos. Hasta donde alcanza mi memoria, ni prometen la eterna juventud a los consumidores de productos BOS, ni han atribuido todavía a sus alimentos la facultad de resucitar a los muertos. Y yo me pregunto: ¿a qué viene esa reserva? Aunque he de decir que no creo que me convencieran ni siquiera de ese modo. Si sufro alguna forma de degradación mental (como ser humano que soy), no es desde luego la más popular de todas: no soy crédulo.

Me he esforzado en aclarar este punto acerca de mí mismo, anticipando la historia que sigue a continuación. He comprobado los hechos en la medida de lo posible. He consultado los archivos de periódicos franceses y también he entrevistado al oficial al mando de la guardia militar de la Île Royale cuando visité Cayena en uno de mis viajes. Creo que la historia es cierta en líneas generales. Se trata de una de esas historias que ningún hombre, creo yo, sería capaz de inventar jamás sobre sí mismo, ya que no es ni grandiosa ni lisonjera, ni siquiera lo suficientemente divertida como para halagar una vanidad hambrienta.

La historia se refiere al mecánico del vapor que pertenece a la finca ganadera que tiene la BOS, S. A. en Marañón. La finca es al mismo tiempo una isla del tamaño de una pequeña provincia, situada en el estuario de un gran río de Sudamérica. Es agreste, aunque no hermosa, y dicen que la hierba que crece en sus llanuras es de un poder nutritivo extraordinario y proporciona a la carne un gusto exquisito. Flota en el aire el mugido de innumerables vacas, un sonido profundo y lastimero bajo el cielo despejado, que se eleva como la monstruosa protesta de miles de prisioneros condenados a muerte. En tierra firme, a unos treinta kilómetros de aguas descoloridas y turbias, hay una ciudad cuyo nombre, digamos, podría ser Horta.

Aunque la característica más interesante de la isla (que parece un centro penitenciario para ganado condenado a muerte) consiste en que es el único hábitat conocido de una espléndida mariposa, sumamente rara. Se trata de una especie más rara que bella, lo que ya es decir. Ya he hecho antes referencia a mis viajes. En esa época vivía entregado a ellos, aunque he de añadir que esos viajes eran estrictamente por placer y que eran de una moderación desconocida en estos días en que todo el mundo sueña con viajar alrededor del mundo. En realidad viajaba con un propósito determinado. Soy, en honor a la verdad, un "terrible asesino de mariposas". ¡Ja, ja, ja!

Aquel era al menos el apelativo con el que el señor Harry Gee, el gerente de la explotación ganadera, se refería a mis gustos. Le debía de parecer la afición más absurda del mundo. Hay que decir también que la BOS, S. A. representaba para él la cumbre de la civilización del siglo XIX. Creo que dormía con las polainas y las espuelas puestas. Se pasaba el día sobre su silla de montar, galopando por las llanuras y seguido de un tropel de jinetes medio salvajes que lo llamaban don Enrique y no sabían que en realidad era la BOS, S. A. la que pagaba sus sueldos. Era un magnífico gerente, y no sé por qué, cada vez que nos encontrábamos a la hora de comer, me daba una palmada en la espalda y preguntaba burlonamente:

—¿Cómo se le ha dado hoy el mortal deporte? ¿Se le resisten las mariposas? ¡Ja, ja, ja!

Me cobraba dos dólares diarios por hospedarme en la BOS, (cuyo capital neto es de 1 500 000 libras), un dinero incluido sin ninguna duda en el balance de aquel año.

—No creo que pueda hacer nada menos justo por mi compañía — me dijo con gran gravedad cuando convinimos las condiciones de mi estancia en la isla.

Su cháchara habría resultado simplemente inofensiva si la intimidad de nuestro trato, que carecía de todo sentimiento amistoso, no hubiese sido algo detestable de por sí. Más aún, hay que añadir que ni siquiera sus chistes eran demasiado graciosos. Consistían en una aburrida repetición de epítetos referidos a la gente mientras se carcajeaba. "Terrible asesino de mariposas. ¡Ja, ja, ja!" era poco más que una muestra de ese ingenio que a él le resultaba tan gracioso. Y fue aquella misma vena humorística la que hizo que me fijara en el mecánico del vapor cierto día, mientras paseábamos por el sendero que bordeaba la ensenada.

Por encima de una cubierta sobre la que estaban esparcidas algunas herramientas de trabajo y piezas de maquinaria aparecieron la cabeza y, a continuación, los hombros del mecánico. En ese momento se encontraba reparando las máquinas. Ante el ruido de nuestros pasos, levantó bruscamente aquella cara tiznada de barbilla puntiaguda y con un pequeño bigote rubio. Cuanto podía verse de sus delicados rasgos bajo el tizne negro parecía estar consumido y lívido, en medio de la sombra verdosa del enorme árbol que se desplegaba sobre el barco amarrado cerca de la orilla. Para mi sorpresa, Harry Gee se dirigió a él llamándolo "Cocodrilo", en aquel tono medio burlón tan propio de su satisfecha vanidad:

—¿Cómo anda el trabajo, Cocodrilo?

Me tendrían que haber avisado antes de que el amable Harry había aprendido en alguna parte —en alguna colonia, seguramente— un extraño francés, que pronunciaba con precisión forzada y desagradable, aun cuando pretendía darle a sus palabras una entonación burlesca. El hombre del barco le contestó de inmediato con voz agradable. Sus ojos tenían una dulzura líquida y sus dientes, de una deslumbrante blancura, centelleaban entre sus finos labios caídos. El gerente se volvió hacia mí, jovial y chillón, para explicarme:

—Lo llamo Cocodrilo porque vive tanto en el interior como en el exterior de la ensenada. Es igual que un anfibio, ¿comprende? En la isla no hay más anfibios que los cocodrilos; así es que ésa debe de ser su especie, ¿no es así? Aunque en realidad se trate de nada menos que de un citoyen anarchiste de Barcelone.

—¿Un anarquista de Barcelona? —repetí estúpidamente, mirando a aquel hombre. Había regresado a su trabajo en la máquina del barco y nos había dado la espalda. Sin dejar aquella postura, lo oí protestar con claridad:

—Ni siquiera sé español.

—¿Eh? ¿Qué dice? ¿Se atreve a negar que viene de allí? —dijo el gerente encarándolo de una forma un tanto truculenta.

Al oír aquellas palabras, el hombre se enderezó, dejó caer la llave que había estado usando y nos miró. Le temblaba todo el cuerpo.

—¡Yo no niego nada, nada, absolutamente nada! —gritó exasperado.

Recogió la llave y siguió trabajando sin prestarnos más atención. Lo estuvimos observando durante uno o dos minutos, y a continuación nos marchamos.

—¿Es realmente un anarquista? —le pregunté cuando ya era imposible que nos oyera.

—Me trae sin cuidado lo que sea —contestó el bromista funcionario de la BOS, S. A.—. Lo llamo así porque es un epíteto apropiado. Es conveniente para la compañía.

—¡Para la compañía! —exclamé deteniéndome de golpe.

—¡Así es! —dijo ladeando aquella cara triunfal de perro plantado sobre sus largas y delgadas piernas—. Le sorprende, ¿verdad? Estoy obligado a hacer las cosas de la mejor forma posible para mi compañía. Los gastos son enormes. Nuestro agente en Horta me comentó una vez que invierte cincuenta mil libras al año en publicidad para todo el mundo. No se puede escatimar dinero en las ferias. Escúcheme bien, cuando me hice cargo de la finca no teníamos el vapor. Pedí que nos enviaran uno en cada carta, hasta que lo conseguí, pero el hombre al que mandaron con él se largó a los dos meses, dejando la lancha atracada en el pontón de Horta. Al parecer, consiguió un contrato más favorable en una serrería, río arriba, ¡maldito sea! Desde entonces empezó a pasar lo mismo una y otra vez. Hasta el último vagabundo escocés o gringo que se creía un mecánico venía cobrando dieciocho libras al mes y luego se largaba, después de provocar algún destrozo. Le doy mi palabra de que algunos de los tipos que han venido como maquinistas no sabían distinguir la caldera de la chimenea, pero este conoce su oficio y no creo que quiera largarse. ¿Entiende lo que quiero decir?

A continuación me dio un pequeño golpe en el brazo para enfatizar sus propias palabras. Pasé por alto la falta de educación y le pregunté qué tenía eso que ver con que el hombre fuera un anarquista.

—¡Hombre, por favor! —se burló el gerente—. Si usted se encontrara de pronto con un hombre descalzo, despeinado y escondido entre los matorrales de una orilla y al mismo tiempo viera que a menos de una milla de la playa hay una pequeña goleta llena de negros virando de repente, no se le ocurriría creer que ese hombre había caído del cielo, ¿verdad? Yo intenté mantener la calma. En cuanto entendí el juego, me dije: "Presidiario fugitivo". Estaba tan seguro como de que está usted aquí ahora mismo, así que me puse a cabalgar directamente hacia él. Permaneció de pie durante un instante sobre un montículo de arena, gritando: Monsieur! Monsieur! Arrêtez! Luego, en el último momento, cambió de opinión y se dio a la fuga. Yo me dije: "Te domaré antes de tratar contigo". Así que, sin decir una palabra, lo seguí, cortándole el paso en todas direcciones. Lo alcancé en la playa, y finalmente lo acorralé en una punta, con el agua por los tobillos y nada a sus espaldas, excepto el cielo y el mar. Mi caballo piafaba en la arena y sacudía la cabeza a un metro de distancia. Cruzó los brazos sobre el pecho y alzó la barbilla en una especie de gesto de desesperación; pero yo no me dejé impresionar por la actitud de aquel bribón. "Eres un convicto fugitivo", le dije. Cuando me oyó hablar en francés, bajó su barbilla y cambió totalmente la expresión de su rostro. "No niego nada", me dijo jadeando, porque lo había hecho correr delante de mi caballo durante un buen rato. Le pregunté qué hacía allí. Había recuperado ya el aliento y me explicó que pretendía dirigirse hacia una granja que le habían dicho (la gente de la goleta, supongo) que se encontraba por allí cerca. Yo me eché a reír estrepitosamente y él se inquietó. ¿Lo habían engañado? ¿No había una granja cerca de allí? Me reí aún más ruidosamente. Iba a pie, y lo más probable era que la primera manada de ganado con la que se hubiese cruzado habría acabado haciéndolo pedazos. Cuando un hombre a pie se ve atrapado en los pastizales no tiene ni la más remota posibilidad de escapar. "Te he salvado la vida al encontrarte", le dije. Él comentó que puede que fuera cierto, pero que también había pensado hacía un instante que tenía intención de aplastarle bajo los cascos de mi caballo. Le aseguré que nada me habría resultado más fácil, si hubiese querido. Ahí llegamos a una especie de punto muerto. A fe mía que no había nada que hacer con ese presidiario, a no ser arrojarlo al mar. Se me ocurrió preguntarle qué le había llevado hasta allí. Negó con la cabeza. "¿Qué fue? —le dije—. ¿Robo, asesinato, violación, o qué?". Quería oír de sus propios labios lo que tuviera que decir, aunque, como es lógico, ya contaba con que iba a mentirme. Y sin embargo, lo único que me dijo fue: "Haga lo que quiera. No niego nada. No es bueno negar". Lo miré detenidamente, y ahí me asaltó un pensamiento. "Por allí había anarquistas —le dije—; puede que seas uno de ellos". "No niego nada de nada, monsieur", repitió. Aquella respuesta me hizo pensar que era probable que no fuese un anarquista. Esos condenados locos están más bien orgullosos de sí mismos. Si hubiera sido uno de ellos, lo más probable es que lo hubiese confesado abiertamente. "¿Qué eras antes de convertirte en un presidiario?". "Ouvrier —dijo—. Y un buen obrero, además". Pero esas palabras me hicieron pensar que tal vez fuera en realidad un anarquista, después de todo. Al menos pertenecía a la clase de la que provienen casi todos, ¿no? Odio a esos salvajes que arrojan bombas de manera tan cobarde. Casi pensé en dar media vuelta a mi caballo y dejar que muriera de hambre, o que se ahogara allí mismo. Si volvía a cruzar la isla para molestarme, el ganado daría buena cuenta de él. No sé qué me indujo a preguntarle: "¿Qué clase de obrero?". No me importaba demasiado que contestara o no, pero cuando dijo "Mécanicien, monsieur", estuve a punto de pegar un salto de la silla. La lancha llevaba tres semanas estropeada en la ensenada. Mi obligación con la compañía era evidente. Él también notó mi sobresalto y durante un minuto o dos permanecimos mirándonos de hito en hito como hechizados. "Monta a la grupa de mi caballo —le dije—, vas a poner en condiciones un barco".

Aquéllos fueron los términos en los que el digno gerente de la finca del Marañón me relató la llegada del supuesto anarquista. Tenía intención de que se quedara allí —eso era a lo que le movía su sentimiento del deber hacia la compañía—, y el apelativo que le había dado le dificultaría conseguir algún empleo en Horta. Cuando los vaqueros de la finca fueran de permiso lo difundirían por toda la ciudad. No sabían qué era un anarquista, ni en qué lugar se encontraba Barcelona. Lo llamaban "el anarquista de Barcelona", como si se tratara de su nombre y apellido. Aun así, la gente de la ciudad leía en los periódicos noticias de los anarquistas europeos y quedaba muy asombrada. En cuanto a la jocosa coletilla "de Barcelona", el señor Harry Gee se reía con gran satisfacción. "Los de esa raza son especialmente sanguinarios, ¿no? Eso hace que la gente de la serrería se sienta aterrorizada ante la idea de tener algo que ver con él, ¿comprende? —Se regocijaba ingenuamente—. Tengo a ese hombre más atado que si tuviera una pierna encadenada a la cubierta del barco".

—Y observe —añadió, tras una pausa— que no lo niega. En cualquier caso, no estoy cometiendo ninguna injusticia con él. Es un presidiario, de todos modos.

—Pero supongo que le pagará un salario, ¿no? —le pregunté.

—¡Un salario! ¿Para qué quiere dinero aquí? Dispone de comida en mi cocina y ropa en el almacén. Como es lógico, algo le daré cuando acabe el año, pero ¿no creerá de verdad que voy a firmar un contrato con un presidiario y a pagarle lo mismo que le daría a un hombre honrado? Ante todo tengo que velar por los intereses de mi compañía.

Admití que no había duda de que una compañía que gastaba cincuenta mil libras al año en publicidad necesitaba economizar. El gerente de la estancia de Marañón emitió un gruñido de aprobación.

—Y aún le diré algo más —continuó—: si estuviera seguro de que es realmente un anarquista y tuviera la cara dura de pedirme dinero, le daría un buen puntapié. Prefiero concederle, sin embargo, el beneficio de la duda. Estoy totalmente dispuesto a creer que no ha hecho nada peor que clavarle un cuchillo a alguien —en circunstancias de defensa propia— al estilo francés, ya sabe. Pero toda esa estupidez subversiva y sanguinaria de suprimir la ley y el orden en el mundo hace que me hierva la sangre. De ese modo, lo único que consiguen es ponerse a sí mismos en evidencia y darle la razón a las personas decentes, respetables y trabajadoras. Le diré que la gente que tiene conciencia, como usted y como yo, debe estar protegida de alguna forma; si no, hasta el más despreciable de los pícaros que anduviera suelto podría tener tantos derechos como usted o como yo. ¿No es cierto? ¡Y eso sería absurdo!

Me miró. Negué ligeramente con la cabeza y murmuré que su opinión escondía una gran sutileza.

Desde el punto de vista de Paul, el mecánico, la única opinión clara era que un hombre podía buscarse la ruina en esta vida por cosas realmente pequeñas.

—Il ne faut pas beaucoup pour perdre un homme —me dijo, pensativo, una tarde.

Cito esta reflexión en francés porque el hombre era de París, y no de Barcelona. En Marañón vivía lejos de la casa, en un pequeño cobertizo de techo de chapa y paredes de paja al que llamaba mon atelier. Tenía allí un banco de trabajo. Le habían dado varias mantas de caballo y una silla, no porque se supusiera que podía cabalgar, sino porque los peones, o lo que es lo mismo, todos los vaqueros, no usaban otro tipo de cama. Sobre aquellos arneses, como un auténtico hijo de las praderas, solía dormir entre los instrumentos propios de su oficio en una litera oxidada, con una fragua portátil sobre su cabeza y bajo un banco de trabajo que sostenía un mugriento mosquitero.

De cuando en cuando le llevaba algún que otro cabo de vela procedente de las escasas provisiones de la casa del gerente. Me estaba muy agradecido por ello. No le gustaba estar despierto en la oscuridad, me confesó. Se quejaba de que le costaba conciliar el sueño. "Le sommeil me fuit", declaraba, con su habitual aire de manso estoicismo, que lo hacía simpático y conmovedor. Le di a entender que para mí no tenía importancia que hubiera sido un presidiario.

Una de aquellas tardes se sintió inclinado a hablar de sí mismo. El cabo de vela que estaba sobre la esquina del banco estaba a punto de apagarse, y se apresuró a encender otro.

Al parecer, había hecho el servicio militar en una guarnición de provincias y luego había regresado a París para seguir trabajando en su oficio. Estaba bien pagado. Me contó con orgullo que durante una breve temporada estuvo ganando al menos diez francos diarios. Tenía intención de establecerse por su cuenta y casarse después.

Al llegar a este punto suspiró profundamente e hizo una pausa para recobrar su aire estoico:

—Se ve que no me conocía a mí mismo lo suficiente —dijo.

El día que cumplió veintiocho años, dos de sus amigos del taller de reparaciones en el que trabajaba lo invitaron a cenar. Él se sintió muy conmovido por la atención.

—Yo era un hombre serio —añadió—, pero no era por eso menos sociable que cualquier otro.

La fiesta tuvo lugar en un pequeño café del Boulevard de la Chapelle. Con la cena tomaron un vino especial. Era excelente. Todo era excelente y el mundo —por utilizar sus propias palabras— le pareció un buen lugar para vivir. Tenía buenas perspectivas, algo de dinero ahorrado y la estima de dos excelentes amigos. Se ofreció a pagar todas las bebidas después de cenar, algo que resultaba justo por su parte.

Bebieron más vino y licores, coñac, cerveza, y luego más licores y más coñac. Dos desconocidos que estaban sentados en la mesa de al lado lo miraron, me dijo, con tanta simpatía, que los invitó a unirse a la fiesta.

Jamás había bebido tanto en toda su vida. Estaba tan contento y era todo tan agradable que cuando le daba la sensación de que la fiesta iba a decaer se apresuraba a pedir más bebidas.

—Me daba la sensación —me dijo con su tono tranquilo, mirando al suelo en aquel sombrío cobertizo— de que estaba a punto de alcanzar una felicidad grande y maravillosa. Otro trago, pensaba, y lo conseguiría. Los otros me acompañaban, vaso a vaso.

Pero entonces sucedió algo extraordinario. Cierta cosa que dijeron los desconocidos hizo que su alegría se disipara. Su mente se llenó de oscuros pensamientos —des idées noires—, el mundo le pareció un lugar oscuro y perverso en el que una multitud de desgraciados tenía que trabajar como esclavos para que unos pocos pudieran pasear en coche y vivir en palacios. Le dio vergüenza su propia felicidad. Le inundó el corazón una especie de piedad por la humanidad. Con una voz sofocada por el dolor trató de expresar aquellos sentimientos. Al parecer, tan pronto maldecía como se ponía a llorar.

Sus dos nuevos amigos se apresuraron a aplaudir su humana indignación. Sí. La injusticia que había en el mundo era realmente escandalosa y solo había una forma de acabar con esta sociedad podrida. Demoler toda aquella sacrée boutique. Hacer saltar por los aires todo aquel absurdo montaje.

Sus cabezas parecían flotar sobre la mesa susurrándole palabras elocuentes. Estaba muy borracho, completamente borracho. Con un aullido de rabia saltó de pronto encima de la mesa. Se puso a patear las botellas y los vasos, gritó: "Vive l'anarchie! ¡Muerte a los capitalistas!". Lo gritó una y otra vez. A su alrededor estallaban los vasos, comenzaron a volar las sillas y la gente se empezó a pelear. La policía irrumpió en el café. Él golpeó y luchó a ciegas hasta que algo lo golpeó en la cabeza…

Cuando volvió en sí se encontraba en una celda de la policía, encarcelado por asalto, gritos sediciosos y propaganda anarquista.

Me miró fijamente con aquellos ojos líquidos y brillantes. De pronto, bajo aquella luz mortecina, tenían un aspecto enorme.

—Todo tenía muy mal aspecto, pero aun así creo que podría haberme librado —dijo lentamente.

Yo tengo mis dudas, y lo cierto es que las pocas opciones que aún tenía se volatilizaron por culpa del joven abogado socialista que se ofreció para hacer la defensa. No sirvió de nada decirle que no era anarquista, que no era más que un tranquilo y respetable mecánico que trabajaba diez horas al día en su oficio. Fue presentado ante el tribunal como una víctima de la sociedad, y sus gritos de borracho fueron descritos como la expresión de su infinito sufrimiento. El joven abogado tenía que hacer carrera y aquel caso era justo lo que necesitaba para empezar. El alegato de la defensa fue magnífico.

El pobre hombre hizo una pausa, tragó saliva y añadió:

—Fui condenado a la pena máxima aplicable a un primer delito.

Yo emití un silbido acorde con las circunstancias. Él agachó la cabeza y se cruzó de brazos.

—Cuando me soltaron —continuó con suavidad— fui corriendo a mi antiguo taller, naturalmente. Mi patrón sentía especial simpatía por mí antes de aquel episodio, pero cuando me vio se puso lívido de terror y me señaló la puerta con mano temblorosa.

Al salir a la calle, inquieto y desconcertado, fue abordado por un hombre de mediana edad. Le dijo que él también era mecánico.

—Sé quién eres —dijo—, asistí a tu juicio. Eres un buen camarada y tus ideas son firmes, lo malo es que nadie se atreverá ahora a darte trabajo. Estos burgueses se confabularán para que te mueras de hambre. Eso es lo que hacen siempre. No esperes clemencia del rico.

Aquellas amables palabras lo consolaron mucho. Era de esa clase de gente que necesita apoyo y simpatía. La idea de no poder conseguir trabajo lo había trastornado por completo. Si su patrón, que lo conocía tan bien y sabía que era un obrero tranquilo, obediente y competente, no había querido saber nada de él, era poco probable que consiguiera ayuda de nadie más, eso estaba claro. La policía no le quitaba el ojo de encima, y en cuanto un patrón le diera la menor oportunidad, ellos lo pondrían al corriente de su pasado. Se sentía impotente, acobardado e inútil. Siguió a aquel hombre de mediana edad hasta el estaminet de la esquina, donde se encontraron con otros buenos compañeros. Le aseguraron que no le dejarían morir de hambre, con trabajo o sin él. Bebieron y brindaron por la derrota de todos los patrones y por la destrucción de la sociedad.

Se sentó a su lado mordiéndose el labio inferior.

—Y así fue como me convertí en un compagnon, monsieur —dijo pasándose una mano temblorosa por la frente—. A pesar de todo, hay algo que no anda bien en un mundo donde un hombre puede perderse por unas cuantas copas de más.

Siguió con la mirada baja, pero me di cuenta de que se había quedado muy abatido. Dio una palmada en el banco con la mano abierta.

—No —gritó—. ¡Era una vida imposible! Vigilado por la policía, vigilado por los camaradas, había dejado ya de ser dueño de mí mismo. ¡Ni siquiera podía sacar unos pocos francos de mis ahorros del banco sin que un camarada se asomara a la puerta para comprobar que no me escapaba! Y la mayoría de ellos eran ni más ni menos que unos ladrones. Los inteligentes, quiero decir. Robaban al rico diciendo que no hacían más que recuperar lo que les pertenecía. Cuando había bebido, los creía. Estaban también los tontos y los locos. Des exaltés, quoi! Cuando había bebido, los quería. Cuando bebía un poco más, me ponía furioso con el mundo. Eran los mejores momentos, encontraba refugio en la rabia, pero no se puede estar siempre borracho, n'est-ce pas, monsieur? Y cuando estaba sobrio, me daba miedo romper con ellos. Me habrían matado como a un cerdo.

Se cruzó nuevamente de brazos y levantó una barbilla afilada con una sonrisa amarga.

—Empezaron a decirme que ya iba siendo hora de que me pusiera a trabajar. El trabajo consistía en robar un banco. A continuación tenía que arrojar una bomba para destruir el lugar. Mi papel como neófito era vigilar la calle de atrás y cuidar de un saco negro que contenía la bomba hasta que fuera preciso. Después de la reunión en que se decidió el asunto, un camarada de confianza comenzó a seguirme a todas partes. No me atreví a protestar, tenía miedo de que me mataran en el acto. En una ocasión, paseando juntos, llegué a preguntarme si no sería mejor lanzarme al Sena, pero mientras le daba vueltas a la idea, ya habíamos cruzado el puente y no tuve más oportunidad de hacerlo.

A la luz de la vela y con aquellos rasgos afilados, aquel pequeño bigote y aquel rostro ovalado, parecía unas veces delicada y tiernamente joven, y otras, muy viejo y decrépito, apesadumbrado. Apretaba los brazos contra el pecho.

Se había quedado callado, de modo que me sentí obligado a preguntar:

—¡Bueno! ¿Y cómo acabó?

—Me deportaron a Cayena —contestó.

Al parecer, alguien los delató. Mientras vigilaba en la calle de atrás con el saco en la mano fue atacado por la policía. "Esos imbéciles" lo dejaron fuera de combate sin darse cuenta de lo que tenía en la mano. Todavía se preguntaba cómo no había explotado la bomba al caer, pero el caso es que no explotó.

—Intenté relatarle mi historia al tribunal —continuó—. El presidente se divirtió mucho. En la sala había gente que incluso se llegó a reír.

Le pregunté si detuvieron a algún compañero aparte de él, y se estremeció antes de contestar que fueron dos: Simon, apodado Biscuit, el mecánico de mediana edad que le habló en la calle, y un tipo llamado Mafile, uno de los simpáticos desconocidos que aplaudieron sus palabras y lo consolaron cuando se emborrachó en el café.

—Así es —prosiguió con esfuerzo—, pude seguir disfrutando de su compañía en la isla de San José, junto a otros ochenta presidiarios. Todos teníamos categoría de peligrosos.

La isla de San José es la más hermosa de las Îles du Salut. Es rocosa y tiene abundante vegetación, está repleta de pequeños barrancos, matorrales, arbustos, bosques de mangos y muchas palmeras de hojas como plumas. Seis guardianes armados con revólveres y carabinas se encargan de los presidiarios que están encerrados allí.

Una galera de ocho remos mantiene comunicada durante el día a la Île Royale con la otra orilla de un canal de un cuarto de kilómetro de ancho en el que hay un puesto militar. El primer trayecto es a las seis de la mañana, a las cuatro de la tarde termina el servicio, y en ese momento se atraca en un pequeño muelle de la Île Royale en el que queda bajo la vigilancia de un centinela junto a otros pequeños barcos. Desde ese momento, y hasta la mañana siguiente, la isla de San José permanece incomunicada del resto del mundo. Los guardianes patrullan por turnos el camino que va desde su casa hasta las cabañas de los presidiarios, y una multitud de tiburones patrulla por el agua.

Los presidiarios organizaron un motín, algo que no había sucedido nunca en toda la historia del penal. Su plan no dejaba de tener algunas posibilidades de éxito. Tenían intención de sorprender y asesinar a los guardianes durante la noche. Cuando se hicieran con sus armas, podrían atacar con ellas a los tripulantes de la galera cuando repostara a la mañana siguiente. Cuando consiguieran tomar la galera, capturarían otros barcos y todos ellos se alejarían remando de la costa.

Al anochecer, los dos guardianes de servicio pasaron revista a los presidiarios, como era la costumbre, y a continuación procedieron a inspeccionar las cabañas para asegurarse de que todo estaba en orden. En la segunda cabaña en la que entraron fueron abatidos y estrangulados bajo una multitud de asaltantes. Había luna nueva, y los pesados y negros nubarrones que se cernían sobre la costa hacían crecer aún más la oscuridad de la noche. Los presidiarios se reunieron al aire libre para deliberar sobre el paso siguiente.

—¿Y usted tomó parte? —le pregunté.

—No, aunque como es lógico sabía que lo iban a hacer. Aun así, ¿por qué iba a matar yo a esos guardianes? No tenía nada en su contra y me atemorizaban los demás. Pasara lo que pasara, nunca podría escapar de ellos. Me senté solo sobre el tronco de un árbol con la cabeza entre las manos, angustiado por aquella nueva libertad que no parecía más que una burla. De pronto me asusté al percibir la figura de un hombre en el camino, cerca de donde yo me encontraba. Estaba de pie, inmóvil, pero su figura volvió a desvanecerse en mitad de la noche. Debía de ser el jefe de los guardianes, que había ido a ver qué les había ocurrido a sus hombres. Nadie reparó en él. Los presidiarios siguieron discutiendo sus planes. Los cabecillas no lograban ponerse de acuerdo. El cuchicheo de aquel grupo de hombres era realmente horrible. Al final optaron por dividirse en dos grupos y alejarse. Cuando se marcharon, me levanté, cansado e impotente. El camino hacia la casa de los guardianes estaba oscuro y silencioso, pero a ambos lados de los matorrales se escuchaban algunos susurros. Al poco rato, vi un débil rayo de luz ante mí. El jefe de los guardianes, seguido de tres de sus hombres, se acercaba sigilosamente, pero no había cerrado bien su linterna. Los presidiarios vieron también aquel débil destello. Se oyó un grito terrible y salvaje, un tumulto en el camino, disparos, golpes, gemidos y, cubiertos por el sordo rumor de la maleza al aplastarse, las voces de los perseguidores y los gritos de los perseguidos; la caza del hombre, la caza del guardián. Pasó junto a mí y se dirigió hacia el interior de la isla. Estaba solo. Y le puedo asegurar, monsieur, que todo me daba lo mismo. Después de quedarme allí durante un rato, me puse a caminar hasta que tropecé con algo duro. Me detuve y recogí el revólver de uno de los guardianes. Comprobé a tientas que tenía cinco balas en la recámara. Entre las ráfagas de viento escuché cómo los presidiarios se llamaban allá lejos; luego el murmullo de los árboles desapareció tras el del trueno; un fuerte resplandor se cruzó en mi camino, a lo largo del suelo. Pude ver una falda femenina y el borde de un delantal.

Supuse que debía de ser la mujer del jefe de los guardianes. Por lo visto se habían olvidado de ella. Sonó un disparo en el interior de la isla, y ella dio un grito y se puso a correr. La seguí y no tardé en verla de nuevo. Tiraba de la cuerda de la gran campana que cuelga junto al embarcadero con una mano, mientras que con la otra agitaba la linterna de un lado a otro. Era la señal convenida para pedir socorro a la Île Royale durante la noche, pero el viento dispersaba el sonido desde nuestra isla y la luz quedaba oculta tras los árboles que crecían junto a la casa de los guardianes.

Me acerqué a ella por la espalda. Continuaba haciendo sonar la campana sin parar y sin mirar atrás, como si hubiese estado sola en la isla. Una mujer valiente, monsieur. Me escondí el revólver dentro de mi blusa azul y esperé un poco. Un relámpago y un trueno apagaron la luz, y el sonido de su señal durante un momento, pero ella no se detuvo; siguió tirando de la cuerda y agitando la linterna con la regularidad de una máquina. Era una mujer hermosa y joven, de no más de treinta años. Yo pensé: "No es bueno que todo esto esté ocurriendo en una noche así". Pensé que si alguno de mis compañeros presidiarios bajaba al embarcadero —algo que sin duda no tardaría mucho tiempo en suceder—, primero le dispararía a ella un tiro en la cabeza y luego me mataría a mí. Conocía bien a los "camaradas". Fue curiosamente ese pensamiento el que me devolvió el interés por la vida, monsieur; y así fue como, en lugar de permanecer estúpidamente en aquel muelle, me retiré y me agaché detrás de un arbusto. No quería que saltaran sobre mí y me impidieran ayudar al menos a un ser humano antes de morir.

Alguien tuvo que ver la señal, porque la galera volvió de Île Royale al instante. La mujer permaneció de pie hasta que la luz de su linterna iluminó al oficial en jefe y las bayonetas de los soldados que iban en el barco. Se sentó en el suelo y se puso a llorar.

Ya no me necesitaba, pero igualmente no me moví de allí. Algunos soldados iban en mangas de camisa, a otros les faltaban las botas, tal como los había sorprendido la llamada a las armas. Pasaron corriendo a paso ligero junto al arbusto en el que estaba escondido. La galera había regresado en busca de refuerzos; la mujer seguía sentada al final del muelle, sola, llorando; había dejado la linterna a su lado sobre el suelo. Y en ese momento vi, gracias a su luz, los pantalones rojos de otros dos hombres al final del muelle. Me quedé petrificado. Ellos también salieron corriendo de inmediato. Llevaban la cabeza descubierta y las camisas abiertas, revoloteando a los lados. Uno de ellos le dijo al otro: "¡Sigue, sigue!". Me pregunté de dónde habrían salido, y caminé lentamente hacia el muelle. Vi la figura de la mujer, sacudida por los sollozos, y distinguí cómo decía claramente entre sollozos: "¡Oh, mi hombre! ¡Mi pobre hombre! ¡Mi pobre hombre!". Me alejé sin hacer ruido. Ella no vio ni oyó nada, se había cubierto la cabeza con el delantal y se mecía rítmicamente en su llanto. En ese momento me di cuenta de que había un pequeño barco amarrado al final del muelle.

Los dos hombres —parecían sous-officiers— debían de haber venido en él, supongo que no les había dado tiempo a subir a la galera. Resulta increíble que infringieran el reglamento precisamente por su sentido del deber. Y además no tenía el menor sentido. No podía dar crédito a mis ojos cuando salté dentro del barco.

Me deslicé sigilosamente a lo largo de la orilla. Una nube negra se cernía sobre las Îles du Salut. Pude escuchar gritos y disparos. Había comenzado otra caza: la caza del presidiario. Los remos eran demasiado largos para manejarlos con comodidad; los movía con lentitud, aunque el barco en sí era ligero, y, cuando di la vuelta a la isla, se desató un temporal de viento y lluvia. Me vi totalmente incapaz de luchar contra él. Dejé el barco a la deriva y se acabó dirigiendo hacia la orilla, donde lo amarré.

Había estado antes en aquel lugar y sabía que había un viejo cobertizo destartalado cerca del agua. Me escondí allí y escuché a través del ruido del viento y del aguacero que alguien se acercaba aplastando los matorrales; pensé que tal vez eran los guardias. La violenta luz de un relámpago me permitió ver lo que me rodeaba. ¡Eran dos presidiarios! Uno de ellos gritó asombrado:

—¡Es un milagro!

Era la voz de Simon, a quien también llamaban Biscuit. El otro refunfuñó:

—¿Qué es lo que es un milagro?

—¡Hay un barco ahí!

—¡Tienes que estar loco, Simon! Aunque, espera, sí, es verdad… ¡Es un barco!

Se quedaron extasiados y en completo silencio. El otro hombre era Mafile. Habló de nuevo, cautelosamente.

—Está amarrado. Seguro que hay alguien ahí.

Entonces me dirigí a ellos desde el cobertizo:

—Soy yo.

Entraron, y pronto me dieron a entender que el bote era suyo, no mío.

—Somos dos contra uno —dijo Mafile.

Salí por miedo a recibir un golpe a traición en la cabeza, y aunque pude haber disparado contra ellos allí mismo, no dije nada. Traté de contener una risa nerviosa y les pedí humildemente que me permitieran ir con ellos. Murmuraron entre ellos sobre mi suerte, mientras yo sujetaba con la mano el revólver bajo la pechera de mi camisa. Tenía sus vidas en mis manos y los dejé vivir. Quería que remaran. Les dije con fingida humildad que sabía llevar un barco y que, si éramos tres a los remos, podíamos turnarnos para remar. Aquello los convenció. Menos mal, un poco más y no habría podido evitar una carcajada ante aquel cómico espectáculo.

Al llegar a aquel punto de la narración, se excitó enormemente y saltó del banco, gesticulando. Las sombras alargadas de sus brazos salían disparadas como flechas hacia el techo y las paredes; por un instante dio la impresión de que el cobertizo era demasiado pequeño para contener su agitación.

—No niego nada —exclamó—. Estaba entusiasmado, monsieur. Experimentaba una enorme felicidad, pero me mantuve tranquilo. Remé durante toda la noche, hasta que llegamos a alta mar, confiando en que pasara un barco. La idea era un tanto disparatada, pero los convencí. Cuando salió el sol, la inmensidad del agua estaba en calma y las Îles du Salut no eran más que unas pequeñas manchas en lo alto de las olas. En ese momento yo estaba gobernando el barco y Mafile, que remaba encorvado, dejó escapar una palabrota, y añadió: "Deberíamos descansar". Había llegado por fin la hora de reír. Y lo hice a gusto, puedo asegurárselo. Me apreté los costados y me retorcí en mi banco entre carcajadas, ante sus gestos de sorpresa. "¿Qué le pasa a este idiota?", gritó Mafile. Y Simon, que estaba más cerca de mí, le respondió: "Que el diablo me lleve si no se ha vuelto loco". En ese momento les enseñé el revólver. ¡Ajá! Al instante su mirada se llenó de odio, no sabe de qué manera. ¡Ja, ja, ja! Estaban aterrados. Pero remaron, vaya que si remaron, y durante todo el día, a ratos con aire feroz y a ratos con aire desalentado. Yo no les quitaba la vista de encima ni un segundo. Si lo hubiese hecho —¡zas!—, me habrían saltado encima al instante. Mantenía el revólver sujeto con una mano, mientras que con la otra gobernaba el barco. Les empezaron a salir ampollas por toda la cara. El cielo y el mar parecían de fuego a nuestro alrededor, y el mar hervía bajo el sol. El barco se deslizaba como un susurro sobre el agua. A veces Mafile echaba espuma por la boca, y a veces gemía, pero no paraba de remar, no se atrevía. Tenía los ojos inyectados en sangre y no paraba de morderse el labio inferior, como si quisiera destrozarlo. Simon estaba ronco como una corneja. "Camarada…", empezó a decir, y yo: "Aquí no hay camaradas. Soy su patrón".

—Patrón, entonces —respondió—, sé humano, permítenos descansar un poco.

Se lo permití. En el fondo del barco había quedado un poco de agua de lluvia y les permití que bebieran con la mano, pero en cuanto di la orden de continuar, los sorprendí intercambiando una mirada. Supongo que pensaban que antes o después tendría que dormir, pero yo no tenía ninguna intención de hacer semejante cosa, me sentía más despierto que nunca. En realidad eran ellos los que se estaban quedando dormidos mientras remaban. Primero uno y luego el otro dejaron caer los remos y yo dejé que se acostaran. El cielo estaba cuajado de estrellas, el mundo en calma. Salió el sol. Allez! En route!

Remaban desganados. Miraban con furia y la lengua les colgaba de la boca. A media mañana, Mafile gruñó: "Vamos a por él, Simon. Prefiero que me pegue un tiro a morir de sed y de hambre remando", pero mientras hablaba seguía remando; y Simon también remaba. Me sonrió. ¡Ah! En aquel maldito mundo aquellos dos tipos amaban la vida, como la amaba yo también antes de que me la amargaran con sus frases. Los hice remar hasta el agotamiento, y solo entonces señalé las velas de un barco en el horizonte. ¡Ajá! Tendría que haber visto cómo revivieron… Los hice remar en dirección al barco. Cambiaron de pronto y sentí cómo se desvanecía la piedad que por un instante había sentido por ellos. Volvían a ser ellos mismos y me miraban con unos ojos que recordaba muy bien. Eran felices. Sonreían. "Está bien —comentó Simon—, la energía de este joven nos ha salvado la vida. Si no nos hubiera obligado, no habríamos remado jamás hasta el derrotero de los barcos. Camarada, te perdono. Te admiro". Y Mafile, desde delante: "Tenemos una deuda de gratitud contigo, camarada. Tienes madera de jefe". ¡Camarada, monsieur! ¡Ah, qué hermosa palabra! Y sin embargo, aquellos dos hombres habían conseguido que me acabara resultando odiosa. Los miré. Recordé sus mentiras, sus promesas, sus amenazas y todos mis días de miseria. ¿Por qué no me habían dejado tranquilo cuando salí de la prisión? Los miré y pensé que mientras vivieran jamás podría ser libre. Jamás. Ni lo podría ser yo ni la gente que, como yo, era de corazón ardiente y voluntad débil, porque no me engaño, sé que mi voluntad no es muy fuerte, monsieur. Me inundó la ira —una ira como una borrachera espantosa—, pero no precisamente contra la injusticia de la sociedad. ¡Oh, no! "¡Tengo que ser libre!", grité, furioso. "Vive la liberté! —gritó el canalla de Mafile—. ¡Mort aux bourgeois que nos enviaron a Cayena! Pronto sabrán que somos libres".

El cielo, el mar, todo el horizonte se tiñó de rojo de sangre alrededor del barco. Mi corazón latía tan fuerte que me daba la sensación de que todo el mundo lo podía escuchar. ¿Cómo era posible? ¿Cómo era posible que no lo entendieran? Simon preguntó: "¿Es que no hemos tenido ya suficiente?". "Sí —contesté—, ya hemos tenido suficiente". En realidad sentía lástima por él; a quien odiaba era al otro. Soltó el remo con un suspiro, y mientras levantaba la mano para secarse la frente con el aire de un hombre que ha cumplido con su deber, apreté el gatillo de mi revólver y le disparé al corazón. Se desplomó sobre la borda, con la cabeza colgando. No me molesté en mirarlo de nuevo. El otro emitió un grito desgarrador, un alarido de horror, y a continuación todo quedó en silencio. Dejó caer el remo y levantó las manos suplicando.

—¡Ten piedad! —murmuró—. ¡Ten piedad de mí, camarada!

—¡Ah, camarada! —murmuré en voz baja—. Por supuesto que soy tu camarada... Grita Vive l'anarchie.

Él alzó los brazos y la cara hacia el cielo y abrió los labios en un grito desesperado:

—Vive l'anarchie! Vive...!

Un instante después caía a plomo, ovillado sobre sí mismo y con una bala en la cabeza. Los arrojé a los dos por la borda, a continuación tiré el revólver, y luego me senté en silencio. ¡Era libre, al fin! Al fin. No me molesté ni en mirar hacia el barco; no me importaba; en realidad creo que debí quedarme dormido, porque de repente escuché unos gritos y a continuación vi el barco casi encima de mí. Me izaron a bordo y amarraron el bote a popa. Eran todos negros con excepción del capitán, que era un mulato. Apenas conocían unas cuantas palabras de francés.

No conseguí averiguar adónde iban ni quiénes eran. Me dieron de comer todos los días, pero me desagradaba la forma en que hablaban de mí en su lengua. Puede que discutieran la posibilidad de arrojarme por la borda para quedarse con el bote. ¿Cómo iba yo a saberlo? Cuando pasamos frente a esta isla, pregunté si estaba habitada. Me pareció oír decir al mulato que había una casa en ella. Supuse que se refería a una granja, de modo que le pedí que me dejara desembarcar en la playa y le dije que se podía quedar con el bote por las molestias. Al parecer era justo lo que ellos querían. El resto ya lo sabe.

Tras pronunciar estas palabras, volvió a perder el control y se puso a caminar a toda prisa hasta que echó a correr. Movía los brazos como si fuesen las aspas de un molino de viento y gritaba de una forma cada vez más delirante. Su único estribillo era que no negaba "nada, nada". Lo único que pude hacer era dejarlo a su aire y apartarme de su camino, repitiendo "Calmez-vous, calmez-vous" a cada rato. Su propia excitación se encargó de acabar con sus fuerzas. Debo confesar, también, que permanecí a su lado mucho tiempo después de que se metiera bajo su mosquitero. Me había suplicado que no lo abandonara, y del mismo modo que uno se sienta junto a un niño nervioso, me senté yo junto a él hasta que se quedó dormido.

Mi opinión es que tenía más de anarquista de lo que me confesó o de lo que se atrevía a confesarse a sí mismo, y que su caso no era muy distinto del de muchos otros anarquistas. Un corazón ardiente y una voluntad frágil: ésa es la clave del enigma. Las contradicciones más acusadas y los conflictos más complejos del mundo se pueden producir hasta en el último de los corazones humanos.

Hice más tarde una pequeña investigación privada y puedo garantizar que la historia del motín de los presidiarios fue, en todos sus detalles, tal como él me la relató.

Cuando regresé a Horta desde Cayena y vi de nuevo al "anarquista", no tenía buen aspecto. Parecía aún más cansado, más débil y pálido bajo las manchas propias de su oficio. Como es lógico, la comida de la compañía (en forma no concentrada) no le sentaba precisamente bien. Nos encontramos en el pontón de Horta. Yo traté de inducirlo a que dejara la lancha anclada donde estaba y me siguiera a Europa. Habría sido delicioso pensar en la sorpresa y el disgusto del buen gerente ante la huida de aquel pobre hombre, pero se negó con invencible obstinación.

—¡Pero no querrá vivir siempre aquí! —le dije.

Él negó con la cabeza.

—Moriré aquí —respondió, y luego añadió pensativo—: Lejos de todos ellos.

De cuando en cuando me da por pensar en él, me lo imagino tumbado con los ojos abiertos sobre el arnés de caballo en ese pequeño cobertizo lleno de herramientas y pedazos de hierro, el anarquista esclavo de la hacienda de Marañón, esperando con resignación infinita ese sueño que "voló" de su lado, como solía decir él, de forma incomprensible.

EL CORAZÓN DE LAS TINIEBLAS

I

Anclada y sin que hubieran ondeado las velas, la goleta Nellie se meció ligeramente antes de quedar otra vez en reposo. Había subido la marea, el viento apenas soplaba y, dado que el destino de la goleta era navegar río abajo, solo nos quedaba permanecer en puerto y esperar al reflujo de las aguas.

La desembocadura del Támesis se extendía ante nosotros como el comienzo de un camino interminable. A lo lejos, el mar y el cielo se amalgamaban sin costuras, y en el espacio luminoso las velas bruñidas de las barcazas, arrastradas río arriba por la corriente, parecían manojos inmóviles de lienzos rojos agudamente recortados entre las pinceladas de barniz de las botavaras. La neblina se asentaba en las orillas bajas que se extendían hacia el mar, donde finalmente se desvanecían. El aire que se alzaba sobre Gravesend ya estaba oscuro y, algo más atrás, parecía condensarse en una penumbra luctuosa que, inmóvil, rumiaba sobre la ciudad más portentosa en la faz de la tierra.

El director de la Compañía era nuestro capitán y anfitrión. Los cuatro mirábamos afectuosamente su espalda mientras él, desde la proa, oteaba en dirección al mar. No había en todo el río una imagen más evocadora de la vida náutica. Parecía un piloto, algo que a los ojos de cualquier marino venía a ser la fiabilidad hecha persona. Era difícil percibir que sus preocupaciones no estaban allá afuera, en el luminoso estuario, sino detrás de él, entre la morosa penumbra.

Como ya he dicho antes, lo que nos unía era el vínculo del mar. Además de mantener unidos nuestros corazones durante los extensos períodos de separación, aquel nudo era también lo que nos hacía tolerar las pequeñas batallas y hasta las convicciones de cada cual. El abogado, el mejor de todos los viejos camaradas, tenía, debido a sus muchos años y virtudes, el único almohadón disponible en cubierta y estaba recostado sobre la única alfombra. El contador había subido ya una caja de dominó y estaba jugando a construir edificios con las piezas. Marlow estaba sentado en la popa con las piernas cruzadas, recostado contra el último mástil. Tenía las mejillas hundidas, una complexión amarillenta, la espalda recta, un aspecto ascético, y al estar así, con los brazos caídos, enseñando las palmas de las manos, parecía un ídolo. El director, contento de que el ancla tuviera buen amarre, se dirigió a la popa y se sentó entre nosotros. Intercambiamos algunas frases ociosas, después de lo cual se hizo el silencio a bordo de la goleta. Por una u otra razón, nunca empezamos esa partida de dominó. Nos sentíamos meditativos y sin ganas de nada que no fuera la contemplación y el sosiego. El día estaba llegando a su fin en medio de la quietud de una exquisita luminosidad. El agua alumbraba pacíficamente; el cielo, sin una sola nube, se abría como una benigna inmensidad de luz inmaculada; la propia niebla sobre las marismas de Essex era un manto radiante de gasas que se descolgaba desde las arboledas del interior para envolver las orillas bajas en diáfanos pliegues. Solo la penumbra al oeste, rumiando desde las alturas, se hacía más oscura a cada minuto, como enfurecida por la proximidad del sol.

Y por fin, en su imperceptible parábola, el sol acabó de hundirse y del resplandor blanco pasó a un rojo sobrio que no emitía rayos ni calor, como si estuviera a punto de apagarse, ahogado a manos de aquella penumbra morosa que se alzaba sobre las multitudes de la ciudad.

De inmediato se apreció un cambio en las aguas y la serenidad se hizo menos brillante, pero más profunda. Con la caída del día el viejo río descansaba serenamente en toda su amplitud, después de siglos y siglos de buenos servicios prestados a la raza que poblaba sus orillas, arrellanado en la tranquila dignidad de esa vía fluvial que conducía a los confines más remotos de la tierra. Mirábamos aquella venerable corriente no con el alborozo febril de un corto día que viene y se va para no volver, sino bajo la augusta luz de los recuerdos perdurables. Y en efecto, nada es más fácil para un hombre que, como dice el dicho, "se ha hecho a la mar" con reverencia y afecto, que evocar el grandioso espíritu del pasado sobre las orillas de la desembocadura del Támesis. Allí la corriente va y viene en su incesante oficio, cargada de memorias sobre los hombres y los barcos que ésta trajo de vuelta a la paz del hogar o condujo a las batallas de ultramar. Esa corriente había conocido y servido a todos los hombres de quienes se enorgullece la nación, desde sir Francis Drake hasta sir John Franklin, caballeros todos, con título o sin él: los grandes caballeros errantes del mar; había llevado a todos los barcos cuyos nombres brillan como joyas en la noche de los tiempos, desde el Golden Hind, que regresara con el vientre repleto de tesoros y sería visitado por su Alteza, la Reina, para entrar a formar parte de la portentosa leyenda, hasta el Erebus y el Terror, que zarparían en pos de otras conquistas… y que nunca regresaron. Había conocido a los barcos y a los hombres. Hombres que habían zarpado desde Deptford, desde Greenwich, desde Erith. Aventureros y colonos; barcos de reyes y barcos de tratantes; capitanes, almirantes, los oscuros "intermediarios" del comercio con Oriente, además de los "generales" al mando de las flotas de las Indias Orientales. Buscadores de oro y de fama, todos ellos habían partido sobre estas aguas, empuñando la espada y muchas veces la antorcha, mensajeros del prodigio de estas tierras, portadores de una lumbre proveniente del fuego sagrado. ¡Cuánta grandeza habría flotado en esas aguas, arrastrada por el pleamar hacia el misterio de un planeta desconocido! Los sueños de los hombres, la semilla de los commonwealths, el germen de los imperios.

El sol se puso. El crepúsculo cayó sobre las aguas y algunas luces empezaron a encenderse en la orilla. El faro Chapman, un aparato de tres patas edificado sobre una planicie lodosa, alumbró con fuerza. Las luces de los barcos se movían en la distancia; un revoloteo de destellos que iban y venían por el río. Y más al oeste, dominando la orilla desde lo alto, se apreciaba la marca de la monstruosa ciudad, ominosa sobre el cielo: una penumbra morosa que brillaba con luz propia, un resplandor espeluznante bajo las estrellas.

—Y este también —dijo Marlow de repente—, este también ha sido uno de los lugares oscuros de la tierra.

De todos nosotros, Marlow era el único que seguía viviendo de las "faenas del mar". Lo peor que se podía decir de él es que no era digno representante de su clase. Era un marinero, pero era también un vagabundo, cuando es sabido que la mayoría de los marineros tienen una vida sedentaria. Sus espíritus son del tipo de los hogareños y adondequiera que vayan llevan su hogar, esto es, el barco, tanto como su país, el mar. Tanto da un barco como el otro y además el mar es siempre el mismo. En la inmutabilidad de sus entornos, las costas extranjeras, los rostros foráneos, la inmensidad cambiante de la vida, pasan de largo, ocultas no por un velo de misterio, sino por una ignorancia levemente despectiva: pues no hay nada misterioso para un marinero, salvo el mar mismo, que es el amor de su vida, una amante inescrutable como el destino. En cuanto al resto, después de sus horas de trabajo, un paseo casual o una juerga le bastan para desplegar ante sus ojos el secreto de todo un continente, un secreto que por lo general encuentra desdeñable. Las historias de los marineros son escuetas y sencillas y todo su significado cabe en la cáscara rota de una nuez. Sin embargo, Marlow no era el típico marinero (si dejamos de lado su propensión a relatar sus andanzas) y para él el significado de un episodio no se encontraba dentro, como una semilla, sino afuera, envolviendo el relato que lo ha producido como produce el brillo nocturno el contorno de la niebla, a la manera de esos halos que en ocasiones se hacen visibles gracias a la luz espectral de la luna.

Su observación no nos pareció en absoluto sorprendente. Sencillamente era algo propio de Marlow, así que fue admitida por todos en silencio. Nadie se molestó siquiera en rezongar. A continuación, Marlow prosiguió muy lentamente:

—Estaba pensando en los viejos tiempos, cuando los romanos llegaron aquí por primera vez, hace novecientos años… hace nada… Desde entonces la luz se hizo sobre estas aguas, ¿no es así, caballeros? Aunque esa luz es como un relámpago fugaz en la llanura, como el resplandor del rayo entre las nubes. Nosotros vivimos en medio de ese parpadeo… ¡que ojalá dure hasta que la vieja Tierra deje de girar! Y, sin embargo, la oscuridad estaba ayer aquí mismo. Imaginen los sentimientos del comandante de un (¿cómo se llaman?) trirreme en el Mediterráneo que, de repente, recibe órdenes de navegar hacia el norte, atravesando a toda prisa las Galias, a cargo de una de estas naves que los legionarios —unos hombres que debían de ser magníficos artesanos— solían construir, al parecer en grandes cantidades, cientos de ellas en uno o dos meses, si hemos de creer lo que dicen los libros. Imagínenlo aquí, en los confines del mundo, en un mar plomizo, bajo un cielo del color del humo, a bordo de una nave tan rígida como una concertina, remontando este río con órdenes o provisiones o lo que fuera. Bancos de arena, marismas, bosques, salvajes… casi nada que valiera la pena comer para un hombre civilizado, nada que beber salvo el agua del Támesis. Nada de vino de Falerno, ni paseos por tierra. Aquí y allá, algún que otro campamento militar perdido en el monte, como aguja en un pajar… El frío, la niebla, la tempestad, la enfermedad, el exilio y la muerte. La muerte merodeando en el aire, en el agua, en la maleza. Debieron de caer como moscas aquí. Oh, sí, así lo hizo el comandante. Y lo hizo muy bien, sin duda, y sin pensarlo demasiado tampoco, excepto quizás años más tarde, para fanfarronear de lo que había tenido que soportar en sus tiempos. Era lo bastante hombre para enfrentarse a la oscuridad. Tal vez se infundía ánimos ante la perspectiva de obtener un ascenso rápido a la flota de Rávena, si tenía buenos amigos en Roma, claro, y si lograba sobrevivir al nefasto clima. O piensen en un joven y decente ciudadano vestido con su toga; quizás un jugador empedernido, ya saben, que vino aquí como parte del séquito de un prefecto o de un recaudador de impuestos o incluso de un comerciante, con la esperanza de recuperar su fortuna… en un terreno cenagoso, marchando a través de los bosques, sintiendo cómo, en algún remoto puesto del interior, lo asediaba el salvajismo, un salvajismo rotundo: toda esa vitalidad misteriosa de la naturaleza que se contorsiona en lo profundo de los bosques, en las selvas, en los corazones de los hombres salvajes. No existe iniciación posible para semejantes misterios. El hombre se ve obligado a vivir en medio de lo incomprensible, que a la vez le resulta detestable. Si bien aquello tiene también cierto encanto, algo que llega a fascinarlo. La fascinación de lo abominable. Ya me entienden. Imaginen el remordimiento cada vez más acuciante, las ansias de escapar, la impotencia y el hastío, la humillación, el odio.

En este punto hizo una pausa.

—Tengan en cuenta —prosiguió diciendo, mientras extendía un brazo, con la palma de la mano abierta y las piernas dobladas en el suelo, asumiendo así la pose de un Buda que rezara con atuendo europeo y sin su flor de loto—, tengan en cuenta que ninguno de nosotros se sentiría exactamente así. Lo que nos salva es la eficiencia. Nuestra devoción por la eficiencia. Pero estos hombres no tenían ni siquiera eso, en realidad. No eran colonizadores. Su administración se reducía a una mera opresión y poco más, me temo. Eran conquistadores, y para eso solo se necesita fuerza bruta: algo de lo que no se puede presumir, si se cuenta con ello, pues tu potencia no es más que un accidente derivado de la debilidad de los demás. Agarraban lo que podían sin otra finalidad que la de hacerse con ello. Era simple robo con violencia, asesinato agravado a gran escala y hombres que se entregaban a ello ciegamente (algo que no podía ser más apropiado dado que se enfrentaban a la oscuridad). La conquista del planeta, que casi siempre quiere decir arrebatarles la tierra a los que tienen una complexión diferente o una nariz ligeramente más chata que la nuestra, no es una cosa agradable si uno se pone a mirarla con detenimiento. Lo único que nos redime es la idea misma. Una idea al fondo del todo; no un pretexto sentimental sino una idea; y una creencia desinteresada en la idea. Algo que se puede erigir y luego reverenciar de rodillas, ofrecer sacrificios en su honor…

Entonces dejó de hablar. Sobre el río flotaban mil antorchas, pequeñas llamaradas de color verde, luces rojas, blancas, que se perseguían unas a otras, se solapaban, se unían, se entrecruzaban y a continuación se separaban a velocidades distintas. El tráfico de la gran ciudad no cesaba ante el avance de la noche sobre el río insomne. Seguíamos atentos, esperando pacientemente: era lo único que podíamos hacer hasta que bajara la marea; pero no fue sino hasta después de un largo silencio —al cabo del cual Marlow dijo con tono dubitativo: "Supongo que recordarán que ya he sido marinero de agua dulce en una ocasión"— cuando todos supimos que, antes de que la corriente fuera propicia, estaríamos condenados a escuchar una de las historias inconclusas de nuestro compañero.

—No quiero molestar con mis anécdotas personales —dijo, demostrando con esa frase la debilidad de tantos narradores de historias que casi nunca parecen conscientes de lo que su público querría escuchar—, pero para comprender el efecto que tuvo en mí, deben saber cómo llegué allí, qué fue lo que vi, cómo navegué río arriba hasta el lugar donde conocí a ese pobre sujeto, en el destino de navegación más remoto y el punto culminante de mi experiencia. Un sitio que parecía arrojar una extraña luz sobre todo lo que me rodeaba. Y sobre mis pensamientos. Era bastante lúgubre también. Y triste. En ningún caso extraordinario. Tampoco demasiado claro. No, no era muy claro. Y aun así parecía arrojar esa especie de luz.

Como recordarán, en esa época acababa de regresar a Londres después de un prolongado periplo por el Índico, el Pacífico y los mares de China —mi dosis regular de Oriente—, a lo largo de seis años, más o menos, de modo que me pasaba los días echado, estorbándolos en el trabajo e invadiendo sus casas, tanto es así que se diría que me habían encargado la misión celestial de civilizarlos. Aquello no estuvo mal por un tiempo, pero al poco me cansé de tanto descansar. Entonces empecé a buscar un barco. Habría aceptado el trabajo más duro de la tierra y, aun así, los barcos ni siquiera se fijaban en mí. Hasta que me cansé también de aquello.

Verán, cuando era apenas un crío tenía una verdadera pasión por los mapas. Podía quedarme horas enteras recorriendo Sudamérica, o África, o Australia, arrobado en las glorias de la exploración. En esa época aún había muchos espacios en blanco, y cuando detectaba alguno particularmente llamativo (aunque todos lo eran), posaba mi dedo encima de él y me decía: "Cuando crezca voy a ir allí". El Polo Norte era uno de esos lugares, lo recuerdo. Y bueno, aún no he estado allí y me temo que ya no lo voy a intentar. Ha perdido todo su encanto. Otros de esos lugares estaban desperdigados por toda la línea del Ecuador y por todas las latitudes, en ambos hemisferios. He estado en algunos de ellos y… en fin, ahora no vamos a hablar de eso. Sin embargo, había uno que seguía allí. El más grande, el más "en blanco", por así decirlo, al que ansiaba llegar.

Bien es cierto que, a esas alturas, ya no era un espacio en blanco. Desde los años de mi infancia se había llenado de ríos y lagos y nombres. Había dejado de ser un espacio en blanco, poblado de sutiles misterios. Un terreno vacío donde un niño podía fantasear a sus anchas. Ahora se había convertido en un lugar de oscuridad. Pero en ese espacio había un río en especial, un portentoso y magnífico río que se podía apreciar en el mapa y que parecía una inmensa serpiente desenroscada, con su cabeza hundida en el mar, su cuerpo en reposo serpenteando hacia el interior de un vasto país y la cola hundida en las profundidades de esa tierra. Y al descubrirlo en un mapa que vi en el escaparate de una tienda, el río me fascinó como haría una serpiente con un pájaro —un pájaro ingenuo y diminuto—. Entonces recordé que había grandes intereses, una Compañía para comerciar en ese río. "¡Maldita sea!", pensé para mis adentros, "no se puede hacer comercio sin utilizar barcos especiales en medio de toda esa agua dulce: ¡vapores! ¿Por qué no intentar hacerme con un barco de vapor?". Seguí caminando por Fleet Street y, sin embargo, no pude sacarme la idea de la cabeza. La serpiente me había hipnotizado.

Ya saben que se trata de intereses continentales, esa Sociedad Comercial, quiero decir. Pero resulta que yo tengo muchas amistades que viven en el continente, dado que es barato y no tan fastidioso como uno pensaría, según dicen.

Lamento admitir que empecé a incordiar a estas amistades, cosa que por sí misma era una novedad para mí. No estaba acostumbrado a conseguir las cosas de esa manera, ya saben. Siempre he caminado por mi propio camino y con mis propias piernas para llegar adonde me lo propongo. Ni yo mismo daba crédito. Pero entonces, no sé por qué, sentía que tenía que llegar allí por las buenas o por las malas. Así que fui a incordiarlos. Y estos hombres me dijeron: "Querido compañero", pero no hicieron nada. Entonces, no lo van a creer, intenté incordiar a las mujeres. Yo, Charlie Marlow, puse a trabajar a las mujeres… para que me consiguieran un empleo. ¡Santo cielo! En fin, como ven, estaba empecinado en la idea. Y por otro lado tenía una tía muy querida, un espíritu entusiasta. Su respuesta fue: "Estaré encantada de ayudarte. Haría cualquier cosa, cualquier cosa por ti. Es una idea maravillosa".

"Conozco a la esposa de cierto personaje importante en la administración y también a un hombre que tiene muchas influencias con…", etcétera, etcétera. Mi tía estaba decidida a no escatimar esfuerzos con tal de verme al mando de uno de esos vapores, si tal era mi capricho.

Conseguí el puesto, ya lo creo. Y muy rápido, por cierto. Por lo visto la Compañía acababa de recibir la noticia de que uno de sus capitanes había sido asesinado en medio de una reyerta con los nativos. Era la oportunidad que estaba esperando y su aparición avivó mis ansias. No sería sino al cabo de meses y meses cuando, en mi intento de recuperar lo que había quedado del cadáver, supe que el motivo original de la riña se debió a un malentendido sobre unas gallinas. Sí, dos gallinas negras. Fresleven, que es como se llamaba aquel hombre, un danés, creyó que se había visto perjudicado de algún modo en el trato, así que desembarcó y fue a golpear al jefe de la tribu con un palo. Oh, desde luego no me sorprendió en lo más mínimo saber al mismo tiempo que Fresleven era considerado por todos el hombre más amable, la criatura más mansa que jamás pisó esta tierra. No me cabe duda de que así era. Pero lo cierto es que ya había pasado dos años ahí afuera, comprometido con la noble causa —ya me entienden—, y es probable que hubiera sentido al fin la necesidad de afianzar su autoestima de algún modo. Y entonces decidió moler a palos al viejo negro sin ninguna piedad, mientras una muchedumbre lo observaba como paralizada por el rayo, hasta que un hombre —el hijo del jefe, según decían—, desesperado por los gritos del pobre anciano, probó a pinchar al hombre blanco con una lanza… que por supuesto se le clavó sin ningún esfuerzo entre los omóplatos. De inmediato, previendo las calamidades que se avecinaban, toda la población se dispersó en la jungla, mientras, por otro lado, el vapor comandado por Fresleven también huyó despavorido, a cargo del maquinista, creo. En un principio nadie se molestó demasiado en recuperar los restos de Fresleven, al menos hasta que llegué a ocupar su puesto. Era algo que yo no podía pasar por alto. Sin embargo, cuando por fin se presentó la oportunidad de conocer a mi predecesor, la hierba que crecía a través de sus costillas era ya lo bastante alta para ocultar los huesos. El esqueleto estaba completo. El ser sobrenatural no había sido tocado después de su muerte. Y la aldea seguía desierta, las puertas de las chozas como boquetes negros, todo podrido y deforme en el interior de los recintos en ruinas. Con toda certeza, una calamidad había tenido lugar allí. La gente había desaparecido. Un terror irracional los había dispersado a todos, hombres, mujeres y niños, por la selva, y ya nunca más habían regresado. Qué fue de las gallinas es algo que tampoco pude averiguar. Supongo que la Causa del Progreso se habrá hecho con ellas de alguna manera. Sea como fuere, gracias a este glorioso incidente obtuve mi cargo, incluso antes de que pudiera albergar serias esperanzas de conseguirlo.

Casi enloquecí con las prisas y los preparativos, y en menos de cuarenta y ocho horas ya estaba cruzando el canal para presentarme ante mis jefes y firmar el contrato. Al cabo de unas pocas horas llegué a esa ciudad que siempre me ha hecho pensar en un sepulcro blanqueado. Un prejuicio de mi parte, sin duda. No tuve problemas para encontrar las oficinas de la Compañía. Era el edificio más grande de la ciudad y todas las personas que conocí presumían de él. Al fin y al cabo, se trataba de un imperio en ultramar y de hacer dinero a espuertas con el comercio.

Una calle estrecha y desolada sumida en las tinieblas, casas enormes, innumerables ventanas con persianas venecianas, un silencio muerto, la hierba creciendo entre las piedras de los muros, imponentes arcadas para los coches a derecha e izquierda, gigantescas puertas de dos batientes abiertas de par en par. Me colé por una de esas aberturas, subí por una escalera limpia y sin adornos, árida como un desierto, y abrí la primera puerta que encontré. Dos mujeres, una gorda y otra flaca, sentadas en sendas sillas con asiento de mimbre, tejían con madejas de lana negra. La flaca se levantó y se acercó a recibirme sin dejar de tejer, la mirada gacha. Y justo cuando yo empezaba a considerar la idea de esquivarla, como haría uno con un sonámbulo, la mujer se detuvo y alzó la vista. Su vestido era tan escueto como el envoltorio de un paraguas. La mujer se dio la vuelta y sin decir palabra me condujo hasta una sala de espera. Le di mi nombre y me puse a mirar alrededor. Mesa de centro, sillas austeras en las cuatro paredes y, en un extremo, un enorme y reluciente mapa marcado con todos los colores del arcoíris. Se apreciaba una vasta extensión pintada de rojo —algo agradable a la vista en cualquier momento, pues uno sabe que en esos sitios se están haciendo las cosas como es debido—; otra cantidad igualmente abundante de azul, un poco de verde, manchas naranjas y en la costa este, un parche de color púrpura para indicar el lugar donde los alegres pioneros del progreso beben alegres jarras de cerveza. No obstante, yo no me dirigía a ninguno de esos colores. Mi destino era el color amarillo. Muerto en pleno centro. Y justo allí se encontraba el río, fascinante, mortífero como una serpiente. ¡Que me parta un rayo! Una puerta se abrió en ese instante y un semblante secretarial con el pelo canoso, aunque provisto de una expresión compasiva, apareció en el umbral y un exiguo dedo índice me hizo señas para que ingresara en el santuario. Dentro la luz era tenue y un pesado escritorio se arrellanaba en el centro del despacho. Desde el extremo opuesto de aquella estructura vi salir una figura de pálida robustez envuelta en una levita. Era el gran hombre en persona. Debía de medir un metro setenta, calculo, y aun así tenía en su mano el control de tantísimos millones. Me estrechó la mía, murmurando alguna vaguedad, satisfecho con mi francés, supongo. Bon voyage.

"En menos de un minuto ya me encontraba de vuelta en la sala de espera junto al compasivo secretario, que, contrito y, pese a todo, simpático, me hizo firmar unos documentos. Creo que en ellos me comprometía, entre otras cosas, a no revelar ningún tipo de trato comercial secreto. Pues bien, no pienso hacerlo.

"Empecé a sentirme ligeramente incómodo. Ya saben que no estoy acostumbrado a esa clase de ceremonias, y había algo ciertamente ominoso en la atmósfera. Era como si con ello me hicieran partícipe de una conspiración o, no sé, de algo que no era del todo limpio. Como sea, me alegré de poder salir de allí. En la sala contigua, las dos mujeres seguían tejiendo febrilmente con su lana negra. La gente iba llegando, y la más joven de las dos iba de un lado a otro para recibirlos. La más vieja no se levantaba de su silla. Sus zapatillas de tela estaban apoyadas en un calentador de pies, y un gato dormitaba en su regazo. Llevaba en la cabeza una cofia blanca almidonada, tenía una verruga en la mejilla y unos lentes de marco plateado en la punta de la nariz. Me miró por encima de los anteojos. La instantánea e indiferente placidez de esa mirada me dejó turbado. Dos jóvenes de aspecto cándido y jovial seguían en ese momento a la otra mujer, y la más vieja los miró con la misma expresión de desinterés y suficiencia. Aquella mujer parecía saberlo todo sobre ellos y sobre mí mismo. Una extraña sensación se apoderó de mí. La encontré siniestra y de mal agüero. Cuántas veces, estando allá lejos, no habré evocado la imagen de estas dos mujeres, guardianas de las puertas de la Oscuridad, tejiendo su lana negra como para hacer una mortaja tibia, la una conduciendo, conduciendo sin cesar a los hombres a lo desconocido, mientras la otra escudriñaba los rostros ingenuos y joviales con su vieja mirada indiferente. ¡Ave, vieja tejedora de lana negra! Morituri te salutant. Solo unos cuantos hombres, de los muchos que alguna vez mirara, pudieron volver a verla. Menos de la mitad.

"Solo restaba hacer una visita al doctor. 'Una mera formalidad', me aseguró el secretario, con aire de tomarse muy a pecho mis preocupaciones. Dicho lo cual, un tipo joven con el sombrero ladeado sobre la ceja izquierda —un ujier, supongo; debía de haber más de uno trabajando allí, pese a que el silencio del lugar era más propio de una casa en la ciudadela de los muertos— descendió por no sé qué escaleras y me pidió que lo siguiera. Era un hombre desprolijo y torpe, con manchas de tinta en las mangas de su chaqueta, y su corbata se veía larga y manoseada debajo de un mentón que parecía una protuberancia en la punta de una vieja bota. Era un poco temprano para ir a ver al médico, así que propuse que tomáramos un trago, cosa que desató en él una vena jovial. Cuando ya estábamos sentados delante de nuestras copas de vermut, el muchacho ensalzó las glorias de la Compañía. Pasado un rato, y de manera casual, le expresé mi sorpresa ante el hecho de que no se uniera a la expedición. De inmediato, el joven adoptó un aire frío y circunspecto. 'No soy tan idiota como parezco —les dijo Platón a sus discípulos', fue lo que sentenció, vaciando su copa con gran resolución antes de levantarse.

"El viejo doctor me tomó el pulso, con la cabeza claramente ocupada en otro asunto durante el examen. 'Bien, bien por aquí', murmuró. Y a continuación, con cierta avidez, me pidió permiso para medirme el cráneo. Algo sorprendido, di mi consentimiento, y entonces él sacó un aparato que parecía un compás y se puso a tomar las medidas de arriba abajo, de izquierda a derecha, mientras tomaba notas cuidadosamente. Era un hombrecito mal afeitado, enfundado en un abrigo harapiento, calzado con pantuflas, así que lo consideré un loco inofensivo. 'Siempre pido permiso, en aras de los intereses de la ciencia, para medir los cráneos de las personas que viajan a ese lugar', dijo. '¿Y cuando vuelven también?', le pregunté. 'Oh, nunca vuelvo a verlos', contestó, 'además, los cambios tienen lugar en el interior, ya sabe'. Y sonrió para sí mismo como si hubiera recordado una broma. 'Así que usted va a viajar allí. Por la fama, claro. Y debe de ser interesante también'. Luego me observó con detenimiento y añadió un comentario con tono profesional: '¿Algún caso de locura en su familia?'. Aquello consiguió fastidiarme. '¿Y esa pregunta', dije, 'la hace también en aras de la ciencia?'. 'Ya lo creo', contestó, sin reparar en mi irritación. 'Sería interesante para la ciencia observar los cambios mentales de los individuos sobre el terreno, pero…'. '¿Es usted un alienista?', lo interrumpí. 'Todo médico debería serlo, al menos un poco', respondió impasible. 'Verá usted, tengo una pequeña teoría que ustedes, monsieurs, los que van a ese lugar, tendrán que ayudarme a probar. Tal será mi parte de los beneficios que el país cosechará gracias a la posesión de tan magníficas dependencias. El mero lucro se lo dejo a los demás. Disculpe mis preguntas, pero usted es el primer inglés que viene a mi consulta…'. Me apresuré a asegurarle que yo no era en absoluto un caso típico. 'Si lo fuera', le dije, 'no estaría aquí departiendo con usted ahora mismo'. 'Lo que usted dice suena bastante profundo, pero quizás sea erróneo', respondió soltando una carcajada. 'Evite la irritación más que la exposición prolongada al sol. Adieu. ¿Cómo dicen ustedes los ingleses? Ah, sí, goodbye, goodbye. En los trópicos uno debe, ante todo, mantener la calma'. En este punto el hombrecillo levantó el índice… 'Du calme, du calme. Adieu'.

"Una cosa más me quedaba por hacer: despedirme de mi formidable tía. La encontré radiante. Tomamos una taza de té —la última taza de té decente en muchos días— en una sala de estar de lo más confortable, como no podía ser menos tratándose de una dama, y allí tuvimos una larga y serena charla junto a la chimenea. En el curso de estas confidencias comprendí a las claras que me habían presentado ante la esposa del alto dignatario, y solo Dios sabe ante cuántas personas más, como una criatura excepcionalmente talentosa, toda una suerte para la compañía, un hombre de los que no se encuentran todos los días. ¡Por todos los santos! Y pensar que me iba a hacer cargo de un vaporcito de tercera. Sin embargo, parecía que me consideraban como a un empleado con mayúsculas, con su propio capital, ya saben. Una especie de emisario de la luz, poco menos que un apóstol. Ésa era la clase de bulos que infestaban la prensa y las conversaciones en esos días, y la excelente dama, envuelta en todo ese batiburrillo de patrañas, se dejó llevar por el entusiasmo. Habló de 'destetar a esos millones de ignorantes de sus horribles costumbres', hasta que, les doy mi palabra, me hizo sentir bastante incómodo. En un momento me atreví a insinuar que la Compañía tenía una finalidad lucrativa. 'Olvidas, querido Charlie, que el trabajador vale lo que le pagan', dijo con lucidez. Es extraño comprobar cuán poco contacto con la realidad tienen las mujeres. Viven en su propio mundo, un mundo como nunca lo ha habido y como no lo habrá jamás. Es demasiado hermoso visto en su conjunto, pero si ellas hubieran tenido que construir el mundo, éste se habría venido abajo con la primera puesta de sol. Cualquiera de esos embrollados asuntos con los que hemos tenido que lidiar los hombres desde el mismo día de la creación habría bastado para derribarlo todo.

"Después de estas palabras la dama me abrazó, me aconsejó que vistiera de franela, que escribiera seguido, en fin. Me marché y, cuando estaba en la calle, no sé por qué, tuve la extraña sensación de que yo era un impostor. Era raro que un hombre como yo, acostumbrado a embarcarme a cualquier parte del mundo de un día para otro, sin pararme a considerarlo más que si fuera a cruzar una simple calle, hubiera tenido un momento —no diré de duda, pero sí de perplejidad— ante un asunto que parecía tan normal. El único modo que tengo de explicárselos será decir que, por un instante, me sentí como si, en lugar de dirigirme al centro de un continente, estuviera a punto de embarcarme rumbo al centro de la tierra."

"Zarpé a bordo de un vapor francés que se detuvo en todos y cada uno de los malditos puertos que había por allí y sin otro propósito, al parecer, que desembarcar soldados y agentes de aduana. Yo observaba la costa. Observar la costa mientras ésta se desliza frente al barco es como contemplar un enigma. Te mira, te sonríe, frunce el ceño, insinuante, grandiosa, cruel, insulsa o salvaje, pero siempre muda y casi a punto de susurrarte: 'Ven a descubrirme'. Esta vez casi carecía de todo rasgo, como si estuviera aún por hacer, con un aspecto monótono y adusto. El linde de una selva colosal, de un verde tan oscuro que era casi negro, bordeado por la espuma blanca, discurría en una línea recta, como trazada adrede, a lo largo de kilómetros y kilómetros de un mar azul cuyos resplandores estaban opacados por una neblina sutil. El sol pegaba con fuerza y la tierra parecía sudar en medio del vapor. De vez en cuando aparecían algunos brochazos verdosos y rucios agrupados a la orilla de la espuma blanca, en ocasiones coronados por una pequeña bandera. Asentamientos de unos siglos de antigüedad y, pese a ello, no más grandes que cabezas de alfiler en medio de la inmensidad intacta del entorno. Navegábamos junto a la costa, nos deteníamos, desembarcaban algunos soldados y continuábamos; volvíamos a detenernos, desembarcaban los oficiales de aduana para recaudar impuestos en lo que parecía una jungla dejada de la mano de Dios, con un cobertizo de latón y un asta de bandera perdidos ahí en medio; también desembarcaban más soldados —presuntamente para cuidar de los oficiales de aduana—. Según oí decir, algunos se habían ahogado antes de llegar a la orilla, pero, más allá de que fuera cierto o no, nadie parecía especialmente preocupado por el asunto. Simplemente los dejábamos allí y seguíamos nuestro camino. La costa era igual día tras día, como si no nos hubiéramos movido. Pero en realidad íbamos dejando atrás varios lugares, puestos comerciales con nombres como Gran Bassam o Pequeño Popo, nombres que parecían sacados de una especie de sórdida farsa que se estuviera interpretando frente a un siniestro telón de fondo. La desocupación propia de cualquier pasajero, mi aislamiento en medio de todos estos hombres con quienes no tenía nada en común, la consistencia aceitosa y lánguida del mar, la sombra uniforme de la costa, todo ello parecía mantenerme apartado de la verdad de las cosas, preso en las labores de un espejismo luctuoso y sin sentido. Oír de vez en cuando la voz rugiente de las olas era un auténtico placer, como oír las palabras de un hermano. Era algo natural, que tenía su razón de ser, un sentido. A veces un bote proveniente de la orilla ofrecía un contacto momentáneo con la realidad. Un bote con remeros negros. Podías verlos venir desde lejos por el brillo del blanco de sus ojos. Lanzaban gritos, cantaban. Ríos de sudor recorrían sus cuerpos. Sus rostros eran como máscaras grotescas. Pero tenían hueso, músculo, una vitalidad salvaje, una intensa energía de movimientos, cosas que eran tan naturales y verdaderas como las olas que rompían contra la costa. No necesitaban una excusa para estar allí. Resultaba reconfortante mirarlos. Por un instante sentía que aún pertenecía a un mundo de hechos concisos. Pero esa sensación no duraba demasiado. Siempre aparecía algo que acababa espantándola. En una ocasión, recuerdo, nos topamos con una fragata anclada frente a la costa. Ni siquiera había un cobertizo en ese lugar, pero el barco disparaba contra los matorrales. Al parecer los franceses estaban librando una de sus guerras en las inmediaciones. Su insignia colgaba fláccida como un harapo; el morro de los cañones de ocho pulgadas asomaba por toda la parte inferior del casco. El oleaje espeso y aceitoso hacía subir y bajar perezosamente el barco, meneando los finos mástiles. En la vacía inmensidad de la tierra, el cielo y el agua, allí estaba la fragata incomprensible, disparándole a un continente. ¡Bum! Retumbaba uno de los cañones de ocho pulgadas, una pequeña llamarada que salía disparada y se perdía entre los arbustos, una fina humareda blanca que no tardaba en desaparecer, el silbido endeble de un proyectil… y no ocurría nada. Nada podía ocurrir. Había un toque de locura en ese procedimiento, cierto desvarío tétrico en la imagen; algo que no se disipó cuando un compañero de a bordo me aseguró, muy serio, que había un campamento de nativos —¡'enemigos' fue la palabra que usó!— escondido por ahí en algún lugar.

"Entregamos la correspondencia en la fragata (oí que la tripulación se estaba muriendo de fiebre a razón de tres hombres por día) y seguimos navegando. Nos detuvimos en unos cuantos lugares más, bautizados con nombres de farsa, donde la gozosa danza de la muerte y el comercio se ejecutaba en medio de una atmósfera inmóvil y telúrica, como en el interior de una catacumba recalentada; todo ello a lo largo de la costa informe azotada por el terrible oleaje, como si la propia naturaleza hubiera intentado mantener a raya a los intrusos, entrando y saliendo por ríos, torrentes de muerte en vida cuyas orillas estaban llenas de barro putrefacto, cuyas aguas, espesas como babas, invadían la contorsión de los manglares, que ante nuestros ojos parecían retorcerse al extremo de la impotencia y la desesperación. En ningún sitio nos detuvimos el tiempo suficiente para hacernos una impresión definida, pero la sensación general de vaga y opresiva irrealidad iba pesando más y más. Era como una tediosa peregrinación en la que iba recogiendo indicios de una pesadilla.

"Tendrían que pasar más de treinta días para que pudiera ver la desembocadura del gran río. Anclamos al pie de la sede del gobierno. Sin embargo, mi trabajo no empezaría sino hasta unas doscientas millas más adelante. En cuanto me fue posible, partí rumbo a un lugar que se hallaba treinta millas río arriba.

"Conseguí embarcar en un pequeño vapor. Su capitán era un sueco y, al enterarse de que yo era marinero, me invitó a subir al puente. Era un hombre joven, delgado, rubio y parsimonioso, de aspecto desgarbado, que caminaba arrastrando los pies. Mientras nos alejábamos del mísero muelle, sacudió despectivamente la cabeza mirando hacia la orilla. '¿Ha estado viviendo allí?', preguntó. Yo asentí. 'Menudos elementos los tipos del gobierno, ¿no le parece?'. Y prosiguió, hablando en inglés con gran precisión y considerable acritud: 'Es gracioso ver lo que alguna gente es capaz de hacer por unos pocos francos al mes. Me pregunto qué será de esta clase de tipos cuando vuelven a su país'. Le contesté que esperaba poder averiguarlo pronto. '¿Pronto?', exclamó, mirándome de arriba abajo, aunque sin perder de vista el agua. 'Yo no estaría tan seguro', continuó. 'El otro día llevé a bordo a un hombre que se colgó durante el viaje. También era sueco'. '¿Se colgó, dice? Por todos los santos, ¿y por qué?', exclamé yo, mientras él no despegaba los ojos del camino. 'Quién sabe', dijo. 'Quizás se hartó del sol. O del país'.

"Al fin llegamos a un recodo del río. Un acantilado rocoso apareció ante nosotros; había montículos de tierra removida junto a la orilla, unas pocas casas en una colina, y otras más, con techo de zinc, en medio de los escombros de una excavación, o al borde del precipicio. El ruido constante de una cascada pendía sobre toda esta escena de devastación habitada. Mucha gente, la mayoría negros desnudos, iba y venía por el lugar como un hormiguero. Un muelle se proyectaba sobre el río. Por momentos el sol cegador sumergía todo esto en el repentino recrudecimiento de un resplandor. 'Allí está la estación de su Compañía', dijo el sueco, señalando tres barracas de madera construidas sobre la pendiente rocosa. 'Le haré llegar sus cosas. ¿Cuatro bultos, dijo? Muy bien. Adiós'.

"Me topé con una caldera abandonada en medio de la hierba antes de hallar el sendero que conducía a lo alto de la colina. El camino pasaba junto a las rocas y también frente a una pequeña locomotora volcada en el suelo, con las ruedas al aire (le faltaba una). Aquella cosa parecía más muerta que el cadáver de un animal. Encontré por el sendero varias piezas más de maquinaria en desuso, un montículo de rieles oxidados. A la izquierda vi un puñado de árboles que conformaban una enramada sombría donde un montón de cosas oscuras y endebles parecían agitarse. Me froté los ojos. El sendero se empinaba en este punto. Una sirena ululó a mi derecha y entonces vi correr a un montón de gente negra. La detonación sorda y pesada hizo temblar el suelo, una humareda brotó de los riscos y eso fue todo. No se apreció ningún cambio en la faz de la roca. Estaban construyendo un ferrocarril. Los riscos no interrumpían el trazado, pero estas explosiones sin sentido eran al parecer la única obra en marcha.

"Un ligero tintineo a mis espaldas me hizo volver la vista atrás. Seis hombres negros avanzaban en fila, caminando esforzadamente por el sendero. Andaban muy erguidos, a paso lento, soportando sobre sus cabezas pequeñas cestas llenas de tierra y el tintineo seguía el ritmo de sus pasos. Llevaban el torso envuelto en unos harapos negros cuyos extremos se meneaban en sus espaldas como colas. Se les marcaban todas las costillas y las articulaciones de sus miembros eran como nudos en una cuerda. Cada uno tenía un collar de hierro y todos iban conectados por una cadena cuyos eslabones se balanceaban entre los cuerpos, tintineando rítmicamente. De repente, otro estallido proveniente de los riscos me trajo a la memoria aquel barco de guerra que disparaba contra un continente. Era el mismo tipo de rugido aciago. Sin embargo, ni siquiera con un esfuerzo de la imaginación les cabía a estos hombres el apelativo de enemigos. Preferían llamarlos criminales y la ley implacable, al igual que los explosivos, había llegado hasta ellos desde el otro lado del mar como otro misterio insondable. Sus magros pechos se hinchaban a la vez, las aletas de la nariz se les dilataban, temblorosas, y los ojos miraban atónitos hacia los peñascos. Pasaron a unos pocos centímetros de mí, sin mirarme, con esa indiferencia letal y absoluta de los salvajes infelices. A la cola de este cargamento de materia prima, uno de los elegidos, producto de las nuevas fuerzas al mando, marchaba sin entusiasmo con un rifle cruzado sobre el pecho. Tenía una casaca militar a la que le faltaba un botón y ante la proximidad de un hombre blanco, se apresuró a apoyar el cañón del rifle sobre su hombro. Lo hizo por pura precaución, pues, vistos desde la distancia, todos los blancos eran tan parecidos entre sí que aquel hombre no tenía manera de saber quién podría ser yo. No tardó en bajar la guardia y con una sonrisa amplia, muy blanca y llena de picardía, no sin antes echarle un vistazo a la carga, el hombre pareció hacerme partícipe de su exaltada confianza. Al fin y al cabo, yo también formaba parte de esa gran causa que empleaba tan elevados y justos procedimientos."

"En lugar de subir tras ellos, me desvié para bajar por la izquierda, con la sola intención de esperar a que el grupo de encadenados desapareciera de mi vista antes de trepar por la cuesta. Ya saben que no soy particularmente sensible; siempre he tenido que luchar y defenderme. He tenido que resistir e incluso atacar, que no es más que un modo de resistir, sin medir las consecuencias, respondiendo a las exigencias del tipo de vida que el azar me hubiera deparado. He conocido al demonio de la violencia, al demonio de la codicia y al demonio del ardiente deseo; pero ¡por todas las estrellas del cielo!, ésos eran unos diablos poderosos, lascivos y de ojos rojos que dominaban a otros hombres. Hombres, les digo. Y aun así, mientras esperaba allí en la ladera, pude prever que, a plena luz del día, bajo el mismo sol de esa tierra, me las vería con un diablo rechoncho, simulador y de ojos taimados, un diablo delirante, avaro y despiadado. Cuán pérfido e insidioso podía ser es algo que solo descubriría varios meses más tarde y dos mil millas tierra adentro. Por unos instantes me sentí desmoralizado, como bajo el efecto de una advertencia. Finalmente decidí volver a bajar por la cuesta, oblicuamente, en dirección a los árboles que había visto antes.

Rodeé un enorme agujero que alguien había estado cavando en la pendiente y cuya función me resultó imposible adivinar. No era una cantera ni un arenal, no. Era simplemente un hueco. Tal vez tuviera que ver con el deseo filantrópico de darles a los criminales algo que hacer. No lo sé. Luego estuve a punto de tropezar en una grieta muy delgada, apenas una cicatriz en la pendiente. Entonces descubrí que un montón de tubos de drenaje importados para el asentamiento habían sido depositados allí. No había uno solo que no estuviera roto. No era más que un amasijo de chatarra sin sentido. Al fin llegué a la enramada bajo los árboles. Mi idea era pasear a la sombra durante un rato. Pero tan pronto me hallé en aquel sitio tuve la impresión de que había penetrado en el horrendo círculo de un pequeño infierno. La cascada estaba cerca y un estruendo incesante, uniforme y desbocado llenaba la luctuosa quietud del bosquecillo, donde no soplaba ni un suspiro, donde no se movía ni una hoja, en medio de ese misterioso sonido: parecía como si los ritmos exaltados de esta tierra errante se hubieran vuelto audibles de repente.

Siluetas negras se acurrucaban, dormían, se sentaban entre los árboles, apoyadas en los troncos, aferradas a la tierra, apenas definidas, medio difuminadas bajo la luz atenuada, personificando todos los gestos del dolor, el abandono y la desesperación. Se oyó el estallido de otra mina en los riscos, seguido de un leve temblor bajo mis pies. Los trabajos proseguían. ¡Los trabajos! Y éste era nada menos que el lugar donde algunos de los trabajadores venían a morir.

Y estaban muriendo lentamente, eso estaba claro. No eran enemigos, no eran criminales, ya no eran siquiera algo terrenal. No eran más que sombras negras de la enfermedad y el hambre, entreveradas confusamente en esa penumbra verdosa. Traídos desde todos los rincones de la costa con el amparo legal de unos contratos temporales, perdidos en ese territorio que les era ajeno, mal alimentados con comida extraña, aquellos hombres enfermaban, se volvían ineficientes y al final solo se les permitía arrastrarse hasta ese sitio para descansar. Estas formas moribundas eran libres como el viento. Y casi tan insustanciales. De pronto, al bajar la vista, junto a mi mano, me encontré con un rostro. Un negro saco de huesos recostado contra un árbol sobre uno de sus hombros. Lentamente, los párpados se abrieron y los ojos hundidos me miraron, enormes y vacíos, con una especie de ciego centelleo proveniente de las profundidades de las órbitas, que volvieron a cerrarse con la misma lentitud. El hombre parecía joven, casi un niño, aunque ya saben que con ellos es difícil adivinar la edad que tienen. No hallé otra cosa que hacer salvo ofrecerle una de las galletas del barco del sueco que llevaba en el bolsillo. Sus dedos se cerraron muy despacio sobre la galleta. Y entonces ya no hubo ningún movimiento, ninguna mirada. Tenía atado al cuello un trocito de lana blanca. ¿Para qué? ¿De dónde lo había sacado? ¿Era un emblema? ¿Un ornamento? ¿Un fetiche? ¿Un acto propiciatorio? ¿Había siquiera alguna idea relacionada con ese trozo de lana? Llamaba la atención alrededor de su cuello negro este pedazo de fibra blanca traída desde tan lejos.

Cerca de aquel árbol, dos bultos angulosos más yacían con las piernas encogidas. Uno de ellos, con el mentón apoyado en las rodillas, miraba al vacío con una expresión de intolerable aflicción: su hermano fantasma tenía la cabeza totalmente gacha, como afectado por un terrible cansancio. Y esparcidos en torno a ellos había varios más, sumidos en todas las poses imaginables de la contorsión y el colapso, como sacados de la pintura de una masacre o una epidemia. Paralizado de horror vi cómo una de esas criaturas se levantaba en cuatro patas y se acercaba al río para beber. Después de vaciar el cuenco de su mano con la lengua, se sentó al sol con las canillas cruzadas frente a él y al cabo de unos segundos dejó que su cabeza rizada cayera sobre su huesudo pecho.

Ya no quería seguir caminando entre las sombras y me apresuré a llegar a la estación. Cuando me aproximaba a las dependencias, me topé con un hombre blanco, y cómo sería de inesperada la elegancia de su atuendo que, por un instante, lo tomé por una especie de visión. Vi un cuello alto almidonado, puños blancos, una fina chaqueta de alpaca, pantalones níveos, un corbatín claro y botas relucientes. No llevaba sombrero. El pelo partido a la mitad, bien cepillado, bien aceitado, debajo de una sombrilla de franjas verdes con un enorme mango blanco. Un individuo asombroso; y tenía detrás de la oreja un lapicero.

Estreché la mano de aquel milagro ambulante y supe así que era el jefe de contables de la Compañía y que toda la contabilidad se hacía en esa estación. Había salido un momento, dijo, "para tomar un poco de aire fresco". La expresión me sonó maravillosa y extraña por su evocación del sedentarismo de la vida en los despachos. Ni siquiera les habría mencionado a este caballero, pero fue por boca del mismo que oí por primera vez el nombre de la persona que se encuentra indisolublemente ligada a mis recuerdos de aquella época. Por lo demás, sentía respeto por ese caballero. Sí, respetaba sus cuellos, sus enormes puños, su pelo tan bien cepillado. Sin duda su aspecto era comparable al del maniquí de un peluquero. Pero en medio de la desmoralización de aquel lugar, el hombre conservaba su elegancia. Eso se llama temple. Sus cuellos almidonados y la pulcritud de sus camisas eran triunfos del carácter. Llevaba allí casi tres años. No pude evitar preguntarle cómo conseguía mantenerse tan pulcro. Apenas se ruborizó un poco antes de contestarme con total modestia: "He estado enseñando a una de las nativas que viven cerca de la estación. No ha sido fácil. Al principio no le gustaba el trabajo". De modo que este hombre había conseguido algo. Y además estaba dedicado en cuerpo y alma a sus libros de contabilidad, los cuales mantenía siempre en perfecto orden.

Todo lo demás en aquella estación era un revoltijo. Las cabezas, las cosas, los edificios. Ristras de negros polvorientos con los pies rajados llegaban y se iban; un flujo constante de bienes manufacturados, algodones sucios, cuentas y cables de cobre eran enviados a las profundidades de la oscuridad; y a cambio se recibía a cuentagotas el preciado marfil.

Tuve que esperar en la estación durante diez días. Una eternidad. Me hospedé en una cabaña en medio del patio, pero para mantenerme al margen del caos a menudo me refugiaba en la oficina del contable. Era un cobertizo construido con listones horizontales puestos de tan mala manera que mi amigo, inclinado sobre su gran escritorio, quedaba de pies a cabeza cubierto con franjas de luz solar. No hacía falta abrir la gran ventana para ver el exterior. Hacía el mismo calor adentro que afuera. Enormes moscas zumbaban con alevosía y no picaban sino que te acribillaban. Por lo general me sentaba en el suelo mientras, con su intachable aspecto (y a veces incluso un poco perfumado), sentado en una alta butaca, el contable escribía y escribía. A veces se levantaba para ejercitar los músculos. Cuando pusieron en su despacho un catre con un enfermo (cierto agente del interior que se había quedado inválido), el contable demostró su incomodidad con gentileza. "Los gemidos de este pobre enfermo", dijo, "distraen mi atención. Y así es extremadamente difícil no cometer errores administrativos, peor aún con este clima".

Uno de esos días, sin levantar la cabeza de sus papeles, comentó casualmente: "Cuando llegue al interior seguramente conocerá al señor Kurtz". Quise saber quién era ese tal señor Kurtz y el contable respondió que se trataba de un agente de primer rango. La decepción que dicha información me produjo lo obligó a dejar el lápiz sobre la mesa y añadir lentamente: "Es un hombre de veras notable". Indagando un poco más averigüé que el señor Kurtz estaba entonces a cargo de un puesto comercial de gran importancia en el auténtico país del marfil, "en lo más profundo del mismo. Y envía tanto marfil como todos los demás puestos juntos…". Dicho lo cual el contable reanudó su labor. El enfermo estaba demasiado grave siquiera para rezongar. Las moscas zumbaban en medio del sosiego del despacho.

De repente se oyó un murmullo de voces y el repiqueteo de unos pasos. Había llegado una caravana. Una violenta algarabía de bastos sonidos se desató al otro lado de los listones. Todos los cargadores hablaban al unísono y, en medio del barullo, retumbó la quejumbrosa voz del agente, amenazando con "mandarlo todo al demonio" por enésima vez aquel día…

El contable se levantó de su butaca. "Qué alboroto más horripilante", dijo. Con su amabilidad de siempre, atravesó el despacho para echarle un vistazo al enfermo, y cuando volvía me dijo: "Ya no nos puede escuchar".

"¿Cómo?", pregunté aterrado, "¿está muerto?".

"No, todavía no", respondió él, sin perder la compostura. Luego, señalando con un movimiento de la cabeza hacia el tumulto que se había formado en el patio de la estación, dijo: "Cuando uno tiene que llevar las cuentas correctamente, es imposible no acabar odiando a estos salvajes… odiarlos hasta la muerte". Se quedó pensativo durante unos instantes.

"Cuando vea al señor Kurtz —continuó—, dígale de mi parte que aquí todo", y entonces miró su escritorio, "transcurre de manera satisfactoria. Prefiero no escribirle. Con los mensajeros que tenemos no se sabe quién puede acabar apoderándose de las cartas que uno envía… en esa Estación Central".

Me miró por unos segundos con sus ojos apacibles y saltones. "Oh, Kurtz llegará lejos, muy lejos —prosiguió—. Más pronto que tarde se convertirá en alguien importante dentro de la Administración. Es lo que tienen planeado para él allá arriba, ya sabe, el Consejo en Europa".

El contable volvió a sus papeles. El ruido del patio había cesado y, antes de salir, me detuve en el umbral. Entre el zumbido perenne de las moscas, el agente enfermo yacía insensible y enrojecido; el otro, inclinado sobre sus libros de contabilidad, consignaba correctamente los datos de unas transacciones perfectamente correctas; y a veinte metros de esa misma puerta se divisaban las serenas copas de la arboleda de la muerte.

Por fin, al día siguiente, me marché de la estación con una caravana de sesenta hombres, en una caminata de doscientas millas.

De nada vale extenderse al respecto. Senderos, senderos por doquier; una red de senderos grabada en el interior de esa tierra vacía, entre pastizales frondosos, llanos quemados, zarzales, subiendo y bajando por desfiladeros escalofriantes, subiendo y bajando por peñascos abrasadores; y esa soledad, la soledad, ni una sola choza, nada. La población había desaparecido hacía mucho tiempo. Ahora que lo pienso, si un montón de misteriosos negros armados con toda clase de temibles armas de repente decidiera viajar por el camino entre Deal y Gravesend, usando los carros hallados a diestra y siniestra para transportar pesadas cargas, imagino que todas las granjas y cabañas de los alrededores no tardarían en quedar deshabitadas; solo que, en este caso, no quedaban ni siquiera las viviendas.

Aun así, durante la caminata pasamos por varias aldeas abandonadas. Hay algo patéticamente infantil en las ruinas de unas casas hechas con paja. Todo era igual día tras día: el estampido y el fragor de sesenta pares de pies descalzos marchando a mis espaldas, cada par de pies debajo de una carga de sesenta libras. Acampar, cocinar, dormir, levantar el campamento, marchar. De vez en cuando aparecía un porteador muerto con su arnés, echado entre la hierba a un lado del camino, junto a la cantimplora vacía y su largo bordón. Siempre rodeados de un silencio profundo. A lo sumo, alguna noche callada se escuchaba el clamor distante de unos tambores, hundiéndose, naufragando en el espacio, un vasto temblor, cada vez más tenue; un sonido extraño, llamativo, sugerente y salvaje, aunque quizás cargado de un significado profundo, como ocurre con las campanadas de las iglesias en los países cristianos.

En una ocasión nos topamos con un hombre que llevaba la chaqueta del uniforme sin abotonar, acampando en el sendero con una escolta armada de lívidos zanzíbares, un hombre muy hospitalario y alegre, por no decir borracho. Se ocupaba del mantenimiento de los caminos, nos explicó. No puedo decir que haya visto ningún camino y mucho menos nada de mantenimiento, a menos que el cuerpo sin vida de ese joven negro con un agujero de bala en la frente —con el cual estuve a punto de tropezar tres millas más adelante— pudiera ser considerado como una mejora permanente.

También tenía un compañero blanco. No era mal tipo, quizás un poco rollizo. Aunque, claro, tenía el exasperante hábito de desmayarse en las laderas muy calientes, a millas de distancia de la más mínima porción de sombra o fuente de agua. Resultaba fastidioso, como imaginarán, sostener tu propia chaqueta como un parasol sobre la cabeza de un hombre, en espera de que éste volviera en sí.

No pude evitar preguntarle por las razones de su presencia en semejante lugar.

"Vine para hacer dinero, por supuesto. ¿Para qué más iba a ser?", contestó desdeñoso. Luego enfermó de fiebre y hubo que transportarlo en una hamaca colgada de un palo. Dado que pesaba casi ciento veinte kilos, tuve mil altercados con los porteadores. Se quejaban, huían, se escabullían por las noches con sus cargas. Fue casi un motín. Así que una tarde me dirigí a ellos en inglés, ayudándome con gestos, ninguno de los cuales pasó desapercibido para los sesenta pares de ojos que tenía ante mí. Y a la mañana siguiente ordené que la hamaca marchara al frente de la expedición. Una hora más tarde me encontré con toda aquella carga arrojada de mala manera entre los matorrales: hombre, hamaca, gemidos, sábanas, pavor. El pesado palo le había despellejado parte de la nariz. El hombre estaba ansioso por verme matar a alguien, pero no hallé ni sombra de los porteadores en las inmediaciones.

Recordé las palabras del viejo doctor: "Sería interesante para la ciencia observar los cambios mentales de los individuos sobre el terreno". En ese momento sentí que empezaba a volverme interesante desde un punto de vista científico.

Sin embargo, aquello no pasó a mayores. A los quince días de viaje volví a divisar el gran río y, con esfuerzo, conseguí llegar a la Estación Central, que se hallaba en un recodo rodeado de maleza y selva, con una extensa ribera de lodo maloliente delante de la fachada y los tres lados restantes custodiados por una absurda valla de juncos. Una brecha desprolija hacía las veces de portal y solo hacía falta echar un vistazo rápido a todo el lugar para saber que el espectáculo corría a cargo del diablo regordete.

Unos cuantos hombres blancos armados con largas varas salieron de los cobertizos caminando a paso lánguido, solo para echarme un vistazo antes de volver a dispersarse. Uno de ellos, un tipo nervioso y fortachón de bigotes negros, en cuanto me hube presentado, me informó con gran locuacidad y no pocas digresiones que mi vapor se hallaba hundido en el fondo del río.

La noticia me dejó perplejo. ¿Qué, cómo, por qué?

"Oh, pero no pasa nada", dijo. El "administrador en persona" se encontraba allí. Todo en orden. "¡Todo el mundo se ha comportado espléndidamente, espléndidamente!". Y al instante agregó, muy agitado: "Tendrá que reunirse de inmediato con el administrador general. ¡Lo está esperando!".

En ese momento no atiné a comprender el verdadero significado de ese hundimiento. Supongo que ahora puedo entenderlo, pero no estoy seguro… en absoluto. Sin duda, todo aquel asunto era demasiado estúpido —ahora que lo pienso— para que en conjunto resultara natural.

Y aun así, en ese momento, aquello se me presentó simplemente como una situación irritante y confusa. El vapor estaba hundido. Dos días atrás, obligados por no sé qué urgencia, habían tenido que zarpar de un lugar río arriba con un timonel voluntario que, al cabo de solo tres horas de navegación, destrozó el casco del vapor contra unas rocas. El barco naufragó cerca de la margen sur del río.

Me pregunté qué sentido tendría estar allí, ahora que mi vapor se había hundido. Lo cierto es que tenía mucho trabajo por delante, pues ahora tendría que reflotar el barco desde las profundidades del río.

Al siguiente día ya me había puesto manos a la obra. Entre eso y las reparaciones, una vez que conseguí que enviaran las piezas desde la estación, pasaron unos meses.

Mi primer encuentro con el administrador fue curioso. Para empezar, ni siquiera me invitó a sentarme después de la caminata de veinte millas que había hecho esa mañana. Era un hombre de aspecto común, en sus rasgos, sus modales y su voz, de estatura media y de complexión ordinaria. Sus ojos, de un color azul anodino, despedían quizás una notable frialdad y ciertamente era capaz de mirarte como si dejara caer sobre ti el peso de un hacha bien afilada. Pero incluso en esos momentos la serenidad de su talante parecía desmentir sus intenciones. Por lo demás, solo ofrecía una indefinible y leve expresión en los labios, algo sigiloso que no llegaba a ser una sonrisa. No, no era una sonrisa. Recuerdo el gesto, pero no soy capaz de explicarlo. Era inconsciente. Aquella sonrisa, quiero decir. Aunque justo después diría algo que la intensificaría por un instante. Aparecía al final de su discurso como un sello que hubiera aplicado sobre las palabras, de modo que incluso el significado de las frases más simples resultara absolutamente inescrutable.

Era un simple comerciante, empleado desde su juventud en estos países. Nada más. Todos lo obedecían y, sin embargo, no inspiraba ni afecto ni miedo, ni siquiera respeto. Inspiraba inquietud. ¡Eso era! Inquietud. No una desconfianza rotunda, no. Era solo inquietud. No tienen idea de cuán efectiva puede llegar a ser una facultad como ésa.

No tenía ningún talento para la organización, ni iniciativa, ni siquiera orden. Eso se notaba en el deplorable estado de la estación. No tenía educación ni inteligencia. ¿Cómo es que se mantenía en el cargo? Quizás porque nunca enfermaba… Había servido allí en tres períodos, a lo largo de tres años… A fin de cuentas, tener una salud de hierro en medio de la degradación general de los organismos constituye una clase de poder en sí misma. Cada vez que regresaba a descansar a casa lo hacía en medio de gran alboroto, pomposamente. Marinero en tierra. Aunque con una diferencia, al menos aparente. Algo que pude captar en las conversaciones casuales que tuve con él, y es que no originaba absolutamente nada. Lo único que podía hacer era alargar la rutina, pero eso era todo. Y, sin embargo, era formidable. Era formidable por ese pequeño detalle que hacía imposible averiguar cómo mantenía el control. Nunca nos reveló el secreto. Quizás no hubiera nada que revelar. Y esa suspicacia lo obligaba a uno a detenerse… pues su rostro no ofrecía una sola señal.

En una ocasión, en que varias enfermedades tropicales habían obligado a casi todos los "agentes" de la estación a guardar reposo, se le oyó decir: "Los hombres que vienen aquí no deberían tener entrañas". Y para sellar el comentario adoptó ese gesto suyo, esa sonrisa, como quien abre una puerta a la oscuridad de sus adentros. Por un instante parecía vislumbrarse algo allí… pero el sello lo cubría.

En cierta ocasión, harto como estaba a la hora del almuerzo por las constantes disputas entre los hombres blancos sobre la prelación en los turnos, ordenó que se sirviera la comida en una enorme mesa redonda, para lo cual fue necesario construir un cobertizo especial. Aquel era el lugar más desastroso de toda la estación. No importaba dónde se sentara, el primer puesto era siempre el suyo. Los demás daban igual. Y uno sentía que aquello era resultado solo de su inalterable convicción. No era ni amable ni descortés. Pero permitía que su "muchacho" —un obeso jovencito negro de la costa— tratara a los demás hombres blancos con provocadora insolencia, delante de sus propias narices.

El caso es que empezó a hablar en cuanto me vio llegar. Yo había recorrido un largo camino, pero él no podía esperar. Tendría que empezar sin mí. Las estaciones río arriba esperaban apoyo. Después de tantos retrasos ya no sabía quién seguía vivo y quién muerto ni cómo se las estarían arreglando allí, etcétera, etcétera. No prestó ninguna atención a mis explicaciones y, sin dejar de jugar con una barra de lacre, repitió varias veces que una estación muy importante corría un grave peligro y que su jefe, el señor Kurtz, se encontraba enfermo. Esperaba que solo fueran rumores, pues el señor Kurtz era…

De repente me sentí cansado e irritable. "Me importa un bledo Kurtz", pensé. Entonces lo interrumpí diciéndole que ya había oído hablar del señor Kurtz en la costa.

"¡Oh, así que también hablan de él allá!", murmuró para sí mismo y, a continuación, me aseguró que el señor Kurtz era el mejor agente que tenía a su servicio, un hombre excepcional, de la mayor importancia para la Compañía, de ahí que su ansiedad debiera resultarme comprensible. Se sentía, me dijo, "muy, muy incómodo", cambiando de posición una y otra vez en su silla. Luego, cuando se disponía a preguntarme "cuánto tardaría", lo interrumpí de nuevo. Estaba hambriento y ni siquiera había podido sentarme aún, de modo que empezaba a ponerme un poco salvaje, ya saben.

"No tengo manera de saberlo", dije. "Ni siquiera he podido examinar los daños… Unos meses, como mínimo".

Aquella conversación me parecía una pérdida de tiempo.

"Unos meses", repitió él. "Pues bien, digamos que serán tres meses, antes de que podamos zarpar, sí. Con eso bastará para solucionar el asunto".

Salí de aquella cabaña (el administrador vivía solo en una casita de adobe con una especie de baranda), mascullando para mis adentros lo que pensaba de él: era un charlatán y un imbécil. Más tarde tendría que retractarme al comprobar atónito con cuánta precisión había estimado el tiempo necesario para culminar con el "asunto".

Me puse a trabajar al día siguiente dándole, por así decirlo, la espalda a la estación. Solo de esa manera me pareció que podía consolarme y mantener contacto con los hechos de la vida. Aun así, a veces uno tiene que pararse a mirar alrededor. Y fue así como vi la estación, a esos hombres que marchaban sin ton ni son bajo la resolana del patio. Me pregunté de pronto qué sentido tenía todo aquello. Caminaban de aquí para allá empuñando sus absurdas y largas varas, como un montón de peregrinos embrujados que hubieran perdido la fe dentro de una cerca podrida. La palabra "marfil" volaba por los aires, entre susurros, entre suspiros. Casi se diría que le estaban rezando. Un miasma de estúpida rapacidad atravesaba aquella atmósfera, como el hedor que se desprende de un cadáver. ¡Por Júpiter! ¡Nunca he visto nada tan irreal en toda mi vida! Y ahí afuera, la selva silenciosa que rodeaba aquella mota de terreno despejado me asaltó como algo grandioso e invencible, como el mal o la verdad, esperando pacientemente a que acabara esta fantástica invasión pasajera.

¡Qué meses aquéllos! En fin, dejémoslo. Muchas cosas pasaron. Una de esas noches, una choza de paja llena de calicó, telas de algodón, cuentas y vaya uno a saber qué más, ardió en llamas de una manera tan repentina que cualquiera habría pensado que la tierra se estaba abriendo para dejar que el fuego infernal consumiera todas esas baratijas. Yo fumaba mi pipa tranquilamente junto a los restos del barco cuando vi las siluetas encabritadas, recortadas contra la luz, agitando los brazos en alto; el fortachón de bigotes corrió despavorido hasta el río con un cubo de latón en la mano, me aseguró que todo el mundo se estaba comportando "espléndidamente, espléndidamente", recogió casi un cuarto de galón de agua y salió corriendo de nuevo. Noté que había un agujero en el fondo del cubo.

Me acerqué al lugar. Toda prisa era inútil. Se veía a las claras que la choza había ardido como una caja de fósforos. Algo irremediable desde el primer momento. La llama había alcanzado gran altura y obligado a todos a retroceder, iluminándolo todo a su alrededor. Pero no tardó en apagarse. La choza no era más que un montón de rescoldos ardientes. Cerca de allí, alguien estaba apaleando a un negro. Decían que, de algún modo, era el responsable de haber provocado el fuego; fuera cierto o no, el hombre lanzaba unos horribles chillidos. Durante los siguientes días lo vería sentado bajo la sombra de un árbol, con aspecto de estar muy enfermo, intentando recuperarse. Finalmente acabaría marchándose y la selva, sin inmutarse, lo acogería de nuevo en su seno.

Mientras me acercaba a los rescoldos desde la oscuridad, me vi de pronto a la espalda de dos hombres que cuchicheaban. Oí que pronunciaban el nombre de Kurtz y luego hablaron de "aprovecharse de este desafortunado accidente". Uno de esos hombres era el administrador, a quien procedí a saludar.

"¿Alguna vez ha visto algo así?", dijo. "Es increíble, ¿eh?". Y se apartó.

El otro hombre permaneció junto a mí. Era un agente de alto rango, joven, caballeroso, un tanto reservado, con una pequeña barba bifurcada y la nariz aguileña. Trataba a los otros agentes con distancia y éstos, por su parte, decían que aquél era un espía del administrador. Antes de esa conversación apenas si recordaba haberle dirigido la palabra. Nos pusimos a hablar y, poco a poco, empezamos a alejarnos del siseo de los escombros. Luego él me invitó a su cuarto, que estaba en el edificio principal de la estación.

Encendió un fósforo y así pude darme cuenta de que este joven aristócrata poseía no solo un tocador repujado en plata, sino también una vela entera, toda para él solo. Por esos días se había decretado que solo el administrador tendría derecho a usar las velas que quisiera. Las paredes de barro estaban adornadas con tapices nativos. Una colección de lanzas, azagayas, escudos y puñales colgaba de ellas a manera de trofeos.

La labor que le habían encomendado a este caballero era la de fabricar ladrillos. O eso me habían dicho. Sin embargo, no había un solo trozo de ladrillo en toda la estación y aquel hombre llevaba allí más de un año… esperando. Al parecer no había podido fabricar los ladrillos porque le faltaba algo, no sé qué. Paja, quizás. El caso es que ahí no se conseguía y, dado que era improbable que se lo enviaran desde Europa, no entendí del todo qué era lo que estaba esperando. Un acto de generación espontánea, tal vez.

El caso es que todos, los dieciséis o veinte peregrinos que vivían allí, todos estaban esperando algo. Y puedo jurarles que no parecía una ocupación improcedente, a juzgar por cómo la asumían; aunque, hasta donde pude ver, lo único que obtenían al final era la enfermedad. Mataban el tiempo urdiendo intrigas y calumnias unos contra otros de una manera bastante ridícula. Reinaba en toda la estación una atmósfera de conspiración, pero al final no ocurría nada, por supuesto. Era algo tan irreal como todo lo demás: como la fachada filantrópica de la empresa entera, como sus discursos, como su gobierno y su actitud hacia el trabajo. El único sentimiento real era el deseo de obtener un cargo en una estación comercial donde se recibiera mucho marfil, de modo que pudieran ganar altos porcentajes. De ahí sus intrigas, sus difamaciones y sus odios. Ahora bien, en cuanto a levantar un solo dedo contra alguien, ¡oh, no! ¡Por todos los cielos! Al fin y al cabo, existe algo en el mundo que permite a un hombre robar un caballo, mientras otros no pueden ni mirar el cabestro. Robar un caballo con alevosía. Sí, señor, así de fácil. El ladrón puede incluso llegar a montarlo libremente. Y, sin embargo, existe cierta manera de mirar un cabestro que podría sacar de sus casillas al más caritativo de todos los santos.

No tenía la más mínima idea de por qué intentaba ser sociable conmigo, pero mientras charlábamos allí en su cuarto, tuve la impresión de que el caballero intentaba averiguar algo. De hecho, quería sonsacármelo. Aludía constantemente a Europa, a la gente que supuestamente yo debía de conocer allí, dirigiendo las preguntas hacia la identidad de mis amistades en la ciudad sepulcral. Sus ojillos brillaban como pequeños discos de mica, intrigantes, aunque el hombre procuraba no perder ese toque de arrogancia.

Al principio me desconcertó, pero poco después me invadió una horrible curiosidad. Ni siquiera yo mismo era capaz de imaginar qué había en mí que pudiera interesarle tanto. Era fascinante ver cómo se esforzaba en vano, porque lo cierto es que dentro de mí solo sentía escalofríos y en mi cabeza no había nada salvo el asunto del vapor averiado. Era evidente que me había tomado por un perfecto embustero. Al final acabó por irritarse y, para disimular un airado gesto de fastidio, hizo como que bostezaba. Yo me levanté. Pero entonces me llamó la atención un pequeño bosquejo al óleo, pintado sobre una tabla, que representaba a una mujer en túnica, con los ojos vendados, empuñando una antorcha encendida. El fondo era sombrío, casi negro. La mujer daba la impresión de estar paralizada y el efecto de la luz de la antorcha en su rostro era siniestro.

La pintura me obligó a detenerme y el hombre se levantó cortésmente para sujetar ante ella una vela embutida en el pico de una botella de champaña (recomendación médica). Cuando le pregunté de quién era, me contó que la había pintado el señor Kurtz en esa misma estación, más de un año atrás, mientras esperaba la llegada de un medio que lo llevara a su dependencia comercial.

"Perdone la pregunta", dije, "¿quién es este tal señor Kurtz?".

"Es el jefe de la Estación del Interior", respondió cortante, apartando la mirada.

"Muchas gracias", dije riéndome. "Y usted es el fabricante de ladrillos de la Estación Central. Todo el mundo sabe eso".

Guardó silencio durante unos instantes.

"Kurtz es un prodigio", dijo por fin. "Es un emisario de la piedad, de la ciencia, del progreso y el diablo sabrá de qué más. Lo necesitamos" —y en este punto adoptó de repente un tono declamatorio—, "para que nos guíe en esta causa que Europa nos ha encomendado, por así decirlo; necesitamos inteligencias superiores, necesitamos toda la simpatía posible y un objetivo común".

"¿Y quién dice eso?", pregunté.

"Mucha gente", respondió. "Algunos incluso han escrito sobre el asunto. Y entonces él vino aquí, un ser especial, como ha de saber".

"¿Por qué he de saberlo?", lo interrumpí, realmente sorprendido, pero él no me prestó atención y prosiguió.

"Sí, hoy es el jefe de la mejor estación; el próximo año lo harán administrador adjunto y en dos años más… Pero me atrevo a decir que usted sabe qué cargo ocupará Kurtz dentro de dos años. Usted pertenece a la nueva manada. La manada de la virtud. La misma gente que lo envió a él fue quien lo recomendó a usted. Oh, no se atreva a negarlo. Eso salta a la vista".

La luz de la vela se posó sobre mí. Las influyentes amistades de mi querida tía habían producido un efecto inesperado en este joven. Estuve a punto de soltar una carcajada.

"¿Acaso lee usted la correspondencia confidencial de la Compañía?", le pregunté.

No fue capaz de contestar una sola palabra. Y yo me estaba divirtiendo de lo lindo.

"Cuando el señor Kurtz", continué en tono severo, "cuando el señor Kurtz llegue a administrador general, usted no va a tener la más mínima oportunidad de ascenso".

De repente el joven sopló la vela y salió del cuarto. Afuera, la luna brillaba en lo alto del cielo. Lánguidas siluetas negras rodaban por el espacio, arrojando cubos de agua sobre el resplandor de las brasas, que seguían produciendo aquel siseo. Nubes de vapor se elevaban a la luz de la luna. El negro castigado gemía de dolor en algún lugar.

"¡Qué ruido hace esta bestia!", dijo el infatigable hombre de los bigotes, que andaba por allí cerca. "Le está bien empleado. ¿Transgresión? ¡Castigo! ¡Pum! Sin piedad, sin piedad. Es la única manera. Solo así evitaremos todas las sublevaciones en el futuro. Justo le estaba diciendo al administrador que…".

Solo entonces notó la presencia de mi acompañante, cosa que lo dejó abatido de inmediato. "¿Aún sigue despierto?", dijo con una especie de amable servilismo. "Normal, claro. Peligro… agitación". Se alejó a toda prisa.

Yo caminé hasta la orilla del río y el joven me siguió. Desde allí, las imprecaciones sonaban como un murmullo insidioso: "¡Vamos, inútiles, vamos!". Pude ver a los peregrinos en pequeños grupos, gesticulando, discutiendo. Muchos de ellos todavía empuñaban sus varas. Llegué a creer de verdad que dormían con esos palos en la mano.

Más allá de la cerca, la selva lucía espectral bajo la luna y, a través de la sutil vibración del aire, a través de los sonidos en sordina que se producían en aquel lamentable solar, el silencio de la tierra encontraba su hogar en nuestro propio corazón: su misterio, su grandeza, la asombrosa realidad de su vida secreta.

El negro malherido gemía lastimeramente no sé dónde, cerca de allí. Al rato lanzó un profundo suspiro que me obligó a alejarme de aquel lugar. De repente sentí cómo una mano se introducía bajo mi brazo.

"Mi estimado amigo", dijo el caballero, "no quiero que me malinterprete, especialmente usted, que va a poder ver al señor Kurtz mucho antes de que yo tenga ese placer. No me gustaría que él se hiciera una idea equivocada sobre mi posición…".

Dejé hablar a ese Mefistófeles de pacotilla y por un momento me pareció que podría atravesarlo con un dedo y que en su interior hallaría apenas un poco de polvo. Su intención, cómo no, era llegar a ser administrador adjunto a la sombra del administrador actual, y entendí que la llegada de ese tal Kurtz los había fastidiado a ambos.

Hablaba atropelladamente y yo no hacía nada para detenerlo. Apoyé la espalda contra las ruinas de mi barco, encallado en la orilla como el cadáver de algún enorme animal acuático. El olor del barro, del barro primigenio, ¡por Júpiter!, se me metía por la nariz y ante mis ojos se presentaba la suave quietud de la selva primigenia; sobre la corriente del arroyo se apreciaban algunos remansos bruñidos.

La luna había esparcido sobre todas las cosas una fina capa de plata: sobre la hierba fresca, sobre el barro, sobre el muro acolchado de vegetación que se alzaba más imponente que las murallas de un templo, sobre el gran río, que podía ver a través de un sombrío boquete en la maleza, brillando, brillando a medida que fluía anchuroso sin emitir un solo murmullo.

Todo esto me parecía grandioso, sugerente, sutil, mientras el hombre parloteaba sin cesar. Me pregunté si la serena faz de aquella inmensidad que se presentaba ante nosotros había sido creada originalmente como una amenaza o como un embeleso. ¿Y quiénes éramos nosotros, extraviados en aquel lugar? ¿Podríamos dominar a aquella cosa insensata o acabaría ella dominándonos a nosotros?

Sentí la inmensidad, la intrincada inmensidad de esa cosa que no podía hablar y que tal vez era sorda también. ¿Qué buscábamos allí? Es posible que algo de marfil y también al señor Kurtz, que según decían se encontraba ahí adentro. Estaba harto de oír hablar de lo mismo. ¡Vaya si lo estaba! Pero, no sé cómo, las palabras eran incapaces de producir una sola imagen. Lo mismo habría dado que me hubiesen dicho que allí vivía un ángel o un demonio. Creía en ello tal como cualquiera podría creer que hay habitantes en el planeta Marte.

Una vez conocí a un fabricante de velas escocés que estaba seguro, totalmente seguro de que había gente viviendo en Marte. Si uno le preguntaba por el aspecto o el comportamiento de esos habitantes, el escocés se avergonzaba y mascullaba algo así como que "andaban en cuatro patas". Si uno se atrevía siquiera a sonreír, el hombre te desafiaba a pelear, aunque ya tenía sesenta años.

Yo no habría llegado al extremo de pelear por Kurtz, pero sí estuve a punto de ceder a la mentira. Ya saben cuánto detesto, cuánto odio la mentira. Es algo que no puedo soportar. No porque me crea más honesto que los demás, sino porque la mentira me deprime. Hay en las mentiras cierto hálito fatal, un sabor a mortecina, que es precisamente lo que más odio en el mundo, lo que desearía olvidar. Me mortifica y me asquea tanto como si me llevara a la boca algo podrido. Será algo de mi temperamento, supongo.

En fin, estuve muy cerca de mentir al dejar que ese pobre necio creyera cuanto quiso imaginar respecto a mi influencia en Europa. En un solo instante me había convertido en otro simulacro igual al resto de los peregrinos embrujados. Y todo simplemente porque sospechaba que de alguna manera esto le sería útil al tal señor Kurtz, a quien hasta entonces no había siquiera visto… ya saben. Para mí no era más que una palabra. No era capaz de ver al hombre en el nombre mejor de lo que ustedes podrían hacerlo ahora. ¿Lo ven acaso? ¿Adivinan en él la historia? ¿Ven algo al menos?

Tengo la impresión de que estoy intentando contarles un sueño. Intentándolo en vano, al menos, porque ningún relato puede transmitir las sensaciones que se experimentan durante el sueño, esa mezcla de sinsentido, sorpresa y pasmo en medio del espanto y la agonía, esa impresión de ser capturado por lo increíble que se halla en la esencia de los sueños…

Marlow guardó silencio durante unos segundos.

—… No, es imposible; es imposible transmitir la sensación vívida de ninguna etapa de nuestra existencia, aquello que constituye su verdad, su sentido, su esencia sutil y penetrante. Es imposible. Vivimos tal como soñamos… a solas…

Hizo una nueva pausa, como si reflexionara, y luego añadió:

—Desde luego, en este caso ustedes están en mejor posición para juzgar. Me conocen…

La noche estaba tan oscura que apenas podíamos vernos unos a otros. Desde hacía un buen rato, Marlow, apartado de los demás, no era más que una voz en el vacío. Nadie pronunciaba palabra. Los otros quizás estaban dormidos, pero yo seguía despierto. Y escuchaba, escuchaba, atento a cualquier frase, a cualquier palabra que arrojara una pista capaz de explicar ese ligero desasosiego inspirado por aquel relato que parecía cobrar forma por sí solo, sin intervención de ninguna boca humana en medio de la densa atmósfera nocturna del río.

—… Sí, lo dejé hablar —reanudó Marlow su relato—, y dejé que pensara cuanto quisiera sobre los oscuros poderes que supuestamente me respaldaban. ¡Eso hice, cuando no tenía ningún respaldo! No tenía nada más que ese ruinoso, viejo y maltrecho barco en el que estaba recostado en ese momento, mientras él hablaba sin parar sobre 'la necesidad de que cada hombre progresara por su cuenta'. 'Y si uno viene aquí, como se imaginará, no es precisamente para mirar la luna'. El señor Kurtz era un 'genio universal', pero incluso los genios agradecen trabajar con 'herramientas adecuadas: hombres inteligentes'. Él no fabricaba ladrillos. ¿Por qué? Porque algo se lo impedía, como yo bien sabía. Y si él desempeñaba algunas labores como secretario del administrador, ello se debía a que 'ningún hombre sensato cometería la necedad de rechazar la confianza de sus superiores. ¿Lo entiende usted?'. Sí, lo entendía.

¿Qué más quería?, preguntó. Lo que yo quería realmente eran remaches, ¡por todos los diablos! ¡Remaches! Continuar con el trabajo, tapar el agujero del casco. Remaches era lo que necesitaba. Había cajas enteras de remaches en la estación de la costa. Cajas y cajas apiladas. ¡Rebosantes! ¡Repletas! Cada dos pasos uno tropezaba con un remache en aquel patio de la estación. Montones de remaches habían rodado colina abajo, incluso hasta la arboleda de la muerte. Los había a puñados y con solo agacharse uno podía llenarse los bolsillos. Y, en cambio, donde más se necesitaban, no había un solo remache disponible.

Teníamos placas de latón, pero nada con qué asegurarlas. Y cada semana el mensajero, un negro solitario con una bolsa al hombro y una vara en la mano, salía de nuestra estación rumbo a la costa. Y varias veces a la semana una caravana proveniente de la costa traía mercancías para comerciar: percal horriblemente glaseado que te hacía estremecer con solo mirarlo, cuentas de cristal que no valían ni dos peniques, pañuelos de algodón con variopintos estampados. Y nada de remaches. Tres porteadores habrían podido traer todo lo necesario para reparar el barco.

El joven empleó un tono más confidencial, pero supongo que mi actitud indiferente acabó por exasperarlo, pues de repente juzgó necesario informarme de que no le temía ni a Dios ni al diablo, mucho menos a un simple hombre. Le dije que podía darme cuenta perfectamente, pero que yo necesitaba una cierta cantidad de remaches. Y remaches era lo que el señor Kurtz habría pedido de haber estado al tanto de todo este asunto. Ahora bien, dado que el correo iba a la costa cada semana…

"Mi querido señor", gritó, interrumpiéndome, "yo solo cumplo órdenes". Yo le pedí remaches. Tenía que haber una manera de conseguirlos… alguien inteligente como él. Entonces cambió de actitud. Adoptó una expresión fría y de repente empezó a hablar sobre un hipopótamo, me preguntó si no me molestaba dormir a bordo del vapor (no me despegaba de ese, mi salvaje, ni de día ni de noche). Había un viejo hipopótamo que tenía la mala costumbre de salirse del río para pasar la noche en los predios de la estación. Cada tanto los peregrinos salían en gavilla y malgastaban hasta la última bala de cualquier rifle que tuvieran a mano. Algunos incluso hacían guardia nocturna, pero todo eso no era más que un desperdicio de energía. "Ese animal está encantado", dijo. "Pero eso solo se puede decir de las bestias de este país. Ningún hombre, ¿me comprende?, ningún hombre aquí está encantado". Se quedó en silencio durante un instante bajo la luz de la luna, mostrándome su delicado perfil aguileño, ligeramente abollado, y sus ojos de mica que brillaban sin parpadear. Luego, bruscamente, me dio las buenas noches y se marchó.

Me pareció evidente que se sentía inquieto y bastante intrigado, lo cual me devolvió las esperanzas perdidas en los últimos días. Fue un gran alivio haberme librado de aquel individuo para quedarme a solas con mi influyente amigo, el desfondado, ruinoso, retorcido y maltrecho vapor. Trepé a bordo. El barco traqueteó bajo mis pies como una lata vacía de galletas Huntley & Palmer que alguien estuviera pateando a lo largo de una canaleta. Sus hechuras no eran muy sólidas que digamos, y su forma era más bien fea, pero había pasado tiempo suficiente trabajando duramente en su reparación para encariñarme con ese barco. Ningún amigo influyente habría podido ser más generoso. Ese vapor me dio la oportunidad de ponerme a prueba. No, no es que me guste el trabajo. Hubiera preferido holgazanear y echarme a pensar en cosas más agradables. No me gusta el trabajo. A ningún hombre le gusta. Pero sí me gusta lo que el trabajo trae consigo: la oportunidad de conocerse a uno mismo. De conocer la propia realidad, para uno mismo, no para los demás. Lo que nadie, salvo uno mismo, puede conocer. Lo que los demás ven no es más que el espectáculo, pero nunca llegan a saber lo que significa realmente.

No me sorprendió ver a un hombre sentado sobre la cubierta de popa, con las piernas colgando por encima del lodo. Verán: no me llevaba mal con los pocos mecánicos que había en aquella estación, gente a la que los demás peregrinos naturalmente despreciaban, a cuenta de sus imperfectos modales, supongo. Éste era el capataz, fabricante de calderas de profesión, un buen trabajador. Un hombre recio, fornido, de tez amarillenta y mirada intensa. Parecía siempre preocupado y su cabeza era tan calva como la palma de mi mano. Sin embargo, todo el pelo que se le había caído de la cabeza parecía haber ido a parar a su mentón, donde prosperaba sin problemas, pues la barba le había crecido hasta la cintura. Era viudo, con seis hijos (los había dejado a cargo de una hermana), y la pasión de su vida eran las palomas mensajeras. Era un entusiasta y un experto en la materia. Deliraba con las palomas. Después de las horas de trabajo, a veces salía de su cabaña y venía al barco para hablarme de sus hijos y de sus palomas. De día, cuando tenía que arrastrarse en el lodo debajo del casco del vapor, se ataba la barba con una especie de bayeta blanca que usaba para tal propósito. Tenía bucles de barba alrededor de las orejas. En las tardes se lo veía despatarrado en la orilla, enjuagando con gran esmero aquel trapo en el agua del arroyo, antes de extenderlo solemnemente para ponerlo a secar en un arbusto.

Le di una palmada en la espalda y grité: "¡Vamos a conseguir esos remaches!". Se puso de pie a la vez que exclamaba: "¡No!

¿Remaches?!", como si no diera crédito. Y luego, bajando la voz: "Así que tú, ¿eh?...". No sé por qué se comportaba como un lunático. Me tapé una aleta de la nariz con el índice y meneé la cabeza misteriosamente. "¡Muy bien!", gritó, chasqueando los dedos por encima de su cabeza, con un pie en el aire. Yo ensayé un baileteo torpe. Nos pusimos a hacer cabriolas sobre la cubierta. Un estremecedor traqueteo brotó de aquel armatoste y la selva virgen de la otra margen del arroyo devolvió un eco atronador que atravesó el sueño de toda la estación. Aquello debió de provocar más de un sobresalto en las casuchas de los peregrinos. Una figura negra oscureció el umbral iluminado de la cabaña del administrador. Desapareció. Y un par de segundos después desapareció también el umbral. Nos quedamos quietos y muy pronto el silencio, espantado poco antes por el repiqueteo de nuestros pies, volvió a fluir por todas partes, proveniente de las entrañas de la tierra. El gran muro de vegetación, una exuberante e intrincada masa de troncos, ramas, hojas, arbustos, orlas, inmóvil a la luz de la luna, era como la estampida silenciosa de una invasión de vida, una oleada vegetal a punto de estallar, lista para derramarse sobre el arroyo y arrasar cada nimia existencia de cada insignificante ser humano. Y no se movía, no.

Desde muy lejos llegaba hasta nosotros en sordina un estallido de portentosos chapoteos y gruñidos, como si un ictiosaurio estuviera tomando un baño en el gran río. "Después de todo", dijo el calderero con tono razonable, "¿por qué no íbamos a conseguir esos remaches?". ¡Por qué no, de hecho! No se me ocurría una sola razón por la que no pudiéramos. "Llegarán en tres semanas", dije confiado.

Pero no llegaron. En lugar de remaches llegó una invasión, una intrusión, un asedio. Llegó por partes a lo largo de las siguientes tres semanas, cada sección encabezada por un burro que transportaba a un hombre blanco vestido con ropa nueva y zapatos brillantes, haciendo venias a diestra y siniestra desde su montura ante los atónitos peregrinos. Una pendenciera tropa de negros trotaba descalza a espaldas del burro. Muchas tiendas de campaña, taburetes, cajas de latón, estuches blancos y balas de heno fueron arrojadas en el patio. La atmósfera de misterio se hizo más densa sobre el habitual desparrame de la estación. Hasta cinco de aquellas tandas llegaron con su absurdo aire de precipitada huida, con su cargamento de innumerables artículos y provisiones, tanto es así que uno pensaría que se estaban dando a la fuga después de un saqueo, a punto de internarse en la selva donde dividirían equitativamente el botín. Era un inextricable batiburrillo de cosas que en sí mismas no eran indecentes, pero a las que la locura humana hacía parecer como restos de un pillaje.

Esta fervorosa banda se llamaba a sí misma la Expedición Exploradora de El Dorado, y creo que sus miembros habían hecho voto de silencio. Sus charlas, sin embargo, eran más propias de sórdidos bucaneros: atrevidas sin ser temerarias, codiciosas sin ser audaces y crueles sin un ápice de coraje. No había un átomo de previsión o de serios propósitos en todo aquel arrume de gente, y ninguno parecía consciente de que estas cosas eran necesarias para andar por el mundo. Arrancar tesoros de las entrañas de la tierra era su deseo, sin otra justificación moral que la de los ladrones a la hora de abrir una caja fuerte.

¿Quién cubría los gastos de tan noble empresa? No lo sé. Pero el tío de nuestro administrador era el jefe de la banda.

Por su aspecto parecía el carnicero de un vecindario pobre, y en sus ojos había una mirada de astucia adormecida. Cargaba su enorme panza con ostentación sobre unas piernas cortas y, durante el tiempo en que su pandilla infestó nuestra estación, no cruzó palabra con nadie, salvo con su sobrino. Se pasaban el día entero deambulando por ahí con las cabezas muy juntas en su perenne confabulación.

Para entonces había dejado de preocuparme por los remaches. La capacidad de un hombre para esa clase de obsesiones es más limitada de lo que cualquiera supondría. Me dije: "¡Al demonio!". Y dejé que las cosas siguieran su curso. Tenía tiempo de sobra para meditar, y una que otra vez me ponía a pensar en ese tal Kurtz. No es que tuviera especial interés en él, no. Pero sí tenía curiosidad por ver si este hombre, que había llegado al país equipado con ciertas ideas morales, conseguiría escalar a lo más alto después de todo, y cómo desempeñaría sus funciones una vez que ascendiera hasta allí.

II

—Una tarde, recostado en la cubierta de mi vapor, oí un ruido de voces que se aproximaban. Eran el tío y el sobrino dando un paseo por la orilla. Apoyé de nuevo mi cabeza sobre el brazo y, cuando estaba a punto de quedarme dormido, oí que alguien susurraba, casi como hablándome al oído: "Soy inofensivo como un niño, pero no me gusta que me digan lo que tengo que hacer. ¿Acaso no soy yo el administrador? Me ordenaron que lo enviara allí. Es increíble".

Comprendí que los dos hombres estaban en la orilla, por el lado de la proa, justo debajo de mi cabeza. No me moví; tampoco habría sido capaz: estaba adormilado.

"Un asunto desagradable, sí", gruñó el tío.

"Él mismo solicitó a la administración que lo enviaran allí", siguió el otro, "con la idea de demostrar lo que podía hacer; y yo recibí órdenes de proceder. Imagínese la influencia que debe de tener ese hombre. ¿No es aterrador?".

Ambos estuvieron de acuerdo en que era algo aterrador. A continuación hicieron algunos comentarios extravagantes: "Capaz de hacer llover y de traer el buen tiempo… un solo hombre… el Consejo… por la cara", trozos de frases absurdas que lograron sacarme de mi modorra, así que ya casi había recuperado todas mis facultades cuando el tío dijo:

"El clima podría librarte de esta dificultad. ¿Está solo allí?".

"Sí", respondió el administrador, "envió a su ayudante río abajo con una nota dirigida a mí en estos términos: Expulse a este pobre diablo del país y no se moleste en enviarme más gente de esta clase. Prefiero estar solo que contar con el tipo de hombres que usted me proporciona. Esto fue hace más de un año. ¡Imagínese la imprudencia!".

"¿Algo más desde entonces?", preguntó el tío con voz ronca.

"Marfil", esputó el sobrino, "montones de marfil, de primera calidad, muchísimo, como para fastidiarnos".

"¿Y algo más con el marfil?", insistió el profundo ronquido.

"Facturas", fue lo que el otro respondió fulminante, por así decirlo.

Luego se hizo el silencio. Estaban hablando de Kurtz, claro.

Para entonces ya me hallaba totalmente despierto, pero, como estaba echado tan a gusto, me quedé inmóvil, máxime cuando nada me inducía a cambiar de posición.

"¿Y cómo llegó todo ese marfil hasta aquí?", gruñó el más viejo, que parecía estar muy ofendido.

El otro explicó que había llegado en una flota de canoas a cargo de un inglés de mediano rango a quien Kurtz estaba empleando por entonces; que Kurtz aparentemente había tenido intención de volver también, dado que en su estación se habían quedado sin provisiones y mercancías. No obstante, al cabo de unas trescientas millas de viaje, de repente había decidido regresar, cosa que hizo solo en un pequeño canalete acompañado apenas por cuatro remeros, dejando que el oficial de rango medio siguiera río abajo con el marfil.

Los dos hombres parecían pasmados ante el hecho de que alguien siquiera hubiera intentado semejante cosa. Se les escapaba el motivo, sin embargo. En cuanto a mí, aquella fue la primera vez que creí ver a Kurtz. Fue una imagen clara y fugaz: el canalete, cuatro remeros salvajes y el hombre blanco solitario que de repente le da la espalda al cuartel general, a la comodidad, quizás a ciertos recuerdos del hogar. Con la mirada puesta en las profundidades de la selva, rumbo a su estación desolada y vacía. Yo tampoco podía adivinar el motivo. Quizás simplemente era un buen hombre aferrado a su trabajo.

Su nombre, imaginen, no había sido mencionado ni una sola vez. Se referían a él como "ese hombre". El oficial de rango medio que, según pude deducir, había liderado un viaje difícil con gran prudencia y aplomo, recibía el invariable mote de "canalla". El "canalla" había informado que el "hombre" se encontraba muy enfermo… al parecer por no haberse recuperado del todo…

Los dos hombres se alejaron entonces unos cuantos pasos y empezaron a ir y venir a cierta distancia. Los oí decir: "Campamento militar… doctor… doscientas millas… muy solo ahora… retrasos inevitables… nueve meses… ninguna noticia… extraños rumores".

Volvieron a acercarse justo cuando el administrador decía: "Nadie, hasta donde yo sé, salvo un comerciante vagabundo… un tipo apestoso que les roba el marfil a los nativos".

¿A quién se referían? Por los fragmentos de la conversación deduje que se trataba de algún hombre que supuestamente operaba en el distrito de Kurtz, alguien que no era del agrado del administrador.

"No nos libraremos de la competencia desleal hasta que colguemos a uno de estos pillos para dar ejemplo", dijo.

"Por supuesto", gruñó el otro. "¡Colgarlo, cómo no! Aquí se puede hacer cualquier cosa, cualquier cosa. Es lo que intento decirte: aquí nadie, ya sabes, aquí nadie puede poner en peligro tu puesto. ¿Por qué? Has aguantado el clima. Has sobrevivido a todos los demás. El peligro está en Europa; pero antes de marcharme de allí tuve la precaución de…".

En ese momento se alejaron, susurrando. Luego volví a escucharlos con claridad:

"Esta serie de retrasos extraordinarios no es culpa mía. Yo hice todo lo que estaba en mis manos".

El gordo suspiró: "Qué desgracia".

"Y la pestilente insensatez de sus conversaciones", siguió el otro; "Me fastidió enormemente mientras estuvo aquí: Cada estación ha de ser como un faro en el camino que nos guíe hacia mejores cosas, un centro de comercio, por supuesto, pero también para la humanización, la educación y el mejoramiento. Imagínelo. ¡Ese imbécil! ¡Y pensar que quiere ser administrador! No, no, es un…"

En este punto se sofocó por la excesiva indignación y yo aproveché para asomarme un poco. Me sorprendió ver cuán cerca estaban: justo debajo de mí. Podría haber escupido sobre sus sombreros. Miraban al suelo, absortos. El administrador retorcía sutilmente una de sus piernas. De pronto su sagaz pariente levantó un poco la mirada.

"¿Te has sentido bien desde que llegaste esta vez?", le preguntó.

El otro dio un brinco.

"¿Quién? ¿Yo? Oh, como una rosa, como una rosa. En cambio los demás… pfff, todos enfermos, ¡por Dios! Y encima se mueren tan rápido que ni siquiera me da tiempo a sacarlos del país. ¡Es increíble!".

"Mhhh, no me digas", masculló el tío.

"Oh, muchacho, encomiéndate a esto… te lo digo, encomiéndate a esto…".

Lo vi extender una de las rechonchas aletas que tenía por brazos en un gesto que abarcaba la selva, el arroyo, el barro, el río; con ese ademán pomposo dirigido a la faz iluminada de la tierra parecía estar convocando una acechanza de la muerte, un mal oculto en la profunda oscuridad de su corazón. Fue algo tan sorprendente que, de un solo salto, me puse de pie y miré hacia atrás, al linde de la selva, como si esperara una respuesta de algún tipo ante esa oscura demostración de confianza.

A todos nos asaltan ideas ridículas alguna vez, ya lo saben. La elevada quietud del bosque se enfrentaba a estas dos figuras con su ominosa paciencia, esperando a que la fantástica invasión tocara a su fin.

Maldijeron a la vez. De puro miedo, creo yo. Luego, fingiendo que no habían advertido mi presencia, se marcharon hacia la estación. La tarde empezaba a caer. Y así, a medida que se alejaban cuesta arriba con las cabezas muy juntas, daban la impresión de ir tirando de sus dos ridículas sombras desiguales, que se arrastraban lentamente sobre la alta hierba sin doblar una sola hoja.

En unos pocos días, la Expedición El Dorado se internó en la paciente selva, que se cerró sobre la caravana como se cierra el mar sobre un nadador. Mucho después llegaría la noticia de que los burros habían muerto. En cuanto al destino de los animales menos valiosos de la expedición no sé nada. Sin duda, como el resto de nosotros, recibieron su merecido. Preferí no indagar mucho más.

Para entonces me sentía algo inquieto ante la perspectiva de conocer pronto a Kurtz. Y cuando digo muy pronto, quiero decir relativamente pronto. Dos meses enteros tendrían que pasar desde que zarpáramos de nuestro arroyo para llegar a orillas de la estación de Kurtz.

Remontar ese río fue como viajar de vuelta a los primeros días de la creación del mundo, cuando la vegetación dominaba el planeta y los grandes árboles eran los reyes. Un río deshabitado, un gran silencio, un bosque impenetrable. El aire era tibio, denso, pesado, pegajoso. No había alegría en el intenso brillo de la luz. A lo largo de numerosos trechos, la vía fluvial desolada se perdía en un horizonte sombrío. En plateados bancos de arena, los hipopótamos y los cocodrilos tomaban el sol. Las anchurosas aguas discurrían a través de un archipiélago de islas boscosas; uno se perdía allí como podría hacerlo en un desierto, y todo el día había que recular en los bajíos, intentando dar con el canal, hasta que uno se sentía como bajo un hechizo, apartado para siempre de todo lo que alguna vez conociera, en algún remoto lugar, quizás en otra vida.

A veces uno se veía asaltado por recuerdos de su pasado, como suele ocurrir cuando no se cuenta con un solo instante de sosiego. Pero ese pasado llegaba en forma de sueño inquietante y rumoroso, y aparecía como algo asombroso entre las sobrecogedoras realidades de este mundo extraño de plantas y agua y silencio. Y ese silencio que nos rodeaba no se parecía ni siquiera un poco a la paz del mundo. Era más bien la quietud de una fuerza implacable que estuviera rumiando inescrutables planes. Te encaraba con un aspecto vengativo.

Aunque, para ser francos, no tardaría en acostumbrarme; un día cualquiera dejé de verlo. No tenía tiempo. Debía seguir buscando el canal, a tientas. Debía discernir, casi siempre por pura inspiración, las señales de los bajíos ocultos. Estaba atento a la aparición de cualquier piedra. Aprendí a apretar los dientes con astucia antes de que mi corazón se desbocara cada vez que, por un golpe de suerte, pasaba rozando algún obstáculo infernal que habría dado al traste con mi viejo armatoste y ahogado así a todos los peregrinos. Debía buscar cualquier indicio de madera seca que pudiéramos cortar en las noches para alimentar las calderas al día siguiente.

Cuando uno tiene que estar concentrado en esta clase de cosas, en los meros incidentes de la superficie, la realidad —la realidad, créanme— se desvanece. La verdad interior se oculta. Con suerte, claro, con suerte. Sin embargo, yo la sentía de todos modos. A menudo sentía su misteriosa quietud, cómo observaba mis trucos de mono, tal como los observa a ustedes, amigos, mientras hacen sus respectivos nudos por... ¿cuánto era? ¿Media corona por viaje?

—No seas descortés, Marlow —protestó una voz, y entonces supe que al menos había otro hombre despierto, aparte de mí, escuchándolo.

—Les pido disculpas. Olvidaba la congoja que viene con el salario. Al fin y al cabo, ¿qué importa la paga cuando el truco está bien hecho? Ustedes hacen muy bien los suyos. Y a mí tampoco se me dieron mal los míos, pues conseguí mantener a flote aquel vapor en mi primer viaje. Aún hoy me produce asombro. Imaginen a un hombre con los ojos vendados a quien se le pide que conduzca un carruaje por un camino en mal estado. Sudé y sufrí lo mío en aquella labor, créanme. Después de todo, para un marinero, raspar el fondo de una cosa que, se supone, ha de flotar todo el tiempo que esté bajo su mando es un pecado imperdonable. Aunque nadie se entere, no importa. Uno nunca olvida el golpe, ¿eh? Un mazazo en pleno corazón. Vuelve siempre en el recuerdo, en los sueños. Uno se despierta a medianoche pensando en el golpe, incluso años después, y le entran escalofríos.

Con esto no quiero decir que el barco se hubiera mantenido a flote todo el tiempo. Más de una vez hubo que vadear en los bancos, con veinte caníbales chapoteando alrededor y empujando. Habíamos reclutado a algunos de estos hombres en el camino, para completar la tripulación. Gente buena, a su manera. Eran caníbales, claro. Pero era gente con la que se podía trabajar, y siempre les estaré agradecido. Además, en ningún momento se comieron a nadie delante de mí. Eso sí, llevaban una provisión de carne de hipopótamo que acabó por pudrirse y trajo hasta mis narices el pestilente misterio de la vida salvaje. ¡Buagh! Todavía siento ese olor.

A bordo iban el administrador y tres o cuatro peregrinos, con varas y todo. Muy de vez en cuando llegábamos a alguna estación cerca de la orilla, en las faldas de lo desconocido, y los hombres blancos que se afanaban por salir de sus casuchas derruidas, entre gestos de alegría y sorpresa y bienvenida, tenían un aspecto muy extraño: parecían hallarse allí como cautivos de algún conjuro mágico.

La palabra "marfil" iba y venía por el aire durante un rato. Y un instante después ya continuábamos navegando en el silencio, a lo largo de las extensiones desoladas, rodeando los mansos recodos, entre los altos muros de nuestro serpenteante camino, donde reverberaba como un aplauso hueco el arduo traqueteo de la rueda de popa. Árboles, árboles, millones de árboles, gigantescos, enormes, ascendiendo a los cielos; y a sus pies, frotándose contra los bajíos, a contracorriente, avanzaba el pequeño y mugroso barco de vapor como una babosa que se arrastrara por el suelo de un formidable pórtico.

La selva te hacía sentir diminuto, perdido y, aun así, la sensación no era del todo deprimente. Al fin y al cabo, por pequeño que fuera, el bicho mugroso seguía arrastrándose. Y eso era todo lo que uno le pedía. A dónde se imaginaban los peregrinos que se dirigía, no lo sé. A algún lugar donde esperaban obtener algo, seguramente. Para mí, se arrastraba en dirección a Kurtz y nada más.

Sin embargo, en un momento, las tuberías de vapor empezaron a perder líquido y la velocidad del barco disminuyó aún más. Los trechos se abrían imponentes ante nosotros y se cerraban a nuestras espaldas, como si la selva trabajara morosamente río abajo para cerrarnos el camino de regreso. Nos adentrábamos más y más en el corazón de las tinieblas.

Se estaba tranquilo allí. Algunas noches, el retumbar de los tambores tras la cortina de árboles viajaba río arriba y se quedaba suspendido como un vago rumor sobre nuestras cabezas hasta que rayaba el día. No sabría decir si eran tambores de guerra, de paz o de oración. Las madrugadas venían precedidas por el descenso de una fría calma; los leñadores dormían, sus fuegos casi extintos; el chasquido de una rama te sobresaltaba.

Éramos vagabundos en un mundo prehistórico, en un planeta que asumía para nosotros una faz desconocida. Se diría que éramos los primeros hombres que tomaban posesión de una herencia maldita, solo domesticable al precio de angustiosos y terribles esfuerzos.

Pero de repente, al doblar trabajosamente un recodo, vislumbrábamos unos muros rústicos, unos techos de paja puntiagudos, un estallido de gritos, un revoloteo de extremidades negras, un amasijo de aplausos y zapateos, balanceos de cuerpos, ojos desorbitados a la sombra inmóvil del nutrido follaje. Lentamente, el barco pasaba al borde de ese frenesí oscuro e incomprensible. El hombre prehistórico nos maldecía, rezaba por nosotros, nos daba la bienvenida… ¿Quién podía saberlo?

Estábamos incapacitados para comprender todo cuanto nos rodeaba. Pasábamos como espectros, perplejos y secretamente afligidos, como lo estaría cualquier hombre cuerdo frente a una sublevación de locos en un manicomio. No podíamos comprenderlo porque estábamos demasiado lejos y ya no recordábamos nada, porque viajábamos a través de la noche de los primeros tiempos, por una era perdida de la que a duras penas quedaban señales, pero ya ningún recuerdo.

La tierra parecía otro mundo. Nos hemos acostumbrado a la figura encadenada del monstruo ya dócil, pero allí, en ese lugar, aún era posible ver aquella cosa monstruosa en libertad. Era algo sobrenatural, y los hombres parecían… No, no eran inhumanos. En fin, verán, eso es lo peor de todo: esa suspicacia sobre si eran o no humanos. Se iba insinuando poco a poco en uno. Aullaban, daban brincos y cabriolas y ponían caras horrorosas; pero lo que de veras nos aterraba era precisamente la idea de que fueran humanos —al igual que nosotros—, la idea de nuestro remoto parentesco con esos gruñidos salvajes y exaltados.

¿Desagradable? Sí, era muy desagradable. Pero si uno era lo suficientemente hombre, tenía que admitir que adentro, muy adentro, surgía la huella de una respuesta, por tenue que fuera, a la terrible honestidad de ese ruido; la vaga sospecha de que éste albergaba algún significado que, a tanta distancia de la noche de los tiempos, quizás uno podría llegar a comprender. ¿Por qué no? La mente humana es capaz de cualquier cosa. En ella se almacena todo, todo el pasado y todo el futuro. ¿Qué había, pues, en ese gruñido? ¿Alegría, miedo, tristeza, devoción, valor, furia? Imposible saberlo. Pero sin duda había verdad, una verdad desnuda, sin el manto del tiempo.

Que los idiotas se estremezcan y nos miren boquiabiertos… un hombre sabe y puede mirar sin pestañear. Pero ha de ser al menos tan hombre como aquellos que lo miran desde la orilla. Debe enfrentarse a la verdad con su propia materia auténtica. Con su propia fuerza innata. ¿Principios? Los principios no sirven de nada. Las posesiones, la ropa, no son más que bonitos harapos. Harapos que se caerían a la primera sacudida. No, lo que se necesita es una creencia deliberada. Hay algo en esas líneas enemigas que me llama, ¿no es así? Pues bien: escucho, concedo; pero yo también tengo voz y, para bien o para mal, es un habla que no puede ser silenciada.

Por supuesto, un imbécil, lleno de temores y finos sentimientos, está siempre a salvo. ¿Quiénes son estos hombres que gruñen? ¿Se estarán preguntando si bajé a tierra para aullar y bailar con los salvajes? Pues no. No lo hice. ¿Finos sentimientos, entonces? ¡Al cuerno con las delicadezas! No tenía tiempo. Estaba muy ocupado fabricando vendas con la mezcla de albayalde y los jirones de sábanas para tapar las fugas en las tuberías de vapor. Tenía que estar pendiente del timón y evitar todos esos obstáculos y mantener en marcha el armatoste por las buenas o por las malas. Había suficiente verdad descarnada en estas cosas para mantener a salvo a un hombre con experiencia.

Y de cuando en cuando tenía que vigilar al salvaje que hacía las veces de fogonero. Un espécimen mejorado. Alguien capaz de mantener encendida una caldera vertical. Allí estaba, debajo de mí, y les doy mi palabra de que observarlo era tan edificante como ver a un perro con pantalones y sombrero de plumas caminando sobre sus patas traseras en una parodia. Unos pocos meses de entrenamiento habían sido suficientes para este admirable elemento. Con evidente sufrimiento y prontitud, ponía siempre un ojo en el regulador de vapor y otro en el medidor del agua.

Y tenía los dientes afilados también, el pobre diablo, y el pelo lanudo afeitado en extraños patrones, además de las tres cicatrices ornamentales en cada mejilla. Tendría que haber estado allí batiendo palmas y zapateando en la orilla, pero en lugar de eso continuaba trabajando duramente, esclavo de una siniestra brujería llena de saberes nuevos. Era una persona útil porque había sido instruido en sus labores; y lo que entendía era esto: que si el agua de aquella cosa transparente desaparecía, el espíritu maligno dentro de la caldera se enfurecería y, sediento e insaciable, llevaría a cabo su terrible venganza. De modo que por eso sudaba y alimentaba el fuego y observaba el cristal con temor reverencial (con un fetiche improvisado hecho de harapos atado a la muñeca y un trozo de hueso pulido del tamaño de un reloj atravesándole el labio inferior), mientras las orillas boscosas se deslizaban ante nosotros lentamente, dejando atrás la algarabía para volver a las millas de silencio interminable… reptando muy despacio hacia nuestro encuentro con Kurtz.

Pero los imprevistos se nos acumulaban, el agua era traicionera y llena de bajíos, la caldera de hecho parecía tener a un diablillo malvado en su interior, así que ni el fogonero ni yo teníamos un segundo para asomarnos a nuestros espeluznantes pensamientos.

A unas cincuenta millas de la Estación del Interior nos topamos con una choza de juncos, al lado de un asta melancólicamente fláccida, con los jirones irreconocibles de lo que alguna vez fuera una bandera de algún tipo. Había también una pila de troncos escrupulosamente amontonados. Esto nos tomó por sorpresa. Nos acercamos a la orilla y encima del montón de leña encontramos un trozo de tabla con inscripciones borrosas hechas a lápiz. Nos costó descifrar lo que decía: "Madera para ustedes. Vengan pronto. Acérquense con cautela". Había una firma pero era ilegible. No era Kurtz, sino una palabra mucho más larga.

"Vengan pronto". ¿Adónde? ¿Río arriba? "Acérquense con cautela". Justo lo que no habíamos hecho. Sin embargo, la advertencia no podía referirse a ese mismo lugar. Algo no andaba bien río arriba. Pero qué y cuán grave era, no lo sabíamos. Comentamos la torpeza de ese estilo telegráfico. La selva a nuestro alrededor no dijo nada y tampoco nos permitía ver muy lejos. Una cortina de sarga roja colgaba hecha jirones del umbral de la cabaña y aleteaba tristemente delante de nosotros. La vivienda estaba totalmente derruida, pero pudimos ver que un hombre blanco había vivido en ella no mucho tiempo atrás. Quedaba la mesa rústica, una tabla sobre dos caballetes; un montículo de basura en un rincón oscuro y, junto a la puerta, me agaché a recoger un libro.

Un libro sin tapas, con las páginas tan manoseadas que parecían alisadas en su propia mugre, si bien el lomo había sido primorosamente remendado con un hilo de algodón todavía limpio. Fue un hallazgo extraordinario. Su título era Investigación sobre algunos temas náuticos y estaba escrito por un tal Towser, o Towson —menudo nombre—, capitán de la Armada Real. El texto parecía en extremo tedioso, con diagramas ilustrativos e insufribles tablas de números. El ejemplar tenía sesenta años. Traté de manipular esta notable antigüedad con la mayor delicadeza posible, no se me fuera a desintegrar entre los dedos.

En el libro, Towson o Towser también indagaba concienzudamente en temas como el límite de la resistencia de las cadenas y los aparejos de los barcos. Una lectura poco emocionante, aunque a primera vista uno podía detectar en ella un propósito coherente, un interés honesto por la forma correcta de cumplir con un trabajo, cosas que hacían brillar estas humildes páginas, a pesar del paso de los años, con una luz que no tenía nada que ver con la mera profesionalidad. El sencillo marinero, con su perorata sobre cadenas y aparejos, me hizo olvidar la jungla y a sus peregrinos en medio de una deliciosa sensación de haber dado con algo inequívocamente real.

El solo hecho de que ese libro estuviera allí me parecía maravilloso. Pero aún más asombrosas eran las notas escritas a lápiz en el margen, simples referencias al texto. ¡No podía creerlo! ¡Estaban escritas en clave! Sí, parecía una escritura cifrada. Imaginen a un hombre que lleva consigo un libro de estas características hasta ese lugar perdido y, además de estudiarlo, ¡hace notas al margen escritas en clave! Era un misterio de lo más extravagante.

Llevaba un rato vagamente molesto por un ruido alarmante. Cuando levanté la vista descubrí que la pila de leños había desaparecido y el administrador, ayudado por todos los peregrinos, me gritaba desde el río. Dejé caer el libro en mi bolsillo. Les aseguro que la falta de lecturas era para mí como verme privado del abrigo de una vieja y sólida amistad.

Puse en marcha de nuevo el fatigado motor.

"Debe de haber sido ese miserable tratante… el intruso", comentó el administrador lanzando una mirada malévola hacia el lugar del que nos alejábamos.

"Debe de ser inglés", dije.

"Eso no lo librará de meterse en un lío si no se anda con cuidado", masculló el administrador con gesto sombrío.

Yo le hice ver con fingido candor que en este mundo nadie está a salvo de meterse en líos.

La corriente era más rápida ahora, el barco parecía estar en las últimas, la rueda de popa giraba ya sin fuerza y de pronto me vi escuchando en vilo cada pulsación de la hélice, pues, a decir verdad, esperaba que el desvencijado aparato se apagara en cualquier momento. Era como ser testigo de los últimos estertores vitales de un organismo. Y, sin embargo, seguíamos avanzando. A veces elegía un árbol como referencia para medir nuestros progresos en el camino hacia Kurtz, pero invariablemente acababa perdiéndolo de vista antes de que pudiéramos alcanzarlo. Mantener la mirada fija durante tanto tiempo en un solo objeto sobrepasaba los límites de la paciencia humana. El administrador exhibía una maravillosa resignación. Yo me revolvía inquieto y me devanaba los sesos pensando si debía o no hablar abiertamente con Kurtz; pero, antes de llegar a ninguna conclusión, tuve la intuición de que mi silencio o mis palabras, es más, que todas mis acciones serían igualmente inútiles. ¿Qué importaba lo que alguien sabía o ignoraba? ¿Qué importaba quién era el administrador? A veces uno tiene esa clase de revelaciones. Los elementos esenciales de este asunto se encontraban muy adentro, bajo la superficie, más allá de mi alcance y de mi capacidad de incidencia.

En la tarde del segundo día calculamos que nos hallábamos a unas ocho millas de la estación de Kurtz. Yo quería acelerar el paso, pero el administrador se puso muy serio y me dijo que la navegación en esa zona era tan peligrosa que lo más recomendable, dado que el sol ya estaba cayendo, sería detenernos y esperar hasta la mañana siguiente. Además, señaló que si queríamos seguir el consejo de acercarnos con cautela, lo adecuado sería llegar durante el día y no al atardecer o en plena noche. Me pareció bastante sensato. Ocho millas significaban casi tres horas de caldera; también alcancé a divisar una serie de sospechosos rápidos al final de aquel trecho. No obstante, el retraso me aburría hasta límites inenarrables, cosa por lo demás bastante irracional, pues ¿qué más daba pasar allí otra noche después de tantos meses? Dado que teníamos suficiente leña y la consigna era la cautela, detuve el barco en mitad del río. Aquel brazo del río era estrecho, recto, con altas pendientes en cada orilla como cortes de una vía férrea. Las tinieblas se deslizaron hasta nosotros mucho antes de que el sol se hubiera puesto. La corriente bajaba mansa y veloz, pero una sorda inmovilidad persistía en las orillas. Los árboles vivos, entrelazados por las plantas trepadoras y toda aquella maleza que crecía al pie de los troncos, parecían haberse convertido en piedra, desde la rama más fina hasta la hoja más liviana. No era un estado de somnolencia. Era algo sobrenatural, como un trance. No se escuchaba un solo ruido, nada, y uno solo podía mirar y mirar, aterrado, creyendo por momentos que nos habíamos quedado todos sordos. Por si fuera poco, la noche cayó repentinamente para dejarnos ciegos. A eso de las tres de la mañana, un enorme pez saltó en el río y el estallido del agua me asustó como si hubieran disparado un arma. Al alba había una niebla inmaculada, muy tibia y viscosa, más cegadora que la oscuridad de la noche. Ni se movía, ni pasaba. Simplemente estaba allí, inmóvil alrededor de nosotros como una materia sólida. A las ocho o nueve, más o menos, se levantó como una persiana. Alcanzamos a entrever la gigantesca multitud de árboles, la inmensa maraña de la selva, coronada por la pequeña esfera incandescente del sol. Todo perfectamente inmóvil. Y, a continuación, la persiana blanca cayó de nuevo, suavemente, como deslizándose entre surcos engrasados. Ordené que bajaran el ancla, que ya habíamos empezado a levar. Antes de que la cadena dejara de correr con su traqueteo en sordina, un grito, un grito muy estridente, como de infinita angustia, se elevó lentamente en medio de la atmósfera opaca. Luego se apagó. Un clamor, una queja modulada con salvajes disonancias, llenó nuestros oídos. Lo inesperado de aquel ruido me puso los pelos de punta. Ignoro cómo habrá afectado a los demás: para mí fue como si la niebla misma se hubiera puesto a gritar. Aquel bramido tumultuoso y lúgubre parecía haberse levantado repentinamente desde todos los rincones a la vez. Aquello culminó en un apresurado rapto de chillidos intolerables que no tardaron en desaparecer, dejándonos paralizados en una amplia variedad de gestos imbéciles, obstinadamente atentos a ese silencio que era casi tétrico y exorbitante. "¡Por Dios, qué significa…!", balbuceó a mi lado uno de los peregrinos —un hombrecito gordo con el pelo y los bigotes rojos, que llevaba unas botas con suela de caucho y las botamangas del pijama rosa metidas dentro de los calcetines—. Otros dos peregrinos se quedaron con la boca abierta durante un minuto entero; luego se precipitaron a la pequeña cabina de donde salieron desbocados, lanzando miradas de pánico por doquier, con los Winchester preparados para disparar. Pero lo único que podíamos ver era nuestro propio barco, sus contornos borrosos como si todo el armatoste estuviera a punto de disolverse y, a su alrededor, una delgada franja nebulosa del río que no tendría más de dos pies de ancho. Para nuestros ojos y oídos, el resto del mundo ya no estaba. En ninguna parte. Borrado, desaparecido, barrido sin que hubiera quedado ni el suspiro de una sombra.

Fui hasta la proa y ordené que dejaran la cadena a media profundidad, de modo que pudiéramos levar el ancla en cualquier momento y poner en marcha el barco de inmediato si fuera necesario. "¿Nos van a atacar?", murmuró una voz aterrada. "Con esta niebla nos van a masacrar a todos", susurró otro. Los rostros se retorcían por la tensión y las manos temblaban ligeramente, los ojos ya no sabían parpadear. Era muy curioso ver el contraste de expresiones entre los hombres blancos y los negros de nuestra tripulación, que en esa parte del río eran tan extranjeros como nosotros, a pesar de que sus hogares estuvieran a solo ochocientas millas de allí. Los blancos, por supuesto terriblemente alterados, mostraban además un aspecto extraño de perplejidad provocada por el espeluznante aullido. Los otros tenían una expresión natural de concentración y alerta; pero sus rostros no parecían perturbados, incluso dos de ellos estaban sonriendo mientras tiraban del ancla. Varios de ellos intercambiaban frases cortas y guturales con las que parecían estar confirmando algo que les producía satisfacción. A mi lado estaba el jefe, un joven negro de espaldas anchas, envuelto en una sobria túnica azul oscuro con flecos, la nariz fiera y el pelo ingeniosamente peinado en bucles grasosos. "¡Ajá!", dije, por puro compañerismo. "Atrápenlo", espetó con los ojos inyectados en sangre, haciendo brillar por un segundo sus dientes afilados. "Atrápenlo. Es para nosotros". "¿Para ustedes, eh?", dije. "¿Y qué piensan hacer con él?". "Comérnoslo", respondió cortante y, apoyando el codo sobre la barandilla, miró hacia la niebla con una actitud digna y profundamente meditativa. Sin duda alguna me habría sentido horrorizado si no hubiera reparado entonces en el hecho de que él y sus colegas debían de estar hambrientos; que a lo largo del último mes su hambre no había hecho más que aumentar día tras día. Llevaban seis meses con nosotros (no creo que ninguno de ellos tuviera una noción clara del paso del tiempo, como la tenemos nosotros después de incontables eras; ellos aún pertenecían a los orígenes del tiempo, no contaban con una experiencia heredada que les enseñara lo que era eso) y, por supuesto, mientras hubiera un pedazo de papel que siguiera lo estipulado en alguna ley farsante o cosa similar redactada sobre la marcha, nadie siquiera se molestaba en pensar de qué vivirían estos hombres. Ciertamente habían traído consigo algo de carne podrida de hipopótamo, que en todo caso no les habría durado mucho, incluso si los peregrinos no hubieran arrojado una buena cantidad de ella por la borda en medio de la algarabía. Algo que podría parecer una arbitrariedad, pero, créanme, en realidad era un caso de legítima defensa. No se puede respirar el olor a hipopótamo muerto al despertar, al dormir, al comer y conservar al mismo tiempo los precarios anclajes que nos mantenían atados a nuestra existencia. Además, cada semana se les entregaban tres piezas de cable de cobre, cada una de nueve pulgadas de largo, con la idea de que intercambiaran el cobre por provisiones en los poblados ribereños. Se imaginarán cómo funcionaba aquello. O bien no había poblados o los habitantes eran hostiles, o bien el administrador, que al igual que nosotros se alimentaba de conservas enlatadas (con un ocasional tropezón de carnero viejo), se negaba a que nos detuviéramos por algún recóndito motivo. Así que, a menos que se comieran el cable o lo usaran como trampas para peces, no veo qué utilidad podía tener para ellos ese extravagante salario. Debo decir, eso sí, que recibían su paga con una regularidad digna de tan importante y honorable compañía comercial. Por lo demás, lo único que tenían para comer —aunque no lucía ni remotamente comestible— eran unos pocos bultitos de una sustancia similar a la masa medio cocida, de un color lavanda sucio, que envolvían en hojas y de vez en cuando se llevaban a la boca en porciones tan pequeñas que parecían hacerlo más por apariencia que con el serio propósito de alimentarse. ¿Por qué, en nombre de todos los demonios gruñones del hambre, no se nos echaron encima —eran treinta contra cinco— y no se dieron un buen atracón de una buena vez, es algo que no deja de asombrarme siempre que lo pienso. Eran hombres poderosos, sin demasiada capacidad para sopesar las consecuencias de sus actos, hombres valientes, fuertes, incluso a pesar de que sus pieles estuvieran marchitas y sus músculos ya no fueran tan duros. Pude ver que una especie de inhibición, uno de esos secretos humanos que desafían toda probabilidad, había entrado en juego. Miré a estos hombres con un interés repentino y creciente, no porque creyera que podrían comerme en cualquier momento, sino porque debo confesarles que fue solo entonces cuando percibí, bajo esta nueva luz, el aspecto enfermizo de los peregrinos; y deseé, sí, lo deseé con todo mi ser, que mi semblante no fuera tan, ¿cómo decirlo?, tan poco apetitoso: un toque de fantástica vanidad que encajaba bien con la sensación de irrealidad que inundaba todos mis días por aquella época. Es posible también que tuviera un poco de fiebre. Uno no puede vivir tomándose el pulso todo el tiempo. A menudo sentía "una ligera fiebre" o un ligero malestar de otro tipo: los rasguños traviesos de la vida salvaje, el juego preliminar antes de la carnicería que llegaría a su debido momento. Sí, los miré como haríamos con cualquier ser humano, con curiosidad acerca de las pulsiones, los motivos, capacidades, debilidades, que mostrarían en medio de una prueba de necesidad física inexorable. ¡Y se inhibían! ¿Pero qué clase de inhibición era esa? ¿Lo hacían por superstición, por repudio, por paciencia, por miedo? ¿O acaso por alguna forma primitiva del honor? Ningún temor puede resistirse a la fuerza del hambre, ninguna paciencia puede doblegarla, el repudio sencillamente no existe donde medra el hambre. Y en cuanto a las supersticiones, creencias y lo que podríamos llamar principios, lo cierto es que pesaban menos que una hoja mecida por la brisa. ¿No conocen el diabólico poder de la inanición prolongada? ¿Su exasperante tormento, sus negros pensamientos, su ferocidad sombría y acechante? Pues bien, yo sí. Priva a cualquier hombre de toda su fuerza innata para luchar contra el hambre como es debido. Es más fácil enfrentarse al luto, al deshonor y a la perdición de nuestra alma que aguantar hambre de manera prolongada. Triste, pero cierto. Y estos hombres no tenían razones terrenales de ningún tipo para mostrarse escrupulosos. ¡Inhibición! Habría esperado más de una hiena merodeando entre los cadáveres de un campo de batalla. Y, sin embargo, ahí delante de mí estaban los hechos, los hechos deslumbrantes, ante mis ojos, como la espuma en las profundidades del mar, como el detalle de un enigma inefable, un misterio más grande —si uno se ponía a pensarlo— que la curiosa e inexplicable nota de desesperación y angustia en el clamor de aquel salvaje que nos había azotado desde la orilla, más allá de la blancura cegadora de la niebla.

Dos peregrinos discutían en atropellados susurros sobre la orilla a la que debían permanecer atentos.

—Izquierda.

—No, no, no, ¿cómo puedes decir eso? Derecha, derecha, claro.

—Esto es muy serio —rebotó la voz del administrador a mis espaldas—. Me daría mucha pena si algo le ocurriera al señor Kurtz antes de que podamos llegar.

Lo miré a los ojos y no tuve la menor duda de que estaba siendo sincero. Era la clase de hombre que desea conservar las apariencias a toda costa. Ésa es su inhibición. Pero cuando masculló algo sobre la necesidad de seguir adelante cuanto antes, ni siquiera me molesté en responderle. Yo sabía, ambos sabíamos que era imposible. Si perdíamos anclaje con el fondo, quedaríamos totalmente suspendidos en el vacío. No podríamos saber hacia dónde estaríamos dirigiéndonos, si a favor o en contra de la corriente, o en diagonal, hasta que chocáramos con una de las dos orillas. Y aun así tampoco sabríamos en cuál estaríamos. Desde luego, no ordené ningún movimiento. No estaba de humor para estrellar el barco. Imposible encontrar un sitio peor y más mortífero para naufragar. Podíamos ahogarnos de inmediato o no, pero era seguro que acabaríamos muriendo de una u otra manera.

—Tiene usted mi autorización para correr todos los riesgos —dijo después de un instante de silencio.

—Me niego —dije, cortante, que era justamente lo que él esperaba que respondiera, aunque es posible que mi tono lo haya sorprendido.

—Muy bien, me pliego a su buen juicio. Usted es el capitán —dijo con afectada cordialidad.

Alcé los hombros por toda señal de gratitud y miré hacia la niebla. ¿Cuánto tiempo duraría? Era el panorama más desolador. Ir en busca del señor Kurtz, ávidos de marfil, a través de esa enmarañada selva repleta de peligros, era como tratar de llegar hasta un fabuloso castillo donde durmiera una princesa encantada.

—¿Usted cree que quieran atacarnos? —me preguntó el administrador en tono confidencial.

Yo no creía que fueran a hacerlo, por varias razones obvias. La niebla espesa era una de ellas. Si se hubieran apartado de la orilla en sus canoas, se habrían perdido ahí en medio, como nos habría ocurrido a nosotros si hubiéramos intentado movernos. También había supuesto que la selva en ambos márgenes debía de ser bastante impenetrable; y aun así, unos ojos habían conseguido vernos desde allí adentro. Los árboles de la orilla en efecto eran muy tupidos, pero la maleza que había detrás sin duda tenía que ser accesible. Por otro lado, durante la breve tregua de la niebla no había visto ninguna canoa, mucho menos en las inmediaciones del barco. Sin embargo, lo que hacía inconcebible la idea del ataque era la naturaleza de esos ruidos, de los gritos que habíamos oído. No tenían un carácter feroz, ni nada que hiciera presagiar una inminente acción hostil. Por inesperado, salvaje y violento que hubiera sido, aquel grito solo me había transmitido una irresistible impresión de desconsuelo. Por alguna razón, la aparición del barco había suscitado en esos salvajes una angustia sin límites. Les hice saber que el peligro, si podía hablarse de tal cosa, residía solo en la proximidad de una gran pasión humana a punto de desencadenarse. Incluso la extrema aflicción podía dar lugar en últimas a un estallido de violencia. Aunque, por lo general, solo derivara en indolencia…

¡Tendrían que haber visto la cara de los peregrinos! No tuvieron agallas para sonreír, ni siquiera para desdeñar mis palabras. Aunque creo que pensaban que me había vuelto loco. Loco de miedo, supongo. Les di una verdadera charla. Queridos muchachos, no hay de qué preocuparse. ¿Mantener la vigilancia? Bueno, habrán pensado que estaba buscando algún resquicio en la niebla como un gato acecha a un ratón; por lo demás, nuestros ojos no habrían sido más útiles si hubiéramos estado enterrados debajo de una gigantesca bola de algodón. Y así nos sentíamos: asfixiados, acalorados, sofocados. Asimismo, todo cuanto había dicho, por extravagante que sonara, era absolutamente fiel a la verdad. Lo que más tarde describiríamos como un ataque no fue más que un intento de repulsa. Aquello estuvo muy lejos de ser una agresión. Ni siquiera se trató de una acción defensiva, en sentido estricto: lo hicieron bajo la presión de la angustia y fue en esencia un acto de pura protección.

Se desató, diría yo, un par de horas después de que la niebla se hubiera disipado, y su inicio tuvo lugar en una zona ubicada a poco menos de dos millas de la estación de Kurtz. Acabábamos de virar a trompicones en un recodo cuando alcancé a ver un islote, un simple montículo de hierba de color verde muy intenso en mitad del río. No había nada parecido alrededor. Pero al avanzar un poco más, me di cuenta de que era el saliente de un gran banco de arena, o más bien de una larga cadena de bajíos que corría por el centro del río. Eran arenales descoloridos, a duras penas inundados, apenas visibles bajo la superficie, tal como se aprecia el espinazo bajo la piel de un hombre. Según mis cálculos, podría pasar por la derecha o por la izquierda. Por supuesto, no sabía cuál de los dos canales sería el adecuado. Los bancos eran muy similares entre sí; la profundidad parecía la misma, pero dado que me habían dicho que la estación se encontraba en la margen oeste, naturalmente opté por esta dirección.

Tan pronto entramos de lleno en el canal, me di cuenta de que era mucho más estrecho de lo que había supuesto. A mano izquierda se extendía ininterrumpidamente el banco de arena y a la derecha teníamos una orilla escarpada cubierta por una tupida capa de maleza. Justo detrás, los troncos de los árboles se alzaban como filas de dientes. Gruesas ramas sobrevolaban el canal y en algunos trechos se interponían rigurosamente en medio de la corriente. La tarde estaba bien avanzada, la selva ya mostraba su semblante lúgubre y una franja amplia de sombra había caído sobre el agua. Sobre aquella sombra navegaba con esfuerzo el vapor, lentamente, como pueden imaginar. Conduje el barco muy cerca de la orilla, donde el agua era más profunda, según me indicaba el palo de sonda.

Uno de mis hambrientos y estoicos amigos iba sondeando en la proa, justo debajo de mí. Este vapor era prácticamente una gabarra con cubierta. En la superficie había dos pequeñas cabinas de teca, con puertas y ventanas. La caldera estaba en la cabina delantera y el cuarto de máquinas en la cabina de popa. Cubriéndolo todo había un techo liviano apoyado en unos soportes. La chimenea se proyectaba a través de ese tejado y, frente a ella, un pequeño compartimiento hecho de listones ligeros hacía las veces de cabina de mando. Esta cabina contenía un catre, dos sillas plegables, un rifle Martini-Henry cargado en una esquina, una mesa diminuta y el timón. Tenía una puerta amplia en la parte delantera y grandes postigos a ambos lados que, por supuesto, permanecían siempre abiertos. Me pasaba los días apertrechado ahí arriba, en el extremo de la proa de aquel tejado, junto a la puerta. Por las noches dormía en el catre, o al menos lo intentaba. Un negro atlético perteneciente a alguna de las tribus costeras, educado por mi pobre predecesor, era el timonel. Lucía unos pendientes de cobre en las orejas, una túnica azul que le tapaba desde el pecho hasta los tobillos y actuaba como el amo del mundo. Era uno de los dementes más inestables que he conocido jamás. Si uno lo vigilaba, su fanfarronería al timón no conocía límites; pero, en cuanto te perdía de vista, instantáneamente caía presa de una abyecta desidia y dejaba que ese destartalado vapor le ganara la partida en un minuto.

Yo miraba con preocupación el palo de sondeo, que en cada intento sobresalía más y más del agua, cuando vi que el encargado abandonaba su labor repentinamente y se echaba a descansar en la cubierta, sin siquiera molestarse en subir a bordo el palo. Aun así, no lo soltaba y dejaba que el otro extremo se arrastrara por el agua. A su vez, el calderero, a quien también podía ver desde allí arriba, se acurrucó súbitamente delante de la caldera y agachó la cabeza. Yo estaba atónito. Luego tuve que volver la vista a toda prisa porque había un tronco flotando en la mitad del río. Palos, pequeños palos, volaban por todas partes: pasaban zumbando delante de mi nariz, caían a mis pies, acribillando las paredes de la cabina del piloto. Y entretanto, el río, la orilla, la selva, todo permanecía en silencio, perfectamente mudo. Solo se oía el traquetear de la rueda de popa y el repiqueteo de aquellos palos. Esquivamos el tronco como pudimos. ¡Flechas, por Júpiter! ¡Nos estaban disparando flechas! Entré a la cabina rápidamente para cerrar el postigo que daba a la orilla. El estúpido piloto, aferrado a las cabillas del timón, levantaba las rodillas y zapateaba contra el suelo, retorciendo la boca como un caballo al que le hubieran puesto el freno. ¡Maldita sea! Remontábamos el río a solo diez pies de la orilla. Para alcanzar el pesado batiente tuve que sacar medio cuerpo a través de la ventanilla y vi entre las hojas un rostro feroz que me miraba fijamente. Entonces, como si alguien hubiera descorrido un velo, distinguí de repente brazos desnudos, piernas, ojos brillantes en el profundo entrevero de sombras. La selva era un hervidero de extremidades humanas en movimiento y pieles brillantes del color del bronce. Las ramas se agitaban, se mecían y chasqueaban, las flechas salían volando desde ahí adentro, hasta que pude cerrar el batiente.

—Mantén el rumbo —le dije al timonel.

Su cabeza estaba rígida, miraba hacia adelante pero tenía los ojos desorbitados, no dejaba de zapatear y de su boca salía un poco de espuma.

—¡Cálmate! —le grité, furioso. Pero fue como si le hubiera ordenado a un árbol no mecerse con el viento.

Salí de la cabina. Abajo se oía un ir y venir de pasos sobre la cubierta de metal; exclamaciones confusas; un grito:

—¿Podemos dar la vuelta?

Alcancé a ver que la corriente tomaba forma de V más arriba. Imposible. ¿Otro obstáculo? Un estruendo de fusiles se desató a mis pies.

Los peregrinos habían abierto fuego con sus Winchester, pero solo malgastaban la munición disparando contra la selva. Una sucia humareda se elevó hasta situarse por delante de nosotros. Solté una maldición. Ahora no podíamos ver ni la corriente ni el obstáculo. Me asomé a la puerta y un enjambre de flechas cayó sobre el barco. Quizás estaban envenenadas, pero no parecía que pudieran matar ni a un gato. La selva comenzó a aullar. Nuestros leñadores entonaron su propio grito de guerra. El sonido de un disparo a mis espaldas me dejó aturdido. Miré sobre mi hombro y la cabina aún estaba llena de ruido y humo cuando me abalancé sobre el timón. El estúpido negro lo había soltado para abrir el postigo y vaciar la munición del Martini-Henry, asomado a la enorme abertura con un gesto feroz. Tuve que ordenarle a gritos que volviera, mientras yo trataba de retomar el rumbo después del repentino desvío. No había espacio para dar la vuelta ni aunque hubiéramos querido, y el obstáculo debía de estar muy cerca, en medio del humo denso; no podíamos perder un segundo, así que viré hacia la orilla, directamente hacia el banco de arena, donde sabía que el agua era más profunda.

Pasamos muy despacio, rompiendo las ramas bajas de los árboles en un torbellino de palitos y hojas. Los disparos cesaron de repente, tal como había previsto que ocurriría cuando se les acabara la munición. Agaché la cabeza para evitar un fugaz zumbido que atravesó la cabina de un postigo al otro. Por detrás del trastornado piloto, que sacudía el rifle vacío y lanzaba gritos hacia la orilla, pude ver vagamente a algunos hombres que corrían agachados, saltaban, se deslizaban, sus formas definidas, por momentos incompletas, evanescentes. Algo grande apareció en el aire delante del postigo, el rifle cayó al suelo y el hombre retrocedió velozmente, me miró de una manera extraordinaria, profunda, familiar. Luego se desplomó. Su cabeza rebotó dos veces de costado contra el timón y el extremo de una especie de larga caña repiqueteó por el suelo, derribando una de las sillas plegables. Parecía como si, después de luchar por arrebatarle aquella cosa a alguien en la orilla, hubiera perdido el equilibrio en medio del esfuerzo. El humo se había disipado, nos habíamos librado del obstáculo y al mirar hacia adelante pude ver que a otras cien yardas, más o menos, tendríamos espacio para maniobrar y apartarnos de la orilla; pero mis pies estaban tan tibios y húmedos que tuve que mirar al suelo. El hombre se había girado bocarriba y ahora me miraba directamente a los ojos, sujetando con ambas manos aquella caña. Era una lanza que, arrojada o clavada por alguno de los salvajes, se le había alojado en un costado, justo debajo de las costillas. Mis zapatos estaban empapados. Estancado al pie del timón se veía el charco de sangre oscura y resplandeciente. Los ojos del hombre brillaban con un fulgor sobrenatural. En ese momento se reanudaron los disparos de fusil. El hombre me miró con angustia, aferrado a la lanza como quien se aferra a un objeto preciado, como si temiera que yo pudiera arrebatársela. Tuve que hacer un esfuerzo para dejar de mirarlo y ocuparme del timón. Con una mano busqué sobre mi cabeza el cordón de la sirena y tiré de él varias veces, produciendo un silbido tras otro. El tumulto de furia y gritos de guerra enmudeció por un instante. Luego, desde las profundidades de la selva, surgió un lamento trémulo y prolongado, un aullido de terror funesto y pura desesperación que uno imaginaría solo concebible tras la pérdida de la última esperanza sobre la faz de la tierra. Reinaba la conmoción en la selva; la lluvia de flechas cesó, tronaron unos pocos disparos. Luego se hizo un silencio donde solo las pulsaciones lánguidas de la rueda de popa llegaron hasta mis oídos. Puse rumbo firme a estribor en momentos en que uno de los peregrinos, vestido con pijama rosa y muy acalorado, apareció en el umbral.

—Me envía el administrador… —empezó diciendo en tono oficial pero se interrumpió de inmediato—. ¡Dios mío! —exclamó al ver al hombre malherido.

Los dos hombres blancos lo mirábamos y él, a su vez, nos envolvía con su mirada inquisitiva y lustrosa. Les aseguro que parecía estar a punto de hacernos una pregunta en algún lenguaje comprensible, pero al final murió sin pronunciar una sola palabra, sin moverse, sin retorcer un solo músculo. Solo en el último instante, como en respuesta a algún gesto invisible para nosotros, a un susurro que no podíamos oír, frunció el ceño y su negra máscara mortuoria asumió entonces una expresión inconcebiblemente sombría, ensimismada y amenazadora.

—¿Puede ocuparse del timón? —le pregunté con urgencia al agente, que me miró dubitativo.

No obstante, lo agarré del brazo de tal modo que el peregrino entendió de inmediato que no tenía opción. En honor a la verdad, en el fondo estaba desesperado por cambiarme los zapatos y los calcetines.

—Está muerto —murmuró el agente, tremendamente impresionado.

—No cabe duda —dije yo, tirando como loco de los cordones de mis zapatos—. Y supongo que igual suerte habrá corrido el señor Kurtz a estas alturas.

De momento, ésa era la idea predominante. Tuve una sensación de decepción muy profunda, como si hubiera descubierto de repente que todo este tiempo había estado persiguiendo una cosa totalmente carente de sustancia. No me habría sentido más defraudado si hubiera hecho semejante viaje con el único propósito de entrevistarme con el señor Kurtz… Lancé a la cubierta uno de mis zapatos y entonces tomé conciencia de que eso era exactamente lo que había estado procurando: hablar con el señor Kurtz. Hice un extraño descubrimiento, y es que, verán, nunca me lo había imaginado haciendo otra cosa que charlar. En ningún momento me dije: "Ahora ya no podré conocerlo" o "Ahora ya no podré estrechar su mano", sino: "Jamás podré charlar con él". El hombre era para mí una voz. Desde luego no quiero decir con ello que nunca lo hubiera asociado a algún tipo de actividad. ¿Acaso no me habían dicho en todos los tonos de la envidia y la admiración que Kurtz había conseguido reunir, intercambiar, arrebatar o robar más marfil que todos los demás agentes juntos? La cuestión era otra. Me refiero al hecho de que Kurtz fuera una criatura particularmente dotada y que, entre todos sus talentos, el más prominente, el que más concitaba una sensación de presencia real, era su habilidad para hablar, sus palabras: el don de la expresión, el más asombroso, el más iluminador, su cualidad más exaltada y la más repudiada, el perseverante manantial de luz o la corriente traicionera que fluye desde el corazón de unas tinieblas impenetrables.

El otro zapato salió volando hasta las aguas del endiablado río. Pensé: "¡Por Júpiter! Se acabó. Llegamos tarde. Ha desaparecido: el don se ha desvanecido por culpa de una lanza, de una flecha, de un palo. Al final no podré escucharlo". Y mi pena alcanzó una extravagante nota de emoción, tan intensa como la que podía percibir en el lastimero ulular de los salvajes en la jungla. No me habría sentido más desolado y triste si me hubieran usurpado una convicción o si hubiera perdido mi destino en la vida… ¿Se puede saber por qué resoplas de esta forma tan bestial? Tú, quien seas. ¿Te parece absurdo? Muy bien, absurdo. ¡Por Dios! ¿Acaso un hombre nunca… venga, dame un poco de tabaco…?

Hubo una pausa de profunda quietud, luego se encendió un fósforo y el rostro enjuto de Marlow apareció, fatigado y demacrado, las arrugas pesadas, los párpados caídos, el aspecto de atención concentrada. Y con cada vigorosa calada de la pipa, su cara parecía naufragar o surgir de la oscuridad entre el parpadeo regular de la diminuta llama. El fósforo se apagó.

—¡Absurdo! —gritó—. Esto es lo peor cuando uno intenta explicarle a… Aquí están todos tan contentos, sabiendo que los esperan dos domicilios en tierra, como viejos barcos doblemente anclados, con un carnicero a la vuelta de la esquina, un policía a la vuelta de la otra, excelentes provisiones y una temperatura normal, oídme bien, normal durante todo el año. Y me dicen que es absurdo. ¡Absurdo! ¡Pues que así sea! ¡Absurdo! Queridos amigos, ¿qué se puede esperar de un hombre que ha lanzado al agua un par de zapatos nuevos por simple y llano nerviosismo? Ahora piénsenlo por un segundo: es sorprendente que no me hubiera puesto a llorar. Ya saben que por lo general me precio de mi fortaleza. Pero me dolía en el alma la sola idea de perderme el privilegio inestimable de escuchar al talentoso señor Kurtz. Por supuesto, me equivocaba. Ese privilegio estaba reservado para mí. Sin duda. Me hartaría de oírlo. Y estaba en lo cierto, por otro lado. Una voz. Aquel hombre era poco más que una voz. Y oí. Lo oí a él, oí en ella, en esa voz, otras voces: voces que eran poco más que voces. Y el recuerdo de esa época aún me asedia, impalpable, como la agónica vibración de un balbuciente, estúpido, atroz y sórdido salvaje, o de un simple idiota, privado de toda razón. Voces, voces… Incluso la propia muchacha… ahora…

Se quedó en silencio durante un buen rato.

—Logré conjurar el fantasma de sus méritos gracias a una mentira —prosiguió—. ¡Muchacha! ¿Acaso mencioné a una muchacha? Oh, no, ella no. Absolutamente. Ellas, las mujeres, digo, no tienen nada que ver con esto. O no deberían, al menos. Debemos ayudarlas a permanecer en su maravilloso mundo propio si no queremos que el nuestro sea aún peor. Oh, si no hubiera involucrado a la chica… Tendrían que haber visto el indolente cuerpo del señor Kurtz mientras decía: "Mi prometida". Entonces habrían percibido directamente hasta qué punto ella no tenía nada que ver. ¡Y el prominente hueso frontal del señor Kurtz! Dicen que en ocasiones el pelo sigue creciendo, pero este, cómo llamarlo, espécimen, era impresionantemente calvo. La madre naturaleza le había dado una palmadita en la cabeza y lo había dejado como una bola; como una bola de marfil. Lo había acariciado y ¡zas! Sin un pelo. Lo había elegido, lo había amado, abrazado, se había metido en sus venas, consumido su carne y fundido con su alma mediante alguna inconcebible ceremonia de iniciación diabólica. Él era su favorito, su niño mimado. ¿Marfil? No faltaba más. Por toneladas, por pilas. El mugroso cobertizo rebosaba marfil. Uno pensaría que no quedaba un solo colmillo en todo el país, ni siquiera debajo de la tierra. "Casi todo fósil", comentaría desdeñoso el administrador. Y aunque aquello no estuviera más fosilizado que yo mismo, ellos se referían así al marfil que se sacaba de debajo de la tierra. Al parecer los negros enterraban en ocasiones los colmillos. Pero evidentemente no habían conseguido enterrar este cargamento lo bastante profundo para evitar que el talentoso señor Kurtz cumpliera con su destino. Llenamos toda la bodega del barco y tuvimos que apilar un montón en la cubierta. Así él vio y disfrutó de ello mientras pudo, pues su aprecio por aquel favor de la naturaleza perduró en él hasta el último momento. Tendrían que haberlo oído cuando decía: "Mi marfil". Oh, sí, yo lo oí muchas veces. "Mi prometida, mi marfil, mi estación, mi río, mi...", todo le pertenecía. Retuve el aliento esperando que la selva prorrumpiera en una prodigiosa carcajada que hiciera estremecer a las estrellas fijas en su sitio. Todo, todo le pertenecía. Pero esto era lo de menos. Lo importante era saber a quién le pertenecía él, cuántos poderes de la oscuridad lo reclamaban como suyo. Ésa era la reflexión que te ponía todos los pelos de punta. Era imposible (tampoco hacía ningún bien) tratar de imaginarlo. Él había llegado a ocupar su elevado trono entre los demonios de aquella tierra. Quiero decir, literalmente. No tienen idea. ¿Cómo podrían si bajo los pies tienen siempre el pavimento sólido, si están rodeados de buenos vecinos listos a agasajarlos o a salirles al paso, si cruzan delicadamente entre el carnicero y el policía, entre el terror sagrado del escándalo y los patíbulos y los manicomios? ¿Cómo podrían imaginar esa región particular de los tiempos primitivos donde los pies nos conducen sin traba alguna por el camino de la soledad, rotunda soledad, sin un solo policía, por el camino del silencio, rotundo silencio donde no se oyen las voces de advertencia de nuestros amables vecinos, ni el murmullo de la opinión pública? Todas estas pequeñas cosas hacen una gran diferencia. Cuando se desvanecen, uno debe confiar en su propia fuerza innata, en su propia capacidad de convicción. Por supuesto, alguien podría ser lo bastante ingenuo para caer en desgracia; incluso demasiado indolente para saberse siquiera bajo el asedio de los poderes de la oscuridad. De acuerdo, ningún tonto negoció jamás su alma con el diablo: el tonto es demasiado tonto o el diablo demasiado diablo, no sé. También se puede ser una criatura tan atronadoramente exaltada como para no ver ni oír otra cosa que las visiones y sonidos celestiales. En ese caso, la tierra no es más que un lugar de reposo. Ahora, si ser así resulta mejor o peor para uno es algo que no me atrevo a decir. Sin embargo, la mayoría de nosotros no somos ni de una forma ni de otra. La tierra es para nosotros un lugar donde vivir, un sitio donde debemos soportar visiones, sonidos y olores también, ¡por Júpiter! Respirar el olor a hipopótamo muerto, por así decirlo, sin contaminarse. Y es así, ¿entienden?, es así como se obtiene la fuerza, la fe en tu habilidad para cavar discretos agujeros donde puedas enterrar la materia en cuestión; tu poder de devoción, no hacia ti mismo, sino hacia un oficio oscuro y extenuante. Y eso ya es lo bastante difícil. No crean, sin embargo, que pretendo disculparme o siquiera ofrecer una explicación; intento darle forma, sobre todo para mí, al señor Kurtz, a la sombra del señor Kurtz. Aquel iniciado espectro venido de Ninguna Parte que me honró con sus asombrosas confidencias antes de desaparecer para siempre. Y ello gracias a que hablaba inglés, pues en parte el Kurtz original había sido educado en Inglaterra y, como él mismo tenía la bondad de decir, sus simpatías se hallaban en el lugar correcto. Su madre era mitad inglesa, su padre, mitad francés. Europa entera había colaborado en la fabricación del espíritu de Kurtz y al poco tiempo supe que, muy oportunamente, la Sociedad Internacional para la Erradicación de las Costumbres Salvajes le había encargado la elaboración de un informe que les sirviera de guía para el futuro. Un informe que, por supuesto, Kurtz escribió. Yo lo he visto. Lo he leído. Era elocuente, vibrante de elocuencia, pero demasiado idealista, creo yo. ¡Diecisiete páginas de escritura apretada en las que había invertido sus escasos ratos libres! Aunque aquello debió de escribirlo antes de que su, llamémosla así, crisis nerviosa lo llevara a participar en ciertas danzas nocturnas que culminaban en inenarrables ritos, los cuales, según fui recopilando reticentemente de lo que se decía en ocasiones, se efectuaban en su honor. ¿Lo entienden? En honor al propio Kurtz. Pero se trataba sin duda de una hermosa composición en prosa. No obstante, a la luz de la información posterior, el párrafo inicial me resulta algo aciago. Empezaba argumentando que nosotros, los blancos, gracias al estadio de desarrollo que habíamos alcanzado, debíamos "por fuerza aparecer bajo el aspecto de seres sobrenaturales; nos acercamos a ellos con el aura prodigiosa de una deidad", y cosas por el estilo. "Con el mero ejercicio de nuestra voluntad podemos ejercer un poder benéfico prácticamente ilimitado", etcétera, etcétera. De ahí en adelante me cautivó y me dejé llevar por la lectura. La argumentación era soberbia, aunque difícil de recordar, ya me entienden. Me sugirió la imagen de una inmensidad exótica gobernada por una augusta benevolencia. Me hizo estremecer de entusiasmo. Tal era el poder desmedido de su elocuencia, de las palabras, de las nobles y fervorosas palabras. No había ninguna alusión práctica que interrumpiera el torrente mágico de las frases y, salvo una especie de nota al pie de la última página, garabateada evidentemente mucho después con mano temblorosa, podría entenderse como la exposición de un método. Era una anotación muy simple, y al final de esa conmovedora arenga a favor de todos los sentimientos altruistas te quemaba, aterradora y luminosa, como el resplandor de un relámpago en medio de un cielo despejado: "¡Exterminen a todos los bárbaros!". Lo curioso es que Kurtz parecía haber olvidado por completo ese valioso posdata, ya que, tiempo después, al recuperar la cordura, me suplicaría repetidas veces que me ocupara de "mi panfleto" (así lo llamaba), seguro de que en el futuro ejercería una buena influencia sobre su carrera. Yo tenía pleno conocimiento de todas estas cosas y, a la postre, el informe quedaría a mi cuidado. Me he ocupado lo bastante de él como para reclamar el derecho inalienable de arrojarlo, si así lo decido, a descansar para siempre en la papelera del progreso, entre todos los detritos y, si se me permite decirlo así, todos los gatos muertos de la civilización. Pero entonces, como pueden ver, no tengo elección. Kurtz no caerá en el olvido. Sea lo que fuese, desde luego no era un hombre común y corriente. Tenía el poder de encantar o aterrorizar a las almas rudimentarias e inducirlas a ejecutar un aquelarre en su honor; también podía llenar las pequeñas almas de los peregrinos de amargos recelos: al menos tenía un devoto amigo y había conquistado un alma de este mundo que no era ni rudimentaria ni ensimismada. No, no puedo olvidarlo, aunque no estoy preparado para afirmar que aquel sujeto valiera la vida que perdimos intentando llegar hasta él. Eché terriblemente de menos a mi difunto timonel. Lo eché de menos incluso mientras su cadáver aún yacía bajo el cobertizo del piloto. Tal vez les parezca extraño que me lamentara por un salvaje que no valía más que un grano de arena en medio de un Sáhara negro. Pues bien, sepan que aquel hombre había hecho algo: pilotar; durante meses lo había tenido a mis espaldas, como una ayuda, como un instrumento. Lo nuestro era una especie de sociedad. Él pilotaba para mí y yo cuidaba de él, me preocupaba por sus deficiencias; de modo que una especie de vínculo sutil se había creado entre nosotros, cosa de la cual solo me hice consciente una vez que el lazo se rompió inesperadamente. Y la íntima profundidad de esa mirada que me lanzara al recibir la herida permanece grabada hasta hoy en mi memoria, como el reclamo de un lejano parentesco afirmado en ese instante supremo.

¡Pobre necio! Si tan solo se hubiera apartado de esa ventana. No tenía dominio, ningún dominio de su persona. Como Kurtz. Un árbol mecido por el viento. Tan pronto me hube puesto un par de zapatillas secas, lo arrastré fuera de la cabina después de sacarle la lanza del costado, una operación que, lo confieso, ejecuté con los ojos bien cerrados. Sus talones rebotaron en el pequeño escalón de la puerta; sus hombros quedaron aprisionados contra mi pecho. Lo abracé desde atrás desesperadamente. ¡Oh, cuánto pesaba! ¡Era muy pesado! Más pesado que cualquier hombre sobre la faz de la tierra. O eso debí imaginar entonces. Luego, sin otra alternativa, lo arrojé por la borda. La corriente lo atrapó como a una brizna de hierba y pude apreciar cómo el cuerpo rodaba dos veces sobre sí mismo antes de perderlo de vista para siempre. A esas alturas todos los peregrinos y el administrador se hallaban congregados en la cubierta alrededor de la cabina, cuchicheando nerviosamente como una familia de urracas; un murmullo escandalizado se dejó sentir ante mi despiadada prontitud. Para qué querían conservar aquel cuerpo en el barco es algo que no puedo ni imaginar. Quizás querían embalsamarlo. Aunque también oí otro rumor, bastante ominoso, en la cubierta de abajo. Mis amigos los leñadores también estaban escandalizados y con una razón más aparente —aunque admito que la razón en sí misma era por demás inadmisible—. ¡Y tanto! Pero yo había resuelto que mi difunto timonel solo fuera alimento para los peces. Había sido un timonel de tercera categoría mientras vivía, pero ahora que estaba muerto podría convertirse en una tentación de primera y era muy probable que desatara alguna disputa. Además, yo estaba ansioso por hacerme con el timón, pues el hombre del pijama rosa estaba demostrando ser un caso perdido para el oficio.

No bien terminó el sencillo funeral, agarré el mando del barco. Íbamos a velocidad media, manteniendo el curso por la mitad del río y yo escuchaba las conversaciones a mi alrededor. Daban a Kurtz por perdido, no querían saber nada de la estación; según ellos, Kurtz estaba muerto y la estación, incendiada y etcétera, etcétera. El peregrino pelirrojo estaba fuera de sí y repetía que al menos el pobre Kurtz había sido vengado como era debido.

—Seguro que hemos hecho una auténtica matanza ahí en la maleza, ¿eh? ¿Qué me dicen? ¿Eh?

Y se puso a bailar, el miserable y nimio colorado, sediento de sangre. ¡Y pensar que casi se había desmayado al ver al timonel muerto en la cabina! No pude evitar decirle:

—En cualquier caso, han producido una humareda gloriosa.

Había visto, por la forma en que las copas de los árboles crujían y volaban, que casi todos los disparos habían ido a parar muy alto. Es imposible atinarle a nada a menos que uno fije el blanco y dispare desde el hombro; pero estos tipos habían estado disparando desde la cadera y con los ojos cerrados. La retirada, propuse —y no me equivocaba—, había sido provocada por el estruendo de la sirena del vapor. Esto los hizo olvidarse de Kurtz y todos empezaron a aullar airadamente toda clase de protestas.

El administrador se había arrimado al timón para murmurar en tono confidencial acerca de la necesidad de alejarnos lo máximo posible de aquella zona del río antes del anochecer a como diera lugar, cuando divisé a lo lejos un claro en la orilla y los contornos de lo que parecía una construcción.

—¿Qué es eso? —pregunté.

El administrador aplaudió maravillado.

—¡La estación! —gritó.

Me aproximé de inmediato, aunque sin aumentar la velocidad.

A través de mi catalejo vi la pendiente de una colina con unos pocos árboles dispersos, totalmente despejada de maleza. Un largo y ruinoso edificio en la cima se encontraba medio hundido entre la hierba. Los grandes agujeros oscuros en el tejado puntiagudo se apreciaban desde lejos; la selva y los árboles componían el fondo de la imagen. No se veían empalizadas ni cercas de ningún tipo, aunque al parecer alguna vez las había habido, pues a un costado de la casa seguía en pie media docena de postes mal torneados, la parte superior ornamentada con bolas de madera tallada. Los alambres, o lo que quiera que hubiese entre medias, habían desaparecido. Por supuesto, la jungla lo rodeaba todo. La orilla del río estaba despejada y muy cerca del agua vi a un hombre blanco con un sombrero enorme que hacía señas persistentemente con todo el brazo. Al examinar el linde del bosque a un lado y otro de la estación, creí percibir ciertos movimientos. Formas humanas que se arrastraban aquí y allá. Navegué prudentemente a lo largo de unos metros, luego paré las máquinas y dejé que el barco se deslizara. El hombre de la orilla empezó a gritar, instándonos a desembarcar.

—Hemos sido atacados —contestó el administrador.

—Lo sé, lo sé. Tranquilo —gritó el otro despreocupadamente, como si nada—. Vengan, no pasa nada. Me alegro de verlos.

Su aspecto me recordaba algo que había visto antes. Algo gracioso que había visto no sé dónde. Mientras maniobraba para atracar en la orilla me preguntaba: "¿A quién me recuerda este hombre?". De repente lo recordé. Parecía un arlequín. Su ropa estaba hecha de algún material que quizás fuera holanda cruda, pero estaba cubierta de parches, parches vistosos de color azul, rojo y amarillo. Parches por detrás, parches por delante, parches en los codos y las rodillas; una colorida faja alrededor de la chaqueta, bordes escarlata en los bajos de los pantalones. Y la luz del sol le daba un aspecto extremadamente alegre y prolijo, pues gracias a ella uno podía ver con cuánto esmero se habían hecho todos esos remiendos. Un rostro imberbe, infantil, muy limpio, ningún rasgo destacable, la nariz despellejada, ojillos azules, sonrisas y fruncimientos que se sucedían en ese rostro abierto como hacen la luz y las sombras en una planicie barrida por el viento.

—¡Cuidado, capitán! —gritó—. Anoche había un tronco atascado allí.

—¿Cómo? ¿Otro?

Confieso que maldije de mala manera. Había estado a punto de romper mi maltrecho casco en el último instante de aquel encantador viaje. El arlequín de la orilla apuntó con su nariz en dirección a mí.

—¿Es usted inglés? —preguntó sonriendo.

—¿Y usted? —respondí con un grito desde el timón.

La sonrisa se desvaneció y él negó con la cabeza como lamentando mi decepción. De inmediato recuperó el buen humor.

—¡Es igual! —exclamó animoso.

—¿Llegamos a tiempo? —pregunté.

—Él está ahí arriba —dijo sacudiendo la cabeza hacia la colina y adoptando de repente un aire lúgubre.

Su rostro era como un cielo de otoño, nublado por un instante y luminoso al siguiente.

Una vez que el administrador y su escolta de peregrinos armados hasta los dientes hubieron entrado al edificio, el arlequín subió a bordo.

—Esto no me gusta nada. Los nativos siguen allí en el bosque —dije.

Él me aseguró muy serio que todo estaba en orden.

—Son gente sencilla —añadió—. En fin, me alegra que haya podido llegar. Me costó lo suyo mantenerlos apartados.

—Pero usted dijo que todo estaba en orden —protesté.

—Oh, ellos no representan ningún peligro —dijo.

Y como yo lo mirara perplejo se apresuró a corregirse:

—O no exactamente.

Luego exclamó vivazmente:

—¡Por Dios, su cabina necesita una buena limpieza!

Y sin pararse a tomar aire me aconsejó que dejara suficiente vapor en la caldera para hacer sonar el silbato en caso de peligro.

—Un buen estruendo le será más útil que todos sus rifles. Son gente sencilla —repitió.

Cambiaba de tema con tanta velocidad que conseguía abrumarme. Parecía deseoso de compensar un prolongado silencio y al final, riéndose, insinuó que así era.

—¿Acaso no habla usted con el señor Kurtz? —pregunté.

—No se habla con un hombre así; se lo escucha —dijo visiblemente exaltado—. Pero ahora…

Sacudió el brazo y en un abrir y cerrar de ojos se lo vio sumido en un abatimiento profundo. Un instante después, con un salto, se recompuso y, estrechándome ambas manos, sacudiéndolas sin parar, parloteó:

—Hermano marinero… honor… placer… encantado… me presento… ruso… hijo de un arcipreste… Gobierno de Tambov… ¿Cómo? ¡Tabaco! ¡Tabaco inglés! ¡El excelente tabaco inglés! A eso llamo yo camaradería. ¿Acaso puede haber un marinero que no fume?

La pipa le infundió cierta calma y poco a poco me enteré de que se había escapado de la escuela para hacerse a la mar en un barco ruso; escapó de nuevo, trabajó durante un tiempo en barcos ingleses y ahora se había reconciliado con el arcipreste. Se encargó de dejarlo muy claro.

—Pero cuando se es joven es preciso ver cosas, reunir experiencia, ideas, expandir la mente.

—¿Aquí? —lo interrumpí.

—¡Nunca se sabe! Aquí he conocido al señor Kurtz —dijo, puerilmente solemne, en un tono de reproche.

Me mordí la lengua. Al parecer había logrado convencer a una casa comercial holandesa en la costa para que le suministrara mercancías y provisiones y así había emprendido su viaje al interior con el corazón ligero y una idea de lo que le aguardaba no más precisa de la que tendría un bebé. Había estado vagando a solas por aquel río durante casi dos años, apartado de todo y de todos.

—No soy tan joven como parezco. Tengo veinticinco años —dijo.

—Al principio el viejo Van Shuyten me dijo que me fuera al demonio —narró con evidente gozo—, pero me pegué a él y le insistí y le insistí, hasta que al final tuvo miedo de que yo le arrancara una de las patas traseras a su perro favorito y me dio unas cuantas baratijas y algunas armas y me dijo que no quería volver a verme nunca más. El viejo holandés, Van Shuyten. El año pasado le envié un pequeño cargamento de marfil, de modo que ya no podrá llamarme ladrón cuando regrese. Espero que lo haya recibido. El resto me importa un bledo. Había reunido algo de leña para usted. Aquella era mi vieja casa. ¿La vio usted?

Le di el libro de Towson. Hizo ademán de darme un beso pero se contuvo.

—Era el único libro que me quedaba y ya lo daba por perdido —dijo, mirándolo extasiado—. Son muchos los accidentes que le aguardan a un hombre que viaja solo, ya sabe. Las canoas se estropean a veces. Y a veces hay que huir a toda prisa cuando la gente se enfada.

Entonces se puso a hojear el libro.

—¿Usted escribió todas esas notas en ruso? —le pregunté.

Él asintió.

—Pensaba que estaban escritas en algún código —dije.

Él sonrió y de inmediato se puso muy serio.

—Tuve muchos problemas para mantener a raya a toda esta gente —dijo.

—¿Intentaron matarlo? —pregunté.

—¡Oh, no! —exclamó, y luego recuperó la compostura.

—¿Por qué los atacaron? —quise saber.

Él dudó un instante y, a continuación, con gesto avergonzado, dijo:

—Ellos no quieren que Kurtz se marche.

—¿De veras? —dije intrigado.

Él negó con la cabeza, en un gesto lleno de misterio y sabiduría.

—De verdad —dijo alzando la voz—, este hombre ha expandido mi mente.

Y abrió sus brazos todo cuanto pudo, mirándome con sus ojillos azules, perfectamente redondos.

III

—Lo miré, perdido en mi propia perplejidad. Ahí estaba ante mí, con su atuendo variopinto, como si se hubiera fugado de una troupe de mimos, entusiasta y fabuloso. Su misma existencia resultaba improbable, inexplicable y por completo maravillosa. Era un problema irresoluble. Imposible imaginar cómo había llegado a existir, cómo había conseguido llegar tan lejos, cómo se las había arreglado para sobrevivir, cómo era posible que no hubiera desaparecido.

—Me adentré un poco más —dijo—, luego un poco más y un poco más, hasta que llegué tan lejos que ya no sabía cómo volver. Es igual. Tengo tiempo de sobra. Sé cómo arreglármelas. Usted llévese a Kurtz rápido, muy rápido, por favor.

El aura de la juventud envolvía sus harapos multicolores, su indigencia, su soledad, la desolación esencial de sus vagabundeos inútiles. Durante meses, durante años, en realidad, su vida entera no había valido lo que se gana en un solo día y, sin embargo, ahí seguía, galante, irresponsablemente vivo, aparentemente indestructible solo por la virtud de sus escasos años y su audacia instintiva. Me vi inducido a algo parecido a la admiración. A la envidia. El glamour lo apremiaba, el glamour lo mantenía indemne. Ciertamente, de la vida salvaje no esperaba otra cosa que espacio para respirar y perseverar. Su necesidad era solo existir y continuar hacia adelante corriendo los riesgos más extremos y en medio de las máximas privaciones. Si alguna vez lo absolutamente puro, la falta de cálculo, el espíritu gratuito de la aventura habían gobernado a un ser humano, era allí, en aquel jovencito cubierto de parches. Casi envidié ese fuego tan claro y modesto que poseía. Un fuego que parecía haber consumido cualquier idea de identidad de un modo tan radical que, incluso mientras hablaba contigo, te olvidabas de que era él, ese mismo hombre que estaba ante tus ojos, quien había pasado por todas esas aventuras. Pese a ello no envidié su devoción por Kurtz. El muchacho ni siquiera había meditado al respecto. Fue algo que le vino dado y él lo aceptó con una especie de fatalismo entusiasta. Debo decir que, desde cualquier punto de vista, aquella me pareció la cosa más peligrosa a la que él se había enfrentado hasta entonces.

Ambos se habían encontrado inexorablemente como dos barcos que, anclados el uno junto al otro, acaban rozándose de costado. Supongo que a Kurtz le agradaba tener público, pues en cierta ocasión en que acampaban en medio de la selva se habían pasado toda la noche hablando, aunque era más probable que hubiera sido Kurtz quien llevara la voz cantante.

—Hablamos de todo —dijo, bastante extasiado con el recuerdo—. Me olvidé hasta de dormir. Fue como si la noche entera hubiera durado apenas una hora. ¡De todo, hablamos de todo!... Incluso del amor.

—¡Ah! —dije irónico—, ¿así que les habló del amor?

—No, no es lo que usted cree —gritó él, casi apasionadamente—. Habló en general. Me hizo entender cosas… cosas.

Elevó los brazos al cielo. En ese momento nos hallábamos en la cubierta y el jefe de mis leñadores, que descansaba allí cerca, se giró para mirarlo con unos ojos brillantes y pesados. Miré a mi alrededor y no sé por qué, pero les aseguro que nunca antes aquella tierra, ese río, esa selva, la misma bóveda resplandeciente del cielo, me habían parecido tan oscuros y desesperanzadores, tan impenetrables al raciocinio humano, tan implacables con la debilidad humana.

—Y desde entonces, supongo, ha permanecido junto a él —dije.

Por el contrario, parecía que su relación se hallaba entonces muy deteriorada por varios motivos. Como él mismo me informó orgullosamente, había cuidado de la salud de Kurtz a lo largo de dos enfermedades (se refería a ello como quien habla de una hazaña peligrosa), pero por norma general Kurtz vagabundeaba a solas en lo profundo del bosque.

—Muchas veces, al venir a esta estación, me veía obligado a esperar y a esperar durante días a que apareciera —dijo—. ¡Ah, pero valía la pena esperarlo!... A veces.

—¿Y qué hacía él? ¿Explorar o algo así? —pregunté.

—¡Oh sí, claro!

Así había descubierto muchos poblados, un lago también, aunque el chico no sabía dónde. Era peligroso preguntar demasiado. Sin embargo, la mayoría de sus expediciones habían sido para buscar marfil.

—Pero en ese momento no tenía mercancías para intercambiar —objeté.

—En esa época todavía nos quedaba una buena cantidad de cartuchos —respondió sin mirarme a los ojos.

—Para hablar sin rodeos, saqueó toda la región —dije.

Él asintió:

—¡Y mucho más, sin duda!

Masculló algo acerca de unas aldeas alrededor del lago.

—Kurtz consiguió que la tribu lo siguiera, ¿no es así? —insinué.

El joven vaciló un poco.

—Lo adoraban —dijo.

El tono de estas palabras me pareció tan extraordinario que lo miré con cierta intriga. Me producía curiosidad ver la mezcla de ansiedad y renuencia con la que hablaba de Kurtz. Ese hombre ocupaba su vida entera, sus pensamientos, arrastraba sus emociones.

—¿Qué se puede esperar? —prorrumpió—. Él se acercó a ellos con el trueno y el relámpago, ya me entiende… y ellos nunca habían visto algo semejante… algo tan terrible. Porque él podía ser terrible, ¿sabe? No se puede juzgar al señor Kurtz como se haría con una persona común y corriente. ¡No, no, no! Ahora bien, solo para que se haga una idea, no me importa contárselo: un día estuvo a punto de dispararme… Pero no lo juzgo.

—¿Dispararle? —exclamé—. ¿Por qué?

—Bueno, yo tenía una pequeña reserva de marfil que me había dado el jefe de una tribu cerca de mi casa. Yo solía cazar animales para ellos, ya sabe. El caso es que Kurtz quería que le diera el marfil. No atendía a razones. Declaró que me dispararía a menos que le entregara el marfil y a continuación debía esfumarme del país, pues tenía poder para hacerlo y así se le antojaba, y no había nada sobre la faz de la tierra que pudiera impedirle matar a quien se le diera la gana. Y no mentía, no. Le entregué el marfil. ¡Qué más me daba! Pero no me marché. Oh, no, no. No podía dejarlo solo. Tuve que ser cauteloso, por supuesto, hasta que volvimos a amistarnos por un tiempo. Entonces tuvo su segunda recaída. A partir de ese momento tuve que alejarme de él; pero no me importó. Kurtz pasaba la mayor parte del tiempo viviendo en esas aldeas junto al lago. A veces, cuando bajaba al río, se acercaba a mí; otras veces era mejor andarse con cuidado. Este hombre sufría muchísimo. Odiaba todo esto y por alguna razón no podía marcharse. Cuando tuve ocasión, le rogué que intentara irse mientras hubiera tiempo. Me ofrecí a acompañarlo. Él decía que sí, pero al final se quedaba; emprendía otra cacería de marfil, desaparecía durante semanas, se olvidaba de sí mismo entre esta gente, se olvidaba, ya sabe.

—¡Vaya! —dije—. Está loco.

El joven protestó indignado. El señor Kurtz no podía estar loco. Si lo hubiera oído hablar, solo dos días atrás, no me habría atrevido a insinuar semejante cosa...

Mientras el chico hablaba yo había agarrado mis binoculares para mirar hacia la orilla, barriendo los lindes del bosque a cada lado y en la parte posterior de la casa. Ser consciente de que había gente entre toda esa maleza, gente silenciosa, acechante —tanto como las ruinas de la casa en la colina— me llenaba de inquietud. Todas las señales en la faz de la naturaleza de este asombroso cuento, más que contarlo, me lo sugerían a través de desoladoras exclamaciones, completadas por gruñidos, con frases entrecortadas, con insinuaciones que culminaban en profundos suspiros. El bosque permanecía inmóvil, como una máscara; pesado, como la reja de una prisión, con su aire de conocimiento secreto, de paciente espera, de silencio irreprochable.

El ruso me estaba explicando que había sido más tarde cuando Kurtz regresó al río acompañado de todos esos guerreros de la tribu del lago. Después de varios meses de ausencia —haciéndose adorar, supongo—, había vuelto inesperadamente con la clara intención de hacer una batida, bien en la margen opuesta o río abajo. Evidentemente, el apetito por obtener más marfil había sacado el máximo rendimiento de sus —¿cómo llamarlas?— aspiraciones menos materiales. Sin embargo, su salud había empeorado de un momento a otro.

—Cuando oí decir que estaba postrado vine a verlo… me arriesgué —dijo el ruso—. Oh, pero él es malo, muy malo.

Dirigí los binoculares hacia la casa. No había señales de vida allí, solo el tejado maltrecho, el largo muro de barro asomado por encima de la alta hierba, con tres pequeñas ventanas cuadradas, cada una de distinto tamaño; todo aquello parecía al alcance de mi mano. Entonces hice un movimiento brusco y uno de los postes restantes de la desaparecida cerca reapareció en mi campo de visión. Como les decía antes, me habían impresionado a la distancia ciertos intentos de ornamentación, cosa más bien notable en medio del ruinoso aspecto del lugar. Ahora que de pronto podía verlo todo más de cerca, solo pude echar mi cabeza hacia atrás como sacudido por un golpe. Luego recorrí la distancia entre los postes lentamente con los binoculares y caí en cuenta de mi error. Aquellos remates redondos no eran ornamentales sino simbólicos. Eran expresivos y enigmáticos, sorprendentes y perturbadores. Alimento para el pensamiento y también para los buitres si hubiese habido alguno oteando desde el cielo, aunque en todo caso lo eran para esas hormigas lo bastante industriosas como para trepar por el poste. Habrían resultado incluso más impresionantes —aquellas cabezas sobre las estacas, digo— si sus rostros no hubieran estado orientados hacia la casa. Solo una, la primera que pude reconocer, miraba en nuestra dirección. No estaba tan aterrado como quizás crean. El movimiento de mi cabeza no había sido más que un gesto de sorpresa. Esperaba encontrarme con un pomo de madera o algo así, ya me entienden. Regresé deliberadamente al primero de los postes que había visto… y allí estaba, negra, reseca, demacrada, con los párpados cerrados, una cabeza que parecía dormir al final de aquel palo y en cuyos labios marchitos y encogidos asomaba una estrecha hilera de dientes blancos con los que sonreía, sonreía sin freno por algún sueño jocoso e interminable, en medio de su eterna duermevela.

No estoy revelando ningún secreto comercial. De hecho, el administrador diría más tarde que los métodos del señor Kurtz habían echado a perder todo el distrito. No tengo ninguna opinión al respecto, pero quiero que entiendan claramente que no había nada particularmente lucrativo en el hecho de que esas cabezas estuvieran allí. Solo demostraban que el señor Kurtz carecía de límites en la gratificación de sus diversos apetitos, que había algo insaciable en su interior, una pequeña materia que, cuando la necesidad apremiaba, no se podía hallar bajo su magnífica elocuencia. Imposible saber si él era consciente de esta deficiencia suya. Creo que tuvo noción de la misma hacia el final, solo muy al final. Pero la jungla lo había capturado muy pronto y había llevado a cabo en él su terrible venganza por aquella fantástica invasión. Creo que le había susurrado cosas acerca de sí mismo que él no sabía, cosas de las que no tenía una concepción clara hasta que prestó oídos a esa inmensa soledad. Y el susurro demostró ser irresistible y fascinante. Retumbó con fuerza en su interior porque, en el fondo, estaba vacío… Dejé los binoculares a un lado y fue como si la cabeza que antes apareciera lo bastante cerca como para hablarle hubiera dado un brinco hasta una distancia inaccesible.

El admirador del señor Kurtz lucía un poco decaído. Con voz atropellada y balbuciente me aseguró que no se había atrevido a quitar de allí esos —digámoslo así— símbolos. No tenía miedo de los nativos. Ellos no se sublevarían hasta que el señor Kurtz lo ordenara. Su ascendencia era extraordinaria. Los campamentos de aquella gente rodeaban el lugar y los jefes venían cada día a entrevistarse con él. Se ponían de rodillas...

—No quiero saber nada sobre las ceremonias que emplean para acercarse al señor Kurtz —grité.

Me invadió la curiosa sensación de que semejantes detalles me resultarían mucho más intolerables que las cabezas que se estaban secando en sus estacas frente a la ventana del señor Kurtz. Al fin y al cabo, aquello no dejaba de ser solo un espectáculo salvaje, mientras que esto último fue como si me hubiera transportado fatalmente a una región sin luz poblada de sutiles horrores, donde el salvajismo puro y sencillo era un alivio efectivo, toda vez que se trataba de algo que tenía derecho a existir —como era evidente— a plena luz del día. El joven me miró sorprendido. Supongo que no se le había ocurrido siquiera que el señor Kurtz no fuera para mí un ídolo. Olvidaba que yo no había tenido ocasión de oír esos monólogos sobre, ¿qué era? Ah, sí, el amor, la justicia, el buen comportamiento y no sé qué más cosas. Si se trataba de arrodillarse delante del señor Kurtz, este joven había gateado como el más puro de los salvajes. Me dijo entonces que yo no tenía idea de las condiciones: que estas cabezas eran de los rebeldes. Mi carcajada lo dejó anonadado. ¡Rebeldes! ¿Qué nueva definición me quedaba por oír? Había oído hablar de enemigos, criminales, trabajadores… Éstos eran rebeldes. A mí esas sediciosas cabezas me parecían bastante mansas en sus palos.

—Usted no se imagina cómo esta clase de vida puede poner a prueba a un hombre como él —gritó el último discípulo de Kurtz.

—¿Y a usted? —dije.

—¡Yo! ¡Yo soy solo un hombre sencillo! No tengo grandes ideas. No espero nada de nadie. ¿Cómo osa compararme con…?

Sus sentimientos eran algo que excedía su capacidad para hablar y, de repente, se derrumbó.

—No lo entiendo —gimoteó—. He hecho todo lo posible para ayudarlo a sobrevivir y con eso es suficiente. No tengo influencia alguna en todo esto. No tengo ninguna habilidad. No ha habido una gota de medicina o un bocado de comida caducada durante meses en este lugar. Lo han abandonado de un modo vergonzoso. A un hombre como él, con semejantes ideas. ¡Es una vergüenza! ¡Una vergüenza! No… no he podido dormir desde hace diez noches…

Su voz se fue perdiendo en la calma de la tarde. Las largas sombras de la selva se habían deslizado por la colina mientras hablábamos, más allá del cobertizo en ruinas, más allá de la hilera simbólica de postes; todo ello en medio de la penumbra, en momentos en que nosotros, más abajo, seguíamos rodeados de luz y el trecho del río junto al claro fulguraba con esplendor callado y deslumbrante, bajo un bamboleo siniestro y oscuro. En la orilla no se veía una sola alma. Los arbustos no chasqueaban.

De repente, un grupo de hombres salió de detrás de la casa como si hubieran brotado de la tierra. En un solo cuerpo compacto atravesaron la hierba que les llegaba hasta el pecho, cargando una camilla improvisada. Al instante, en el vacío del paisaje, un grito se elevó con tanta estridencia que logró perforar el aire sereno como una flecha afilada que volara directamente al corazón de la tierra. Y como por obra de un encantamiento, ríos de seres humanos, seres humanos desnudos, con lanzas en las manos, con arcos, escudos, miradas amenazantes y gestos salvajes, se derramaron en el claro al pie del semblante pensativo y oscuro de la selva. Los arbustos se estremecieron, la hierba se contoneó durante un rato y luego todo se sumió en un silencio inmóvil y expectante.

—Si no dice las palabras correctas, estaremos perdidos —me dijo el ruso al oído.

El grupo que transportaba la camilla se detuvo también como petrificado, no muy lejos del barco. Vi que el hombre que iba en la camilla se incorporaba, bien erguido y con un brazo levantado por encima de los hombros de los porteadores.

—Esperemos que este hombre, capaz de hablar tan bien sobre el amor en general, encuentre alguna razón particular que pueda salvarnos esta vez —dijo.

Me quejé amargamente del absurdo peligro que corríamos en esa situación, como si el hecho de hallarnos a merced de ese atroz espectro fuera una deshonrosa necesidad. No pude oír nada, pero a través de mis binoculares vi el delgado brazo extendido en un gesto de mando, el movimiento de la mandíbula inferior, los ojos de aquella aparición emitiendo un brillo oscuro desde el fondo de su huesuda cabeza, que no paraba de producir grotescas gesticulaciones. Kurtz... Kurtz... Eso significa "corto" en alemán, ¿no es así? Pues bien, el nombre era tan acertado como todo lo demás en su vida. Y en su muerte. Daba la impresión de que medía al menos dos metros. La sábana con la que estaba cubierto había caído al suelo y su cuerpo surgía de ella penosamente, como de una mortaja. Pude ver cómo sobresalía la jaula de sus costillas, los huesos del brazo que tenía en alto. Era como si una imagen animada de la muerte tallada en marfil estuviera agitando su mano entre amenazas, delante de una muchedumbre inmóvil hecha de un bronce oscuro y fulgurante. Vi que abría mucho la boca, cosa que le daba un aspecto extrañamente voraz, como si quisiera tragarse todo el aire, toda la tierra, todos los hombres que tenía frente a él. Una voz profunda llegó hasta mí, muy tenue. Debía de estar gritando. De repente cayó de espaldas. La camilla se sacudió mientras los porteadores proseguían su camino y, casi al mismo tiempo, noté que la multitud de salvajes se dispersaba sin ningún movimiento perceptible de retirada, como si la selva que había expelido a estos seres los hubiera inhalado de golpe como se inhala el aliento en una profunda inspiración.

Algunos peregrinos que iban por detrás de la camilla cargaban sus armas: dos pistolas, un rifle pesado y una carabina revólver ligera; eran los relámpagos de aquel Júpiter digno de lástima. El administrador se inclinó para murmurarle algo mientras caminaba junto a él. Lo depositaron en una de las pequeñas chozas —con espacio solo para una cama sencilla y un par de sillitas plegables de campamento, ya saben—. Le habíamos traído la correspondencia atrasada y su cama estaba llena de sobres rotos y cartas abiertas. Su mano endeble se paseaba entre esos papeles. Me impresionó el fuego de sus ojos y la digna languidez de su expresión. No se debía tanto a la extenuación de la enfermedad. No parecía estar sufriendo. El espectro lucía satisfecho y relajado, como si de momento se hubiera saciado de todas las emociones.

Arrugó una de las cartas y mirándome a los ojos dijo:

—Un placer.

Alguien le había escrito hablándole de mí. Esas recomendaciones especiales aparecían nuevamente. El volumen del tono que emitió sin esfuerzo, casi sin molestarse en mover los labios, me dejó asombrado. ¡Esa voz! ¡Esa voz! Grave, profunda, vibrante, a pesar de que el hombre no parecía capaz de soltar ni un resuello. Y, sin embargo, tenía suficiente fuerza en su interior, una fuerza artificial sin duda, para acabar con todos nosotros, como van a oír en un momento.

El administrador apareció discretamente en la entrada; salí de inmediato y él cerró la cortina. El ruso, observado con curiosidad por los peregrinos, miraba hacia la orilla del río. Seguí la dirección de su mirada.

Oscuras formas humanas se apreciaban a lo lejos, revoloteando confusamente contra el tenebroso linde de la selva; y junto al río, dos figuras de bronce apoyadas en sus lanzas reposaban a la luz del sol debajo de fantásticos tocados de pieles manchadas, belicosas e inmóviles en su reposo escultórico. Y de derecha a izquierda, a lo largo de la orilla iluminada, apareció la figura salvaje y portentosa de una mujer.

Caminaba midiendo los pasos, envuelta en una túnica de rayas y flecos, surcando la tierra con talante orgulloso, entre el brillo y el suave tintineo de sus bárbaros ornamentos, la cabeza siempre en alto. Tenía un peinado en forma de yelmo, anillos de metal hasta las rodillas y brazaletes de alambre hasta el codo; una mancha carmesí en su mejilla cobriza, innumerables collares de cuentas de vidrio. Estrafalarias cosas, fetiches, amuletos de brujos que brillaban y se sacudían a cada paso. Todo lo que llevaba puesto debía de valer lo que varios colmillos de elefante. Era indomable y soberbia, de ojos bravos y magníficos. Había algo siniestro y majestuoso en su calculada forma de caminar. Y en la quietud que sobrevino de repente sobre aquella tierra desolada, la inmensa selva, el cuerpo colosal de la vida fecunda y misteriosa pareció reparar en ella pensativamente, como si hubiera descubierto la imagen de su propia alma tenebrosa y apasionada.

Se acercó a cierta distancia del barco, se detuvo y nos encaró. La larga sombra de su cuerpo cayó sobre la orilla del río. Su rostro tenía el aspecto trágico y feroz de la congoja salvaje y del dolor mudo, mezclados con el miedo a una decisión irresuelta, fatigosa. Se quedó mirándonos fijamente y, como la selva misma, con la expresión de quien medita algún inescrutable plan. Transcurrió un minuto entero y ella prosiguió su camino. Hubo un suave tintineo, un destello metálico, un balanceo de mantos y flecos, y entonces se detuvo como si se le hubiera parado el corazón. El joven a mi lado soltó un gruñido. Los peregrinos murmuraron a mi espalda. Ella nos miró a todos como si su vida entera dependiera de la inquebrantable firmeza de su mirada. De repente abrió sus brazos desnudos y los elevó, rígidos, por encima de su cabeza, como si tuviera el incontrolable deseo de tocar el cielo; en ese mismo instante, las veloces sombras se precipitaron sobre la faz de la tierra, esparciéndose por toda la orilla y envolviendo nuestro barco en un abrazo sombrío. Un silencio formidable pendía sobre toda la escena.

Ella se alejó lentamente, caminando a lo largo de la orilla antes de introducirse en la maleza. Solo una vez sus ojos se volvieron a mirarnos como dos ascuas entre las tinieblas, antes de desaparecer.

—Si hubiera intentado subir a bordo, creo de verdad que le habría disparado —dijo nervioso el hombre de los parches—. Llevo dos semanas arriesgando mi vida día y noche para mantenerla lejos de la casa. Un día logró entrar y armó un escándalo por esos harapos miserables que encontré en la bodega para remendar mi ropa. Yo no fui muy decente que digamos. Debió de ser eso, pues estuvo hablando a los gritos con Kurtz durante una hora entera, señalándome de vez en cuando. No entiendo el dialecto de esta tribu. Por suerte para mí, Kurtz estaba demasiado enfermo aquel día para prestarle atención. De lo contrario habría habido algún desaguisado. No entiendo... no... Esto es demasiado para mí. Menos mal que todo ha terminado ya.

En ese momento oí la profunda voz de Kurtz detrás de la cortina.

—¿Sálvame? ¡Salvad el marfil, querrás decir! No me vengas con ésas. ¡Sálvame! ¿Por qué tendría que salvarte a ti? Te estás interponiendo en mis planes. ¡Enfermo, enfermo! ¡No tanto como te gustaría creer! Pero no importa. Todavía puedo llevar a cabo mis ideas. Volveré. Te mostraré de lo que soy capaz. Tú y tus miserables nociones comerciales. ¡Estás interfiriendo en mis asuntos! Volveré... yo...

El administrador salió. Me hizo el honor de tomarme del brazo para hablarme aparte.

—Está muy mal, muy mal —dijo.

Consideró necesario lanzar un suspiro pero olvidó mostrarse consecuentemente afligido.

—Hemos hecho todo lo que podíamos por él, ¿no es así? Pero de nada vale disimular los hechos: el señor Kurtz le ha hecho más mal que bien a la Compañía. No supo ver que el tiempo no era propicio para emprender acciones drásticas. La cautela, la cautela. Ése es mi lema. Debemos obrar con mucho cuidado. El distrito está cerrado para nosotros durante un tiempo. ¡Deplorable! El comercio de marfil se resentirá en términos generales. No niego que contemos con una cantidad notable de marfil, casi todo fósil. Debemos guardarlo a como dé lugar. Pero piense en lo precario de nuestra situación. ¿Y por qué, se preguntará usted? Porque el método es demencial.

—¿Demencial, lo llama usted? —repliqué yo mirando hacia la orilla.

—Sin duda —exclamó, enardecido—. ¿O cómo lo llamaría usted…?

—Yo no veo ningún método —murmuré después de un rato.

—Exactamente —dijo exultante—. Yo lo había previsto. Esto demuestra una absoluta falta de juicio. Es mi deber comunicarlo en el sitio oportuno.

—Oh —dije—, ese señor… ¿cómo se llamaba? El fabricante de ladrillos, redactará un informe legible para usted.

Por un momento se mostró confundido. Creo que nunca había respirado una atmósfera tan viciada, así que preferí pensar en Kurtz en busca de alivio. Sí, efectivamente, de alivio.

—No obstante, creo que el señor Kurtz es un hombre notable —dije con cierto énfasis.

El administrador se sorprendió, me lanzó una mirada gélida y grave y dijo con voz queda:

—Era un hombre notable.

Y se dio la vuelta. Mis momentos de gracia habían terminado. Me vi arrojado junto a Kurtz como partidario de unos métodos que no eran propicios para estos tiempos: ¡era un demente! ¡Ah, pero ya era algo tener al menos la opción de elegir mis propias pesadillas!

En realidad yo había elegido el bando de la selva, no el del señor Kurtz que, no me cuesta admitirlo, era para mí tan útil como si estuviera enterrado. Y de momento yo mismo tenía la impresión de estar enterrado en una enorme tumba llena de secretos inenarrables. Sentía un peso intolerable oprimiéndome el pecho, el olor de la tierra húmeda, la presencia invisible de la victoriosa corrupción, la oscuridad de una noche impenetrable...

El ruso me tocó el hombro. Lo oí murmurar y maldecir algo así como que "el hermano marinero... no pudo ocultar... lo que sabía sobre asuntos que afectarían a la reputación del señor Kurtz". Esperé unos instantes. Para él, evidentemente, el señor Kurtz no estaba enterrado en una tumba. Sospecho que para él, Kurtz era uno de los inmortales.

—¡Muy bien! —dije por fin—. Hable. Resulta que, en cierto modo, soy amigo del señor Kurtz.

Declaró con gran solemnidad que, si no hubiéramos tenido "la misma profesión", él se habría guardado todo aquel asunto sin importar las consecuencias. Sospechaba que había una clara animadversión hacia él de parte de esos hombres blancos que...

—Tiene toda la razón —le dije, recordando cierta conversación que había llegado a mis oídos—. El administrador cree que a usted deberían ahorcarlo.

Me divirtió el hecho de que se mostrara tan preocupado por la noticia.

—Habría sido mejor quitarme de en medio discretamente —dijo muy serio—. Ya no puedo hacer nada más por el señor Kurtz y seguramente no tardarán en hallar una excusa. ¿Cómo podría detenerlos? Hay un puesto militar a unas trescientas millas de aquí.

—Bah, créame lo que le voy a decir —contesté—, quizás tendrá más suerte si tiene amigos entre estos salvajes.

—Tengo montones de ellos —dijo—. Son gente sencilla... y yo no quiero que nada... usted sabe...

Se quedó un instante en silencio, mordiéndose los labios, y prosiguió:

—No quiero que nada malo les pase a estos blancos, pero por supuesto yo pensaba en la reputación del señor Kurtz... aunque usted es un camarada marinero y yo...

—Está bien —dije—. La reputación del señor Kurtz está a salvo conmigo.

Pero en el fondo no sabía qué tan fiables eran mis palabras.

Bajando la voz, me informó de que la orden de atacar el barco había venido del propio Kurtz.

—A veces odiaba la idea de que se lo llevaran de aquí. Y entonces de nuevo... Pero yo no entiendo de estas cosas. Soy un hombre simple. Él solo pretendía espantarlos, que se dieran por vencidos y lo creyeran muerto. No pude impedírselo. Oh, este último mes ha sido nefasto para mí.

—Entiendo —dije—, pero ahora Kurtz se encuentra bien.

—Mhhh, sí… —masculló él, al parecer no muy convencido.

—Gracias —dije—. Me mantendré alerta.

—Pero callado, ¿eh? —me apremió él, angustiado—. Sería terrible para su reputación si alguien aquí...

Juré absoluta discreción en tono muy grave.

—Tengo una canoa y tres compañeros negros esperando no muy lejos de aquí. Me voy. ¿Podría dejarme unos pocos cartuchos Martini-Henry?

Podía y se los di con el debido sigilo. Con un guiño se hizo con un buen puñado de mi tabaco.

—De marinero a marinero. Ya me entiende. Buen tabaco inglés.

A la entrada de la cabina del piloto se dio la vuelta:

—¿No tiene un par de zapatos de sobra? —preguntó, levantando una pierna—. Mire —dijo.

Las suelas estaban atadas con cuerdas a sus pies a modo de sandalias. Saqué un viejo par y él lo miró abrumado antes de metérselo debajo del sobaco izquierdo. Uno de sus bolsillos (rojo brillante) estaba repleto de cartuchos, en el otro (azul oscuro) sobresalía el libro de Towson, Investigación sobre algunos temas y etcétera, etcétera. Parecía considerarse inmejorablemente equipado para volver a hacerle frente a la vida salvaje.

—Ah, nunca, nunca volveré a conocer a un hombre como él. Tendría que haberlo oído recitar poemas... sus propios poemas también, según me dijo. ¡Poemas!

El recuerdo lo hizo entornar los ojos de puro deleite.

—¡Oh, sí! ¡Me ayudó a expandir mi mente!

—Adiós —le dije.

Me estrechó la mano y se desvaneció en la noche. A veces me pregunto si realmente llegué a verlo alguna vez, si acaso habrá sido posible conocer a semejante fenómeno...

Cuando desperté, poco después de la medianoche, su advertencia me asaltó con la insinuación de algún peligro que allí, en medio de la oscuridad estrellada, me pareció lo bastante real para hacerme levantar de la cama con la intención de echar un vistazo por los alrededores. En la colina ardía una hoguera enorme que iluminaba intermitentemente una esquina ruinosa de la casa. Uno de los agentes custodiaba el marfil en compañía de un piquete de unos pocos negros, armados para tal efecto. Pero adentro, en lo profundo de la selva, llamaradas rojas que se agitaban, que parecían hundirse y luego renacer del suelo entre confusas siluetas colosales de intensa negrura, delataban la posición exacta del campamento donde los adoradores de Kurtz llevaban a cabo su inquietante vigilia. El monótono golpe de un gran tambor llenaba el aire de golpes sordos y de una prolongada vibración. El ronroneo continuo de decenas de hombres que cantaban algún extraño encantamiento surgía del muro negro y uniforme de la jungla como el zumbido de las abejas de un panal, y ejercía un raro efecto narcótico sobre mis sentidos medio adormilados. Creo que llegué a quedarme dormido apoyado en la barandilla, hasta que un abrupto estallido de gritos, la sobrecogedora explosión de un frenesí misterioso y reprimido, me despertó maravillado, atónito. El escándalo cesó de inmediato y el murmullo continuó provocando un efecto de silencio audible y sedante. Miré casualmente en el interior de la cabaña. Una luz ardía dentro, pero el señor Kurtz no se encontraba allí.

"Creo que habría soltado un grito si hubiera creído lo que estaba viendo. Solo que al principio no di crédito: aquello parecía del todo imposible. El hecho es que me vi completamente enervado por un Terror puro y homogéneo, un Terror abstracto, absoluto, desconectado de cualquier forma identificable de peligro físico. Lo que hizo de esta emoción algo tan avasallador fue —¿cómo podía definirlo?— la conmoción moral que sentí, como si algo del todo monstruoso, intolerable al pensamiento y detestable al espíritu, se hubiera arrojado sobre mí inesperadamente. Esto duró apenas una fracción de segundo; luego, la habitual sensación de peligro letal y cotidiano, la posibilidad de un ataque repentino, de una masacre o algo similar que percibí como inminente, me resultó francamente amable, reconfortante. Me tranquilizó, de hecho, tanto así que no di ninguna alarma.

"Enfundado en su chaquetón, un agente dormía sobre una silla en la cubierta, a unos pocos pasos de mí. Los gritos no lo habían despertado. Roncaba suavemente. Lo dejé descansar en paz y bajé a tierra. No traicioné al señor Kurtz. Estaba claro que nunca podría traicionarlo. Estaba escrito que sería fiel a esta pesadilla que yo mismo había elegido. Estaba ansioso por tratar a solas con aquel espectro. Y hasta el día de hoy, no sé por qué, había guardado con celo la peculiar oscuridad de esa experiencia.

"Tan pronto salté a la orilla vi un sendero. Un sendero ancho a través de la hierba. Recuerdo la satisfacción con la que me dije a mí mismo: 'No puede caminar. Solo anda en cuatro patas. Lo tengo, es mío'. La hierba estaba húmeda de rocío. Caminé rápidamente apretando los puños. Supongo que tenía el vago propósito de sorprenderlo allí donde estuviera para darle una azotaina, no lo sé. A veces tenía ideas verdaderamente estúpidas. La vieja tejedora con el gato se interpuso en mi memoria como la imagen menos apropiada para surgir en el extremo opuesto de este asunto. Vi una fila de peregrinos desperdiciando plomo en el aire con sus Winchester apoyados en las caderas. Se me ocurrió que nunca podría regresar al barco y me imaginé viviendo solo y desarmado en la jungla hasta una edad avanzada. Esa clase de tonterías, ya me entienden. Y recuerdo haber confundido el golpe del tambor con el latido de mi corazón y me sentí contento con su serena regularidad.

"De todos modos, continué por aquel camino. Luego me detuve a escuchar. La noche era muy clara: un espacio azul oscuro salpicado de rocío y luz estelar, donde las cosas negras reposaban en absoluta quietud. Me pareció detectar algún movimiento unos metros más adelante. Aquella noche me sentía extrañamente seguro de todo. Acabé por salirme del sendero y correr en un amplio semicírculo (creo de veras que riéndome de mí mismo) para encarar aquel revoloteo, aquella agitación que había visto —si es que en efecto había visto algo—. Estaba sitiando a Kurtz como en un juego de niños.

"Acabé encontrándolo y, si no me hubiera oído llegar, habría tropezado con él. Por suerte se levantó a tiempo. Se puso de pie, inestable, alto, pálido, borroso como un vapor exhalado por la tierra y me hizo una venia sutil, silenciosa, etérea, mientras, a mis espaldas, las hogueras se elevaban entre los árboles y el murmullo de muchas voces brotaba de la jungla. Lo había eludido astutamente. Pero cuando al fin pude encararlo fue como si hubiera recuperado la cordura y me hice consciente del riesgo que corría. La cosa no estaba saldada ni mucho menos. ¿Qué pasaría si él empezaba a gritar? Pese a que apenas podía levantarse, su voz seguía colmada de vigor. 'Váyase… escóndase', dijo, con ese tono profundo. Fue horrible. Miré hacia atrás. Estábamos a solo treinta yardas del fuego más cercano. Una figura negra se levantó, caminó sobre sus largas piernas, sacudiendo ambos brazos, a través del resplandor. Tenía cuernos, cuernos de antílope, creo, a manera de tocado. Debía de ser un hechicero, un brujo, sin duda: me pareció bastante amenazador. '¿Sabe lo que está haciendo?', susurré. 'Perfectamente', contestó, elevando la voz solo para pronunciar esa palabra, que a mí me sonó remota y, pese a ello, alta y clara como una llamada emitida a través de un megáfono. 'Si se forma un alboroto estaremos perdidos', pensé para mis adentros. Era evidente que esto no se iba a resolver a puñetazos, incluso sin tener en cuenta mi aversión natural a golpear a aquel espectro; a esta cosa errante y atormentada. 'Se va a perder', dije. 'Se va a perder del todo'. A veces uno tiene esos golpes de inspiración, ya saben. Dije las palabras correctas, aunque de hecho Kurtz no pudiera estar más irremediablemente perdido que en ese mismo momento, cuando estábamos sentando las bases de nuestra intimidad, unas bases hechas para durar y durar, incluso hasta el final. Incluso más allá.

"'Tenía grandes planes', masculló indeciso. 'Sí', dije yo, 'pero si intenta gritar voy a machacarle la cabeza con…'. No había ni un palo ni una piedra a mano. 'Voy a ahorcarlo', me corregí. 'Estaba en el umbral de las grandes cosas', imploró con voz anhelante, en un tono tan lastimero que me heló la sangre. 'Y ahora por culpa de este estúpido bribón…'. 'Su éxito en Europa está garantizado de todas maneras', dije con firmeza. No quería verme obligado a ahorcarlo, como se podrán imaginar, cosa que por lo demás habría sido de escasa utilidad para cualquier propósito práctico. Traté de romper el conjuro, el pesado y mudo conjuro de lo salvaje que parecía haberlo arrastrado a su implacable seno, despertando en él olvidados y brutales instintos, con el recuerdo saciado de unas pasiones monstruosas. Yo estaba convencido de que era eso y nada más lo que lo había atraído hasta el linde del bosque, hasta la maleza, hasta el resplandor de las hogueras, la llamada de los tambores, el arrullo de los extraños encantamientos; eso y nada más que eso había cautivado su alma ingobernable más allá de los límites de las aspiraciones permisibles. Y no se equivoquen, el Terror de aquella situación no residía en la posibilidad de recibir un golpe en la cabeza —aunque yo sentía un vívido temor hacia ese peligro también—, sino en el hecho de que estaba tratando con un ser al que no se podía apelar en nombre de nada, por elevado o ruin que fuera. Como hacían los negros, tenía que invocarlo a él, a él mismo, a su increíble y exaltada degradación. No había nada por encima o por debajo de él y yo lo sabía. Se había expulsado a sí mismo del mundo terrenal. ¡Maldito sea! Había roto en mil pedazos la propia tierra. Estaba solo y al hallarme frente a él no sabía si pisaba tierra o si flotaba en el aire. Les he estado contando lo que decíamos, les he repetido las frases que pronunciamos, ¿pero de qué ha servido? No son más que las frases normales y cotidianas, los sonidos familiares, vagos que intercambiamos cada día de nuestras vidas. ¿Y qué hay con ello? Para mí, aquellas frases ocultaban las aterradoras insinuaciones de unas palabras oídas en sueños, de frases pronunciadas en pesadillas. ¡Un alma, si alguien ha luchado alguna vez contra un alma, ese soy yo! Y tampoco se puede decir que estaba discutiendo con un lunático. Me crean o no, su inteligencia era perfectamente clara; concentrada, todo hay que decirlo, sobre sí misma con una espeluznante intensidad. Pero era clara. Y en ello residía mi única oportunidad, exceptuando, por supuesto, la posibilidad de matarlo allí, en ese momento, lo cual no era del todo una buena idea, por cuenta del inevitable alboroto. Pero su alma estaba enferma. Al hallarse a solas en medio de la vida salvaje, su alma había tenido ocasión de mirar en su interior y, ¡por todos los cielos, créanme!, había enloquecido. Y ahora yo, pagando por mis pecados, supongo, tendría que soportar el martirio de tener que mirar en su interior por mí mismo. Ninguna forma de elocuencia habría podido ser tan corrosiva respecto a nuestra fe en la humanidad como su última descarga de sinceridad. Luchaba contra sí mismo también, pude verlo, pude oírlo. Vi el inconcebible misterio de un alma que no conocía restricciones, ni fe, ni temor, pese a lo cual no dejaba de luchar ciegamente contra sí misma. Logré conservar la cordura; pero cuando al fin pude recostarlo en su camilla, me limpié el sudor de la frente mientras mis piernas temblaban como si hubiera tenido que cargar media tonelada a mis espaldas por aquella pendiente. Sin embargo, apenas le había dado algo de apoyo, con su brazo huesudo aferrado alrededor de mi cuello. Y lo cierto es que no era mucho más pesado que un niño.

"Al mediodía siguiente, a la hora de nuestra partida, la multitud —de cuya presencia tras la cortina de árboles había conservado una aguda conciencia en todo momento— se esparció por todo el claro y cubrió la pendiente con una masa cobriza de cuerpos desnudos, agitados, vibrantes. Remonté un poco la corriente, luego giré río abajo y dos mil ojos siguieron las evoluciones de aquel demonio fluvial que chapoteaba y sacudía ferozmente el agua con su terrible cola, exhalando humo negro en el aire. Delante de la primera fila, tres hombres embadurnados de tierra roja de la cabeza a los pies, iban y venían a lo largo de la orilla, pavoneándose inquietos. Cuando nos acercamos de nuevo al margen miraron hacia el río, zapatearon contra el suelo, menearon sus cabezas cornudas y contonearon sus cuerpos de color escarlata; sacudieron un puñado de plumas negras en dirección al feroz demonio fluvial, un cuero raído del que pendía una cola y algo que parecía una calabaza seca, a la vez que gritaban periódicamente largas cadenas de palabras asombrosas que no sonaban como lenguaje humano alguno; y los profundos murmullos de la multitud, que se entrecortaban repentinamente, eran como las respuestas de una satánica letanía.

"Habíamos llevado a Kurtz a la cabina del piloto, donde había más aire. Echado en el catre, se asomaba a través del postigo abierto. Había un remolino en la masa de cuerpos humanos y la mujer con el peinado de yelmo y las mejillas cobrizas corrió hasta el último trozo de orilla frente a la corriente. Extendió las manos, gritó algo y toda aquella muchedumbre salvaje repitió el alarido en un rugiente coro de oraciones articuladas, veloces y ansiosas.

"'¿Comprende lo que dicen?', pregunté.

"Me ignoró y continuó mirando hacia afuera con ojos anhelantes y una expresión donde se revolvían la congoja y el odio. No contestó de inmediato, pero capté una sonrisa, algo inefable que apareció en sus labios incoloros y a continuación se retorció convulsivamente en su gesto: '¿Que si comprendo?', dijo lentamente, jadeando, como si una fuerza sobrenatural le estuviera arrancando las palabras de adentro."

"Tiré del cordón de la sirena porque los peregrinos en la cubierta ya estaban sacando sus rifles con ganas de armar jolgorio. Ante el repentino bocinazo hubo un movimiento de abyecto pánico a través de aquella tupida masa de cuerpos. '¡No, no! ¡Los va a espantar!', gritó alguien en la cubierta desconsoladamente. Tiré de la cuerda una y otra vez. La masa se dispersó y todos huyeron, dieron brincos, se agacharon, rodaron para esquivar el terror aéreo del retumbo. Los tres tipos pintados de rojo habían caído de bruces en la orilla, como si les hubieran disparado. Solo la bárbara y soberbia mujer se mantuvo impasible y luego abrió los brazos desnudos en un ademán trágico al ver que nos alejábamos por la iridiscente oscuridad del río.

"Entonces la pandilla imbécil de la cubierta empezó con su pequeña diversión y ya no pude ver nada más por culpa del humo de los disparos.

"La corriente marrón bajaba rauda proveniente del corazón de las tinieblas y nos arrastraba rumbo al mar, doblando la velocidad con la que habíamos remontado el río. La vida de Kurtz también fluía rápidamente en torbellinos y torbellinos que desde su corazón desembocaban en el mar del tiempo inexorable. El administrador parecía muy tranquilo, ya sin preocupaciones vitales, nos miraba con una expresión comprensiva y satisfecha: el 'asunto' había salido casi mejor de lo esperado. Vi que se acercaba el momento en que yo quedaría como único miembro del partido del 'método demencial'. Los peregrinos me miraban con desaprobación. Me encontraba, por así decirlo, en el bando de los muertos. Es extraño comprobar con cuánta naturalidad acepté esa fraternidad imprevista, esa elección de la pesadilla que se me había impuesto en la tierra tenebrosa invadida por estos fantasmas crueles y avariciosos.

"Kurtz habló. ¡Esa voz, esa voz! Resonó profundamente hasta el último momento. Sobrevivió a su fuerza para ocultar en los orondos pliegues de su elocuencia la estéril oscuridad de su corazón. ¡Oh, cuánto luchó! ¡Cuánto luchó! Ahora los desiertos de su cerebro cansado sufrían el acoso de imágenes sombrías, imágenes de riqueza y fama que se revolvían obsequiosamente alrededor de su inextinguible don para la expresión noble y elevada. Mi prometida, mi estación, mi carrera, mis ideas. Esos eran los temas de sus ocasionales disertaciones de elevados sentimientos. La sombra del Kurtz original frecuentaba el lecho del vacío espantajo, cuyo destino era ser enterrado cuanto antes en el lodo primigenio. Pero el amor diabólico y el odio sobrenatural de los misterios en los que había penetrado luchaban por el dominio de aquella alma saciada de emociones primitivas, ávida de una gloria embustera, de una distinción fraudulenta, de todas las apariencias del éxito y el poder.

"En ocasiones se mostraba arrogante e infantil. Quería que los reyes salieran a recibirlo a las estaciones de tren cuando regresara de su fantasmal Tierra de Nadie, donde habría acometido alguna gran empresa. 'Si les demuestras que tienes algo verdaderamente rentable ya no habrá límites al reconocimiento de tus capacidades', decía. 'Desde luego hay que tener cuidado con la elección de las causas. Deben ser causas altruistas, siempre'. Extensos trechos del río que eran como un solo y único trecho, monótonos recodos casi idénticos desfilaban ante el vapor con su multitud de árboles centenarios que vigilaban pacientemente aquel mugriento pedazo de otro mundo, el antecesor que anuncia el cambio, la conquista, el comercio, las masacres, las bendiciones. Yo miraba hacia adelante, pilotando. 'Cierre el postigo', dijo Kurtz de repente un día, 'ya no puedo soportarlo'. Cerré. Se hizo un silencio. '¡Pero no te librarás de que te arranque el corazón!', le gritó a la jungla ya invisible.

"Como era de esperarse tuvimos una avería y hubo que detenerse en la punta de una isla para hacer reparaciones. Este retraso fue la primera cosa que hizo tambalear la desconfianza de Kurtz. Una mañana me entregó un mazo de papeles y una fotografía, todo atado con el cordón de un zapato. 'Guárdeme esto, por favor', dijo. 'Ese imbécil', refiriéndose al administrador, 'es capaz de esculcar entre mis cosas cuando no estoy atento'. Esa misma tarde volví a ver a Kurtz. Estaba echado bocarriba con los ojos cerrados y mientras me retiraba discretamente lo oí murmurar: 'Vive bien, muere, muere…'. Me quedé esperando, pero no dijo nada más. ¿Acaso estaba ensayando algún discurso entre sueños o se trataba de un fragmento o una frase de algún artículo de periódico? Había estado escribiendo para la prensa y tenía el propósito de volver a hacerlo. 'Para desarrollar mis ideas. Es un deber', decía.

"La suya era una oscuridad impenetrable. Lo miré como se mira a un hombre que yace en el fondo de un precipicio donde nunca llega la luz del sol. Pero no tenía demasiado tiempo para dedicarle, pues estaba ayudando al maquinista a desmontar los cilindros agujereados, a enderezar los tubos doblados y demás tareas de ese tipo. Vivía en un desorden infernal de óxido, limaduras, tuercas, pernos, llaves, martillos, barrenos… cosas que yo detestaba porque no me llevo bien con ellas. Me encontraba al frente de la pequeña fragua que por fortuna llevábamos a bordo; trabajaba sin descanso con mi montón de chatarra, salvo cuando tenía escalofríos demasiado intensos y no podía ponerme en pie.

"Una noche cuando entraba a la cabina con una vela me asombró oírlo decir con voz un poco trémula: 'Estoy tumbado aquí, en medio de la oscuridad, esperando a la muerte'. La luz de la vela estaba a un palmo de su rostro. Me obligué a murmurar: 'Bah, tonterías', y me acerqué al borde de su lecho como cautivado.

"El cambio que tuvo lugar en sus rasgos es algo que nunca he visto y espero no volver a ver. Oh, no era clemencia, era fascinación lo que sentía. Fue como si se hubiera roto un velo. Entonces vi en ese rostro de marfil la expresión de un orgullo tenebroso, de un poder implacable, de un pavoroso terror; una desesperación intensa e irreversible. ¿Acaso estaba reviviendo su vida en cada detalle de deseo, tentación y derrota durante ese momento supremo de conocimiento pleno? Sollozó ante alguna imagen, ante alguna visión. Sollozó dos veces con un grito que no fue más que un suspiro… '¡El horror! ¡El horror!'.

"Apagué la vela y salí de la cabina. Los peregrinos estaban cenando en el comedor y yo me senté en el lado opuesto al del administrador, que me lanzó una mirada inquisidora, eficazmente ignorada por mí. Se reclinó, sereno, con esa sonrisa peculiar con la que sellaba los abismos insondables de su mezquindad. Una lluvia incesante de diminutas moscas revoloteaba ante la lámpara, sobre el mantel, sobre nuestras manos y rostros. De repente, el ayudante del administrador asomó su insolente cabeza negra a través de la puerta y dijo en un tono de cáustico desdén: 'El señor Kurtz… murió'.

"Todos los peregrinos corrieron a verlo. Yo me quedé en la mesa y terminé de comer. Creo que aquello fue considerado como un gesto de brutal indiferencia. Sin embargo, apenas probé bocado. Había una lámpara allí, una luz, ya me entienden. Y en cambio afuera la oscuridad era algo bestial, bestial. No quise volver a acercarme al notable hombre que había dictado sentencia sobre las aventuras de su alma en esta tierra. La voz ya no estaba. ¿Qué otra cosa quedaba? Aunque desde luego puedo dar fe de que al día siguiente los peregrinos enterraron algo en un agujero lleno de lodo.

"Y luego estuvieron a punto de enterrarme a mí.

"No obstante, como ven, no llegué a acompañar a Kurtz en ese momento. Ciertamente, no. Tuve que quedarme allí para soñar la pesadilla hasta el final y demostrarle mi lealtad a Kurtz una vez más. Destino. ¡Mi destino! Qué cosa irrisoria, la vida: ese misterioso mecanismo que sigue una lógica implacable con fines fútiles. Lo más que se puede esperar de ella es un poco de conocimiento acerca de uno mismo —cosa que llega siempre demasiado tarde—, un brote de remordimientos inextinguibles. He luchado contra la muerte. Es el combate menos emocionante que se pueda imaginar. Tiene lugar en una grisura impalpable, con nada bajo los pies, con nada alrededor, sin espectadores, sin clamores, sin gloria, sin el poderoso deseo de obtener la victoria, sin el terrible miedo a la derrota, en una atmósfera mórbida de tibio escepticismo, sin mucha convicción sobre tus propios derechos y aún menos sobre los de tu adversario. Si esa es la forma de la sabiduría postrera, entonces la vida es un acertijo más complicado de lo que algunos pensamos. Estaba a escasos segundos de mi última oportunidad para pronunciarme y me di cuenta con humillación de que probablemente no tendría nada que decir. Esta es la razón por la que afirmo que Kurtz era un hombre extraordinario. Tenía algo que decir. Y lo dijo. Dado que yo mismo me había asomado al borde del abismo, comprendía mejor el significado de su mirada, que no podía ver la llama de la vela pero era lo bastante amplia para abarcar el universo entero, capaz de penetrar hasta el fondo de todos los corazones que laten en la oscuridad. Había hecho su recuento. Había dado su veredicto. '¡El horror!'. Un hombre extraordinario, sin duda. Después de todo, aquella era la expresión de algún tipo de creencia; tenía candor, convicción, había una nota vibrante de rebeldía en aquel susurro, el aspecto pavoroso de una verdad entrevista… la extraña combinación entre el deseo y el odio. Y no es mi propia angustia lo que mejor recuerdo —una visión gris y sin forma, rellena de dolor físico y un desprecio indolente por la evanescencia de todas las cosas—, ni siquiera el dolor mismo. ¡No! Es su angustia la que pareciera yo haber vivido en carne propia. Cierto, él había dado ese último paseo, había traspasado el borde mientras me había permitido desandar mis pasos vacilantes. Y quizás en eso residía toda la diferencia; quizás toda la sabiduría, toda la verdad y toda la sinceridad se encuentran comprimidas en ese instante exiguo en que ambos atravesamos el umbral de lo invisible. ¡Quizás! Prefiero creer que mi resumen no habría sido una palabra de desdén y de indolencia. Fue mucho mejor su grito… mucho mejor. Una afirmación, una victoria moral cobrada a cambio de incontables derrotas, de abominables terrores, de abominables placeres. ¡Pero fue una victoria! Es por ello que le guardé fidelidad a Kurtz hasta el final e incluso más tarde, cuando volví a oír, tiempo después, no su voz, sino el eco de su apabullante elocuencia en un alma tan translúcidamente pura como el cristal de roca.

"No, no me enterraron, aunque hay un lapso de tiempo que recuerdo borrosamente, con estremecido pasmo, como el viaje a través de un mundo inconcebible donde no había lugar para la esperanza ni el deseo.

Me vi de nuevo en la ciudad sepulcral, ante la ofensiva imagen de la gente que pululaba por las calles tratando de birlar un poco de dinero de sus prójimos, de devorar la famosa cocina, de tragar su malsana cerveza, de soñar sus insignificantes y estúpidos sueños. Esas personas se entrometieron en mis pensamientos. Eran intrusos cuyo conocimiento de la vida era para mí una simulación irritante, porque estaba seguro de que no tendrían modo de saber las cosas que yo ahora sabía. Sus modales, que eran simplemente los modales de individuos ordinarios atareados en sus asuntos a fin de asegurar su perfecto bienestar, me resultaban tan ofensivos como un vejatorio alarde de locura ante un peligro que se es incapaz de comprender. No tenía un interés particular en ilustrarlos, pero tenía ciertas dificultades a la hora de evitar reírme de sus caras, llenas de presunción y estupidez. Me atrevo a decir que no me encontraba muy sano en esos días. Daba tumbos por las calles —tenía varios asuntos por resolver allí—, sonriendo amargamente delante de personas perfectamente respetables. Admito que mi conducta era inexcusable, pero por aquel entonces mi temperatura rara vez era normal. El propósito de mi querida tía de 'restablecer mis fuerzas' me parecía del todo inadecuado. No eran mis fuerzas lo que necesitaba restablecer; era mi imaginación la que pedía consuelo. Conservaba el mazo de papeles que me había dado Kurtz, sin saber exactamente qué hacer con él. Su madre había muerto recientemente bajo los cuidados, según oí decir, de la prometida de Kurtz. Un hombre prolijo, bien afeitado, con ademanes oficiales y anteojos con marco dorado, me llamó un día y me hizo algunas preguntas, en un principio enrevesadas, luego delicadamente capciosas, sobre lo que él se complacía en llamar 'ciertos documentos'. No me tomó por sorpresa porque ya había tenido dos discusiones con el administrador al respecto. Yo me había negado a entregarle un solo pedazo de papel de aquel mazo y asumí la misma actitud con el hombre de gafas. Al final se puso amenazante y, muy enardecido, adujo que la Compañía tenía todo el derecho de acceder a la más insignificante de las informaciones sobre sus 'territorios'. Y añadió: 'El conocimiento del señor Kurtz sobre las regiones inexploradas tiene por fuerza que haber sido vasto y peculiar, dadas sus grandes capacidades y las deplorables circunstancias en las que se vio obligado a vivir: por tanto…'. Le aseguré que el conocimiento del señor Kurtz, si bien vasto, no trataba sobre asuntos comerciales o administrativos. Entonces él invocó el interés científico. Sería una pérdida incalculable si esto y lo otro y etcétera, etcétera. Le ofrecí el informe sobre la 'Supresión de las costumbres salvajes', con el post scriptum debidamente eliminado. Lo recibió acucioso pero acabó resoplando con aire de desprecio. 'Esto no es lo que esperábamos recibir', declaró. 'No espere nada más', dije. 'Solo hay correspondencia privada'. Se marchó amenazando con recurrir a procedimientos legales y ya no lo volví a ver. Pero otro caballero, que se presentó como un primo del señor Kurtz, apareció dos días después, ansioso por oír todos los detalles sobre los últimos momentos de su querido pariente. Casualmente me dio a entender que Kurtz había sido, por encima de todo, un gran músico. 'En ello residía la clave de su inmenso éxito', dijo el hombre, que era organista, creo, y el pelo gris y lacio le caía sobre el cuello grasiento del abrigo. No tuve motivos para dudar de sus afirmaciones. Y hasta el día de hoy soy incapaz de decir cuál era la profesión de Kurtz, si es que tenía alguna, ni cuál era el mayor de sus talentos. Suponía que era un pintor que escribía para los periódicos, o un periodista que sabía pintar. Ni siquiera su primo (que estuvo tomando rapé durante nuestra entrevista) pudo decirlo con exactitud. Para él era un genio universal, cosa en la que yo estaba de acuerdo con el viejo caballero, que a continuación se sonó la nariz en un enorme pañuelo de algodón y se retiró con senil agitación, llevándose algunas cartas familiares y memorandas sin importancia. Por último apareció un periodista, ávido de informarse sobre el destino de 'su querido colega'. Este visitante me contó que el ámbito apropiado para Kurtz tendría que haber sido la política 'del lado popular'. Tenía cejas pobladas y rectas, el pelo hirsuto muy corto, un monóculo atado a un ribete ancho y, una vez que tomó confianza, opinó que en realidad Kurtz no era buen escritor. 'Pero, ¡demonios, cómo hablaba! Era capaz de electrificar al público. Tenía fe, ¿me entiende usted? Tenía la fe. Podía convencerse a sí mismo de cualquier cosa. Cualquier cosa. Habría sido un espléndido líder de algún partido extremista'. '¿De qué partido?', pregunté. 'De cualquiera', respondió el otro. 'Era un... un... extremista, ¿no lo cree usted?'. Asentí. Luego, en un repentino arranque de curiosidad, me preguntó si yo sabía 'qué lo había inducido a viajar a ese lugar'. 'Lo sé', dije y le entregué el informe para que lo publicara, si le parecía adecuado. Lo revisó por encima, farfullando entre dientes todo el tiempo, juzgó que 'le serviría' y se marchó con su botín.

"En definitiva me quedé solo con un escueto fajo de cartas y el retrato de la mujer, que me pareció hermosa. Quiero decir, tenía una hermosa expresión en el rostro. Sé que es posible obligar a la luz del sol a mentir también, aunque sentía que ninguna manipulación o pose podrían haber producido la delicada sombra de la sinceridad que irradiaban esos rasgos. Parecía alguien dispuesto a escuchar sin prejuicios, sin suspicacias, sin egoísmos. Decidí que iría personalmente a devolverle su retrato y las cartas. ¿Curiosidad? Sí, claro. Y también otros sentimientos, tal vez. Todo lo que alguna vez le perteneciera a Kurtz se me había escapado de las manos: su alma, su cuerpo, su estación, sus planes, su marfil, su carrera. Solo quedaban su recuerdo y su prometida; y yo quería dejar también esto último en manos del pasado, de alguna manera, a fin de librarme personalmente de todo cuanto quedaba de él en mí y entregarlo al olvido, que es la última palabra de nuestro destino común. No me estoy defendiendo. No tengo una clara percepción de lo que realmente quería en ese momento. Quizás se tratara de un impulso de lealtad inconsciente o del cumplimiento de una de esas irónicas necesidades que acechan tras las vicisitudes de la existencia humana. No lo sé. No sabría decirlo. Pero lo hice.

"Yo creía que su recuerdo era como los otros recuerdos de los muertos que se acumulan a lo largo de la vida de todo hombre; una vaga impresión en el cerebro de las sombras que habían caído sobre él en su paso fugaz y postrero. Pero al hallarme delante de la alta y ponderosa puerta, entre grandes casas de una calle tranquila y decorosa que recordaba el prolijo sendero de un cementerio, vi surgir la imagen de Kurtz en la camilla, abriendo su boca vorazmente como si quisiera comerse toda la tierra, a la humanidad entera. Fue como si lo tuviera ante mí, más vivo que nunca, una sombra insaciable hecha de espléndidas apariencias, de espeluznantes realidades: una sombra más oscura que las tinieblas de la noche, envuelta noblemente en los pliegues de una portentosa elocuencia. La visión pareció entrar a la casa junto a mí —la camilla, los fantasmales porteadores, la salvaje multitud de obedientes adoradores, el resplandor en la jungla, el brillo de la superficie del río entre los recodos tenebrosos, el golpe del tambor, regular y sordo como el latido de un corazón, el corazón de unas tinieblas imperiales—. Fue un momento de triunfo para la selva, una avalancha invasora y vengativa que, me pareció entonces, tendría que mantener a raya por mí mismo en aras de la salvación de otra alma. Y el recuerdo de lo que le había oído decir allá lejos, con las formas cornudas revolviéndose a mis espaldas, entre el brillo de las hogueras que ardían en los pacientes bosques, esas frases entrecortadas volvieron a mi memoria, las oí de nuevo con toda su ominosa y aterradora simplicidad. Recordé sus abyectas súplicas, sus abyectas amenazas, el tamaño colosal de sus viles deseos, la crueldad, el tormento, la angustia tempestuosa de su alma. Y más tarde me pareció estar viendo su talante sosegado y lánguido, como aquel día en que dijo: 'Este lote de marfil ahora me pertenece solo a mí. La Compañía no lo ha pagado. Yo mismo lo recogí a costa de un gran riesgo personal. Me temo, sin embargo, que intentarán reclamarlo como propio, ¿eh? Es un caso difícil. ¿Qué cree que debería hacer? ¿Resistir? ¿Ah? Solo quiero que se haga justicia…'. Solo quería que se hiciera justicia, solo justicia. Toqué el timbre delante de una puerta de caoba en la planta baja y mientras esperaba sentí que Kurtz me miraba desde detrás de la ventana; me miraba con esa inmensa y amplia mirada suya que parecía abarcar, condenar y aborrecer todo el universo. Incluso creí oír aquel grito sofocado: '¡El horror! ¡El horror!'.

"La tarde estaba cayendo. Tuve que esperar en un salón con tres grandes ventanales que iban del techo al suelo y eran como tres columnas luminosas y cortinadas. Las doradas patas torneadas y los respaldos del mobiliario brillaban en sutiles curvas. La enorme chimenea de mármol irradiaba una blancura fría y monumental. Un piano de cola reposaba imponente en un rincón, lanzando a la sala oscuros brillos desde las superficies planas como un sarcófago negro y lustroso. Una puerta se abrió. Yo me levanté.

"Ella se acercó, vestida de negro, con el rostro pálido, flotando hacia mí en la penumbra. Estaba de luto. Había pasado más de un año desde la muerte de Kurtz, más de un año desde que llegaran las noticias, pero ella parecía como si estuviera resignada a recordar y a guardar luto para el resto de su vida. Me agarró las dos manos y murmuró: 'Me dijeron que vendría'. Noté que no era muy joven, quiero decir, que no era una chica. Poseía una madurez que la capacitaba para la fidelidad, para la fe y el sufrimiento. El salón parecía haberse oscurecido, como si toda la triste luz de la tarde nublada se hubiera refugiado en el rostro de esa mujer. Su cabello rubio, su semblante pálido, su ceño puro, parecían estar rodeados de un halo ceniciento desde el cual me miraba con sus ojos oscuros. Unos ojos que transmitían inocencia, profundidad, seguridad y confianza. Ostentaba su talante acongojado con cierto orgullo, como si dijera: yo, solo yo sé guardarle luto como se merece. Pero en un momento, cuando no habíamos terminado de saludarnos, una expresión de fatal desolación cruzó por su rostro de tal manera que me di cuenta de que era una de esas criaturas que no se prestan como juguetes del tiempo. Pues para ella era como si él hubiera muerto el día anterior. ¡Y por Júpiter! La impresión fue tan intensa que yo mismo sentí que acababa de morir, no el día anterior, no. ¡En ese mismo instante! Pude verlos juntos en aquel momento: la muerte de Kurtz y la pena de ella. Pude ver su pena en el mismo instante de la muerte de Kurtz. ¿Me entienden? Los vi juntos. Los oí a la vez. Ella había dicho con un gran suspiro: 'He sobrevivido'; mientras mis oídos oían claramente, mezclados con sus desesperados lamentos, aquel susurro conciso de eterna condenación. Me pregunté qué hacía allí, con una sensación de pánico en mi corazón como si hubiera penetrado en un lugar lleno de misterios absurdos y crueles, no aptos para ser contemplados por ningún ser humano. Ella me condujo a una silla. Nos sentamos. Apoyé el fajo de cartas suavemente sobre la pequeña mesa de centro y ella posó su mano sobre él… 'Usted lo conocía bien', susurró, al cabo de un momento de acongojado silencio.

"'La intimidad crece rápidamente en aquel lugar', dije. 'Lo conocí todo lo que es posible conocer a otro hombre'.

"'Y usted lo admiraba', dijo. 'Es imposible conocerlo y no admirarlo, ¿no es así?'.

"'Era un hombre notable', contesté, incómodo. Entonces, ante la cautivadora quietud de su mirada, que parecía aguardar más palabras de mi boca, proseguí: 'Era imposible no…'.

"'No amarlo', me interrumpió enérgicamente, obligándome a guardar un silencio consternado. '¡Es cierto! ¡Es cierto! ¡Máxime cuando uno ha llegado a conocerlo como yo lo hice! Me gané su noble confianza. Yo lo conocía mejor que nadie'.

"'Usted lo conocía mejor que nadie', repetí. Y quizás era cierto. Pero con cada palabra que decíamos el salón se iba oscureciendo más y más, y solo su frente, despejada y clara, seguía iluminada por la inextinguible luz de la fe y el amor.

"'Usted era su amigo', continuó. 'Su amigo', repitió elevando un poco la voz. 'Debe de haber sido su amigo para que él le haya entregado esto y le haya pedido que me lo trajera. Siento que puedo hablar con usted abiertamente. ¡Oh! ¡Y debo hablar! Quiero que usted, usted, que escuchó sus últimas palabras, sepa que he sido digna de él… no lo digo por orgullo… ¡Sí! Estoy orgullosa de saber que yo lo entendía mejor que nadie más sobre la faz de la tierra. Él mismo me lo dijo. Y desde que su madre murió no tengo a nadie que… a nadie para, para…'.

"Yo escuchaba. La oscuridad se acentuaba. Ni siquiera estaba seguro de si él me había entregado el fajo correcto. Sospecho más bien que quería que cuidara de otro mazo de papeles que, tras su muerte, vi al administrador examinando bajo la lámpara. Y la chica hablaba, aliviando su dolor en la certeza de mi simpatía; hablaba como beben los hombres sedientos. Había oído decir que su compromiso con Kurtz no estaba bien visto por la familia de ella. Porque él no era lo bastante rico o algo así. Y en efecto no sé si Kurtz no habrá sido pobre toda su vida. Él mismo me había dado motivos para deducir que fue su impaciencia por aquella pobreza relativa lo que lo llevó a viajar a ese lugar remoto.

"'… imposible no ser su amigo después de oírlo hablar aunque fuera una sola vez', decía ella. 'Atraía a la gente porque sabía sacar lo mejor de todos'. Me miró intensamente. 'Es el don de los grandes hombres', continuó, y el sonido de su voz parecía venir acompañado por todos esos sonidos llenos de misterio, desolación y pena que alguna vez oyera: el rumor del río, el farfullar de los árboles mecidos por el viento, los murmullos de las muchedumbres salvajes, el tenue ciclo de palabras incomprensibles pronunciadas a lo lejos, el susurro de una voz que hablaba desde el otro lado del umbral de la oscuridad eterna. '¡Pero usted lo escuchó! ¡Usted lo sabe!', gritó.

"'Sí, lo sé', dije, con algo parecido a la desesperación en mi corazón pero inclinando mi cabeza ante la fe que ella demostraba, delante de aquella grandiosa y esperanzadora ilusión que alumbraba con una luz sobrenatural en medio de la oscuridad, en esa triunfante oscuridad de la que yo habría sido incapaz de defenderla —de la cual habría preferido no tener que defenderme a mí mismo.

"'Qué pérdida para mí. Para nosotros', se corrigió con conmovedora generosidad; luego añadió en un susurro: 'Para el mundo'. Con las últimas luces del crepúsculo pude ver el brillo de sus ojos llenos de lágrimas; lágrimas que no caían.

"'He sido muy feliz, muy afortunada, estoy orgullosa', prosiguió. 'Demasiado afortunada. Demasiado feliz por un tiempo breve. Y ahora seré infeliz… para el resto de mi vida'.

"Ella se levantó; su cabello rubio pareció capturar toda la luz restante en un destello dorado. Yo también me levanté.

"'Y de todo esto', dijo, apesadumbrada, 'de todo su compromiso y de su grandeza, de su espíritu generoso, de su noble corazón, nada queda… nada salvo un recuerdo. Usted y yo…'.

"'Siempre lo recordaremos', me apresuré a decir.

"'¡No!', gritó. 'Es imposible que todo esto se pierda, que semejante vida deba ser sacrificada para que no quede nada… salvo el dolor. Usted conoce los grandes planes que tenía. Yo también. Quizás no los entendía. Pero otros estaban al tanto de ellos. Algo debe quedar. Sus palabras, al menos, no han muerto'.

"'Sus palabras perdurarán para siempre', dije.

"'Y su ejemplo', susurró para sí misma. 'Era un ejemplo para muchos hombres, su bondad brillaba en cada acto. Sus enseñanzas…'.

"'Cierto', dije. 'Sus enseñanzas también, sí. Me olvidaba de eso'.

"'Pero yo no. No puedo, no puedo creerlo. Todavía no me hago a la idea de que no volveré a verlo nunca, de que nadie volverá a verlo nunca, nunca, nunca'.

"Hizo un gesto como si tratara de atrapar una figura evanescente, la silueta negra de los brazos y los puños cerrados, pálidos, contra el estrecho y moribundo resplandor de la ventana. ¡Nunca volveré a verlo! Lo vi con suficiente claridad en su debido momento. Seguiré viendo a ese fantasma elocuente mientras viva y seguiré viéndola a ella también, ese espectro trágico y familiar, cuyo gesto recordaba a otro espectro, también trágico, engalanado de inútiles fetiches, estirando sus brazos cobrizos sobre los destellos de la corriente infernal, la corriente de la oscuridad. De repente dijo en voz muy baja: 'Murió como vivió'.

"'Su final', añadí yo con una furia sorda que se revolvía en mi interior, 'fue digno de su vida en todos los sentidos'.

"'Y yo no estuve allí para acompañarlo', murmuró. Mi furia cedió ante un sentimiento de infinita piedad.

"'Se hizo todo lo posible…', mascullé.

"'Ah, pero yo creía en él más que en nada en la tierra, más que en su propia madre, más que… que en sí mismo. ¡Me necesitaba! ¡A mí! Habría guardado como un tesoro cada suspiro, cada palabra, cada gesto, cada mirada'.

"Sentí un golpe de frío en el pecho. 'No', dije, sin poder apenas contenerme.

"'Perdóneme. Yo, yo he sufrido tanto tiempo en silencio, en silencio… Usted estuvo allí con él… hasta el final, ¿no es así? Pienso en su soledad. No hubo nadie cerca que pudiera comprenderlo como yo lo habría hecho. Quizás nadie que escuchara…'.

"'Yo estuve allí hasta el último instante', dije con voz trémula. 'Oí sus últimas palabras…'. Me interrumpí, aterrado.

"'Repítamelas', dijo con el corazón destrozado. 'Quiero… quiero… algo, algo que conservar para el resto de mi vida'.

"Estuve a punto de gritarle: '¿Acaso no las oye?'. Las tinieblas las repetían en un susurro que persistía a nuestro alrededor, en un susurro que parecía hincharse amenazadoramente como el primer soplo de un torbellino. '¡El horror! ¡El horror!'.

"'Sus últimas palabras… para que se queden conmigo', murmuró. '¿No comprende usted cuánto lo amaba? ¡Lo amaba! ¡Lo amaba!'.

"Recobré la compostura y hablé lentamente.

"'Las últimas palabras que pronunció fueron… su nombre'.

"Oí un leve suspiro y entonces mi corazón se paró en seco, se detuvo del todo con el exultante y aterrador grito, un grito de inconcebible triunfo e inefable dolor. '¡Lo sabía! ¡Estaba segura!'. Ella lo sabía. Estaba segura. La oí sollozar. Se había cubierto el rostro con las manos. Me pareció que la casa se derrumbaría antes de que yo pudiera escapar, como si el cielo se fuera a desplomar sobre mi cabeza. Pero nada de eso ocurrió. El cielo no se cae por semejantes minucias. ¿Se habría caído, me pregunté, si hubiera tratado a Kurtz como se merecía? ¿Acaso no había dicho él mismo que solo quería que se hiciera justicia? Pero no pude. No pude decírselo. Aquello habría sido demasiado tenebroso, absolutamente tenebroso...

Marlow dejó de hablar y se sentó aparte, etéreo y silencioso, con la pose de un Buda en plena meditación. Durante unos minutos nadie se movió.

—Hemos perdido el primer reflujo —dijo de repente el director. Levanté la vista. El mar estaba obturado por una muralla de nubes negras y el río sereno que conducía a los confines del mundo pasaba sombrío bajo el cielo encapotado. Se diría que fluía rumbo al corazón de una inmensa oscuridad.

EL CUENTO

La luz del crepúsculo agonizaba lentamente del otro lado del amplio y único ventanal como un enorme resplandor monótono y sin color, enmarcado por las rígidas sombras de la sala.

Era una habitación alargada. El inevitable ascenso de la noche avanzaba desde el fondo donde el susurro de la voz de un hombre, interrumpido con entusiasmo y con entusiasmo otra vez reanudado, parecía defenderse de respuestas dichas en voz baja y con infinita tristeza.

Por fin se dejaron de oír las respuestas. Los movimientos del hombre al levantarse pesadamente junto al profundo y oscuro sofá que contenía la sombría silueta de una mujer reclinada revelaron que se trataba de un hombre alto para aquel techo más bien bajo, y que iba vestido completamente de negro, salvo por el contraste brutal del cuello blanco bajo el perfil de la cabeza y la chispa débil e insignificante de algún botón cobrizo de su uniforme.

La observó un momento, con una quietud masculina y misteriosa, y luego se sentó en una silla a su lado. Solo alcanzaba a ver el borroso óvalo de su cara dada la vuelta, y sus manos pálidas extendidas sobre el vestido negro, manos que un momento atrás se habían abandonado a sus besos y que ahora parecían extenuadas, como si estuvieran demasiado cansadas para moverse.

No se atrevía a hacer ningún sonido, como cualquier otro hombre se sentía reducido por las mediocres necesidades de la existencia. Y como suele suceder, fue la mujer la que tuvo el coraje. Primero se escuchó la voz de ella, casi era la misma voz de siempre, aunque vibraba por sus emociones contradictorias.

—Dime algo —dijo.

La oscuridad escondió primero la sorpresa de él y luego su sonrisa, como si no le hubiera dicho recién todo lo que debía decirle ¡y por enésima vez!

—¿Qué puedo decirte? —le preguntó con admirable seguridad. Estaba empezando a sentirse agradecido con ella por ese tono definitivo en su voz que aliviaba tanto la presión.

—¿Por qué no me cuentas un cuento?

—¡Un cuento! —realmente estaba sorprendido.

—Sí, ¿por qué no?

Aquellas palabras salieron con cierta vanidad, eran un indicio de la voluntad de la mujer amada que se comportaba caprichosamente solo porque su voluntad era un mandato a veces vergonzante pero siempre difícil de evitar.

—¿Por qué no? —repitió él con un tono ligeramente burlón, como si ella le hubiera pedido que le entregara la luna. Pero ahora le enfadaba un poco esa agilidad femenina para desembarazarse de un sentimiento como si se tratara de un espléndido vestido.

Escuchó que ella le decía un poco insegura, con una especie de entonación agitada que le recordaba de pronto al vuelo de una mariposa:

—En una época solías contar muy bien esas historias tuyas, tan sencillas y... profesionales, o al menos lo hacías lo bastante bien como para conseguir mi atención. Tenías... tenías una especie de arte entonces, antes de la guerra.

—¿En serio? —preguntó con una tristeza involuntaria—. Pero ya sabes que la guerra sigue aún —continuó con una voz tan apagada y uniforme que ella sintió un leve escalofrío en los hombros. Pero insistió, porque no hay nada más inquebrantable en el mundo que el capricho de una mujer.

—Podría ser un cuento sobre otro mundo —agregó.

—¿Quieres un cuento sobre el otro mundo, sobre el más allá? —preguntó él sorprendido—. Tal vez deberías pedírselo a los que ya están allí.

—No, no me refiero a eso. Me refiero a otro mundo, a algún otro mundo. En el universo... no en el cielo.

—Menos mal... pero solo tengo cinco días de permiso.

—Lo sé. Yo también me he tomado cinco días de... de mis deberes.

—Me gusta esa palabra.

—¿Cuál?

—Deber.

—A veces es horrible.

—Bueno, eso es porque crees que es una palabra limitada, pero no lo es. Contiene toda una infinitud, por eso...

—¿Y esa jerga?

Él ignoró la despreciativa interrupción.

—Un perdón infinito, por ejemplo, pero en cuanto a ese otro mundo, ¿quién va a ir a buscarlo y a rescatar los cuentos que contiene?

—Tú —dijo ella con una afirmación dulce, extraña, casi dura.

Desde su silla él hizo un vago movimiento de asentimiento, cuya ironía no podían ocultar ni todas las sombras juntas.

—Como tú quieras. En ese mundo, entonces, había una vez un Oficial al mando y un Nórdico. Debes pensarlos con mayúsculas porque no tenían otros nombres. Era un mundo lleno de mares, continentes e islas…

—Como la Tierra —susurró ella con amargura.

—Así es. ¿Qué otra cosa se puede esperar al enviar a un hombre hecho de nuestra misma, atormentada y vulgar arcilla a un viaje de descubrimiento? ¿Qué otra cosa podría encontrar? ¿Qué otra cosa podrías entender tú o qué otra cosa podría interesarte o de qué otra cosa podrías siquiera intuir la existencia? Pero hay humor en la historia. Y sacrificio.

—Igual que siempre… Igual que en la Tierra —murmuró.

—Igual que siempre. Y como solo puedo percibir del universo aquello que está profundamente arraigado en las fibras de mi ser, en esta historia habrá también amor, pero no hablemos de eso.

—No, no hablemos de eso —dijo ella en un tono neutral que escondía muy bien su alivio… o su decepción. Después de una pausa, agregó—: Que sea una comedia.

—Bueno… —Él también hizo una pausa—. De alguna manera lo es, pero una más bien triste. Será un cuento humano y, como sabes, la comedia es sobre todo una cuestión de perspectiva, pero no es una historia estridente. Sus largos cañones están silenciados, como los de los telescopios.

—¡Ah, entonces habrá armas! ¿Puedo preguntar dónde?

—A flote. Supongo que recuerdas que hablábamos de un mundo en el que había mares. Allí se estaba luchando una guerra. ¡Era un mundo de lo más divertido!, aunque también terrible. La guerra se desarrollaba en tierra firme, sobre el mar, debajo del agua, en el aire e incluso bajo el suelo, y muchos de los jóvenes que peleaban solían decirse, sobre todo cuando estaban en la sala de oficiales o en los comedores (y te pido disculpas por lo soez de mi vocabulario): "No es más que una guerra de mierda, pero al menos es mejor que no tener ninguna". Suena un tanto frívolo, ¿no?

Le llegó desde el fondo del sofá un suspiro nervioso, impaciente.

—Pero a pesar de eso hay más en esta historia de lo que parece a simple vista. Quiero decir, más sabiduría. La frivolidad, al igual que la comedia, no es más que una cuestión de perspectiva. Es cierto que no era un mundo demasiado sabio, pero había en él cierta lucidez común. Aunque esa lucidez era utilizada sobre todo por los neutrales de distintas maneras, públicas y privadas, que debían ser controladas por mentes más agudas y con la vista realmente afilada. Ellos mismos debían ser muy astutos, te lo aseguro.

—Me lo puedo imaginar —dijo ella, despreciativa.

—¿Hay algo en el mundo que no puedas imaginar? —contestó con sobriedad—. Es como si llevaras el mundo entero dentro de ti, pero volvamos a nuestro Oficial al mando que, por supuesto, dirigía algún tipo de barco. Puede que mis cuentos hayan sido siempre profesionales (como has comentado antes), pero jamás han sido técnicos, así que solo te diré que aquel barco había sido antes uno de esos barcos ornamentales, llenos de arrogancia, elegancia y lujos. ¡Antes! Ahora tenía el mismo aspecto que una mujer bonita a la que de pronto hubieran puesto un traje de arpillera y un cinturón con revólveres. Aun así, se desplazaba con ligereza, con agilidad; era un barco muy bueno.

—¿Eso era lo que opinaba el Oficial al mando? —dijo la voz desde el sofá.

—Así es. Con aquel barco solían enviarlo a ciertas costas para ver… lo que pudiera ver. Nada más que eso. A veces conseguía cierta información preliminar que le ayudaba, pero otras no. En realidad daba igual, en serio. Era una información tan inútil como transmitir la ubicación o los propósitos de una nube o de un fantasma que adopta una forma ahora y luego otra y que es imposible de encontrar.

"Sucedió durante los primeros años de la guerra. Lo que más impresionaba al principio al Oficial era aquella inalterable superficie del agua que tenía una forma conocida, ni más amigable ni más hostil. En los días buenos, el sol esparcía su brillo sobre la superficie azul. A cierta distancia, aquí y allá, caía una pacífica nube de humo y era imposible pensar que la línea clara y familiar del horizonte trazara en realidad el límite de una gran emboscada.

"Sí, era imposible pensar eso hasta que un día de repente se veía un barco que no era el suyo (tampoco es que esto resultara tan impresionante), sino algún otro barco con su propia tripulación, volar por los aires y hundirse casi antes de que uno pudiera comprender qué había pasado. Entonces uno empieza a creer y se esfuerza por ver… lo que pueda ver. Y sigue así, pero con la certeza de que algún día uno mismo morirá a causa de algo que no ha llegado a ver. Al final se termina envidiando a los soldados que se limpian el sudor y la sangre de la cara, cuentan cuántos enemigos han matado y observan el campo de batalla devastado, la tierra desgarrada que parece sufrir y sangrar con ellos. Uno los envidia, de verdad. Envidia la brutalidad que hay en el fondo de todo eso, el sabor de una pasión tan primitiva, la honestidad feroz de un golpe dado con la propia mano, el roce directo y la respuesta inmediata. Porque el mar no da nada de ese tipo, todo lo contrario: disimula como si no pasara nada.

Ella lo interrumpió, un poco excitada.

—Claro. Sinceridad, honestidad, pasión… las tres palabras de tu evangelio. ¡Pero yo no las conozco!

—¿Cómo que no? ¿Acaso no nos pertenecen, no son aquello en lo que creemos? —preguntó él ansioso y, sin esperar una respuesta, continuó—: Eso sentía el Oficial. Cuando la noche avanzaba sobre el mar, ocultando lo que parecía la hipocresía de un viejo amigo, le parecía un alivio. A veces revela circunstancias tan odiosas para uno como la propia falsedad. La noche es lo mejor.

"Por la noche, el Oficial podía dejar volar sus pensamientos —no te diré hacia dónde. Digamos que hacia algún sitio en el que no había más opción que la verdad o la muerte. Pero el mal tiempo, en cambio, si bien puede llegar también a provocar una ceguera, no conlleva jamás el alivio. La niebla es engañosa, el fulgor muerto de la bruma es irritante, como si uno estuviera obligado a ver.

"Cierto plomizo y desagradable día, el barco navegaba a vapor frente a una peligrosa costa de rocas que se destacaba oscuramente como un dibujo de tinta china sobre papel plateado. De inmediato, el segundo de a bordo habló con el Oficial, le dijo que creía haber visto algo sobre el agua, mar adentro. Tal vez los pequeños restos de un naufragio.

"—Aunque se supone que por aquí no hay restos de naufragios, señor —añadió.

"—Así es —dijo el Oficial—. Según los informes, los últimos naufragios se hundieron muy lejos, hacia el oeste, aunque nunca se sabe. Pueden haberse hundido otros barcos y, como no ha habido supervivientes, aún no han sido ni vistos ni reconocidos.

"Así comenzó todo. El curso del barco se modificó para pasar cerca del objeto, ya que era necesario saber con qué tipo de cosas se podían encontrar. Pasaron cerca, pero sin rozarlo, ya que no era recomendable entrar en contacto con objetos que anduvieran a la deriva por ahí. Había que acercarse pero jamás detenerse, ni siquiera disminuir mucho la velocidad; no era prudente quedarse merodeando, ni siquiera un instante. Debo aclarar ahora mismo que el objeto no era peligroso en sí mismo. No tiene sentido describirlo. No era nada más visible que, por ejemplo, un barril de alguna forma o color particular, pero aun así llamaba la atención.

"El propio movimiento suave de la pieza la levantó por un instante, como para que pudieran verla más de cerca, y después el barco siguió su curso y la dejó atrás con indiferencia mientras veinte pares de ojos en la cubierta la miraban fijamente por todos lados tratando de ver… lo que pudieran ver.

"El Oficial y su segundo discutieron el asunto con sensatez. Les parecía que no se trataba tanto de una prueba de la sagacidad como de la intención de algunos neutrales que, al parecer, mediante ese tipo de actividades, a veces reabastecían a algunos submarinos que andaban por ahí. O al menos esa era la creencia general; no se sabía con certeza. Había indicios en aquella época que parecían indicar que se trataba de eso. El objeto, visto de cerca y dejado atrás con aparente indiferencia, no dejaba dudas de que algo así había sucedido en algún lugar de la zona.

"El objeto era más que sospechoso. Pero el hecho de que hubiera sido abandonado como evidencia sembraba otras dudas. ¿Era el resultado de algún propósito diabólico y profundo? Todas las especulaciones en ese sentido se volvieron inútiles de inmediato. Al final, los dos oficiales llegaron a la conclusión de que lo más probable era que hubiera sido abandonado allí por accidente, por alguna complicación imprevista, como la repentina necesidad de huir urgentemente del sitio o algo parecido.

"La discusión había transcurrido con frases cortantes y pesadas, separadas por largos silencios pensativos. Durante todo el tiempo, sus ojos vagaban por el horizonte en un constante y mecánico esfuerzo por mantener la vigilancia. El más joven resumió con gravedad:

"—Bueno, es una evidencia, así de sencillo. Es una prueba de lo que ya estábamos bastante seguros antes. Y está a la vista, además.

"—Esto sí que nos viene bien —replicó el Oficial—, los destacamentos están a kilómetros de distancia, el submarino (solo el diablo sabe dónde se encuentra) está listo para matar y el noble neutral se nos escapa hacia el este. ¡Listos para seguir mintiendo!

"El segundo de a bordo se rio un poco de aquel tono, pero supuso que a los neutrales no les iba a hacer falta mentir demasiado. Los tipos así se sentían bastante a salvo, a menos que los atraparan con las manos en la masa. Podían darse el lujo de soltar unas risitas. Tal vez aquel tipo estaba incluso riéndose a solas en ese instante. Puede que hubiera hecho esa jugada antes sin importarle la evidencia que dejaba a sus espaldas. Además, era un juego en el que la experiencia volvía a uno astuto y exitoso.

"Y volvió a reírse, pero al Oficial le revolvía el estómago la delincuencia clandestina de aquellos métodos y la atroz insensibilidad de las tramas que parecían contaminar la fuente última de los sentimientos más profundos y las actividades más nobles de los hombres; parecía corromper la imaginación que erigía los pensamientos más importantes de la vida y la muerte. Sufría…

La voz desde el sofá interrumpió al narrador.

—¡Qué bien le comprendo en eso!

Él se inclinó un poco hacia adelante.

—Sí, también yo. En el amor y en la guerra todo debería ser claro como el día, porque ambas partes representan un ideal que es demasiado fácil, terriblemente fácil de degradar en pos de la victoria.

Se detuvo, y enseguida continuó.

—No sé si el Oficial era capaz de analizar sus sentimientos de una manera tan profunda, pero sufría una especie de tristeza desencantada. Puede que incluso sospechara que se trataba de una tontería de su parte. Un hombre es varios hombres, pero ya no había tiempo para tanta introspección porque sobre su barco se había extendido una cortina de niebla que venía del sudoeste. Grandes torbellinos de vapor sobrevolaban y se enredaban en el mástil y en la chimenea; de pronto parecían a punto de derretirse. Después desaparecieron. El barco quedó inmóvil, todos los sonidos se apagaron y la propia niebla se detuvo, pero fue aumentando en densidad como si se volviera cada vez más sólida en su increíble y muda quietud. Los hombres seguían en sus puestos pero ya no se veían entre sí. Las pisadas sonaban cautelosas, las voces extrañas, impersonales y remotas, se extinguían sin eco. Una calma blanca y ciega se apoderó del mundo.

"Y parecía, además, que iba a durar días. No digo que la densidad de la niebla no variara; de vez en cuando se dispersaba misteriosamente, dejando a la vista una imagen más o menos fantasmal del barco. Varias veces la presencia de la costa se hundía ante sus ojos en el brillo cambiante y opaco de la enorme nube blanca que flotaba misteriosa sobre el agua.

"Aprovechando esos momentos habían acercado el barco a la orilla con cautela. No tenía sentido permanecer en alta mar con mal tiempo. La tripulación ya conocía cada rincón y cada grieta de aquella costa y pensaban que lo mejor sería llevarlo hasta alguna de las calas. No se trataba de un amplio lugar, sino apenas de un espacio lo bastante grande como para que un barco pudiera balancearse estando anclado. Allí estarían mejor hasta que la niebla se dispersara.

"Despacio, con infinito cuidado y paciencia, se fueron acercando cada vez más, distinguiendo los acantilados apenas como la amenaza oscura y evanescente de un borde angosto en cuyo pie golpeaba furiosa la espuma. Cuando echaron el ancla la niebla era tan espesa que, a juzgar por lo que alcanzaban a ver, parecía que estaban a miles de kilómetros de la orilla, en mar abierto; aun así, podían sentir la protección de la tierra. Había cierta rareza en la quietud del aire. Podían oír, de una forma vaga e imprecisa, el murmullo del oleaje que golpeaba la tierra a su alrededor con misteriosas y repentinas pausas.

"Soltaron ancla, amarraron los cables. El Oficial bajó a su cabina, pero aún no llevaba mucho tiempo allí cuando una voz del otro lado de la puerta requirió su presencia en cubierta. Pensó: '¿Qué pasa ahora?'. Le fastidiaba que lo volvieran a llamar para lidiar con aquella aburrida niebla.

"Descubrió que había vuelto a clarear un poco y que el día había tomado el tono plomizo de los oscuros acantilados, sin forma ni contorno, pero que se mantenían firmes como una cortina de sombras alrededor del barco, excepto por una única mancha brillante que era la entrada desde el mar abierto. Varios oficiales miraban hacia allí desde el puente. El segundo al mando se le acercó y le dijo, sin aliento y susurrando, que había otro barco en la cala.

"Lo acababan de descubrir varios pares de ojos. Estaba anclado muy cerca de la entrada, era apenas una mancha imprecisa en el resplandor de la niebla. El Oficial lo distinguió por fin cuando miró en la dirección que le señalaban aquellas ansiosas manos. Indudablemente había allí algún tipo de embarcación.

"—Es un milagro que no hayamos chocado contra él al entrar —comentó el segundo de a bordo.

"—Envíe un bote antes de que desaparezca —dijo el Oficial. Suponía que se trataba de un barco costero, no podía ser otra cosa, pero de pronto le asaltó una idea distinta—. De verdad ha sido un milagro que no chocáramos —le dijo al segundo de a bordo, que había regresado tras enviar el bote.

"A esa altura los dos estaban sorprendidos de que la embarcación que habían descubierto no se hubiera manifestado tocando la campana.

"—Es cierto que entramos en silencio —concluyó el más joven—, pero al menos tuvieron que oír a nuestro sondeador. Pasamos a menos de cincuenta metros. ¡Al ras! Por lo menos nos habrán visto, ya que sabían que algo entraba, aunque lo más extraño es que no hayamos oído ningún ruido de ese barco. Los de cubierta han tenido que estar conteniendo el aliento.

"—Sí, ya lo creo —dijo pensativo el Oficial.

"A su debido tiempo regresó el bote; apareció de pronto al costado como si no le hubiese resultado sencillo encontrar su camino en medio de la niebla. El marino a cargo subió a informar, pero el Oficial no le dio tiempo a comenzar. Gritó a la distancia:

"—Un barco costero, ¿verdad?

"—No, señor. Un barco extranjero, neutral —fue la respuesta.

"—¡No! ¿De verdad? Cuéntenos más. ¿Qué hace aquí?

"El joven explicó entonces que le habían contado una larga y complicada historia relacionada con problemas en la maquinaria, creíble desde un punto de vista estrictamente profesional porque no le faltaban los elementos de siempre: un desperfecto, una deriva peligrosa a lo largo de la costa, mal tiempo durante días, el temor de una tormenta y, finalmente, la decisión de anclar en cualquier lugar, etcétera. Todo parecía bastante probable.

"—¿Y las máquinas siguen sin funcionar? —preguntó el Oficial.

"—Sí, señor. Tienen un motor a vapor.

"El Oficial se llevó aparte al segundo de a bordo.

"—¡Dios mío! —dijo—. ¡Tenía razón! Contuvieron el aliento cuando pasamos a su lado. ¡Estaban conteniendo el aliento!

"Pero ahora el segundo de a bordo tenía sus dudas.

"—Se sabe que una niebla así es capaz de amortiguar los pequeños sonidos —remarcó—. ¿Para qué iban a contener el aliento, después de todo?

"—Para escapar sin que nos diéramos cuenta —contestó el Oficial.

"—¿Pero entonces por qué no se han ido? Podrían haberlo hecho, ya sabe. Tal vez nos habríamos dado cuenta, supongo que no hubieran podido desamarrar sin que oyéramos algún sonido, pero en un minuto habrían podido salir de nuestro campo visual. Se habrían podido marchar sin que tuviéramos una imagen clara de su embarcación. Pero no lo han hecho.

"Se miraron. El Oficial negó con la cabeza. Sospechas como las que tenía ahora no eran fáciles de defender. Ni siquiera se animó a pronunciarlas abiertamente. El encargado del bote terminó su informe, dijo que el cargamento del barco era inofensivo, mercancías prácticas. Se dirigían a un puerto inglés. Tenían los papeles y todo lo demás en orden. No había detectado nada sospechoso.

"Luego, al referirse a los hombres, dijo que la tripulación era de lo más convencional, mecánicos con un exitoso pasado reparando motores. El primer oficial era un tipo arisco y el capitán un nórdico genuino, educado aunque, al parecer, había estado bebiendo. Daba la impresión de que se estaba recuperando de una borrachera.

"—Le dije que no podía darle permiso para salir. Dijo que no se atrevería a mover su barco ni un centímetro con un tiempo como este, con mi permiso o sin mi permiso. Igual he dejado a uno de los nuestros a bordo.

"—Bien hecho.

"El Oficial, tras reflexionar un poco más sobre sus sospechas, volvió a llamar aparte al segundo.

"—¿Y si fuera el mismo barco que ha estado aprovisionando a algún submarino infernal? —dijo en voz baja.

"El otro se asustó. Luego dijo con convicción:

"—Se saldrían con la suya, señor. Usted no podría probar nada.

"—Quiero verlo con mis propios ojos.

"—Según el informe que acabamos de oír, me temo que no podría ni siquiera armar una acusación razonable, señor.

"—Iré de todas formas.

"Lo había decidido. La curiosidad es la fuerza motriz del amor y del odio. ¿Qué esperaba encontrar? No podría decirlo, ni siquiera él mismo lo sabía.

"Lo que esperaba encontrar en realidad era una especie de atmósfera, la atmósfera de una traición gratuita que en su opinión nada podía justificar, porque pensaba que ni siquiera servía como excusa el entusiasmo por la maldad. ¿Pero iba a ser capaz de detectarla? ¿De olfatearla? ¿Iba a ser capaz de percibir los misteriosos mensajes capaces de convertir su inquebrantable sospecha en una certeza lo bastante fuerte como para realizar una maniobra a pesar de los riesgos?

"El capitán lo recibió en la cubierta de popa, alzándose amenazador, rodeado de aquella niebla y entre las formas borrosas del equipamiento típico de un barco. Era un nórdico robusto, con barba y en la plenitud de la vida. Llevaba un gorro redondo de cuero ajustado a la cabeza. Las manos las tenía metidas a presión en los bolsillos de la chaqueta corta de cuero y las mantuvo ahí todo el tiempo, mientras le explicaba que en alta mar vivía en el cuarto de mapas. Lo llevó hasta allí dando pasos largos y despreocupados. Justo antes de llegar a la puerta bajo el puente se tambaleó un poco, se recuperó, la abrió de un golpe y se puso a un lado, apoyando un hombro casi involuntariamente contra el frente de la sala. Miró vagamente aquel interior lleno de niebla y a continuación siguió al Oficial, cerró la puerta con fuerza, encendió la luz eléctrica de un golpe y se apresuró a meter de nuevo las manos en los bolsillos, como si tuviera miedo de que alguien se las quisiera agarrar, ya fuera en un gesto amigable u hostil.

"La habitación era calurosa, parecía cargada. El tradicional estante elevado en el que se guardaban los mapas estaba lleno, y la hoja de ruta sobre la mesa se mantenía desenrollada gracias a una taza vacía sobre un pequeño plato en el que se había derramado algún líquido oscuro. Un bizcocho apenas mordisqueado reposaba en la tapa del cronómetro.

Había dos sillones, pero uno había sido transformado en una cama con una almohada y algunas mantas que ahora estaban revueltas. El Nórdico se dejó caer ahí, con las manos aún en los bolsillos.

"—Pues aquí estamos —dijo con un aire curioso, como si se hubiera sorprendido al oír su propia voz.

"El Oficial observó desde el otro sillón la atractiva y sonrojada cara del Nórdico. Algunas gotas de niebla colgaban de la barba y el bigote. Las cejas, mucho más oscuras, se unían en un ceño de desconcierto. De golpe, se puso en pie.

"—Lo que quiero decir es que no sé dónde estamos. Lo cierto es que no lo sé —gritó muy serio—. ¡Que nos cuelguen si miento! No sé cómo he dado la vuelta. La niebla lleva una semana persiguiéndonos, más de una semana, y luego se averiaron las máquinas. Le contaré cómo sucedió.

"Estalló en una gran locuacidad. No hablaba sin prisa pero tampoco sin pausa. A pesar de todo, su discurso no parecía constante. Se detenía en pausas raras, pensativas. Cada pausa duraba apenas un par de segundos, pero tenía la profundidad de una reflexión interminable. Cuando volvía a comenzar nada revelaba en él ni la más mínima conciencia de aquellos intervalos. Seguía con la misma mirada fija, el mismo tono invariable de seriedad. No se daba cuenta. De hecho, en varias ocasiones aquellas pausas sucedieron en mitad de una frase.

"El Oficial escuchó la historia. Le pareció más verosímil que la simple verdad, pero eso tal vez era un prejuicio. Durante todo el tiempo que habló el Nórdico, el Oficial estuvo atento a una voz interior, un murmullo grave que salía de lo más profundo de su ser y le contaba otra historia, como si deseara mantener viva su indignación y su ira frente a la vil ambición o la llana perspectiva que a menudo se encuentra en el origen de las ideas más simples.

"Era la misma historia que le había contado al encargado del bote una hora antes. El Oficial asentía levemente al Nórdico de vez en cuando. Al fin terminó y miró hacia otro lado. Después agregó, como una idea tardía:

"—¿No es todo esto suficiente como para enloquecer a un hombre? Además, es mi primer viaje por esta zona y el barco es mío. Su oficial ha visto los papeles. No es un gran barco, como se habrá dado cuenta, apenas un viejo carguero, pero alcanza para alimentar a mi familia.

"Levantó su enorme brazo para señalar una hilera de fotografías pegadas a la mampara. Fue un movimiento pesado, como si el brazo fuera de plomo. El Oficial añadió sin ningún cuidado:

"—Debe de estar haciendo una fortuna para su familia con esta vieja embarcación.

"—Lo haré, si no la pierdo —dijo el Nórdico con pesimismo.

"—Una fortuna gracias a la guerra, quiero decir —agregó el Oficial.

"El Nórdico lo miró de una manera curiosa, como si no lo viera, pero, al mismo tiempo, con interés, como solo unos ojos de un tono azul muy particular pueden mirar.

"—Pero eso no le enfurecería, ¿verdad? —dijo—. Usted también es un caballero. Nosotros no tenemos la culpa de esta guerra y suponga que nos sentamos a llorar: ¿de qué nos serviría? Dejemos el llanto a quienes tienen la culpa —concluyó enérgico—. El tiempo es dinero, suelen decir ustedes. Bueno, este tiempo también es dinero. ¿No le parece?

"El Oficial intentó disimular su inmenso desagrado. Se dijo que era poco razonable. Los hombres eran así, caníbales que se alimentaban de las desgracias ajenas. Respondió en voz alta:

"—Ha dejado perfectamente claro por qué se encuentra aquí. Su bitácora lo confirma puntillosamente. Aunque, como es lógico, una bitácora puede ser manipulada. No hay nada más fácil.

"El Nórdico no movió ni un solo músculo. Miraba el suelo, como si no hubiera oído. Después de un rato levantó la cabeza.

"—Pero usted no puede sospechar nada de mí —murmuró, apático.

"El Oficial dudó: '¿Por qué me dice esto?'.

"Inmediatamente después agregó:

"—Mi cargamento se dirige a un puerto inglés.

"Su voz sonó más ronca. El Oficial pensó: 'Es cierto, puede que no haya nada oculto. No puedo sospechar de él. Pero… ¿por qué estaba con el motor levantado en esta niebla? ¿Y por qué, cuando nos oyó entrar, no hizo alguna señal? ¿Por qué? ¿Acaso puede haber otro motivo aparte de la culpa? Podría haberse dado cuenta por los sondeadores de que somos un barco de guerra'.

"'Sí… ¿por qué?', seguía pensando el Oficial. 'Supongamos que se lo pregunto y estudio sus gestos, en algún momento se delatará. Está clarísimo que ha estado bebiendo. Sí, ha estado bebiendo, pero debe tener una mentira preparada para cada pregunta'. El Oficial era uno de esos hombres que se ponen incómodos, moral y casi físicamente, de solo pensar que tienen que descubrir una mentira. Se retrajo ante esa posibilidad con indignación y desprecio, unos sentimientos imbatibles por ser más temperamentales que morales.

"En vez de hacerlo, salió a cubierta e hizo reunir formalmente a la tripulación para una inspección. Encontró más o menos lo que podía esperar a partir del informe del encargado del bote, y por las respuestas que le dieron no parecía haber ningún error en la bitácora.

"Les permitió marcharse. La impresión que tuvo de ellos fue la de un grupo bien escogido, se les había prometido un buen puñado de dinero a cada uno si todo salía bien, y todos parecían un poco ansiosos pero no asustados. Ninguno parecía dar por terminada la función, no sentían que su vida estuviera en peligro. ¡Conocían demasiado bien Inglaterra y sus rutas!

"Se alarmó al descubrirse pensando así, como si sus remotas sospechas se estuvieran convirtiendo ya en una certeza, y es que, de hecho, no había ni la menor lógica en sus deducciones. No parecía haber nada que descubrir.

"Regresó a la sala de mapas. El Nórdico se había quedado merodeando por allí, y algo sutilmente diferente en sus modales, una mirada más atrevida en sus ojos azules y vidriosos, hizo creer al Oficial que el tipo había aprovechado la oportunidad para tomar otro sorbo de alguna botella que debía tener escondida por ahí.

"Se dio cuenta, además, de que al mirarlo a los ojos el Nórdico había adoptado una elaborada expresión de sorpresa. No habría sido capaz de explicarlo, pero en ese instante el inglés sintió, con una convicción sorprendente, que se estaba enfrentando a una gran mentira, sólida como un muro, cuyo espantoso rostro malvado parecía espiarlo por encima con una sonrisa cínica y sin dejarle ningún camino alternativo hacia la verdad.

"—Supongo —empezó de pronto— que se debe de estar preguntando por qué procedo de esta manera si no lo he detenido, ¿no es así? Además, usted ha dicho que no se atrevería a salir con esta niebla.

"—No sé dónde me encuentro —dijo el Nórdico seriamente—, de verdad no lo sé.

Echó una mirada alrededor como si las cosas en la sala de mapas le resultaran extrañas. El Oficial le preguntó si no había visto algún objeto extraño flotando a la deriva cuando estaba en alta mar.

"—¿Algún objeto? ¿Qué tipo de objeto? Hemos estado navegando a tientas bajo la niebla desde hace días.

"—Pero también hubo algunos intervalos de cielo abierto —dijo el Oficial—. Voy a contarle lo que hemos visto y las conclusiones a las que hemos llegado.

Se lo contó en pocas palabras y percibió el sonido de una respiración aguda y contenida entre los dientes del otro. El Nórdico permaneció absolutamente mudo e inmóvil, con las manos apoyadas sobre la mesa. Parecía atónito. Luego esbozó una sonrisa estúpida, o al menos eso le pareció al Oficial. ¿Significaba algo todo aquello o no tenía la menor importancia? No lo sabía, no lo tenía claro. La verdad se había alejado del mundo como obligada, empujada por la monstruosa maldad de la que aquel hombre era —o no era— culpable.

"—Un disparo no es alternativa para la gente que concibe la neutralidad —remarcó el Oficial luego de un silencio.

"—Sí, sí, por supuesto —afirmó el Nórdico apresurado, pero a continuación, inesperadamente y con un tono suave, agregó—: Es posible.

¿Fingía estar borracho o, por el contrario, intentaba parecer sobrio? La mirada era fija pero también vidriosa. El contorno de los labios bajo el bigote era firme pero se movía con nerviosismo. ¿O no? ¿Por qué se inclinaba hacia abajo?

"—No hay ningún 'es posible' en todo esto —dijo el Oficial con severidad.

El Nórdico se enderezó y, de pronto, se mostró más duro.

"—No. ¿Pero qué hay de los que sucumben a la tentación? Lo mejor sería matarlos a todos. Debe de haber cuatro, cinco o seis millones —dijo con tono apagado, pero de inmediato cambió a una actitud más quejumbrosa—. Aunque mejor me callo la boca. Usted ya sospecha de algo.

"—No, no sospecho de nada —declaró el Oficial.

No titubeó. A aquella altura ya solo tenía certezas. El aire en la sala de mapas estaba cargado por la culpa y la falsedad que revelaba el descubrimiento y que desafiaban a la más simple y común decencia, a todo sentimiento de humanidad, a toda reserva en la conducta.

El Nórdico suspiró.

"—En fin, nosotros sabemos que ustedes los ingleses son unos caballeros, pero hablemos con franqueza. ¿Por qué razón deberíamos quererles tanto? No han hecho nada para que les queramos. Tampoco apoyamos a los otros, por supuesto; tampoco ellos han hecho nada para ganárselo. Un tipo se acerca con una bolsa llena de oro… Le aclaro que no he pisado Róterdam en mi último viaje.

"—En ese caso tal vez tenga algo interesante que contarnos cuando llegue al puerto —interrumpió el Oficial.

"—Tal vez lo tenga. Pero ustedes tienen gente contratada en Róterdam, dejemos que sean ellos quienes hagan esos informes. Yo soy neutral. ¿Ha visto alguna vez a un hombre pobre de un lado y una bolsa llena de oro del otro? A mí no han podido tentarme, no tengo las agallas para eso. De verdad, no las tengo. No es lo mío. Estoy hablándole con franqueza.

"—Sí, y yo le estoy escuchando —contestó con calma el Oficial.

El Nórdico se inclinó sobre la mesa.

"—Ahora que sé que ya no sospecha nada, le cuento. Usted no sabe lo que es un hombre pobre. Yo lo sé porque yo mismo soy pobre. Este viejo barco no es suficiente y encima está hipotecado; apenas me alcanza para vivir, nada más. Es evidente que yo no tengo agallas. ¡Pero un hombre valiente! Imagínese. Las cosas que lleva en su barco tienen el aspecto de una carga habitual (paquetes, barriles, latas, tubos de cobre). No sabe para qué sirven, no son reales para él. Lo único que ve es el oro, eso sí es real. Por supuesto, a mí no podrían convencerme con nada. Sufro una enfermedad y enloquecería por la ansiedad o… me daría a la bebida. Es un riesgo demasiado alto para mí. Qué diablos, ¡sería la ruina!

"—Sería la muerte.

Tras aquella aclaración, que el otro recibió con una dura mirada combinada extrañamente con una sonrisa incierta, el Oficial se puso de pie. Su asco iba en aumento en aquella atmósfera de siniestra complicidad que lo rodeaba, a cada minuto más densa, más impenetrable, más agria que la niebla del exterior.

"—Para mí no es nada —murmuró el Nórdico mientras se tambaleaba notoriamente.

"—Por supuesto que no —asintió el Oficial, haciendo un gran esfuerzo para mantener la voz calma y baja. La certeza en su interior era más fuerte—. Pero me voy a encargar de limpiar de una vez estas costas de gente como usted, y voy a empezar ahora mismo. Deberá usted partir en media hora.

A aquella altura, el Oficial caminaba por la cubierta con el Nórdico a su lado.

"—¿Qué? ¿Con esta niebla? —gritó con voz ronca.

"—Sí, deberán zarpar con esta niebla.

"—¡Pero si ni siquiera sé dónde estamos! De verdad no lo sé.

El Oficial se dio la vuelta, poseído por una especie de furia. Los ojos de los dos hombres se encontraron. Los del Nórdico expresaban un asombro profundo.

"—Ah, no sabe cómo salir —el Oficial hablaba sin perder la compostura, pero el corazón le latía con furia y temor—. En ese caso yo le enseñaré el rumbo. Dirija el barco al sureste durante aproximadamente cuatro kilómetros y allí podrá tirar hacia el este; encontrará el puerto que busca. El tiempo no tardará en mejorar.

"—¿Debo hacerlo? ¿Quién me obliga? No tengo agallas para…

"—Y aun así debe irse. A menos que quiera…

"—No, no quiero —resopló el Nórdico—. Ya he tenido suficiente.

El Oficial se alejó por el lateral. El Nórdico permaneció inmóvil, como si hubiera echado raíces en cubierta. Antes de que el bote llegara al barco, el Oficial escuchó que en el vapor comenzaban a levar anclas. Poco después, sombrío en medio de la niebla, salía navegando hacia el rumbo indicado.

"—Así es —le dijo a sus oficiales—, le he dejado partir.

El narrador se inclinó hacia aquel sofá donde ningún movimiento delataba la presencia de alguien vivo.

—Escucha lo que te voy a decir —añadió con violencia—: El rumbo que le dio el Oficial llevó al Nórdico directamente a una saliente de rocas mortal. Dirigió el barco hasta allí, hizo que navegaran hasta allí y se hundieron. El Nórdico había dicho realmente la verdad: no sabía dónde estaba, aunque eso no prueba nada, en ningún sentido. Tal vez sea la única verdad en toda esta historia, pero aun así… Es como si hubiera sido obligado apenas por una mirada amenazante, nada más.

Dejó de disimular llegado aquel punto.

—Yo le di ese rumbo. Me pareció que era la prueba más evidente. Creo… No, no lo creo, en realidad no lo sé. En ese momento estaba seguro. Todos se ahogaron. No sé si impuse una pena demasiado severa o si cometí asesinato. No sé si a los cadáveres que ya contaminaban el lecho del insondable mar agregué un grupo de hombres completamente inocentes o de despreciables culpables. No lo sé. Y nunca podré saberlo.

Se puso en pie. La mujer se levantó y le echó los brazos al cuello. Los ojos de ella le parecieron dos destellos en medio de la profunda oscuridad de la sala. Ella conocía la devoción de él por la verdad, cuánto lo horrorizaba la mentira, su humanidad.

—¡Oh, mi pobre, pobre…!

—Nunca podré saberlo —repitió con dureza, se separó, apretó las manos de ella contra sus labios y se marchó.

EL DELATOR

El señor X vino a ver mi colección de esculturas de bronce y porcelanas chinas precedido por una carta que me envió un buen amigo de París.

Este amigo también es un coleccionista. No colecciona porcelanas, ni esculturas de bronce, ni cuadros, ni medallas, ni sellos, ni nada que pueda ser vendido provechosamente bajo el martillo de un subastador, e incluso se opondría con genuina sorpresa a que lo llamaran coleccionista, aunque eso es lo que es, por naturaleza. Mi amigo colecciona conocidos. Es un trabajo muy delicado y él lo realiza con la paciencia, las ganas y la resolución de un auténtico coleccionista de curiosidades. Su lista no incluye a ningún personaje de la realeza; creo que no los considera lo bastante raros o interesantes. Con esa única excepción, ha conocido y tratado a todas las personas que vale la pena conocer en cualquier ámbito imaginable. Las observa, las escucha, las entiende, las mide y luego las guarda en el recuerdo, en alguna de las galerías de su mente. Ha conspirado, urdido y viajado por toda Europa solo para aumentar su colección personal de conocidos importantes.

Como es un hombre rico, de buenos contactos y sin prejuicios, su colección es de lo más completa. Llega incluso a incluir objetos (¿o debería decir sujetos?) cuyo valor no puede apreciar la multitud y que por lo general pasan desapercibidos ante la fama popular. Como es lógico, esos son los ejemplares de los que mi amigo está más orgulloso.

Del señor X me escribió lo siguiente: "Actualmente es el rebelde más importante (révolte). A nivel mundial se lo conoce como un escritor revolucionario cuya brutal ironía ha dejado al descubierto la corrupción de las instituciones más respetables. Ha destrozado las ideas de los hombres más admirados y, con el fervor de su ingenio, ha aplastado todas las ideas de sentido común y los principios más consensuados sobre conducta y moral. Nadie ha olvidado sus ardientes y rojos panfletos revolucionarios. Su rápida propagación, como si se tratara de una plaga de tábanos rojos, ha servido para incomodar a la policía de todos los países del continente, pero hay que añadir también que este radical escritor ha fomentado de manera activa la creación de sociedades secretas. Es el misterioso y desconocido Número Uno en numerosos complots. En algunos se ha sospechado de él, pero otros pasaron completamente inadvertidos; a algunos se los podría calificar de juiciosos, pero otros son de lo más insensato. ¡Y el mundo jamás ha tenido ni la menor idea! Eso explica que se siga moviendo entre nosotros a pesar de ser el líder de varias tramas ocultas y que se mantenga al margen gracias a su reputación de ser el mejor publicista que ha existido".

Eso fue lo que me escribió mi amigo, y luego añadió que el señor X era un ilustrado conocedor de esculturas de bronce y porcelana, y me pidió que le mostrara mi colección.

X se presentó el día acordado. Mis tesoros están expuestos en tres habitaciones grandes sin alfombras ni cortinas. Los únicos muebles son las étagères y las vitrinas, cuyos objetos serán la fortuna de mis herederos. No permito que enciendan fuego allí por miedo a que ocurra un accidente y esas habitaciones están separadas del resto de la casa por una puerta a prueba de incendios.

Aquel día hacía un frío penetrante, no nos quitamos los abrigos ni los sombreros. De contextura media y enjuto, con un par de ojos siempre alerta en medio de una cara alargada y de nariz romana, X caminaba dando pequeños pasos con sus diminutos piececillos y miraba mi colección con aire inteligente. Espero haberlo mirado a él de la misma manera. El bigote y la perilla blancos como la nieve le daban a su tez morena un aspecto más oscuro del que en realidad tenía. Con su abrigo de piel y su sombrero de copa brillante, aquel hombre temible parecía un señor muy moderno. Creo que pertenecía a una familia noble; si hubiera querido, podría haber llevado el título de vizconde X de la Z. De lo único que hablamos aquella tarde fue de esculturas de bronce y porcelanas chinas. Él se mostró realmente agradecido y nos despedimos de manera cordial.

No sé dónde se alojaba. Supongo que debía de ser un hombre solitario y que los anarquistas no tienen familia —o al menos no del modo en que nosotros entendemos esa unión social—. Puede que la organización en familias responda a una necesidad humana, pero en última instancia tiene un componente legal que debe resultar odioso y difícil de entender para un anarquista, aunque la verdad es que no entiendo demasiado a los anarquistas. ¿Puede un hombre con esas convicciones —precisamente esas— seguir considerándose un anarquista cuando está solo, completamente solo, y se mete en la cama? ¿Puede apoyar su cabeza en la almohada, arroparse en las sábanas y quedarse dormido teniendo siempre en la cabeza la necesidad de un *chambardement général*, como dicen los franceses, de un estallido general? Y si es así, ¿cómo puede hacerlo? Estoy seguro de que si en algún momento esa fe (o fanatismo) dominara mis pensamientos, no sería capaz de serenarme lo suficiente como para poder dormir, comer o cumplir cualquier acto rutinario de la vida diaria. No desearía una esposa, ni hijos. Me parece que incluso podría prescindir de los amigos. Y la cuestión de coleccionar esculturas de bronce y porcelanas chinas quedaría descartada con toda seguridad. Pero no lo sé. Todo lo que sé es que el señor X comía en un restaurante muy bueno que yo también solía frecuentar.

Sin el sombrero, un flequillo plateado de pelo bien peinado completaba su fisonomía de huesos salientes y surcos profundos, siempre revestida con una expresión impasible. De los puños anchos y blancos emergían unas manos delgadas y morenas que iban y venían con la precisión de una máquina para partir el pan, servir el vino o algún gesto parecido, pero la cabeza y el cuerpo que se veían sobre el mantel mantenían una quietud rígida. Aquel hombre violento, aquel gran agitador, parecía interesado en generar el menor gasto posible de energía y acción. Su voz de tono bajo era áspera, fría y monótona. No se podía decir que fuera extrovertido, pero con su aspecto indiferente y tranquilo parecía dispuesto tanto a continuar una conversación como a abandonarla en cualquier momento.

Su discurso jamás rozaba los lugares comunes. Debo confesar que para mí resultaba excitante tener enfrente a alguien como él, poder conversar de manera apacible con un hombre cuya venenosa pluma había debilitado a más de una monarquía. Eso lo sabía todo el mundo. Pero yo sabía un poco más. A través de mi amigo, tenía la certeza de algo que los custodios del orden social en Europa apenas sospechaban, o ni siquiera suponían.

Aquel hombre había tenido lo que podríamos llamar una vida secreta, y, a medida que fui compartiendo con él la mesa, noche tras noche fue creciendo en mi interior una gran curiosidad. Reconozco que soy un producto sosegado y pacífico de nuestra sociedad y que no conozco otra pasión que la de coleccionar objetos extraños que deben ser considerados exquisitos, aunque a veces se acerquen a lo monstruoso. Algunas estatuas de bronce chinas son monstruosamente bellas. Así (salido de la colección de mi amigo), tenía frente a mí a un tipo de monstruo de lo más particular. Es cierto que se trataba de un monstruo refinado y de alguna forma distinguido, al menos eso reflejaban sus modales correctos y cuidados, pero no era de bronce, ni siquiera era chino —lo que me habría permitido contemplarlo con calma desde la distancia que otorga la diferencia racial—. Estaba vivo y era europeo. Tenía los modales de la alta sociedad, llevaba un abrigo y un sombrero como los míos, y le gustaban casi las mismas comidas que a mí. Era tremendo detenerse a pensar en eso.

Una noche dejó caer, en medio de una conversación:

—La única manera de conseguir que los hombres cambien es utilizando el terror y la violencia.

Pueden imaginar el efecto que una frase como esa, dicha por un hombre como aquél, causó en una persona como yo, cuyo esquema vital se basa en la delicada y atenta comprensión de los valores sociales y artísticos. ¡Imagínense! ¡Justo a mí, que cualquier tipo o forma de violencia me resulta tan inverosímil como los gigantes, los ogros o las hidras de siete cabezas que tanto influyen en las leyendas y los cuentos de hadas!

De pronto me pareció oír, por encima del bullicio festivo y del rumor en aquel elegante restaurante, el murmullo de una multitud hambrienta y sediciosa.

Supongo que soy demasiado impresionable e imaginativo. A pesar de los centenares de bombillas en la sala, tuve la inquietante visión de algo oscuro, algo lleno de mandíbulas hambrientas y ojos salvajes, pero por algún motivo la visión además me disgustó. La imagen de aquel hombre que partía pedacitos de pan blanco con toda tranquilidad terminó de exasperarme, y tuve la audacia de preguntarle cómo aquel proletariado hambriento de Europa al que él tanto había predicado el levantamiento y la violencia no se había indignado por una vida tan abiertamente lujosa como la suya.

—Por todo esto —dije recorriendo con la mirada el salón y señalando con los ojos la botella de champaña que solíamos compartir en la cena.

Mantuvo un gesto impasible.

—¿Me alimento de sus esfuerzos y de la sangre de sus corazones? ¿Soy un usurero o un capitalista? ¿Conseguí mi fortuna robándole al pueblo hambriento? ¡No! Y ellos lo saben muy bien. No me envidian. La masa más miserable de la población es generosa con sus líderes. Todo lo que tengo lo he ganado con mis escritos, no con los millones de panfletos distribuidos gratis entre los hambrientos y los oprimidos, sino con los cientos de miles de ejemplares vendidos a burgueses bien alimentados. Usted sabe que mis escritos hicieron furor en una época, estuvieron de moda, eran lo que había que leer entre la admiración y el espanto para luego mirarme con altivez… o bien para reírse de mi ingenio.

—Sí —admití—, claro que lo recuerdo, y confieso con honestidad que nunca comprendí ese encaprichamiento.

—¿Pero aún no se ha dado cuenta —dijo— de que a la clase ociosa y egoísta le encanta ver cómo se hace daño, aunque sea a su costa? Al llevar una vida de puras poses y modales, es incapaz de comprender el poder y el peligro de un movimiento real, o de las palabras que no contienen una farsa. Para esa clase solo es una cuestión de diversión y emociones. Basta con mencionar la actitud de la antigua aristocracia francesa ante los filósofos que dieron forma a la Revolución; incluso en Inglaterra, donde existe cierto sentido común, a un demagogo le alcanza con hablar un buen rato y en un tono bien alto para encontrar apoyo en la misma clase a la que está criticando. A ustedes también les gusta ver cómo se hace daño. Los demagogos atraen a los aficionados, y ser aficionado a esto, a eso o a aquello es una manera muy agradable de matar el tiempo y de alimentar la vanidad —la frívola vanidad de sentirse un adelantado en las ideas—. Algo parecido le sucedería a la gente buena y por otra parte inofensiva: se maravillarían ante su colección sin tener la menor idea de por qué es tan importante.

Incliné la cabeza ante aquel aplastante ejemplo de la triste realidad. El mundo está lleno de gente así. El ejemplo de la actitud de la aristocracia francesa ante la Revolución también era sumamente significativo. No pude contradecir sus argumentos, aunque su cinismo —rasgo tan desagradable— le quitaba una buena parte de razón para mi gusto. De todas formas, debo admitir que estaba impresionado. Sentí la necesidad de decir algo que no demostrara aprobación pero tampoco incitara a una discusión.

—¿Intenta decir —comenté a la ligera— que los revolucionarios más extremistas han tenido siempre el apoyo activo de los caprichos de esa gente?

—No, no es exactamente eso lo que quise decir. Estaba generalizando, pero, ya que me lo pregunta, puedo decirle que las actividades revolucionarias en varios países han recibido ese tipo de ayuda de forma más o menos consciente. También aquí.

—¡Eso es absurdo! —negué con firmeza—. Aquí no jugamos con fuego hasta ese punto.

—Y quizá se lo podrían permitir más que otros, pero déjeme que le comente que la mayoría de las mujeres, si no están siempre dispuestas a jugar con fuego, al menos suelen estar ansiosas por hacerlo con alguna chispa.

—¿Se burla de mí? —pregunté con una sonrisa.

—Si lo he hecho, ni yo mismo me he enterado —dijo vagamente—; estaba pensando en un caso en particular que ha sido bastante moderado, en cierto modo…

Ese comentario aumentó mi curiosidad. Había intentado que saliera a la luz su vida secreta en varias ocasiones, por decirlo así. La propia palabra había sido pronunciada, pero él siempre se había resistido con una calma hermética.

—Aunque también le dará una idea —continuó el señor X— de las dificultades que surgen en lo que a usted le gusta llamar el trabajo secreto; a veces resultan muy complicadas. Como comprenderá, no hay jerarquías entre los socios, ni métodos rígidos.

Me sorprendí mucho pero duró poco. Como es lógico, entre los anarquistas extremos no podía haber jerarquías, ni nada parecido a una ley de orden. La misma idea de anarquía entre los propios anarquistas era también reconfortante, aunque debía de entorpecer su eficacia.

El señor X me sorprendió al preguntarme, de golpe:

—¿Conoce la calle Hermione?

Asentí con una afirmación un poco dubitativa. En los tres últimos años la calle Hermione había sido reformada hasta volverla irreconocible. Mantenía el nombre, pero de la anterior calle Hermione no quedaba un ladrillo ni una piedra. Él se refería a la antigua porque dijo:

—A la izquierda había una hilera de casas de dos pisos de ladrillo que en la parte de atrás tropezaban con la medianera de un gran edificio público, ¿se acuerda? ¿Le sorprendería saber que una de estas casas fue durante un tiempo el centro de propaganda anarquista y de lo que usted llamaría el movimiento secreto?

—No, para nada —exclamé. Como yo la recordaba, la calle Hermione jamás había sido particularmente respetable.

—La casa pertenecía a un distinguido funcionario del gobierno —agregó mientras bebía un trago de champaña.

—¿En serio? —dije sin creerle una sola palabra.

—Obviamente, el hombre no vivía allí —siguió diciendo el señor X—, de diez a cuatro el buen hombre se sentaba muy cerca, en el cómodo despacho privado del edificio público que le acabo de mencionar. Para ser más preciso, debo aclarar que la casa de la calle Hermione no le pertenecía exactamente a él, sino a sus hijos ya mayores, una mujer y un varón. La chica, con su bonita figura, era de una belleza muy refinada. Además del encanto particular de la juventud, tenía la atracción seductora del entusiasmo, la independencia y la inteligencia. Supongo que llevaba esas apariencias igual que se ponía sus pintorescos vestidos, y por la misma razón: para reivindicar su individualidad a toda costa. Como bien sabe, las mujeres están dispuestas a llegar hasta donde haga falta para conseguir ese objetivo, y ella fue muy lejos. Había adoptado todos los gestos de una persona con convicciones revolucionarias: los gestos de piedad, de furia y de indignación contra los crueles vicios de la clase social a la que ella misma pertenecía. Todo esto cubría su sorprendente personalidad, al igual que los poco innovadores vestidos que llevaba. Muy poco innovadores, habría que decir, lo justo como para señalar su protesta contra la crueldad de los patrones. Justo lo mínimo, nada más. Tampoco era necesario ir demasiado lejos en ese sentido, ya me entiende, pero ella era mayor de edad y nada le impedía ofrecer su casa a los trabajadores revolucionarios.

—¡No me lo creo! —grité.

—Le aseguro —afirmó el señor X— que la muchacha tuvo ese gesto tan práctico. ¿De qué otra manera hubieran podido instalarse allí si no? La causa no tiene dinero y con cualquier casero normal habrían surgido dificultades, ya que habría pedido referencias y cosas por el estilo. El grupo con el que entró en contacto mientras recorría los barrios pobres de la ciudad (¿recuerda aquella moda de la caridad y el sacrificio que se puso tan de moda hace algunos años?) aceptó agradecido. La principal ventaja era que la calle Hermione se encontraba, como usted bien sabe, muy alejada de la zona bajo sospecha en la ciudad, vigilada cuidadosamente por la policía.

En la planta baja había un pequeño restaurante italiano, de esos que están llenos de moscas. No fue difícil comprárselo al propietario. Una mujer y un hombre de la organización se hicieron cargo; el hombre había sido cocinero. Los camaradas podían comer allí y pasar inadvertidos para el resto de los clientes. Ésa era otra ventaja. El primer piso estaba ocupado por una espantosa Agencia de Artistas de Variedades —una agencia de contratación de actores para salas de tercera categoría, ya sabe. Recuerdo que la dirigía un tipo llamado Bomm. A él no le molestaron, de hecho resultaba útil tener a un montón de gente que parecían extranjeros, malabaristas, acróbatas, cantantes de ambos sexos, y personas por el estilo entrando y saliendo todo el día, de aquel modo a la policía no le llamaban la atención las caras nuevas, ¿entiende? El último piso justo estaba vacío, lo que resultaba muy conveniente.

X se detuvo para atacar impasible, con movimientos muy delicados, una bombe glacée que el camarero acababa de dejar sobre la mesa. Tomó con distinción unas cuantas cucharadas del dulce helado y me preguntó:

—¿Ha oído hablar de la sopa en polvo Stone?

—¿De qué?

—Un producto comestible —continuó X inalterable— que en su tiempo tuvo bastante publicidad en los periódicos, pero que por algún motivo jamás llegó a conquistar al público. La empresa se fue a pique, como dicen ustedes. En subastas se podían conseguir lotes completos del producto a menos de un centavo el medio kilo. El grupo compró algunos lotes e instaló una agencia de venta de sopa en polvo Stone en el piso de arriba. Un negocio completamente respetable. El producto, un polvo amarillo de aspecto más bien poco apetecible, fue guardado en latas grandes y cuadradas, que a su vez cabían en cajas de a seis. Si alguna vez alguien pasaba a hacer un pedido, por supuesto se surtía, y la ventaja del polvo era que se podían ocultar cosas en él muy fácilmente. De vez en cuando se colocaba una caja especial en un camión y se la enviaba para exportación ante las propias narices del policía de la esquina. ¿Comprende?

—Sí —dije, haciendo un gesto expresivo hacia los restos de bombe que se derretían lentamente en el plato.

—Exactamente, pero las cajas eran útiles además en otro sentido. En el sótano, mejor dicho, en la bodega del fondo, se instalaron dos imprentas. Una gran cantidad de textos revolucionarios, de los más incendiarios, salieron de aquella casa dentro de cajas de sopa en polvo Stone. El hermano de nuestra joven anarquista encontró allí una ocupación. Escribía artículos, ayudaba a pasarlos a máquina, a distribuir las hojas y, por lo general, también ayudaba al encargado, un joven muy talentoso llamado Sevrin.

El líder del grupo era un fanático de la revolución social. Ahora está muerto. Era un grabador y aguafuertista genial, lo más probable es que haya visto alguna obra suya, porque en la actualidad es muy buscada por ciertos aficionados. Había comenzado como un rebelde artístico y acabó convirtiéndose en un revolucionario cuando su mujer y su hijo murieron debido a la escasez y la miseria. Solía decir que los había matado la burguesía, la clase sobrealimentada, y realmente lo creía. Continuó trabajando en sus grabados y llevando una doble vida. Era alto, escuálido y muy moreno, llevaba la barba crecida y negra y tenía los ojos hundidos. Seguro que lo ha visto. Se llamaba Horne.

Al oír aquel nombre, me sorprendí mucho, porque hacía algunos años solía cruzarme con él. Tenía un aspecto de gitano poderoso y rudo, llevaba una vieja galera, una bufanda roja alrededor del cuello y un abrigo largo y desgastado abrochado hasta arriba. Hablaba de su trabajo con pasión y daba la impresión de que era un manojo de nervios al borde de la locura. Un pequeño grupo de entendidos admiraba su obra. Quién hubiera dicho que aquel hombre… ¡Qué sorpresa! Aunque en realidad no era tan difícil de creer.

—Como puede ver —continuó—, aquel grupo tenía unas condiciones muy favorables para cumplir su misión propagandística y otras actividades. Eran hombres resueltos y experimentados, de buena condición, y por eso nos sorprendía tanto que al final los planes elaborados en la calle Hermione fracasaran casi siempre.

—¿A quiénes se refiere con ese nos? —pregunté con toda intención.

—A los que estábamos en Bruselas, en la central —dijo rápidamente—. Cualquier acción importante planeada en la calle Hermione parecía condenada al fracaso. Siempre sucedía algo que arruinaba las acciones mejor planificadas de cualquier sede de Europa. Era una época de mucha actividad general. No crea usted que todos nuestros fracasos eran públicos, con arrestos y juicios. Las cosas no son así; a menudo la policía trabaja de forma silenciosa, casi en secreto, deshace nuestros complots diseñando contraataques hábiles, sin detenciones, sin ruido, sin inquietar a la opinión pública ni aumentar el fanatismo; un procedimiento muy inteligente. En aquella época la policía era muy eficiente y trabajaba de forma similar desde el Mediterráneo hasta el Báltico. Las acciones eran incómodas, y empezaban a ser peligrosas. Al final, llegamos a la conclusión de que debía de haber alguna pieza poco fiable en los grupos de Londres. Yo vine a ver qué se podía hacer sin llamar mucho la atención.

Mi primer paso fue ir a visitar a nuestra joven aficionada al anarquismo en su domicilio particular. Me recibió de un modo halagador. Me pareció que no sabía nada de los químicos, ni de las otras operaciones que se estaban llevando a cabo en el piso de arriba de la casa en la calle Hermione; al parecer solo estaba enterada de que allí se imprimía propaganda anarquista. Se mostró tan entusiasmada y comprometida como siempre, y escribió varios artículos sentimentales en los que llegaba a severas conclusiones. Me di cuenta de que disfrutaba muchísimo reproduciendo los gestos y las muecas de la formalidad. Le sentaba bien a sus ojos grandes, a su frente despejada y al estilo de su cabeza armónica, coronada por una magnífica cabellera de color castaño que llevaba peinada de un modo atractivo y poco habitual. Su hermano también estaba en la sala, era un joven serio, con cejas espesas y una corbata roja. Me sorprendió su absoluta ignorancia del mundo, incluso de sí mismo. Un poco más tarde, entró un joven alto. Iba perfectamente afeitado, tenía una mandíbula fuerte y azulada, y un aire como de actor taciturno o sacerdote fanático, ya sabe, uno de esos tipos con cejas negras y tupidas. La joven se acercó y me dijo con dulzura:

—El camarada Sevrin.

Era la primera vez que lo veía. No tenía mucho que decir, pero se sentó junto a la muchacha y enseguida comenzaron una conversación muy seria. Ella se inclinaba hacia adelante en su sillón y se agarraba su preciosa barbilla ovalada con una de sus bellas y blancas manos. Él la miraba a los ojos con atención, con la actitud intensa y seria de un amante al borde de la tumba. Supongo que a la joven le parecía necesario completar y cerrar su fe en las ideas sobre la anarquía revolucionaria simulando que estaba enamorada de un anarquista. Y él, repito, tenía un aspecto completamente pulcro, a pesar de su estilo entusiasta y ceñudo. Después de mirarlos disimuladamente un par de veces, no tuve duda de que él estaba sinceramente enamorado. En cuanto a la joven, sus gestos eran insondables y sugerían, más que amor, una aparente mezcla de decoro, dulzura, condescendencia, fascinación, sumisión y prudencia. Ella cumplía con habilidad su propio concepto de lo que debía ser aquel tipo de romance, y en este sentido, sin duda ella también estaba sinceramente enamorada. No eran más que gestos, es verdad, ¡pero qué perfectos!

Cuando me dejaron a solas con nuestra joven aficionada, la informé con cautela del motivo de mi visita. Le insinué nuestras sospechas. Quería oír lo que pudiera decirme; creo que esperaba algo así como una información inconsciente. Todo lo que dijo fue:

—Es muy serio —con un tono deliciosamente preocupado y grave.

Pero hubo una chispa en sus ojos que sin duda significaba: ¡Qué intrigante!. Después de todo ella sabía muy poco y solo conocía las palabras, pero aun así se ofreció a ponerme en contacto con Horne, a quien era difícil encontrar fuera de la casa en la calle Hermione, donde yo no quería aparecer de momento.

Me reuní con Horne, era una clase de fanático completamente diferente. Le expliqué la conclusión a la que habíamos llegado en Bruselas y le enumeré la gran cantidad de errores que se habían cometido. Respondió con una excitación que no venía al caso.

—Tengo algo entre manos que provocará pánico en el corazón de esas bestias insaciables.

Y entonces me enteré de que él y otros compañeros habían estado excavando desde una de las bodegas de la casa y habían llegado hasta el sótano del gran edificio público que le comenté antes. En cuanto estuvieran listos los materiales, volarían un ala completa del edificio.

La estupidez de aquel proyecto no me horrorizó tanto como lo habría hecho si el aprovechamiento de nuestro centro de la calle Hermione no se hubiera vuelto tan problemático. De hecho, creo que se trataba más que nada de una trampa de la policía. Pero lo indispensable ahora era descubrir qué, o mejor dicho quién, nos estaba fallando, y al final logré convencer a Horne. Me miró perplejo, moviendo las ventanas de la nariz como si olfateara la traición en el aire, y aquí entra en escena una decisión que seguro le parecerá una especie de recurso teatral. ¿Pero qué otra cosa podríamos haber hecho? El desafío era encontrar al miembro débil del grupo, pero no se podía sospechar de uno más que de otro, y tampoco se podía vigilar a todos, un sistema que además suele fallar. En cualquier caso, habría hecho falta mucho tiempo y el peligro apremiaba, estaba seguro de que tarde o temprano habría una redada en el local de la calle Hermione. La policía confiaba tanto en el delator que la casa, por el momento, ni siquiera estaba siendo vigilada. Horne lo afirmó convencido. Dadas las circunstancias, no se trataba de un buen síntoma, debíamos hacer algo rápidamente.

Decidí organizar yo mismo un asalto al grupo. ¿Sabe a lo que me refiero? Una redada en la que otros camaradas de confianza se hicieran pasar por policías, un complot dentro del complot. Como es lógico, supongo que comprende el motivo. Cuando estuviera supuestamente a punto de ser arrestado, yo esperaba que el delator se revelase de un modo u otro, por alguna señal imprudente o, por ejemplo, por mantener una postura despreocupada. Existía la posibilidad de que fracasáramos de lleno, y el riesgo aún más grave de que se produjera algún incidente fatal durante la resistencia o en el intento de escapar. Pero para mí, como comprenderá, era indispensable pillar completamente por sorpresa al grupo de la calle Hermione, como sin duda lo iba a acabar pillando la policía dentro de poco. El delator se movía entre ellos, y únicamente Horne podía estar al tanto de mi plan secreto.

"No entraré en los detalles de los preparativos. No fue fácil hacer los arreglos, pero al final salió bien; los resultados fueron realmente convincentes. Los falsos policías entraron al restaurante y bajaron las persianas de inmediato. El efecto sorpresa funcionó a la perfección. La mayoría de los camaradas de la calle Hermione se encontraba en la segunda bodega, ensanchando el túnel que comunicaba con los sótanos del edificio público. Con la primera alarma varios camaradas se dieron instintivamente a la fuga a través del propio túnel donde, por supuesto, si hubiera sido una verdadera redada habrían sido atrapados definitivamente por la policía. No nos preocupamos por ellos en ese momento, eran bastante inofensivos. Lo que realmente nos preocupaba a Horne y a mí era el piso de arriba. Allí, rodeado de latas de sopa en polvo Stone, un camarada al que llamaban 'Profesor' (un antiguo estudiante de ciencias) se ocupaba de retocar unos detonadores nuevos. Era un hombre enjuto y cetrino, absorto pero seguro de sí mismo, armado con gafas grandes y redondas. Temíamos que, con el sobresalto, hiciera reventar por equivocación un detonador e hiciera volar la casa. Subí corriendo las escaleras y lo encontré en la puerta, muy alerta, escuchando, según dijo, 'los ruidos sospechosos que llegaban de abajo'. Antes de que terminara de explicarle lo que estaba sucediendo, se encogió de hombros despectivamente y volvió a sus mediciones y a sus tubos de ensayo. Tenía el auténtico vigor de un revolucionario. Los explosivos eran su credo, su esperanza, su arma y su escudo. Murió un par de años más tarde en un laboratorio secreto con el estallido accidental de uno de sus mejores detonadores.

"Me apresuré a bajar de nuevo, y en las penumbras de la gran bodega me encontré con una escena asombrosa. El hombre que actuaba de inspector (el rol no le era del todo ajeno) hablaba en un tono brusco y le daba órdenes falsas a sus falsos subordinados para que trasladaran a los detenidos. Evidentemente, aún no había sucedido nada demasiado esclarecedor. Horne, taciturno y moreno, esperaba de brazos cruzados, y su observación paciente y malhumorada le daba un aire de estoicismo acorde a la situación. En las sombras descubrí a uno del grupo masticando y tragando a escondidas trocitos de papel. Supongo que se trataba de información comprometedora, alguna nota con un par de nombres y direcciones, algo así. Era un auténtico 'compañero', digno de confianza, pero cierto fondo de malicia que acecha oculto en lo más profundo de nuestras simpatías me hizo sonreír en secreto ante aquella representación tan perfecta e inesperada.

"Por lo demás, parecía que el arriesgado intento, el golpe dramático maestro, si quiere llamarlo así, había fallado. No podíamos ocultar el engaño mucho más, pero la explicación dejaría a la luz una situación muy incómoda, incluso grave. El hombre que se había tragado el papel se pondría furioso, y los compañeros que habían huido también se enfadarían.

"Para mayor irritación, la puerta que comunicaba con la otra bodega donde estaban las imprentas se abrió de golpe y apareció nuestra joven revolucionaria, una silueta negra con un vestido ajustado y un sombrero alto, con el resplandor de la lámpara de gas ardiendo a su espalda. Por encima de su hombro descubrí las cejas arqueadas y la corbata roja de su hermano.

"¡Eran las últimas personas del mundo a las que deseaba ver en ese momento! Aquella tarde habían ido a un concierto de aficionados para gente pobre, ya sabe, pero ella había insistido en retirarse pronto para pasar por la calle Hermione de camino a casa con el pretexto de que tenía algo que hacer. Solía corregir las galeradas de las ediciones italiana y francesa de Señal de alarma y El agitador...

—¡Cielo santo! —murmuré. En cierta ocasión me habían mostrado algunos ejemplares de esas publicaciones. No se me podía ocurrir nada peor para los ojos de una dama. Eran las más avanzadas en su estilo, y por avanzadas quiero decir que traspasaban todos los límites de la razón y la decencia. Una de ellas predicaba la disolución de todos los vínculos sociales y domésticos, la otra defendía el homicidio sistemático. Imaginar a una muchacha buscando tranquilamente los errores de imprenta en las repugnantes frases que recordaba resultaba inaceptable según mi concepto de lo femenino. El señor X, después de lanzarme una mirada, continuó con firmeza:

—Pero a mí me parece que ella había ido sobre todo para consolidar su dominio sobre Sevrin y para que este le rindiera homenaje como una reina condescendiente. Ella era consciente de ambas cosas —del poder que ejercía sobre él y de sus homenajes— y lo disfrutaba, me atrevo a decir, con total inocencia. No tenemos experiencia en cuestiones de conveniencia y valores morales como para competir con esa muchacha. El encanto en una mujer y la inteligencia excepcional en un hombre son cuestiones que se rigen por leyes propias. ¿No le parece?

Me contuve de opinar cuán aborrecible me resultaba esa concepción libertina porque sentía demasiada curiosidad.

—¿Y qué ocurrió luego? —pregunté.

X siguió desmenuzando muy despacio un pequeño trozo de pan con la mano izquierda.

—Al final lo que sucedió es que ella salvó la situación.

—Le dio una oportunidad para cerrar aquella farsa siniestra —sugerí.

—Sí —dijo manteniendo su actitud impasible—. La farsa debía acabar pronto y terminó en unos pocos minutos. Terminó bien. Si ella no hubiera entrado, habría terminado mal. Su hermano claramente no contaba para nada. Se habían metido en la casa un rato antes; la bodega donde se hallaba la imprenta tenía una entrada independiente. Como no había nadie allí, la muchacha se sentó con sus pruebas esperando que Sevrin regresara a su trabajo en cualquier momento, pero no lo hizo. Ella se impacientó, a través de la puerta escuchó ruidos extraños en la otra bodega y naturalmente entró para ver qué estaba ocurriendo.

"Sevrin había estado con nosotros. Al principio creí que era el más sorprendido de todos, parecía inmóvil por el asombro. Se quedó clavado en su sitio sin mover ni un músculo. El único mechero de gas encendido estaba cerca de su cabeza; todas las demás luces habían sido apagadas a la primera alarma. Desde mi ángulo oscuro, descubrí en su cara afeitada de actor una expresión de desconcierto y vigilancia molesta. Tenía las espesas cejas fruncidas y las comisuras de los labios hacia abajo, en un gesto displicente, estaba furioso, lo más probable era que hubiera descubierto la jugada y entonces me arrepentí de no haber confiado en él desde el principio.

"Pero en cuanto apareció la muchacha, se puso en evidente alerta. Era comprensible. Me di cuenta del cambio. Su expresión se modificó rápido y de manera sorprendente, pero no entendía por qué. No se me ocurría ningún motivo. Apenas me quedé atónito ante el cambio extremo en el gesto de aquel hombre. Claramente no se había enterado de que la joven estaba en la otra bodega, pero eso no alcanzaba para explicar la conmoción que le produjo su llegada; durante unos instantes fue como si lo hubiesen reducido a un estado de imbecilidad. Abrió la boca como si fuera a lanzar un grito o, por lo menos, a ponerse a jadear, pero quien gritó fue otra persona: el heroico camarada al que había visto masticando trocitos de papel. Con admirable tranquilidad, lanzó un grito de advertencia.

—¡Es la policía! ¡Atrás, atrás! ¡Corran hacia el fondo y cierren la puerta al pasar!

"Era una alerta muy clara, pero en lugar de retirarse, la muchacha continuó avanzando con su hermano detrás, con la misma cara larga y los mismos pantalones de golf con los que había estado cantando canciones para divertir a un triste proletariado. La muchacha no avanzaba como si no hubiera oído la advertencia (la palabra policía tiene un sonido inconfundible), sino como si no pudiera evitarlo. No se adelantaba con el andar libre y el espíritu expansivo de una anarquista amateur y distinguida entre trabajadores pobres y en aprietos, sino con los hombros un poco levantados y los codos apretados al cuerpo, como si intentara encogerse. Tenía los ojos clavados, fijos en Sevrin, o mejor dicho, en Sevrin como hombre, más que como anarquista. Pero se acercaba. Y supongo que era natural. A pesar de todas sus ideas sobre la independencia, las jóvenes de esa clase están acostumbradas a moverse como si estuvieran realmente protegidas. Y, de hecho, lo están. Esa sensación de seguridad justifica el noventa por ciento de sus gestos más audaces. Había perdido todo el color de la cara, estaba pálida. ¡Imagínese lo que es comprender de una manera tan brutal que uno es el tipo de persona que debe huir de la policía! Creo que estaba pálida, sobre todo por la indignación, aunque claro, además tenía cierta preocupación por salir indemne, un vago temor a algún tipo de grosería, esa era la razón por la que se acercaba al hombre, a un hombre por el que sentía una declarada fascinación y pleitesía, el hombre que de ninguna manera podía fallarle en un momento tan difícil.

—Pero si el arresto hubiese sido cierto, quiero decir, real como ella creía —dije a voces, impresionado por aquel análisis—, ¿qué esperaba de él?

El señor X ni siquiera movió un músculo de la cara.

—Solo Dios sabe. Supongo que aquella criatura tan encantadora, generosa e independiente jamás había tenido ni un solo pensamiento genuino. Quiero decir, ningún pensamiento más allá de las pequeñas vanidades humanas o que no partiera de algún concepto convencional. Todo lo que sé es que se adelantó unos pasos y extendió su mano hacia Sevrin, que permanecía inmóvil; por lo menos ese gesto no fue hipócrita. En cuanto a qué esperaba de él, quién sabe. Imposible adivinarlo. Fuera lo que fuera, estoy seguro de que no fue lo que él había decidido hacer, incluso antes de que aquella mano suplicante se entregara tan directamente. Y ni siquiera habría sido necesario porque, desde el instante en que él la vio entrar al sótano, decidió que sacrificaría su trabajo para deshacerse de la máscara impenetrable, sólidamente asegurada que había llevado con orgullo…

—¿Qué quiere decir? —lo interrumpí, perplejo—. ¿Sevrin era el…?

—Sí. Él era el delator más tenaz, peligroso, astuto y sistemático que existía. Un genio entre los traidores. Por suerte para nosotros, era único. El tipo era un fanático, ya se lo he dicho. Por suerte para nosotros, repito, se había enamorado de los gestos inocentes pero bien logrados de aquella muchacha. Él mismo era un actor muy serio y tal vez por eso creyó en el valor incuestionable de los gestos más convencionales. En cuanto a la grosera trampa en la que había caído, la explicación puede encontrarse en que quizá no pueden convivir en un mismo corazón dos sentimientos de una magnitud tan absorbente. El peligro de aquella actriz inconsciente oscureció su visión, su perspicacia, su juicio. De hecho, al principio incluso le privó de su autocontrol, pero lo recuperó ante la necesidad (por lo visto, imperiosa para él) de hacer algo de inmediato. ¿Pero hacer qué? Bueno, sacarla de aquella casa cuanto antes, estaba desesperado, ansioso. Le digo que estaba realmente aterrorizado, pero no por sí mismo. Lo habían sorprendido y disgustado con un ataque imprevisto y anticipado, estaba furioso. Solía arreglar la última escena de sus traiciones con una destreza formidable y sutil, que le permitía mantener intacta su reputación como revolucionario. Para mí era evidente que había planeado salir bien parado y, al mismo tiempo, conservar firme su máscara, pero con la presencia de ella en la casa todo (la calma impuesta, la restricción de su fanatismo, la máscara), todo se le vino encima en una especie de pánico. Pero pánico ¿por qué?, podría preguntarse usted. La respuesta es muy sencilla. Recordó (o me atrevo a decir que jamás había olvidado) que el profesor estaba solo en el piso de arriba, avanzando en sus investigaciones, rodeado de cientos de latas de sopa en polvo Stone. Con un par de esas latas habría bastado para enterrarnos a todos bajo un montón de ladrillos en el lugar en el que estábamos. Sevrin, claro, sabía eso. Y además debemos tener en cuenta que conocía muy bien el carácter del profesor. ¡Había medido a tantos tipos como ese! O tal vez solo creyó que el profesor era capaz de hacer lo que él mismo habría hecho. No sé, fuera como fuera consiguió el efecto deseado y de pronto dijo levantando la voz con autoridad:

—Dejen que la dama se retire de inmediato.

Su voz salió ronca como la de un cuervo debido sin duda a la intensa conmoción. Se le pasó al instante, pero aquellas proféticas palabras salieron de su garganta tensa como un graznido ridículo y hostil. No hizo falta ninguna respuesta. Estaba todo cocinado. Aun así, el hombre que se hacía pasar por inspector creyó necesario decir con rudeza:

—Saldrá pronto, con todos los demás.

Aquellas fueron las últimas palabras de la parte teatral de este asunto.

Inconsciente de todo y de todos, Sevrin dio unos pasos largos hacia el hombre y lo agarró de las solapas del abrigo. Debajo de la piel azulada y fina de sus mejillas, vi la mandíbula apretada con furia.

—Tiene hombres vigilando en la puerta. Haga que la lleven a su casa ahora mismo. Ahora, ¿entiende? Antes de que intenten detener al hombre que está arriba.

—¡Oh! ¿Arriba hay un hombre? —dijo el otro con un evidente tono de burla—. Bueno, le haremos bajar para que vea cómo termina todo esto.

Pero Sevrin, fuera de sí, no prestó atención al tono.

—¿Quién es el idiota que le ha enviado a meter las narices aquí? ¿No ha entendido lo que le he dicho? ¿No se entera usted de nada? Esto es increíble. Mire…

Soltó las solapas del abrigo, se metió la mano en el pecho y la movió febrilmente buscando algo que llevaba bajo la camisa. Al fin sacó una bolsita de cuero cuadrada que debía llevar colgando del cuello como un escapulario, con una cinta cuyos extremos deshechos colgaban del puño.

—Mire en el interior —susurró al arrojarla a la cara del otro. Inmediatamente se dio la vuelta hacia la chica, que estaba de pie a sus espaldas, perfectamente quieta y en silencio. Su cara fija y blanca le daba un aire como de placidez. Solo sus ojos fijos parecían más abiertos y oscuros.

Habló rápido, con una seguridad nerviosa. Le oí perfectamente prometerle que dejaría todo claro como el agua, pero no oí nada más. Se quedó cerca de ella, sin intentar tocarla en ningún momento, ni siquiera con la punta del dedo meñique, mientras ella lo contemplaba con un aire estúpido. Llegado un momento sus párpados se cerraron muy despacio, patéticamente. Con las pestañas negras apoyadas en las mejillas blancas, parecía lista para desplomarse de un desmayo, pero ni siquiera perdió el equilibrio. A gritos, él la instó a que lo siguiera de inmediato, y se dirigió hacia la puerta que estaba al fondo de las escaleras del sótano sin mirar hacia atrás. Y, en efecto, ella dio uno o dos pasos detrás de él, pero evidentemente no le permitieron llegar a la puerta. Se oyeron algunas palabrotas de irritación y un forcejeo corto, pero irascible. Empujado con fuerza hacia atrás, Sevrin retrocedió de espaldas contra ella y se cayó. Ella aflojó los brazos en un gesto de desazón y dio un paso a un costado, justo para evitar golpearse con la cabeza de él, que golpeó contra el suelo muy cerca de uno de sus zapatos.

Con el golpe, Sevrin largó un bufido. Cuando terminó de ponerse de pie, despacio y aturdido, ya era consciente de la verdad de los hechos. El hombre al que le había arrojado la bolsita de cuero sacó de ella una tira angosta de papel azul. La levantó por encima de su cabeza, pero, como al terminar el forcejeo volvió a reinar una calma incómoda y expectante, la arrojó con desdén y dijo:

—Me parece, camaradas, que esta prueba era casi innecesaria.

Rápida como un pensamiento, la muchacha se inclinó a recoger la tira enredada. La extendió entre las manos, la miró y luego, sin levantar los ojos, abrió lentamente los dedos y la dejó caer.

Más tarde examiné el curioso documento. Tenía la firma de un personaje muy importante y estaba sellado y refrendado por altos funcionarios de varios países de Europa. En su especialidad (¿o debo decir en su misión?), esa especie de contraseña debía ser necesaria, seguramente. Hasta en la propia policía (todos excepto los jefes) lo conocían como Sevrin, el famoso anarquista.

Dejó caer la cabeza y se mordió el labio inferior. Se había producido un cambio en él, ahora lo invadía una especie de calma pensativa y absorta. Resoplaba igualmente. Sus costillas se inflaban y los orificios de la nariz se abrían y cerraban, generando un extraño contraste con su aspecto sombrío de monje absorto en una actitud meditativa. Había también algo en su cara que recordaba a la perseverancia de un actor frente a las terribles exigencias de su papel. Ante él Horne comenzó a gritar, demacrado y con la barba crecida, como un iluminado y acusador profeta del desierto. Eran dos fanáticos. Estaban hechos para entenderse. ¿Le sorprende esto? Supongo que para usted la gente de ese tipo anda echando espuma por la boca y gruñéndose entre sí.

Contesté rápidamente que al final no me sorprendía y que no tenía esas ideas, que en general para mí los anarquistas eran algo imposible de imaginar tanto mental como moral, sentimental e incluso físicamente. El señor X recibió mi comentario con su habitual indiferencia y continuó:

—Horne se había encendido con su elocuencia. Mientras se desbordaba en insultos, algunas lágrimas se escaparon de sus ojos y rodaron por entre su barba negra sin que se diera cuenta. La respiración entrecortada de Sevrin era cada vez más rápida. Y cuando al fin abrió la boca para hablar, todos quedaron atentos a sus palabras.

—No seas tonto, Horne —comenzó—, tú sabes que no he hecho esto por ninguna de las razones que me reprochas —y al instante quedó aparentemente tan rígido como una piedra bajo la mirada descarnada del otro—: os he boicoteado, os he decepcionado y os he traicionado por convicción.

Le dio la espalda a Horne y, dirigiéndose a la muchacha, repitió las palabras:

—Por convicción.

Ella emanaba una indiferencia pasmosa. Supongo que no se le ocurría ningún gesto apropiado, había pocos antecedentes de situaciones parecidas.

—Está claro como el agua —agregó él—, ¿lo entiendes? Por convicción.

Y aun así ella no se movió. No sabía qué hacer, pero aquel infeliz iba a darle la oportunidad para que ella consiguiera el gesto hermoso y correcto.

—Siento que tengo la fuerza para hacer que compartas esta convicción conmigo —pidió con ardor. Se había olvidado de sí mismo, dio un paso hacia ella y tal vez se tropezó; a mí me pareció que se inclinaba hacia abajo como si fuera a tocarle el borde del vestido, y entonces ella encontró el gesto apropiado: retiró la falda del roce sucio de él y desvió la mirada levantando la barbilla. Lo hizo con un ademán magnífico, con el tradicional gesto de honor sin mancha, de amateur noble y altruista.

Nada hubiera sido más efectivo, y él debió de pensar lo mismo porque volvió a apartarse, aunque esta vez no miró a nadie. Jadeó de nuevo desesperadamente mientras buscaba con torpeza, a toda prisa, algo en el bolsillo de su chaleco, y después se llevó la mano a la boca. Había algo furtivo en sus movimientos pero, de inmediato, su aspecto cambió; por su respiración trabajosa parecía un hombre que acababa de correr una carrera, impaciente, pero un extraño aire distante, de repentina y profunda indiferencia, reemplazó la tensión en su cara. La carrera había terminado. No quise ver lo que sucedería a continuación, lo sabía demasiado bien. Puse el brazo de la joven debajo del mío sin decir una palabra y caminé hacia la escalera a su lado.

Su hermano nos seguía. A mitad del corto camino parecía que ella no podía levantar el pie lo suficiente para subir los escalones, y debimos tirar de ella y empujarla para lograr que llegara hasta arriba. Se arrastró a lo largo del pasillo colgada de mi brazo, irremediablemente inclinada como una anciana. Por una puerta entreabierta salimos a la calle vacía tambaleándonos como juerguistas borrachos. En la esquina detuvimos un coche y el viejo conductor miró desde su caja, con malhumorado desprecio, nuestros esfuerzos para hacerla entrar. Durante el trayecto, sentí dos veces que se derrumbaba sobre mi hombro medio desvanecida. Frente a nosotros, el joven con pantalones de golf permaneció mudo como un pez, y hasta el final, cuando saltó del coche con las llaves en la mano, estuvo sentado tan inmóvil que no me lo creía.

Cuando llegamos a la puerta de su salón, la joven soltó mi brazo y caminó apoyándose al principio en sillas y mesas. Se desprendió del sombrero y después, exhausta por el esfuerzo y con la capa aún colgando de sus hombros, se dejó caer de lado en un sillón profundo y ocultó la cara en los cojines. El hermano bondadoso apareció en silencio a su lado con un vaso de agua. Ella lo rechazó con un movimiento de cabeza y entonces él se lo bebió a sí mismo, y se alejó a un rincón distante, a algún sitio detrás del gran piano. En la sala todo estaba igual que cuando había visto por primera vez a Sevrin, el antianarquista, cautivado y fascinado por los gestos perfectos y atávicos que en ciertos ámbitos de la vida ocupan el lugar de los sentimientos con gran efectividad. Supongo que los pensamientos de ella giraban sobre el mismo recuerdo. Agitó con fuerza los hombros. Un verdadero ataque de nervios. Cuando se calmó, aparentó firmeza al decir:

—¿Qué hacen con un hombre así? ¿Qué le harán?

—Nada. No pueden hacerle nada —le aseguré con honestidad. Estaba seguro de que debía haber muerto en menos de veinte minutos después de haberse llevado la mano a la boca. Si su fanatismo antianarquista lo había llevado tan lejos como para andar cargando veneno en un bolsillo, solo para quitarle a sus enemigos la posibilidad de una legítima venganza, sabía que se cuidaría de llevar algo que no le fallase llegado el momento.

Ella resopló con enfado. Tenía las mejillas enrojecidas, y en los ojos un brillo febril.

—¿Sucedió antes una experiencia tan terrible? ¡Y pensar que me agarró la mano! ¡Ese hombre! —Su cara se crispó, reprimió un patético gemido—. Si de algo me sentía segura era de las grandes motivaciones de Sevrin.

Entonces comenzó a llorar en silencio, lo cual era bueno para ella; y desde aquel mar de lágrimas, y un poco disgustada, preguntó:

—¿Qué fue lo que me dijo? ¡Por convicción! Sonaba como una burla grosera. ¿Qué habrá querido decir?

—Eso, mi querida joven —dije con suavidad—, nadie, ni siquiera yo, podría explicárselo jamás.

El señor X sacudió una miga de la solapa de su abrigo.

—Y en lo que se refiere a ella, era cierto. Aunque Horne, por ejemplo, lo comprendió muy bien. También yo, sobre todo después de ir a la pensión en la que vivía Sevrin, en la lúgubre calle trasera de un barrio muy respetable. A Horne lo conocían como amigo suyo y no tuvimos inconvenientes para que nos permitieran entrar. La desaliñada criada solo nos dijo, al hacernos pasar:

—El señor Sevrin no vino anoche.

Mientras realizábamos nuestra búsqueda abrimos a la fuerza un par de cajones y encontramos muy poca información útil. Lo más interesante fue su diario. Aquel hombre, comprometido con un trabajo tan extremo, tenía la debilidad de mantener un registro que lo inculpaba por completo. Allí se exponían, desnudos ante nuestros ojos, sus actos y sus pensamientos, pero a los muertos no les interesa eso. Ya no les interesa nada.

'Por convicción', sí. Un vago pero ardiente humanismo lo había empujado en su primera juventud al extremismo más amargo de la negativa y el levantamiento, pero luego su optimismo disminuyó. Comenzó a dudar, se confundió. Lo más probable es que oyera hablar a algún ateo converso. Suelen convertirse en fanáticos peligrosos, pero su alma sigue siendo la misma. Después de trabar amistad con la muchacha, dejó constancia en el diario de todas sus rapsodias político-amorosas. Se tomaba los gestos soberanos de ella con una seriedad mortal, anhelaba convertirla, pero nada de todo eso creo que le interese a usted demasiado. Por lo demás, no sé si recuerda (ya han pasado varios años de esto) la conmoción periodística que hubo en torno al 'misterio de la calle Hermione' con el hallazgo del cadáver de un hombre en el sótano de la casa vacía, todas las investigaciones, los arrestos y una gran cantidad de hipótesis hasta que llegó de nuevo el silencio, ese destino habitual para tantos mártires y oscuros confesores. La verdad es que Sevrin no era un optimista que digamos. Se debe ser un optimista brutal, tiránico, despiadado e incondicional, como Horne, por ejemplo, para ser un buen rebelde social en los extremos.

Se levantó de la mesa. Un camarero se apresuró a ayudarlo con el abrigo mientras otro tenía listo el sombrero.

—¿Y qué pasó con la muchacha? —pregunté.

—¿De verdad lo quiere saber? —dijo mientras se abrochaba con cuidado el abrigo de piel—. Confieso que cometí la pequeña maldad de enviarle el diario de Sevrin. Primero se retiró, luego se marchó a Florencia, y, al final, se recluyó en un convento. No puedo imaginar qué hará después. Pero ¿a quién le importa? ¡Gestos! ¡Gestos! No son más que los gestos típicos de su clase.

Se calzó su brillante sombrero de copa con gran precisión, y después de echar una rápida mirada al salón, lleno de gente bien vestida que cenaba inocentemente, murmuró entre dientes:

—Nada más que gestos… Por eso esta clase está destinada a desaparecer.

Jamás volví a cruzarme con el señor X después de aquella noche. Volví a cenar a mi club habitual. En mi siguiente visita a París encontré a mi amigo muerto de ganas de saber cómo me había caído aquel raro ejemplar de su colección. Le conté toda la historia y él sonrió satisfecho por el orgullo que le causaba su ilustre espécimen.

—No me diga que no vale la pena conocer al señor X —dijo ostentando su deleite—, es único, increíble, absolutamente genial.

Su entusiasmo hizo chirriar mis sentimientos más delicados. Le dije bruscamente que el cinismo del señor X era sencillamente repugnante.

—¡Oh, repugnante! ¡Repugnante! —confirmó mi amigo efusivo—. Y encima a veces le gusta gastar pequeñas bromas —agregó en tono confidencial.

No supe qué me quiso decir con aquella última observación, y hasta hoy he sido completamente incapaz de averiguar en qué punto habría podido tratarse de una broma.

JUVENTUD

Solo en un país puede ocurrir una historia como esta, y ese país es Inglaterra, porque aquí los hombres y el mar viven, por decirlo así, compenetrados: el mar está presente en la mayoría de los hombres, que lo saben todo o casi todo sobre él, ya sea como modo de diversión, como vía de transporte o porque es la fuente de su sustento.

Estábamos sentados con los codos apoyados en torno a una mesa de caoba en la que se reflejaban nuestros rostros, al igual que la botella y las copas. Éramos un director de empresa, un contador, un abogado, Marlow y yo. El director había sido grumete del Conway, el contador había servido cuatro años en el mar, el abogado —miembro del Partido Conservador, fiel a la Alta Iglesia, el mejor de los compañeros, el honor personificado— había sido oficial mayor en el servicio de P & O, en aquellos buenos tiempos en que los buques-correo llevaban aparejo de crucero en dos palos por lo menos y solían navegar por el mar de China, cuando el monzón era apacible, con todas las velas desplegadas. Todos iniciamos la vida en la marina mercante. A los cinco nos unía ese sólido vínculo que es el mar y también el compañerismo de un oficio que no puede producir ni el mayor de los entusiasmos por los yates, la navegación de crucero y otras cosas por el estilo, porque eso es mera diversión y lo otro es la vida misma.

Marlow (al menos creo que así escribía él su nombre) contó este relato, o más bien esta crónica de un viaje:

—Sí, conozco un poco los mares de Oriente, pero lo que mejor recuerdo es el primer viaje que allí hice. Como ustedes saben, compañeros, hay viajes que parecen destinados a mostrarnos qué es la vida, que son como un símbolo de la existencia. Luchas, trabajas, sudas, te matas casi o llegas a matarte incluso intentando conseguir algo, y no puedes. Y no por tu culpa. Simplemente resulta que no puedes hacer nada, ni poco, ni mucho, absolutamente nada, ni siquiera casarte con una vieja solterona, ni llevar un maldito cargamento de seiscientas toneladas de carbón a su puerto de destino.

Fue un viaje memorable. Era mi primer viaje a Oriente y el primero como segundo oficial; era también el primer mando de nuestro capitán, y la verdad es que ya era hora. Tenía sesenta o más años; era un hombre pequeño, de espaldas anchas aunque algo encorvadas, hombros caídos y una pierna más zamba que la otra, con ese aspecto un tanto deformado que a menudo tienen los hombres que trabajan en el campo. Su rostro parecía un cascanueces —la barbilla y la nariz intentaban unirse por encima de una boca sumida—, orlado por unos cabellos de color gris acero, que eran como un barboquejo de algodón en rama salpicado de polvo de carbón. Y en aquel viejo rostro lucían dos ojos azules, asombrosamente parecidos a los de un niño, con esa expresión de candidez que algunos hombres corrientes conservan hasta el final de sus días gracias a un raro don interior de sencillez de corazón y rectitud de espíritu. No sé por qué me aceptó. Yo había servido en un espléndido clipper australiano como tercer oficial, y él parecía tener prejuicios contra los grandes clippers, por aristocráticos y pretenciosos. Me dijo: "¿Sabe usted?, en este barco tendrá que trabajar". Contesté que había trabajado en todos los barcos donde había servido. "¡Ah!, pero es que esto es diferente y ustedes, los caballeros que vienen de esos grandes barcos...; pero en fin, estoy seguro de que usted servirá. Empiece mañana".

Empecé al día siguiente. Fue hace veintidós años; y yo acababa de cumplir veinte. ¡Cómo pasa el tiempo! Fue uno de los días más felices de mi vida. ¡Imagínense! Segundo oficial por primera vez, un oficial con verdaderas responsabilidades. No hubiera cambiado mi nuevo cargo por una fortuna. El segundo de a bordo me miró con mucha atención. También él era mayor, pero de otro corte. Tenía nariz romana, larga barba, blanca como la nieve, y su nombre era Mahon, pero se empeñaba en que se pronunciara Mann. Estaba bien relacionado; pero algo le falló en su suerte y no hizo carrera.

En cuanto al capitán, había hecho durante años navegación de cabotaje, después había estado en el Mediterráneo y finalmente en el comercio de las Antillas. Nunca había doblado los cabos. Apenas sabía escribir y tampoco es que tuviera mucha afición a la escritura. Los dos eran excelentes marinos, por supuesto, y entre aquellos dos viejos me sentía como un niño pequeño entre dos abuelos.

También era viejo el barco. Se llamaba Judea. Curioso nombre, ¿no les parece? Su propietario era un hombre que se llamaba Wilmer, Wilcox o algo por el estilo; pero como quebró y ha muerto hace más de veinte años, su nombre no importa. El barco llevaba mucho tiempo anclado en la dársena de Shadwell. Se pueden imaginar su estado. Era todo herrumbre, polvo y mugre, hollín en la arboladura, suciedad en la cubierta. Para mí era como salir de un palacio para meterme en una cabaña en ruinas. Desplazaba unas cuatrocientas toneladas, tenía una cabria primitiva, aldabillas de madera en las puertas, nada de bronce en todo el barco y una tremenda popa cuadrada. En ella, bajo su nombre escrito con grandes letras, se veía una especie de ornamentación con volutas de las que había desaparecido el dorado y algo parecido a un escudo de armas, con el lema "Obrar o morir" debajo. Recuerdo que me impresionó enormemente. Había en él cierto romanticismo, algo que me hizo tomarle cariño al viejo trasto, ¡algo que atraía a mi juventud!

Zarpamos de Londres en lastre —lastre de arena— para cargar carbón en un puerto del norte, con destino a Bangkok. ¡Bangkok! Estaba encantado. Llevaba seis años en el mar, pero solo conocía Melbourne y Sídney, lugares muy buenos, encantadores a su manera, ¡pero Bangkok!

Salimos del Támesis con las velas desplegadas y un piloto del Mar del Norte a bordo. Se llamaba Jermyn y estaba todo el día colándose en la cocina y secando su pañuelo ante la estufa. No parecía dormir nunca. Era un hombre fúnebre, con una gota reluciendo perpetuamente en la punta de la nariz, que había tenido problemas, los tenía o esperaba tenerlos; no estaba contento si no había algo que marchara mal. Desconfiaba de mi juventud, de mi sentido común y de mi habilidad marinera, y se esforzaba en demostrármelo de mil maneras. Confieso que tenía razón. Me parece que por aquel entonces yo sabía muy poco, y no sé mucho más ahora; pero he conservado el odio hacia el tal Jermyn hasta hoy.

Navegamos durante una semana hasta la rada de Yarmouth y entonces nos pilló un temporal: el famoso temporal de octubre de hace veintidós años. Hubo viento, relámpagos, aguanieve, nieve y un mar terrorífico. Volamos arrastrados por el viento, y se pueden imaginar lo mal que iban las cosas cuando les diga que las amuradas se hicieron añicos y se nos inundó la cubierta. En la segunda noche el lastre se corrió hasta la proa a sotavento y para entonces habíamos ido a parar al bajío de Dogger. No quedaba otro recurso que descender a la bodega con palas e intentar enderezar el barco, así que nos metimos en aquella enorme cala, sombría como una caverna, con velas de sebo de llamas temblorosas pegadas a los tablones, mientras el temporal rugía allá afuera y el barco se movía de costado como enloquecido; estábamos todos, Jermyn, el capitán, todo el mundo, sin podernos sostener apenas en pie, paleando como sepultureros y tratando de lanzar hacia barlovento grandes paladas de arena húmeda. Cada vez que el barco daba un tumbo veía vagamente, en aquella débil luz, a los hombres que se caían blandiendo sus palas. Uno de los grumetes (teníamos dos), impresionado por lo espectral de la escena, se echó a llorar como si se le fuera a romper el corazón. Le oíamos llorar a lágrima viva en algún lugar en la oscuridad.

Al tercer día el temporal amainó y enseguida nos recogió un remolcador procedente del norte. ¡En total tardamos dieciséis días en ir desde Londres hasta el Tyne! Cuando llegamos a la dársena habíamos perdido nuestro turno para cargar y nos llevaron hasta un muelle donde permanecimos durante un mes. La señora Beard (el capitán se llamaba Beard) llegó desde Colchester para visitar al viejo. Vivió a bordo. Los marineros de la tripulación se habían ido y únicamente quedábamos los oficiales, un grumete y el camarero, un mulato que respondía al nombre de Abraham. La señora Beard era una mujer vieja, con el rostro arrugado y rojizo como una manzana de invierno, pero con figura juvenil. Me vio una vez cosiendo un botón y se empeñó en que le diera mis camisas para repasarlas. Era muy diferente de las esposas de capitanes que había conocido en los espléndidos clippers. Cuando le llevé las camisas me dijo: "¿Y los calcetines? Seguramente necesitarán un repaso, y las cosas de John —el capitán Beard— ya están arregladas. Me encanta tener algo que hacer". Que Dios bendiga a aquella anciana mujer. Repasó toda mi ropa y entretanto yo leía por primera vez Sartor Resartus y Excursión a Khiva, de Burnaby. Del primero no entendí mucho; pero recuerdo que entonces me gustó más el soldado que el filósofo; preferencia que la vida me ha confirmado. El uno era un hombre; el otro, algo más, o algo menos. Sin embargo, ambos están muertos, y la señora Beard está muerta, y la juventud, la fuerza, el genio, los pensamientos, los triunfos, los corazones sencillos, todo muere… No importa.

"Por fin pudimos cargar. Trajimos una tripulación: ocho buenos marineros y dos grumetes. Una noche halamos hasta las boyas que estaban en las puertas del muelle, preparados para salir y con buenas perspectivas de comenzar el viaje al día siguiente. Una vez amarrado el buque, fuimos a tomar el té. Hablamos muy poco durante la colación: Mahon, el viejo matrimonio y yo. Terminé primero y me fui a fumar a mi camarote, que estaba sobre cubierta, en la popa.

Había pleamar y soplaba un viento fresco que traía ráfagas de llovizna; las dobles puertas del muelle estaban cubiertas y los vapores entraban y salían en la oscuridad, con sus luces bien encendidas, gran ruido de las hélices, entrechocar de los manubrios, griterío en los extremos de los malecones. Miraba la procesión de luces que brillaban altas y las verdes que brillaban bajas en la noche cuando, de repente, un destello rojo resplandeció ante mí, desapareció, volvió a aparecer y se quedó quieto. Vi muy cerca la proa de un vapor.

Grité desde el camarote: '¡A cubierta, rápido!', y luego escuché una voz asombrada que decía a lo lejos, en la oscuridad: '¡Párelo, señor!'.

Sonó una campana. Otra vez sonó, advirtiendo: '¡Vamos directos contra ese barco, señor!'. La respuesta fue un áspero '¡Está bien!', y lo que vino después fue un choque estrepitoso al golpear el vapor con su proa nuestro aparejo delantero.

Hubo un momento de confusión, gritos y carreras. Bramó el vapor. Luego se oyó a alguien que decía: 'Ya está, señor…'. '¿Están ustedes bien?', preguntó la voz áspera. Yo había saltado hacia adelante para ver el daño y contesté con fuerza: 'Creo que sí'. '¡Orza la popa!', dijo la voz áspera. Sonó la campana. '¿Qué vapor es ése?', gritó Mahon. Pero ya entonces para nosotros no era más que una sombra pesada que maniobraba a lo lejos. Respondieron gritando algún nombre, un nombre de mujer, Miranda, Melissa o algo por el estilo.

'Esto significa otro mes en este maldito agujero', me dijo Mahon mientras mirábamos a la luz de los faroles las amuradas astilladas y las brazas rotas. 'Pero ¿dónde está el capitán?'.

No lo habíamos visto ni oído en todo aquel tiempo. Corrimos hasta la popa a mirar. Se oyó una voz lastimera que procedía de algún lugar situado hacia la mitad del muelle: '¡Eh, Judea!'. ¿Cómo demonios había llegado hasta allí? '¡Hola!', gritamos. 'Estoy al garete en nuestro bote, sin remos', dijo.

Un barquero trasnochador ofreció sus servicios y Mahon llegó a un acuerdo con él para que, por media corona, remolcara al capitán hasta el barco; pero fue la señora Beard quien primero subió las escalas. Llevaban casi una hora flotando en el muelle bajo aquella fría llovizna. Nunca me había sentido más sorprendido en mi vida.

Parece ser que cuando el capitán oyó mi grito de '¡Todos a cubierta!' comprendió enseguida lo que había ocurrido, agarró a su esposa, subió a cubierta, la atravesó y bajó el bote que estaba amarrado a la escalera. Nada mal para un hombre de sesenta años. Imagínense a aquel viejo salvando heroicamente en sus brazos a su mujer, a la mujer de su vida. La sentó en uno de los banquillos e iba a volver a bordo cuando la amarra se soltó, no se sabe cómo, y se alejaron del barco. Naturalmente, en medio de la confusión no le oímos gritar. Parecía un tanto avergonzado.

Ella dijo alegremente: 'Me imagino que ya no importa si pierdo el tren ahora'.

'No, Jenny, vete abajo y caliéntate', gruñó el capitán. Y luego nos dijo: 'En mi opinión, un marino no debe estar con su esposa. Ahí estaba yo, fuera del barco. Bueno, esta vez no ha ocurrido nada serio. Vamos a ver lo que ha destrozado ese maldito vapor'.

No era mucho, pero nos retrasó tres semanas. Al final, como el capitán estaba ocupado con los agentes, acompañé a la señora Beard a la estación, le llevé la maleta y la acomodé en un vagón de tercera.

Bajó la ventanilla para decirme: 'Es usted un buen muchacho. Si ve usted a John —el capitán Beard— sin su bufanda por la noche, recuérdele de mi parte que tiene que llevar la garganta bien tapada'.

'Desde luego, señora Beard', respondí.

'Es usted un buen muchacho; me di cuenta de lo atento que es usted con John —con el capitán'.

El tren arrancó bruscamente; me quité la gorra para saludar a la anciana señora. Nunca más volví a verla… Páseme la botella.

"Zarpamos al día siguiente. Hacía tres meses que habíamos salido desde Londres para Bangkok. Esperábamos tardar quince días a lo sumo.

Estábamos en enero y hacía un tiempo magnífico: el magnífico tiempo soleado de invierno tiene más encanto que el de verano, porque nadie lo espera, es fresco y sabemos que va a durar poco. Es como un regalo, una merced, un inesperado golpe de suerte.

Duró todo el viaje por el mar del Norte y también por el Canal; y duró hasta que nos encontramos a unas trescientas millas al oeste de las Lizards; luego el viento viró al sudoeste y comenzó a soplar con más fuerza. En dos días se convirtió en un temporal. El Judea subía y bajaba en el Atlántico como una caja de velas. El vendaval sopló día tras día; soplaba con rencor, sin dar tregua, sin piedad, sin descanso. El mundo no era más que inmensidad de grandes olas espumosas que nos acometían, con un cielo tan bajo que se podía tocar con la mano y tan sucio como un techo ahumado. En el tormentoso espacio que nos rodeaba había tanta espuma volando como aire. Día tras día y noche tras noche, lo único que hubo en torno a nosotros fue el ulular del viento, el tumulto del mar, el ruido del agua barriendo la cubierta. No había descanso ni para el barco ni para nosotros.

El barco subía y bajaba, unas veces hundiéndose de popa y otras de proa, se balanceaba atrozmente de babor a estribor, crujía y teníamos que asirnos a cualquier cosa cuando estábamos en cubierta y sujetarnos a las tarimas cuando estábamos abajo, el cuerpo en tensión permanente y la mente llena de preocupación.

Una noche, Mahon me habló a través de la ventanita de mi camarote. Se abría justamente sobre mi cama, y yo estaba tumbado sin poder dormir, con las botas puestas, con la sensación de no haber dormido en años y de que no podría hacerlo aunque lo intentara. Dijo, muy agitado: '¿Tiene usted la sonda ahí, Marlow? No consigo que las bombas funcionen. Por Dios, que esto no es un juego de niños'.

Le di la sonda y me tumbé de nuevo, intentando pensar en otra cosa, pero solo pude pensar en las bombas. Cuando subí a cubierta seguían trabajando en ellas y me tocaba mi turno. A la luz de la linterna que habían subido a cubierta para examinar la sonda, vi los rostros cansados y serios de los hombres. Bombeamos las cuatro horas enteras. Bombeamos toda la noche, todo el día, toda la semana, turno tras turno. El barco seguía haciendo agua, que entraba en gran cantidad, no la suficiente para hundirnos en seguida, pero sí para matarnos con el trabajo de las bombas.

Y mientras bombeábamos, el barco se iba haciendo pedazos; las amuradas habían desaparecido, los puntales estaban arrancados, los ventiladores aplastados y la puerta de la cámara desquiciada. No había un solo lugar seco en todo el barco. Había goteras por todas partes. La chalupa se transformó, como si fuera cosa de magia, en un montón de madera sostenido por sus grapas. Yo mismo la había amarrado y estaba orgulloso de mi trabajo, que había resistido tanto tiempo la malicia del mar.

Y bombeábamos. Y el tiempo no nos daba tregua. El mar estaba blanco como una sábana de espuma, como un caldero de leche hirviendo; las nubes no se rasgaban por parte alguna —no se veía ni siquiera un agujero del tamaño de la mano de un hombre—, ni siquiera durante unos segundos. Para nosotros no había cielo, ni estrellas, ni sol, ni universo, nada más que unas nubes coléricas y un mar enfurecido.

Seguimos bombeando turno tras turno, luchando por nuestras vidas; y parecía que llevábamos meses, años, toda una eternidad, como si hubiéramos muerto y estuviéramos metidos en un infierno para marineros. Nos olvidamos del día de la semana, del nombre del mes, del año que era y hasta de si habíamos estado alguna vez en tierra. El viento había arrancado las velas, el barco flotaba de costado sin más protección que un toldo de lona, el océano pasaba continuamente por encima de él y nosotros nos sentíamos indiferentes a todo. Seguíamos haciendo girar los manubrios con mirada de idiotas. Tan pronto como subíamos a cubierta, ataba con una cuerda a los hombres, las bombas y el palo mayor, y dábamos vueltas y más vueltas sin cesar metidos en el agua hasta la cintura, hasta el cuello, por encima de la cabeza. Era todo uno. Nos olvidamos por completo de la sensación de estar secos.

Y en algún lugar dentro de mí había un pensamiento: '¡Por Júpiter! Es una aventura maravillosa, de esas cosas que se leen en los libros; y es mi primer viaje como segundo oficial, y tengo solo veinte años, y aquí estoy aguantando como cualquiera de estos hombres y haciéndolos trabajar'.

Estaba encantado. No hubiera cambiado aquella experiencia por nada en el mundo. Tuve momentos de exaltación. Cada vez que la vieja y desmantelada nave se elevaba con la bovedilla en alto, me parecía que lanzaba al aire, como un llamamiento, como un desafío, como un grito a las nubes inmisericordes, las palabras escritas en su propia proa: Judea, Londres. Obrar o morir.

¡Oh juventud! ¡Tu fuerza, tu fe, tu imaginación! Para mí el barco no era un cacharro que llevaba de carga un montón de carbón por el mundo, para mí era un experimento, un ensayo, la prueba de mi vida. Pienso en él con placer, con afecto, con pesar, como pensaría en un ser querido que se hubiera muerto. Nunca lo olvidaré… Páseme la botella.

Una noche, cuando estábamos bombeando atados al palo, como ya he explicado, ensordecidos por el viento y sin ánimos suficientes ni para tener ganas de morir, un furioso oleaje barrió la cubierta, bañándonos por completo.

Tan pronto como recuperé la respiración, grité, como si fuera mi obligación: '¡Aguanten, muchachos!', cuando de repente sentí chocar contra mi pantorrilla algo duro, que flotaba por la cubierta. Intenté cogerlo y no pude. Estaba tan oscuro que no podíamos vernos las caras a un pie de distancia: ya puede imaginárselo.

Después del golpe, el barco se mantuvo tranquilo durante un rato y la cosa aquella volvió a chocar contra mi pierna. Esta vez la agarré: era una cacerola.

Al principio, atontado por la fatiga y sin poder pensar en nada más que en las bombas, no logré comprender lo que tenía en la mano. Pero de repente me di cuenta y grité: 'Muchachos, la cámara alta ha desaparecido. Dejemos esto y vamos a buscar al cocinero'.

"En la cámara alta estaban la cocina, el camastro del cocinero y el alojamiento de la tripulación. Como desde hacía días esperábamos verla desaparecer, la tripulación había recibido órdenes de dormir en la cámara baja, el único lugar seguro de todo el barco. Sin embargo, Abraham, el camarero, se empeñó en quedarse en su camastro, terco como una mula, supongo que simplemente debido al puro miedo, como un animal que se niega a salir de un establo que se hunde durante un terremoto. Así que nos fuimos a buscarlo. Era jugar con la muerte, puesto que al no estar atados nos exponíamos tanto como si estuviéramos a bordo de una balsa. Pero fuimos. La cámara alta estaba destrozada, como si dentro de ella hubiera explotado una bomba. En su mayor parte había desaparecido: la estufa, los camastros de los hombres y sus pertenencias se habían esfumado, pero dos postes que sostenían una parte del mamparo, donde se apoyaba la tarima de Abraham, continuaban allí como si se hubiera producido un milagro. Buscamos a tientas entre los restos y allí estaba Abraham, sentado en su camastro, rodeado de espuma y de desechos, parloteando alegremente consigo mismo. Se había vuelto loco; completamente loco y para siempre, porque, agotada su resistencia, no había podido aguantar una sacudida tan brusca. Lo cogimos, lo arrastramos hasta la proa y lo lanzamos de cabeza por la escalera que llevaba a los camarotes. Tengan en cuenta que no había tiempo de llevarlo con infinitas precauciones y esperar a ver cómo estaba. Teníamos prisa por volver a las bombas. Ese asunto sí que no podía esperar. Un barco que hace agua es algo inhumano.

Se podría pensar que el único objeto de aquel maldito temporal había sido volver loco a aquel pobre diablo de mulato. Empezó a calmarse antes de la mañana, y al día siguiente el cielo se despejó, y a medida que el mar se calmaba, el barco dejó de hacer agua. Cuando llegó el momento de poner otro juego de velas, la tripulación exigió volver a tierra, y realmente no se podía hacer otra cosa. Los botes habían desaparecido, la cubierta estaba arrasada, el camarote destrozado, los hombres no tenían más ropa que la que llevaban encima, las provisiones estaban en mal estado y el barco había llegado al agotamiento. Pusimos proa a casa y —¿quieren ustedes creerlo?— el viento empezó a soplar del este, frente a nosotros. Soplaba fresco y sin parar. Tuvimos que conquistar el camino pulgada por pulgada, pero el barco ya no hacía agua porque el mar se mantenía relativamente tranquilo. No es ninguna broma bombear dos horas de cada cuatro, pero lo conseguimos mantener a flote hasta Falmouth.

Las buenas gentes de allí viven de los desastres marítimos y sin duda se alegraron de vernos. Un hambriento tropel de carpinteros de ribera comenzó a afilar sus escoplos al ver aquel esqueleto de barco. Y, por Júpiter, que sacaron buenas ganancias. Creo que el dueño ya tenía problemas económicos. Hubo retrasos. Por fin se decidió desembarcar parte del cargamento y calafatear el barco. Hecho esto, concluidas las reparaciones, vuelto a embarcar el cargamento, una nueva tripulación llegó a bordo y zarpamos para Bangkok. Al final de la semana habíamos vuelto de nuevo. La tripulación dijo que no iba a Bangkok —un viaje de ciento cincuenta días— en un casco viejo que necesitaba ser bombeado ocho horas de cada veinticuatro; y los periódicos náuticos volvieron a publicar el pequeño anuncio: 'Judea, bergantín. Tyne a Bangkok; carbón; arribado a Falmouth haciendo agua y cuya tripulación se niega a seguir'.

Hubo más retrasos, más remiendos. El dueño vino un día y declaró que el barco estaba tan sano como una manzana. Las preocupaciones y las humillaciones habían convertido al pobre capitán Beard en una especie de fantasma del capitán del Geordie. Recuerden que tenía sesenta años y era su primer mando. Mahon decía que aquel viaje era una locura y que terminaría malamente. Yo quería al barco con todo mi corazón y deseaba más que nunca llegar a Bangkok. ¡A Bangkok! Nombre mágico, nombre sagrado. Ni siquiera Mesopotamia se le podía comparar. Tengan en cuenta que yo tenía veinte años, era mi primer destino como segundo oficial, y me esperaba el Oriente.

Salimos y echamos el ancla en la rada de afuera con una nueva tripulación, la tercera. El barco hacía más agua que nunca. Parecía como si aquellos malditos carpinteros hubieran hecho en verdad un agujero. Esta vez ni siquiera llegamos hasta el mar abierto. Sencillamente, la tripulación se negó a manejar el cabrestante.

Nos remolcaron nuevamente hasta el puerto interior, donde nos convertimos en algo típico, un elemento característico, una institución del lugar. La gente nos mostraba a los visitantes diciendo: 'Ahí está el bergantín que va a Bangkok, lleva seis meses aquí y ha vuelto a puerto tres veces'. En los días de fiesta, los niños que jugaban entre los barcos nos saludaban con un '¡Hola, Judea!' y, si alguna cabeza aparecía por encima de la barandilla, gritaban: '¿A dónde van, a Bangkok?', y se burlaban. Estábamos solamente tres personas a bordo: el pobre viejo capitán, ensimismado en su camarote; Mahon, que se encargaba de la cocina e inesperadamente demostró el talento de un francés para preparar buenos ranchos; y yo, que me ocupaba, con muy pocas ganas, del aparejo. Nos convertimos en ciudadanos de Falmouth. Todos los tenderos nos conocían. En la barbería y en el estanco nos preguntaban con familiaridad: '¿Creen ustedes que alguna vez llegarán a Bangkok?'. Entre tanto, el armador, los aseguradores y los fletadores discutían en Londres y nosotros seguíamos cobrando… Páseme la botella.

Era una situación horrible. Moralmente era mucho peor que bombear toda la vida. Parecía como si el mundo nos hubiera olvidado, como si no dependiéramos de nadie, como si no fuéramos a llegar nunca a ningún sitio; como si, por un hechizo, tuviéramos que vivir siempre en aquel puerto interior, objeto de burla y de escarnio por parte de generaciones de vagos de los muelles y de barqueros sinvergüenzas. Conseguí que me dieran tres pagas y un permiso de cinco días, y me fui a toda prisa a Londres. Tardé un día en llegar y casi otro en volver, pero de todos modos voló la paga de tres meses. No sé qué hice con ella. Creo que fui a un music-hall, desayuné, almorcé y cené en un lugar elegante de Regent Street y volví a los cinco días, sin otra cosa que una colección de las Obras completas de Byron y una manta de viaje nueva, que era cuanto me quedaba de la paga de tres meses. El barquero que me llevó hasta el barco me dijo: '¡Hola! Creí que se había ido para siempre de ese viejo cacharro. No llegará nunca a Bangkok'. 'Eso lo dice usted', respondí desdeñosamente —pero aquella profecía no me gustó en absoluto.

De pronto un hombre, una especie de agente de alguien, apareció con plenos poderes. Tenía la cara rojiza de los bebedores, una energía indomable y además era muy simpático. Con él volvimos otra vez a la vida. Una gabarra se acercó al costado del barco, recibió nuestro cargamento y nos llevaron al dique seco, para quitar el cobre. No era sorprendente que hiciera agua. El pobre barco, extenuado por el temporal, había escupido, como si estuviera disgustado, toda la estopa de sus costuras bajas. Lo calafatearon, lo recubrieron nuevamente de cobre y lo impermeabilizaron como una botella. Volvimos a acercarnos a la gabarra y recogimos la carga.

"Entonces, una hermosa noche de luna llena, todas las ratas abandonaron el barco.

"Nos habían infestado. Habían destrozado nuestras velas, consumido más víveres que la tripulación, compartido amablemente nuestras camas y nuestros peligros, y ahora, cuando el barco estaba seguro, decidieron largarse. Llamé a Mahon para que disfrutara del espectáculo. Rata tras rata fueron apareciendo por encima de la batayola, se volvían para echar un último vistazo y saltaban con un golpe seco a la vacía gabarra. Intentamos contarlas, pero pronto perdimos la cuenta. Mahon dijo: '¡Bueno, bueno!, que no me hablen de la inteligencia de las ratas. Debían de haberse marchado antes, cuando estuvimos a punto de hundirnos. Ahí tiene la prueba de lo tonta que es esa superstición. Dejan un buen barco por una vieja y podrida gabarra donde no hay nada para comer, ¡qué tontas!… No me parece que sepan más que usted y yo lo que es bueno y seguro para ellas'.

"Después de seguir charlando un rato decidimos que la sabiduría de las ratas había sido muy exagerada, pero que en realidad no era mayor que la de los hombres.

"Todo el mundo conocía la historia del barco en el Canal, desde Land's End hasta Foreland, y era imposible conseguir una tripulación en la costa sur. Tuvieron que enviarnos una tripulación entera desde Liverpool y zarpamos una vez más para Bangkok.

"Tuvimos vientos favorables y aguas tranquilas hasta en los trópicos, y el viejo Judea avanzaba pesadamente bajo la luz solar. Cuando navegaba a ocho nudos crujía a arboladura entera y nos sujetábamos cuidadosamente las gorras; pero lo normal era que anduviera a unas tres millas por hora. ¿Qué podíamos esperar? Aquel viejo barco estaba cansado. Su juventud estaba donde está la mía, donde está la de ustedes, compañeros que escuchan esta historia; ¿y qué amigo les echaría en cara sus años y su cansancio? No nos enfadábamos con él. A los de popa, al menos, nos parecía como si hubiéramos nacido y nos hubiéramos criado en el barco, viviendo en él durante años sin conocer ningún otro. Habría sido para mí como insultar a la vieja iglesia de la aldea donde nací por no ser una catedral.

"Y en mi caso, mi juventud me hacía ser más paciente. Tenía todo el Oriente ante mí y la vida entera, y la idea de que había sufrido una prueba en aquel barco y que había salido bastante bien parado de ella. Y pensé en los hombres del pasado, los que siglos antes navegaran por aquella ruta en barcos que no eran mejores, hasta la tierra de las palmas, las especias y las arenas amarillas, y en naciones de gentes bronceadas gobernadas por reyes más crueles que Nerón de Roma y más espléndidos que Salomón el Judío. El viejo barco seguía su camino lentamente, agobiado por la edad y el peso de su cargamento, mientras que yo vivía la vida de la juventud con su ignorancia y sus esperanzas. Avanzaba pesadamente a través de una interminable procesión de días; y las letras recién doradas, que reflejaban los rayos de sol del poniente, parecían gritar por encima del mar que se iba oscureciendo las palabras pintadas en su popa: 'Judea, Londres. Obrar o morir'.

"Entramos luego en el océano Índico y nos dirigimos, rumbo norte, hacia Java. Los vientos eran ligeros. Las semanas iban pasando. El barco navegaba lentamente, obrar o morir, y la gente en nuestra tierra empezó a pensar en nosotros como si nos hubiéramos perdido.

"Una tarde de sábado, cuando estaba fuera de servicio, los hombres me pidieron uno o dos cubos de agua para lavar la ropa. Como ya era tarde, no quise desatornillar la bomba de agua potable, por lo que fui hasta la proa silbando y con una llave en la mano para abrir las escotillas de la cala, con la intención de sacar el agua de un tanque de reserva que allí teníamos.

"El olor que vino de abajo fue tan inesperado como espantoso. Se podría pensar que cientos de lámparas de parafina habían estado ardiendo y echando humo en aquella bodega durante días. Me alegré de poder alejarme. El marinero que venía conmigo tosió y dijo: '¡Qué olor más raro, señor!'. Contesté despreocupadamente: 'Dicen que es muy bueno para la salud', y me fui hacia la popa.

"Lo primero que hice fue meter la cabeza por el ventilador del medio del barco. Cuando quité la tapa, un vaho visible, una especie de delgada neblina, una bocanada de débil humo salió de la abertura. El aire que subía era caliente, y tenía un olor pesado a carbón y parafina. Husmeé y bajé con cuidado la tapa. No tenía ganas de asfixiarme. La carga estaba ardiendo.

"Al día siguiente empezó a echar humo en serio. Comprenderán ustedes que era de esperar, pues aunque aquel carbón era de una clase segura, la carga había sido movida tantas veces de un lado para otro que se había roto y parecía más carbón menudo de fragua que otra cosa. Además, se había mojado más de una vez. Cuando lo recogimos de la gabarra había estado lloviendo, y ahora, con el largo viaje, se había calentado, por lo que se había producido otro caso de combustión espontánea.

"El capitán nos llamó a la cámara. Tenía un mapa extendido sobre la mesa y parecía hundido. Nos dijo: 'La costa de Australia Occidental está cerca, pero mi intención es seguir hasta nuestro destino. También es el mes de los huracanes, pero vamos a poner proa a Bangkok y luchar contra el fuego. No podemos dar marcha atrás aunque nos asemos todos. Primero vamos a intentar ahogar esa maldita combustión mediante la falta de aire'.

"Lo intentamos. Cerramos todo, pero el humo seguía saliendo. El humo salía por cualquier mínima grieta; se abría camino a través de los mamparos; fluía aquí y allá por todos los lugares en delgados hilos, en una película invisible, de manera incomprensible. Pudo llegar hasta la cámara, en el castillo de proa; envenenó los lugares abrigados de la cubierta, se podía oler hasta en lo alto de la verga mayor. Lo que estaba claro es que si el humo salía, el aire entraba. Era descorazonador. La combustión se negaba a dejarse sofocar.

"Decidimos intentarlo con agua, y luego abrimos las escotillas. Enormes cantidades de humo, blanquecino, amarillento, espeso, grasiento, brumoso, asfixiante, subieron hasta lo más alto de la galleta del mástil. Toda la tripulación se retiró a la popa. La nube venenosa se disipó y volvimos a trabajar dentro de un humo que era ahora no más espeso que el habitual de la chimenea de una fábrica.

"Aparejamos la bomba impulsora, ajustamos la manga y al poco tiempo estalló. Bueno, era tan vieja como el barco, una manga prehistórica e imposible de reparar. Luego bombeamos con una débil bomba aspirante, echamos agua con cubos, y de esta manera logramos, con el tiempo, llenar una buena parte de la escotilla mayor con el océano Índico. El brillante chorro resplandecía a los rayos de sol, caía dentro de una capa de humo blanco y serpenteante y desaparecía sobre la negra superficie del carbón. El vapor ascendente se mezclaba con el humo. Vertíamos agua salada como si lo hiciéramos en un barril sin fondo. Nuestro destino era bombear en aquel barco, sacar agua bombeando, echar agua bombeando; después de haber sacado agua del barco para salvarnos de morir ahogados, ahora vertíamos frenéticamente agua en su interior para salvarnos de morir quemados.

"Y mientras tanto el barco avanzaba, obrar o morir, con un tiempo sereno. El cielo era un milagro de pureza, un milagro de azul celeste. El mar parecía pulido, azul, diáfano, resplandeciente como una piedra preciosa, extendiéndose por todos los lados hasta el horizonte, como si toda la esfera terrestre fuera una joya, un zafiro colosal, una sola gema tallada en forma de planeta. Y sobre el lustre de las aguas tranquilas el Judea se deslizaba imperceptiblemente, envuelto en lánguidos y sucios vapores, en una perezosa nube que flotaba a sotavento, ligera y lenta; una nube pestífera que mancillaba el esplendor del mar y del cielo.

"Por supuesto, durante todo ese tiempo no vimos ningún incendio. El cargamento se consumía en alguna parte del fondo. Una vez Mahon me dijo con una extraña sonrisa, mientras trabajábamos el uno al lado del otro: 'Si al menos hiciera un poco de agua, como aquella vez cuando salíamos del Canal, acabaría con este fuego. ¿No es cierto?'. Comenté de modo irreverente: '¿No se acuerda usted de las ratas?'.

"Luchamos contra el fuego y navegamos con tanto cuidado como si nada hubiera ocurrido. El camarero cocinaba y nos servía. De los doce hombres restantes, ocho trabajaban mientras que cuatro descansaban. Cada cual tenía su turno, incluido el capitán. Había igualdad, y si no exactamente fraternidad, sí al menos buena voluntad. Algunas veces un marinero, cuando arrojaba un cubo de agua por las escotillas, gritaba: '¡Hurra por Bangkok!', y los demás se reían. Pero, por lo general, estábamos taciturnos y serios —y teníamos sed—. ¡Oh! ¡Cuánta sed! Teníamos que tener mucho cuidado con el agua. Raciones estrictas. El barco echaba humo, el sol ardía… Páseme la botella.

"Lo intentamos todo. Incluso intentamos cavar hasta llegar al fuego. No dio resultado, por supuesto. Nadie podía permanecer más de un minuto allá abajo. Mahon, que bajó el primero, se desmayó, y al hombre que fue a sacarlo le pasó lo mismo. Los sacamos a rastras hasta la cubierta. Luego bajé de un salto para demostrar cuán fácilmente podía hacerse. Pero los otros, que habían escarmentado en cabeza ajena, se limitaron a pescarme con un garfio atado a una escoba, según creo. No me ofrecí para bajar de nuevo a recoger mi pala, que había dejado allá abajo.

"Las cosas comenzaron a tomar mal cariz. Botamos la chalupa al agua. El segundo bote estaba preparado para jinglar. Disponíamos también de otro de catorce pies que estaba en el pescante de la popa, un lugar bastante seguro.

"Y entonces, miren ustedes, el humo disminuyó de pronto. Redoblamos nuestros esfuerzos para inundar el fondo del barco. En dos días se acabó el humo por completo. Todo el mundo sonreía. Esto ocurrió un viernes. El sábado no hubo trabajo, salvo, por supuesto, seguir navegando. Los hombres se lavaron la ropa y la cara por primera vez en quince días, y recibieron una comida especial. Hablaron con desprecio de la combustión espontánea y daban a entender que ellos eran capaces de apagar cualquier combustión. En cierto modo, nos sentíamos como si cada uno de nosotros hubiera heredado una gran fortuna. Pero un infernal olor a quemado impregnaba todo el barco. El capitán Beard tenía los ojos hundidos y las mejillas chupadas. Nunca hasta entonces me había fijado cuán torcido y encorvado era. Él y Mahon andaban husmeando precavidamente por ventiladores y escotillas. Me di cuenta de pronto de que el pobre Mahon era un hombre muy, muy viejo. En cuanto a mí, me sentía feliz y orgulloso como si hubiera contribuido a ganar una gran batalla naval. ¡Oh, juventud!

"La noche era hermosa. Por la mañana, un barco que volvía a la patria pasó ante nosotros, muy distante —era el primero que veíamos en meses—; pero por fin nos acercábamos a tierra, ya que la isla de Java estaba a unas 190 millas y casi en dirección norte. Al día siguiente me tocaba guardia en la cubierta de ocho a doce. A la hora del desayuno, el capitán comentó: 'Es asombroso cómo se siente ese maldito olor en la cámara'. Alrededor de las diez de la mañana, como el primer piloto estaba en la popa, bajé un momento a la cubierta mayor. El banco del carpintero estaba detrás del palo mayor; me apoyé en el banco chupando mi pipa y el carpintero, un muchacho joven, vino a hablar conmigo: 'Creo que lo hemos hecho bien, ¿no le parece?', y luego me di cuenta, molesto, de que el muy tonto trataba de inclinar el banco. Le dije secamente: 'No lo haga, Chips', e inmediatamente tuve conciencia de una rara sensación, de una absurda ilusión: de algún modo me pareció que flotaba en el aire. Escuché en torno mío una especie de respiración reprimida que por fin quedaba libre —como si mil gigantes hubieran hecho al mismo tiempo ¡puf!— y sentí un golpe seco que de pronto me produjo dolor en las costillas. No había duda: estaba en el aire y mi cuerpo describía una corta parábola. Pero por corta que fuera me dio tiempo para pensar en varias cosas que, si no me falla la memoria, surgieron en el siguiente orden: '¿Qué es?', 'Algún accidente', '¿Un volcán submarino?', '¡Carbón, gas!', '¡Por Júpiter, hemos volado!', 'Todo el mundo está muerto, me estoy cayendo por la escotilla de popa, veo el fuego dentro'.

"El polvo de carbón suspendido en el aire de la bodega produjo un rojizo resplandor en el momento de la explosión. En un abrir y cerrar de ojos, en una fracción infinitesimal de segundo desde la primera inclinación del banco, me vi tendido cuan largo era sobre la carga. Me levanté y salí corriendo. Fue tan rápido como un rebote. La cubierta era una selva de madera destrozada, como los árboles en un bosque después de un huracán; una inmensa cortina de trapos sucios se movía suavemente por delante de mí: era la vela mayor hecha trizas. Pensé: 'Los mástiles caerán en seguida'; y para escaparme salí a gatas hacia la escalera de popa. La primera persona a la que vi fue Mahon, con los ojos como platos, la boca abierta y todo su largo pelo blanco erizado en torno a su cabeza como un halo de plata. Estaba a punto de bajar cuando la visión de la cubierta principal moviéndose, levantándose y haciéndose pedazos ante sus ojos, lo petrificó en lo alto de la escalera. Lo miré sin poder creerlo y él me miró a mí con una rara curiosidad asombrada. Yo no sabía que no tenía pelo, ni cejas, ni pestañas y que mi joven bigote estaba quemado, que mi rostro estaba negro, que tenía una mejilla herida, la nariz cortada y la barbilla sangrando. Había perdido mi gorra, una de mis babuchas y mi camisa estaba hecha trizas. No me había dado cuenta de nada de eso. Estaba asombrado de que el barco siguiera a flote, que la cubierta de popa estuviera entera y, sobre todo, de que hubiera gente viva todavía. También vi que la paz del cielo y la serenidad del mar resultaban totalmente sorprendentes. Supongo que esperaba verlos convulsionados por el horror… Páseme la botella.

"Una voz llamaba al barco desde alguna parte; desde el aire, desde el cielo, no lo sabía. En seguida vi al capitán, que estaba enloquecido. Me preguntó ansiosamente: '¿Dónde está la mesa de la cámara?', y al oír semejante pregunta me sentí muy asustado. Compréndanlo ustedes, acababa de volar por los aires y vibraba con la experiencia: no estaba aún muy seguro de estar vivo. Mahon empezó a patear el piso con ambos pies y gritó: '¡Por Dios! ¿No ve usted que ha volado la cubierta?'. Recuperé la voz. Tartamudeé como si fuera consciente de alguna grave negligencia en el cumplimiento de mi deber:

"—No sé dónde está la mesa de la cámara. —Era como un sueño absurdo.

"¿Saben lo que quería después? Bien, quería orientar las vergas. Muy tranquilamente, como si estuviera perdido en sus pensamientos, insistió en poner en cruz las vergas del trinquete. 'No sé si queda alguien vivo' —dijo Mahon casi llorando. 'Seguro', respondió el capitán, 'que habrán quedado suficientes para cruzar las velas del trinquete'.

"El viejo, según parece, estaba en su camarote dando cuerda a los cronómetros cuando la sacudida lo tiró por el suelo. Inmediatamente se le ocurrió —según contó después— que el barco había chocado contra algo y salió corriendo hacia la cámara. Vio que la mesa de la cámara había desaparecido. Como la cubierta había volado, la mesa había caído dentro del pañol, por supuesto. Donde habíamos desayunado aquella mañana, vio solo un gran agujero en el suelo. Esto le pareció tan terriblemente misterioso y le impresionó tanto, que lo que vio y escuchó después de salir a cubierta le pareció en comparación insignificante. Y, fíjense, se dio cuenta en seguida de que la rueda del timón estaba abandonada y que su barco marchaba a la deriva, y su único pensamiento fue que aquel cascarón de barco miserable, desmantelado, sin cubierta y humeante, siguiera poniendo proa a su puerto de destino: ¡Bangkok! Ése era su empeño. Les digo a ustedes que aquel hombrecillo tranquilo, encorvado, patizambo, casi deformado, era grandioso por la fijeza de su idea y por su serena ignorancia de nuestra agitación. Nos hizo avanzar hacia proa con gesto imperativo y luego fue a hacerse cargo él mismo de la rueda del timón.

"Sí; ésa fue la primera cosa que hicimos: ¡orientar las vergas de aquel desecho! Nadie había muerto ni quedado inválido, pero casi todo el mundo estaba más o menos herido. ¡Debían ustedes haberlos visto! Algunos vestían harapos, con los rostros ennegrecidos como carboneros y deshollinadores, con las cabezas que parecían casi rapadas al cero, pero que en realidad estaban chamuscadas hasta la piel. Otros, que descansaban de la guardia, se despertaron al ser lanzados al aire desde sus literas, tiritaban sin parar y siguieron gimiendo incluso mientras trabajábamos. Pero todos trabajaron. Aquella tripulación de Liverpool, formada por gente difícil, tenía aguante. Mi experiencia es que siempre lo ha tenido. Es el mar quien lo da: la inmensidad, la soledad que rodea sus oscuros, imposibles espíritus. ¡Ah! ¡Bien! Tropezamos, gateamos, nos caímos, despellejamos nuestras canillas entre los destrozos, arrastramos cosas. Los palos se sostenían, pero no sabíamos hasta qué punto podían estar carbonizados allá abajo. El mar estaba casi calmo, pero de occidente venía una larga marejada y lo ondulaba. Los palos podían caer en cualquier momento. Los mirábamos con aprensión. Nadie podía predecir en qué dirección caerían.

"Después nos retiramos a popa y lo miramos todo. La cubierta era una maraña de tablones de canto, de tablones de punta, de astillas y de madera destrozada. Los mástiles surgían de aquel caos como grandes árboles por encima de una maleza muy densa. Los intersticios de aquella masa de destrozos estaban llenos de algo blancuzco, viscoso, movedizo:

parecía una niebla grasienta. El humo de un fuego invisible subía de nuevo, se expandía como una densa y venenosa bruma de algún valle cubierto de madera muerta. Algunas llamitas empezaron a subir en espiral entre la masa de astillas. Aquí y allá había trozos de madera, de pie, que parecían postes. La mitad de la bañera había salido despedida a través del trinquete y el cielo mostraba un trozo de glorioso azul a través de la innoblemente sucia lona. Una porción de varios tablones, todavía unidos, había caído por encima de las batayolas y uno de los extremos sobresalía del bordo, como un pasamanos que llevara a la nada, como un pasamanos tendido sobre el mar profundo, que invitaba a dar un paseo por la plancha y acabar con nuestros ridículos problemas. Y todavía el aire, el cielo, un fantasma, algo invisible, seguía llamando al barco.

"Alguien tuvo el sentido común de mirar hacia abajo, hacia el mar, y allí, ansioso por volver, estaba el timonel que, impulsivamente, había saltado al agua. Gritó y nadó vigorosamente como un tritón, siguiendo la marcha del barco. Le lanzamos un cable y pronto se encontró entre nosotros, chorreando agua y agotado. El capitán había cedido la rueda del timón y, apartado de nosotros, de codos en la banda y la mano en la barbilla, miraba pensativo al mar. Nos decíamos: '¿Qué pasará ahora?'. Pensé: 'Esto es maravilloso, esto es grandioso. Me pregunto qué va a suceder ahora'. ¡Oh, juventud!

"De pronto Mahon divisó un vapor muy lejos, hacia popa. El capitán Beard dijo: 'Tal vez podamos hacer algo con el barco todavía'. Izamos dos banderas, que dijeron en el lenguaje internacional del mar: 'Fuego a bordo. Necesitamos ayuda inmediata'. El vapor creció rápidamente y pronto nos contestó con dos banderas en el palo trinquete: 'Vamos en su auxilio'.

"En media hora estaba a nuestro lado, a barlovento, al habla y balanceándose ligeramente con sus máquinas paradas. Perdimos nuestra compostura y, excitados, gritamos todos a la vez: '¡Hemos tenido una explosión!'. Un hombre cubierto por un casco blanco gritó desde el puente del vapor: '¡Sí, está bien, está bien!'. Asintió con la cabeza y sonrió, haciendo movimientos de apaciguamiento con sus manos, como si fuéramos un grupo de niños asustados. Lanzaron uno de los botes al agua y vino hacia nosotros con sus largos remos. Cuatro remeros paleaban briosamente. Era la primera vez que veía marineros malayos. Después he tenido ocasión de conocerlos, pero lo que me impresionó entonces fue su indiferencia: atracaron a nuestro costado y ni siquiera el proel, que estaba en pie y enganchaba con un bichero nuestras cadenas, se dignó levantar la cabeza. Me parecía que una gente que había sido víctima de una explosión merecía más atención.

"Un hombrecillo, seco como una astilla y ágil como un mono, trepó a bordo. Era el piloto del vapor. Echó un vistazo y gritó: '¡Muchachos, lo mejor que pueden hacer es dejarlo!'.

"Permanecimos en silencio. El piloto habló aparte con el capitán durante un rato; parecía discutir con él. Luego los dos se fueron juntos al vapor.

"Cuando nuestro capitán volvió, nos enteramos de que el vapor era el Sommerville, mandado por el capitán Nash, que iba desde Australia Occidental hasta Singapur, vía Batavia; habían acordado que el vapor nos remolcaría hasta Anjer o Batavia, si era posible, donde podríamos apagar el fuego barrenando el barco, ¡y luego seguiríamos hasta Bangkok! El viejo parecía muy excitado. 'Todavía podemos conseguirlo', le dijo desafiante a Mahon. Agitó el puño hacia el cielo. Nadie más dijo una sola palabra.

"A mediodía el vapor empezó a remolcarnos. Avanzaba delante de nosotros, sutil y altivo, y lo que quedaba del Judea le seguía al final de un cable remolcador de sesenta brazas; le seguía con rapidez, como una nube de humo con las puntas de los mástiles sobresaliendo por encima de ella. Nos encaramamos para aferrar las velas. Tosíamos en las vergas y teníamos cuidado con los senos del velamen. ¿Pueden imaginarnos así, aferrando cuidadosamente las velas de aquel navío condenado a no llegar a ninguna parte? No había hombre que no pensara que en cualquier momento los mástiles podían venirse abajo. Desde arriba no podíamos ver el buque debido al humo y trabajábamos con esmero, pasándonos los tomadores ordenadamente. '¡Acurrullar las velas ahí arriba!', gritaba Mahon desde abajo.

"¿Lo entienden? No creo que ninguno de los hombres esperara bajar de manera normal. Cuando lo hicimos, los oí decirse unos a otros: 'Bueno, creí que bajaríamos cayendo al mar, todos en un montón, palos y lo demás, te lo juro'. 'Eso es lo que yo pensaba también', contestó otro, agotado, golpeado y vendado como un espantapájaros. Y tengan en cuenta que eran hombres que no habían sido educados en el hábito de la obediencia. Para un observador superficial podían parecer un grupo de pícaros sin remisión. ¿Qué los impulsó a hacerlo, qué los impulsó a obedecerme cuando yo, pensando que mis órdenes eran correctas, les hice deshacer dos veces el plegado de una vela para que intentaran hacerlo mejor? ¿Qué? No tenían reputación profesional: ni ejemplos, ni elogios. No fue su sentido del deber; todos sabían muy bien escurrir el bulto, vaguear y esquivar el trabajo cuando querían, y normalmente querían. ¿Eran las dos libras y diez peniques por mes las que los habían llevado al barco? Creían que su paga no era ni la mitad de lo que debía ser. No, era algo que había en ellos, algo innato, sutil, imperecedero. No diría de modo tajante que una tripulación de marineros franceses o alemanes no habría hecho lo mismo, pero sí dudo que lo hubieran hecho de la misma manera. Había integridad, algo tan sólido como un principio, y una maestría instintiva: la manifestación de algo secreto, de algo escondido, ese sentido del mal o del bien que produce una diferencia racial determinante, que modula el destino de las naciones.

"Fue aquella noche, a las diez, cuando, por primera vez desde que estábamos luchando con él, vimos el fuego. La velocidad del remolque había actuado como un abanico avivando la humeante ruina. Un fulgor azul apareció en la proa, brillando bajo los destrozos de la cubierta. Oscilaba de un lado a otro y parecía moverse y arrastrarse como la luz de una luciérnaga. Fui el primero en verlo y se lo dije a Mahon. 'Entonces todo está perdido', contestó. 'Tenemos que suspender en seguida el remolque o va a empezar a arder repentinamente a proa y a popa antes de que nos dé tiempo de escapar'. Empezamos a gritar, a tocar las campanas para llamar la atención de los del otro barco, pero siguieron remolcándonos. Por fin Mahon y yo tuvimos que gatear hacia proa y cortar el cabo con un hacha. No hubo tiempo de soltar las amarras. Se veían lenguas de fuego que lamían la selva de astillas que estaba bajo nuestros pies mientras intentábamos volver a popa.

"Por supuesto, en el vapor se dieron cuenta en seguida de que el cable había desaparecido. El vapor lanzó un silbido muy fuerte, sus luces barrieron un amplio círculo, se acercó hasta ponerse a nuestro lado y se detuvo. Estábamos todos apiñados en la popa mirando al barco. Cada hombre había salvado un hatillo o una bolsa. De pronto una llama cónica, trenzada en su cúspide, surgió en la proa y reflejó sobre el negro mar un círculo de luz, en cuyo centro flotaban suavemente los dos barcos, uno junto a otro. El capitán Beard había permanecido sentado en las jaretas, tranquilo y mudo durante horas, pero ahora se levantó lentamente y avanzó frente a nosotros, hasta la jarcia del mesana. El capitán Nash gritó: '¡Vengan enseguida! ¡No se detengan! Tengo los sacos de correo a bordo. Los llevaré a ustedes y a sus botes hasta Singapur'.

"—¡Gracias! ¡No! —dijo nuestro capitán—. Tenemos que ver el fin de nuestro barco.

"—No puedo esperar más —gritó el otro—. El correo —ya sabe usted.

"—¡Sí, sí! Estamos bien.

"—¡Muy bien! Informaré sobre ustedes en Singapur… ¡Adiós!

"Se despidió con la mano. Nuestros hombres dejaron caer sus bultos silenciosamente. El vapor se adelantó y, atravesando el círculo de luz, desapareció en seguida de nuestra vista, deslumbrada por el fuego que ardía ferozmente. Y entonces supe que iba a ver el Oriente por primera vez como capitán de un botecillo. Pensé que era estupendo; y que la fidelidad al viejo barco era también estupenda. Que íbamos a ver su final. ¡Oh, el encanto de la juventud! ¡Su fuego era más deslumbrante que las llamas del barco que ardía, que lanzaban su luz mágica sobre la ancha tierra saltando audazmente hacia el cielo, que el tiempo, más cruel, más amargo, más despiadado que el mar, terminaría por apagar… y al igual que el barco en llamas, estaba rodeado por una noche impenetrable!

"El viejo nos advirtió, con su estilo cortés e inflexible, que era deber nuestro salvar para los aseguradores la mayor cantidad posible de aparejos del barco. En consecuencia, fuimos a trabajar a popa, mientras que la proa ardía, iluminándonos. Sacamos una gran cantidad de trastos inútiles. ¿Qué fue lo que dejamos atrás? Un viejo barómetro fijado con una cantidad absurda de tornillos casi me costó la vida: una repentina ráfaga de humo me envolvió y me salvé por los pelos. Había víveres, rollos de lona, cuerdas; la popa parecía un bazar marino y los botes fueron cargados hasta las bordas. Parecía como si el viejo quisiera llevar consigo todo lo que pudiera de su primer mando. Estaba muy, muy tranquilo, pero evidentemente fuera de sus cabales. ¿Lo creerán ustedes? Quiso llevar consigo un trozo de calabrote viejo y un anclote de la chalupa. Le dijimos: 'Sí, señor; sí, señor', con deferencia, pero cuando no se dio cuenta dejamos caer todo aquello por la borda. También se fue por el mismo camino un pesado botiquín, dos bolsas de café verde, latas de pintura —¡imagínense, pinturas!—, un montón de cosas. Después recibí la orden de que, con dos hombres de la tripulación, entrara en los botes para estibar y prepararlos para el momento en que fuera necesario abandonar el barco.

"Pusimos todo en su lugar, plantamos el mástil de la chalupa para nuestro capitán, que iba a hacerse cargo de ella, y realmente me alegré de poder sentarme un momento. Sentía el rostro despellejado, me dolían todas las articulaciones como si estuvieran rotas, me dolían las costillas y hubiera jurado que me había torcido el espinazo. Los botes, amarrados a popa, yacían en una sombra profunda, y por todas partes se podía ver el círculo del mar iluminado por el fuego. Una llama gigantesca surgió recta y clara en la proa, resplandeciendo ferozmente, con ruidos como zumbidos de alas, con el estruendo de un trueno. Hubo crujidos, detonaciones y, desde el cono de la llama, las chispas volaron hacia arriba, porque el hombre ha nacido para tener problemas, para barcos que hacen agua y barcos que arden.

"Lo que me molestaba era que, con el barco yaciendo de costado a la marejada, con el poco viento que había —una ligera brisa—, los botes no se mantenían junto a la popa, donde estaban seguros, sino que se empeñaban, con esa terquedad propia de los botes, en pasar bajo la bovedilla y torcer hacia el costado. Chocaban alarmantemente y se acercaban a las llamas, mientras el barco se balanceaba y, por supuesto, seguía en pie el peligro de que los mástiles cayeran en cualquier momento. Yo y los dos marineros los manteníamos a raya de la mejor manera posible con remos y con bicheros, pero empezó a ser desesperante estar haciéndolo continuamente, puesto que ya no había razón para no abandonar de una vez el barco. No podíamos ver a los que estaban a bordo ni imaginar la causa del retraso. Los dos marineros juraban en voz baja y no solo tuve que hacer mi trabajo, sino esforzarme en que lo hicieran dos hombres que mostraban tendencia a abandonarse y dejar correr las cosas.

"Por fin grité: '¡Eh, los de cubierta!', y alguien se asomó por el costado. 'Ya estamos preparados', dije. La cabeza desapareció y muy pronto reapareció de nuevo: 'El capitán dice que está bien, señor, y que mantenga los botes bien alejados del barco'.

"Pasó media hora. Repentinamente se produjo un estrépito, traqueteos, rechinar de cadenas, silbidos de agua, y millones de chispas saltaron dentro de una temblorosa columna de humo que se elevaba ligeramente por encima del barco. Las serviolas se habían quemado y las dos anclas al rojo vivo se habían ido al fondo, arrastrando tras ellas doscientas brazas de cadenas también al rojo vivo. El barco tembló, la masa llameante se inclinó como si fuera a caer, y el mastelero de proa cayó de golpe. Se precipitó como si fuera una flecha de fuego, se sumergió e instantáneamente reapareció a una distancia de los botes no mayor que la longitud de un remo, flotando tranquilamente, muy negro sobre el luminoso mar. Grité de nuevo a los que estaban en cubierta. Después de algún tiempo, un hombre, en un tono inesperadamente alegre pero sofocado, como si intentara hablar con la boca cerrada, me informó: 'Vamos en seguida, señor', y desapareció. Durante largo tiempo no oí más que el zumbar y el rugir del fuego. Se oían también silbidos. Los botes saltaban, tiraban de las bozas, se abordaban juguetonamente unos a otros, chocaban de costado o, a pesar de que hacíamos lo que podíamos, se agolpaban contra el costado del buque. No pude aguantar más; trepé por una cuerda y salté a bordo por la popa.

"Había tanta claridad como si fuera de día. Al entrar en el barco de esa manera, el fuego que me dio en la cara me pareció una visión aterradora y al principio el calor me resultó insoportable. En un canapé almohadillado procedente de la cámara dormía el capitán Beard, con las piernas dobladas y un brazo bajo la cabeza, iluminado por las llamas. ¿Saben a qué se estaba dedicando el resto de la tripulación? Estaban sentados en la cubierta de popa alrededor de una caja abierta, comiendo pan y queso y bebiendo cerveza de malta.

"Con un fondo de llamas que se retorcían ferozmente sobre sus cabezas, parecían tan tranquilos como salamandras, y tenían el aspecto de una banda de piratas desesperados. El fuego se reflejaba en el blanco de sus ojos, en los trozos de piel blanca que se veían entre las camisas rotas. Todos tenían señales de la batalla: cabezas vendadas, brazos en cabestrillo, pedazos de trapo sucio rodeando sus rodillas, y cada cual tenía una botella entre las piernas y un trozo de queso en las manos. Mahon se incorporó. Con su hermosa y descuidada cabeza, su perfil aguileño, su larga barba blanca y una botella descorchada en la mano, parecía uno de aquellos audaces ladrones del mar de la antigüedad divirtiéndose entre la violencia y el desastre. 'La última comida a bordo', explicó solemnemente. 'No hemos comido en todo el día y no podemos dejar todo esto'. Blandió la botella y señaló al capitán dormido. 'Dijo que no podía tragar ni un bocado, así que lo convencí de que se tumbara', prosiguió mientras yo lo miraba. 'No sé si usted se ha dado cuenta, joven, pero este hombre casi no ha dormido en días, y en los botes maldita la ocasión que habrá para ello'. 'Muy pronto no habrá botes, si ustedes siguen haciendo tonterías durante mucho tiempo', dije indignado. Me dirigí al capitán y le sacudí los hombros. Por fin abrió los ojos, pero no se movió: 'Es el momento de irnos, señor', dije tranquilamente.

"Se levantó con esfuerzo, miró las llamas, el mar resplandeciente que rodeaba el barco y que estaba negro, negro como la tinta a más distancia; miró a las estrellas, que brillaban débilmente a través de un tenue velo de humo en un cielo negro como el Erebo. 'Los jóvenes primero', dijo.

"Y un marinero, limpiándose la boca con el revés de la mano, se levantó, saltó por encima del cornamento y desapareció. Los otros le siguieron. Uno, cuando iba a saltar, se detuvo un momento para apurar su botella y, con un gran impulso de su brazo, la lanzó al fuego gritando: '¡Toma esto!'.

"El capitán se demoró, desconsolado, y lo dejamos para que reflexionara un rato sobre su primer mando. Después subí de nuevo y, por último, lo saqué de allí. Ya era hora. El hierro de la popa estaba al rojo.

"Luego cortamos la boza de la chalupa y tres botes, trincados entre sí, se alejaron del buque. Lo abandonamos exactamente dieciséis horas después de la explosión. Mahon se había hecho cargo del segundo bote y yo del pequeño, que tenía catorce pies. En la chalupa hubiéramos cabido todos, pero el capitán dijo que teníamos que salvar la mayor cantidad de propiedades que fuera posible para los aseguradores, y de esa manera conseguí yo mi primer mando. Llevaba dos hombres conmigo, una caja de galletas, unas cuantas latas de carne y un barrilito de agua. Recibí la orden de mantenerme lo más cerca posible de la chalupa para que, en caso de mal tiempo, pudiéramos trasladarnos a ella.

"¿Y saben ustedes en qué pensé? Pensaba en separarme de los demás tan pronto como pudiera. Quería que mi primer mando fuera para mí solo. No quería navegar en escuadra si tenía la oportunidad de hacerlo de manera independiente. Llegaría a tierra yo solo. Y llegaría antes que los otros botes. ¡Juventud! ¡Juventud! La loca, encantadora y hermosa juventud.

"Pero no nos pusimos en marcha enseguida. Debíamos ver el fin del barco. Así que los botes flotaron toda aquella noche, siguiendo el movimiento de las olas. Los hombres dormitaban, se despertaban, suspiraban y gruñían. Yo contemplaba el barco en llamas.

"Entre la oscuridad de la tierra y del cielo, el barco ardía ferozmente sobre un disco de mar púrpura formado por los destellos rojos de las llamas; sobre un disco de agua resplandeciente y siniestro. Una llama alta y bien visible, una inmensa y solitaria llama, ascendía del océano y en su cúspide el humo salía continuamente hacia el cielo. Ardía con furia; lúgubre e impresionante como una pira funeraria encendida en la noche, rodeada por el mar, vigilada por las estrellas. Al viejo barco le había llegado una muerte magnífica al final de sus laboriosos días, como una gracia, como un regalo, como una recompensa. La rendición de su agotado espíritu a la custodia de las estrellas y el mar era tan conmovedora como la visión de un glorioso triunfo. Los mástiles se vinieron abajo antes del amanecer, y durante un momento hubo un estallido y un remolino de chispas que parecía llenar de fuego volador la tranquila y vigilante noche, la vasta noche que yacía silenciosamente sobre el mar. Al amanecer quedaba solo un cascarón carbonizado, flotando quietamente bajo una nube de humo, y que llevaba aún una incandescente masa de carbón en su interior.

"Luego sacamos los remos, y los botes, formando una línea, se movieron en torno a sus restos como si fueran en procesión, con la chalupa en cabeza. Al cruzar por delante de la popa, un fino dardo de fuego salió disparado malignamente hacia nosotros, y de pronto el barco se hundió, primero la proa, con un gran silbido de vapor. Lo que quedaba de la popa fue lo último que se hundió, pero la pintura había desaparecido, se había resquebrajado, desprendido, y ya no estaban las letras, no había ninguna palabra, ningún lema tenaz como su alma, para lucir al sol naciente su credo y su nombre.

"Pusimos proa al norte. Se levantó una brisa y alrededor del mediodía todos los botes se juntaron por última vez. No tenía ni mástil ni vela en el mío, pero improvisé uno con un remo de reserva e icé un toldo como vela con un bichero como verga. Ciertamente era demasiada arboladura, pero tuve la satisfacción de saber que, con el viento de popa, podía adelantar a los otros dos. Tuve que esperarlos. Después echamos un vistazo a la carta del capitán y, luego de una sociable comida de pan y agua, recibimos nuestras últimas instrucciones. Eran sencillas: seguir rumbo norte y mantenernos juntos todo lo que fuera posible. 'Tenga cuidado con el aparejo, Marlow', dijo el capitán; y Mahon, cuando adelanté orgullosamente a su bote, arrugó su curvada nariz y gritó: 'Joven, navegará usted muy pronto bajo el agua con esa embarcación si no tiene cuidado'. Era un viejo malicioso: ¡que el profundo mar donde ahora duerme lo meza suavemente, que lo meza tiernamente hasta el final de los tiempos!

"Antes de que se pusiera el sol, un fuerte chubasco cayó sobre los dos botes, que estaban bastante lejos a popa, y ésa fue la última vez que los vi durante un tiempo. Al día siguiente, sentado, dirigía mi barquito —mi primer mando— sin nada más que agua y cielo a mi alrededor. Por la tarde vi a lo lejos las altas velas de un barco, pero no dije nada y mis hombres no lo vieron. Es que yo temía que el barco navegara hacia la patria y no quería volver otra vez cuando había llegado a las puertas del Oriente. Navegaba hacia Java: otro nombre bendito, como Bangkok. Y seguí durante muchos días.

"No necesito contar lo que es ir trasteando en un bote abierto. Me acuerdo de las noches y los días de calma, cuando remábamos y el bote parecía mantenerse quieto, como si estuviera hechizado dentro del círculo del horizonte marino. Me acuerdo del calor, del diluvio de chubascos que nos obligaba a achicar para salvar la vida (pero que llenaba nuestro barril de agua), y me acuerdo de dieciséis horas seguidas con la boca tan seca como la ceniza y un remo haciendo de timón a popa para mantener a mi primer mando en su rumbo en un mar turbulento. Hasta entonces no supe lo que era capaz de hacer. Me acuerdo de los rostros ojerosos, de las abatidas figuras de mis dos hombres, y me acuerdo de mi juventud y del sentimiento que jamás volveré a tener: el sentimiento de que podía resistir para siempre, sobrevivir al mar, a la tierra y a todos los hombres; ese engañoso sentimiento que nos eleva hacia las alegrías, hacia los peligros, hacia el amor, hacia el vano esfuerzo, hacia la muerte; la convicción triunfante de la fuerza, el calor de la vida en un puñado de polvo, el resplandor en el corazón que cada año se hace más débil, más frío, más pequeño, y expira, y expira demasiado pronto, demasiado pronto, antes que la vida misma.

"Y así es como veo al Oriente. He visto sus lugares secretos y he contemplado su mismísima alma; pero ahora lo veo siempre desde un pequeño bote, una alta silueta de montañas azules y lejanas en la mañana; como una débil bruma al mediodía; una mellada muralla de púrpura al ponerse el sol. Tengo la sensación del remo en la mano, la visión de un abrasador mar azul en mis ojos. Y veo una bahía, una ancha bahía, lisa como el cristal y pulida como el hielo, rielando en la noche. Una luz roja brilla a lo lejos sobre la oscuridad de la tierra y la noche es suave y calurosa. Arrastramos los remos con brazos doloridos y, de repente, un soplo de viento, débil y tibio y cargado de olores exóticos de flores, de maderas aromáticas, surge de la noche tranquila: el primer suspiro del Oriente sobre mi rostro. Nunca podré olvidarlo. Fue algo impalpable y cautivador, como un hechizo, como una susurrada promesa de delicias misteriosas.

"Llevábamos remando once horas en el esfuerzo final. Dos remaban y al que le tocaba descansar se sentaba en la caña del timón. Divisamos una luz roja en la bahía y nos dirigimos hacia ella, adivinando que debía ser la señal de algún pequeño puerto costero. Pasamos frente a dos barcos extraños y de alta popa que dormían anclados y, al acercarnos a la luz, ahora muy débil, la proa del bote chocó contra el extremo de un muro rompeolas. Estábamos ciegos de fatiga. Mis hombres dejaron caer los remos y cayeron en el bote como si estuvieran muertos. Apreté remando hacia un pilote. Una corriente se rizaba suavemente. La perfumada oscuridad de la costa se agrupaba en vastas masas, una densidad colosal de exuberante vegetación, probablemente, de formas mudas y fantásticas. Y al pie, el semicírculo de un barco resplandecía débilmente, como una ilusión. No había ni una luz, ni un movimiento, ni un sonido. El misterioso Oriente se presentaba ante mí, perfumado como una flor, silencioso como la muerte, oscuro como una tumba.

"Y yo estaba allí sentado, indescriptiblemente cansado, exultante como un conquistador, insomne y fascinado como si me encontrara ante un profundo y fatal enigma.

"Un chapoteo de remos, un golpeteo medido que reverberaba sobre el nivel del agua, intensificado por el silencio de la costa, sonando como palmadas, me hizo saltar. Un bote, un bote europeo entraba. Invoqué el nombre del muerto: '¡Eh, Judea!', y un débil grito fue la respuesta.

"Era el capitán. Me había adelantado en tres horas al buque capitán y me alegré al escuchar de nuevo la voz del viejo, trémula y cansada. '¿Es usted, Marlow?'. 'Cuidado con el rompeolas, señor', grité.

"Se acercó con cautela, trayendo consigo la sondaleza que había salvado para los aseguradores. Aflojé mi boza y atraqué al costado. Estaba sentado, era una figura rota en la popa, mojado por el rocío, las manos cruzadas en el regazo. Sus hombres ya estaban dormidos. Lo ha pasado muy mal, murmuró. 'Mahon viene detrás, no muy lejos'. Conversamos en susurros, en susurros muy bajos, como si tuviéramos miedo de despertar a la tierra. Ni cañonazos, ni truenos, ni terremotos hubieran podido despertar a los hombres en aquel momento.

"Mirando a mi alrededor mientras hablábamos, vi allá lejos, en el mar, una luz que se movía en la noche. 'Ahí va un vapor que está cruzando la bahía', dije. No estaba cruzando, estaba entrando e incluso se acercó y echó el ancla. 'Desearía', dijo el viejo, 'que averigüe si es inglés. Tal vez nos daría pasaje a algún lugar'. Parecía lleno de ansiedad. Así que mediante tirones y patadas conseguí infundir en uno de mis hombres una especie de sonambulismo y, dándole un remo, cogí otro y bogamos hacia las luces del vapor.

"Se oían ecos de voces en él, choques metálicos en el departamento de máquinas y pasos sobre cubierta. Sus portañolas brillaban redondas como ojos dilatados. Había formas que se movían y se veía borrosamente a un hombre en lo alto del puente. Oyó mis remos.

"Y antes de que pudiera abrir los labios, el Oriente me habló, pero lo hizo con voz occidental. Un torrente de palabras fue vertido en el silencio enigmático, fatal; palabras estrafalarias y coléricas, mezcladas con palabras e incluso con frases enteras en buen inglés, menos extraño pero aún más sorprendente. La voz juraba y maldecía violentamente, acribillaba la solemne paz de la bahía con un torrente de injurias. Comenzó por llamarme cerdo, y de ahí continuó in crescendo con adjetivos inmencionables, en inglés. El hombre de allá arriba bramaba con dos lenguas y con tal sinceridad en su furia que casi me convenció de que yo, de algún modo, había pecado contra la armonía del universo. Apenas podía verlo, pero empecé a pensar que podía darle un ataque.

"De repente cesó y pude oírlo resoplando y bufando como una marsopa. Pregunté:

"—¿Tendría la amabilidad de decirme qué vapor es éste?

"—¿Eh? ¿Qué es eso? ¿Quiénes son ustedes?

"—Los náufragos de un bergantín quemado en el mar. Hemos llegado esta noche. Yo soy el segundo oficial. El capitán está en la chalupa y desea saber si puede usted darnos pasaje para algún sitio.

"—¡Oh, cielos! Vaya… Este es el Celestial, de Singapur, en su viaje de retorno. Lo arreglaré con su capitán por la mañana… y…, vaya, ¿me han oído justamente ahora?

"—Creo que lo ha oído toda la bahía.

"—Les tomé por un bote del muelle. Ahora, mire, ese canalla de celador se ha dormido otra vez, maldito sea. La luz se ha apagado y casi me estrello contra el extremo de este maldito rompeolas. Es la tercera vez que me hace esa jugada. Le pregunto: ¿se puede aguantar una cosa así? Es como para volver loco a un hombre. Daré parte… Conseguiré que el residente ayudante lo eche… Ve, no hay luz, está apagada, ¿no es cierto? Lo tomo a usted como testigo de que la luz está apagada. Tiene que haber una luz, ¿sabe usted? Una luz roja encendida en…

"—Había una luz —dije con suavidad.

"—¡Pero está apagada, hombre! ¿Para qué vamos a hablar más? Puede ver usted por sí mismo que está apagada, ¿no es cierto? Si tuviera que arribar en un vapor valioso a esta costa olvidada de Dios, usted querría también una luz. Voy a darle a ese tipo un puntapié que lo mande al otro extremo del rompeolas. Ya lo verá. Le voy…

"—¿Así que puedo decir a mi capitán que nos llevará usted? —lo interrumpí.

"—Sí. Los llevaré. Buenas noches —dijo bruscamente.

"Bogué, pues, atraqué de vuelta junto al rompeolas, y por fin pude dormir. Me había encontrado con el silencio del Oriente. Había oído una parte de su idioma. Pero cuando abrí los ojos de nuevo, el silencio era tan completo como si nunca hubiera sido roto. Estaba tumbado, envuelto en luz, y el cielo nunca me había parecido tan lejano, tan alto antes. Abrí los ojos y me quedé allí sin moverme.

"Y luego vi a los hombres del Oriente: me miraban; el muelle rompeolas entero estaba lleno de gente. Vi rostros morenos, bronceados y amarillos, ojos negros, el resplandor, el color de una multitud oriental. Y todos aquellos seres contemplaban fijamente sin un murmullo, sin un suspiro, sin un movimiento. Contemplaban de hito en hito los botes, los hombres dormidos que por la noche les habían llegado del mar. Nada se movía. Las frondas de palmas se recortaban quietas contra el cielo. Ni una rama se movía a lo largo de la costa y los rojizos tejados de las escondidas casas asomaban a través del verde follaje, entre las grandes hojas que colgaban relucientes e inmóviles como hojas forjadas de un pesado metal. Ése era el Oriente de los navegantes antiguos, viejo, misterioso, resplandeciente y sombrío, viviente e inmutable, lleno de peligros y de promesas. Y aquellos eran los hombres. Me incorporé de pronto. Una oleada de movimiento atravesó la muchedumbre de punta a punta, removió las cabezas, inclinó los cuerpos y corrió por el rompeolas como una rizadura sobre el agua, como un soplo de viento sobre el campo, y todo volvió a aquietarse de nuevo. Lo puedo ver ahora: la ancha extensión de la bahía, las arenas resplandecientes, la riqueza del verde infinito y variado, el mar azul como el mar de un sueño, la muchedumbre de rostros atentos, el brillo de un vívido color, el agua que lo reflejaba todo, la curva de la costa, el rompeolas, los estrafalarios buques de altas popas que flotaban tranquilamente, y tres botes de cansados occidentales que dormían, inconscientes del país y de la gente y de la violencia del brillo del sol. Dormían echados sobre los bancos, acurrucados en el fondo, en despreocupadas actitudes de muerte. La cabeza del viejo capitán, apoyado en la popa de la chalupa, había caído sobre su pecho y parecía como si nunca fuera a despertar. Algo más lejos, el rostro del viejo Mahon estaba vuelto hacia el cielo, con su larga barba blanca extendida sobre el pecho, como si le hubieran pegado un tiro allí donde estaba sentado, en la caña del timón; y uno de los hombres, hecho un ovillo en la proa, dormía abrazado al tope de la roda y con la mejilla contra la regala. El Oriente los miraba sin hacer ni un ruido.

"Desde entonces supe de su fascinación; he visto sus costas misteriosas, el agua tranquila, las tierras de bronceadas naciones donde una furtiva Némesis acecha, persigue, atrapa a tantos miembros de la raza conquistadora que tan orgullosos están de su sabiduría, de sus conocimientos, de su fuerza. Pero para mí todo el Oriente está en esa visión de mi juventud. Está todo en aquellos momentos en que abrí mis jóvenes ojos frente a él. Lo vi tras luchar contra el mar y yo era joven: lo vi mirándome. ¡Y eso es todo lo que queda! Solo un momento; un momento de vigor, de romanticismo, de encanto, ¡de juventud!… Una ráfaga de sol sobre una costa exótica, un momento para recordar, un momento para suspirar y adiós. Buenas noches. ¡Adiós!…

Bebió.

—¡Ah, aquellos buenos tiempos! ¡Aquellos buenos tiempos! La juventud y el mar. ¡El encanto y el mar! El mar, fuerte y bueno, el mar salado y amargo, que te susurra en el oído, que ruge y te arranca el aliento.

Volvió a beber.

—Pero todo eso tan maravilloso, ¿es el mar en sí mismo o es solo la juventud? ¿Quién sabe? Pero ustedes, todos los que están aquí, han conseguido algo en la vida: dinero, amor —lo que se puede conseguir en la tierra—, pero díganme: ¿no eran mejores tiempos aquellos en que éramos jóvenes en el mar, en que solo teníamos la juventud en un mar que no da nada, excepto rudos golpes y a veces oportunidad para sentir la propia fuerza —solo eso—, ¿no es eso lo que echamos de menos?

Y todos asentimos con la cabeza: el hombre de las finanzas, el hombre de las cuentas, el hombre de leyes, todos asentimos sobre la pulida mesa que, como una superficie quieta de pardas aguas, reflejaba nuestros rostros surcados y arrugados; nuestros rostros marcados por el trabajo, por las decepciones, por el éxito, por el amor; nuestros cansados ojos seguían buscando quietos, buscando siempre, buscando ansiosamente algo de la vida, que, mientras esperamos, se ha ido ya: que se ha ido sin ser visto, en un susurro, en un relámpago, junto con la juventud, con la fuerza, con la fantasía de las ilusiones.

CONTENIDO